KB203390

Sprint

변화의 시대, 최고의 전력질주 학습법!

스프린트

1판 1쇄 인쇄 2020년 1월 13일
1판 1쇄 발행 2020년 1월 20일

지은이 이재훈
펴낸곳 도서출판 비엠케이

편집 상현숙
디자인 아르떼203
제작 (주)꽃피는청춘

출판등록 2006년 5월 29일(제313-2006-000117호)
주소 03998 서울시 마포구 성미산로10길 12 화이트빌 1F
전화 (02) 323-4894 **팩스** (070) 4157-4893
이메일 arteahn@naver.com

ⓒ 2020 이재훈

값은 뒤표지에 있습니다.
ISBN 979-11-89703-15-8 03190

이 도서의 국립중앙도서관 출판예정도서목록(CIP)은 서지정보유통지원시스템 홈페이지(http://seoji.nl.go.kr)와
국가자료종합목록 구축시스템(http://kolis-net.nl.go.kr)에서 이용하실 수 있습니다. (CIP제어번호 : CIP2019052928)

* 이 도서는 한국출판문화산업진흥원의 '2019년 출판콘텐츠 창작 지원 사업'의 일환으로
  국민체육진흥기금을 지원받아 제작되었습니다.

Sprint

변화의 시대, 최고의 전력질주 학습법!

스프린트

이재훈 지음

Book
magazine&publishing

4차 산업혁명 시대에 현대인들은 테세우스의 배를 몰고 격랑의 파고를 헤쳐 간다. 변화와 불확실성을 인지했지만 무엇을 어떻게 준비해야 할지 모르는 시대를 살아가는 것이다. 인공지능과 빅데이터, 사물 인터넷은 일과 일자리 개념을 파괴했으며 현대인에게 복합적 문제 해결 역량과 기계와의 협업, 집단 지성을 이용한 창의력 창출을 요구하고 있다. 디지털 노마드, 플랫폼 워커, 디지털 트랜스폼의 시대에 변화조차 감지하지 못하여 테세우스의 배를 침몰시킨다. 힐링과 치유를 찾지만 직면한 현실을 자각하면 자존감이 상실되어 자괴감에 젖는다.

성공하는 개인, 조직, 기업은 자신만의 성장형 전략 플랫폼을 갖고 있다. 성장형 마인드셋과 기업가 정신으로 목적 있는 삶을 누리고 세상을 다르게 보며 답을 찾지 않고 다르게 질문하여 새로운 기회와 가치를 창출한다. 이제는 초(超, Hyper)의 시대이다. 변화의 흐름을 읽고 맥락을 파악하여 가치를 발굴하는 전략적 민첩성과 감수성, 실패를 통해 학습하고 성장하는 회복 복원력, 지속적으로 학습하고 진화를 꿈꾸는 학습 민첩성이 요구된다. 이에 현대인들은 시스템적 사고방식과 빅 픽처, 디테일을 모두 살펴볼 수 있는 역량을 갖추어야 한다. 성장형 마인드셋을 정립하고 빅 픽처를 그리며 블록으로 잘게 쪼개어 지속적인 실험과 실패를 통한 자가 학습으로 성장해야만 변화의 시대에 생존을 넘어 성장과 번영을 꿈꿀 수 있다.

이 책은 불확실성의 시대에 견고한 성장형 전략 플랫폼을 구축하여 스스로 변화를 감지하고 맥락을 파악하며 연결과 초연결, 확장으로 진화할 수 있는 원리와 사례, 구체적 방법을 제시한다. 성장형 전략 플랫폼을 구축하면 변화의 시대에 최고의 역량으로 일, 공부, 인생을 위해 전력질주할 수 있다. 4차 산업혁명을 선도하는 글로벌 ICT 기업의 최신 사례와 종교, 역사, 문화, 기술, 과학, 경영, 심리학, 뇌과학 등 다양한 분야의 사례를 융복합하여 독자들에게 새로운 경험과 인사이트를 제공하고자 했다.

1부에서는 메가 트렌드로 자리 잡은 4차 산업혁명의 시대를 재조명하며 4차 산업혁명의 정의, 무엇이 바뀌고 어떻게 준비해야 하는지, 시대적 흐름에서의 맥락과 인사이트는 어떻게 발굴하는지, 시대가 요구하는 미래 역량과 일자리 변화에 능동적이며 유연하게 대처하는 방법은 무엇인지, 미래 역량을 준비하는 호모 컨버전스로서의 변화는 무엇인지를 소개한다.

2부에서는 초연결, 초융합, 확장과 팽창 등 초의 시대를 살아가는 유일한 생존 전략으로서의 학습과 공부 전략을 소개한다. 목적이 있는 삶을 영위하며 사회적인 뇌를 이용하며 메타 인지와 러닝 피라미드를 이용하고 변화하는 불확실성의 세상에서 자신을 위한 뜨거운 외침을 만들어 내는 방법과 전략을 소개한다. 시대가 요구하는 핵심 인재의 요구 조건과 기술 지능, 학습과 공부를 위한 마음가짐을 위한 다양한 사례와 점검 포인트를 소개함으로써 독자들에게 새로운 자극과 영감을 제시한다.

3부에서는 핵심 역량으로 각광받고 있는 기업가 정신과 성장형 마인드셋을 소개하고 구체적인 실천 방법과 점검 요소들을 소개한다. 특히 4차 산업혁명 이후 중요성이 강조되고 있는 시스템적 사고방식, 개방형 협업과 실패를 통한 학습과 성장, 학습 민첩성과 회복 탄력성, 자아 개념과 자긍심, 자존감 회복과 몰입, 학습된 무기력과 학습, 성장을 방해하는 다양한 요소들을 점검하고 극복하여 학습과 성장을 통해 시대가 요구하는 역량을 갖추는 구체적인 방법을 제시한다.

4부에서는 큰 그림을 그려 세상에 자신을 외칠 수 있는 빅 픽처를 설계한다. 주머니 속의 큰 고래 호세피나를 키우고 빅 픽처와 버킷 리스트를 설계하며 꿈 모듈과 꿈의 조각으로 분해하여 마음 챙김을 통해 두뇌의 습관 회로를 구축하고 두뇌와 밀당을 통해 야심찬 목표의 수립과 점검, 실천과 재점검으로 자신을 성장시키는 구체적인 방법과 점검 절차를 소개한다.

5부에서는 논리적으로 생각을 정리하고 시각화하는 마인드셋 프레임워크를 설계하는 구체적인 방법과 절차, 점검 요소들을 소개한다. 테세우스의 배를 몰며 항해하는 현대인들을 위하여 전략적 민첩성과 연결, 감지, 분석, 실행을 수행하는 전략적 감수성, 학습 민첩성과 감정 민첩성, 회복 탄력성의 역량을 갖출 수 있도록 구체적이고 다양한 방법과 절차를 소개하고 개인과 조직의 전략을 만드는 다양한 도구와 생각 창조 방식, 인사이트를 만드는 다양한 채널 구축 방법, 좌뇌와 우뇌를 함께 사용하는 전뇌적 사고방식의 구축, 제로베이스 사고방식과 가설 사고방식, 생각의 틀을 만드는 프레임워크 설계 방법을 통하여 수많은 점을 연결하여 선을 만들고 이를 통해 도형과 입체, 시공간으로 확장시키는 융복합과 초연결의 역량을 갖출 수 있도록 안내한다.

6부는 현대인이 직면하는 다양한 복합적 문제를 해결하기 위한 실질적인 도구로서 전략 수립 프레임워크를 제시한다. 이를 위하여 전략의 역사와 흐름에서 맥락을 읽고 인사이트를 도출하는 방법부터 파괴적 혁신, 빅뱅 파괴, 린 스타트업과 디자인 씽킹 사고방식, 해커톤과 구글의 스프린트에 이르기까지 실질적이고 구체적인 도구와 방법론을 제시하여 현대인들이 자신만의 유연한 전략 수립을 위한 프레임워크를 설계할 수 있도록 안내한다.

7부는 변화와 불확실성의 시대에 성장형 전략 플랫폼으로 초연결, 초확장을 추구하여 학습과 공부, 인생과 삶, 경쟁에서 견고하고 유연하며 지속적으로 성장하는 자신만의 성장형 전략 플랫폼을 구축하고 맥락 지능을 구축하며 초연결의 시대에 다양한 환경, 조건, 불확실성에 따라 유연하게 연결 전략을 구축할 수 있도록 다양한 전략과 실전적 사례를 소개한다.

불확실성의 시대를 살기 위한 다양한 방법이 있지만 변화에 연결하고 변화를 감지하여 맥락을 읽고 가치를 창출하는 역량을 갖춘 개인과 조직, 기업만이 시대를 선도한다. 이 책을 읽고 나면 성장형 전략 플랫폼을 구축하고 지속적인 학습과 성장, 연결을 통한 확장과 팽창으로 협업과 집단 지성, 집단 창의로써 초의 시대를 선도하고 능동적으로 자신의 학습과 일, 삶과 인생을 주도적으로 설계할 수 있는 이론, 사례, 도구를 갖출 수 있을 것이다. 견고하고 유연한 성장형 전략 플랫폼을 가지고 인생을 전력질주하는 스프린트의 마음가짐과 실천을 통해 세상에 당당하게 자신을 외칠 수 있기를 바란다.

이 재 훈

Part 1 변화

메가 트렌드:
4차 산업혁명의 시대

일상이 되어 버린 4차 산업혁명

4차 산업혁명은 일상이다

4차 산업혁명과 과학기술 발달은 일상이 되었다. 인공지능 알파고가 이 세돌 기사를 제압한 후 68승 1패의 기록으로 바둑계를 은퇴했지만 게임에 특화된 알파 제로, 연구 분야의 알파 폴드가 강화된 인공지능으로 활약하고 있다. IBM의 인공지능 왓슨은 퀴즈쇼 제퍼디에서 승리한 이후 의료, 법률, 금융 투자 분야에까지 영향력을 확대하고 있으며 왓슨의 도입으로 골드만삭스 트레이더들은 대량 실직 사태를 맞았다. 디지털 기록은 실시간 전달되어 고객 맞춤형 광고 서비스와 상품 추천 서비스로 진화했다. 자율 주행차도 완전한 자율 주행을 목전에 두고 있다. 스마트 팩토리는 인공지능, 빅데이터, IoT, 로봇 기술과 결합하여 제조 혁명을 이끌고 있으며 아디다스는 스피드 팩토리 구축을 통해 고객의 제품 주문에서 배송까지의 시간을 24시간 이내로 단축하여 물류, 제조의 새로운 혁명을 선사하고 있다.

블랙 스완과 불확실성의 시대

엘빈 토플러는 미래는 신속하게 다가올 뿐만 아니라 예측하지 못한 방식으로 찾아온다고 했다. 제러미 리프킨은 인터넷 기반의 커뮤니케이션 기술과 재생 에너지 기술의 결합으로 정보를 공유하는 협업의 시대, 공유 경제의 시대인 3차 산업혁명을 예측했지만 10년이 채 못 된 시기에 4차 산업혁명이라는 새로운 시대를 경험하고 있다. 클라우스 슈밥은 4차 산업혁명을 과학기술 혁명으로 정의하고 4차 산업혁명은 전파 속도, 범위와 깊이, 시스템적 충격 면에서 이전의 산업혁명들과는 완전히 다를 것이라고 했다.

혁신 기술과 새로운 경험은 유토피아를 꿈꾸지만 초연결, 초지능은 누구도 경험하지 못한 블랙 스완(Black swan)의 불확실성 시대로 안내하고 있다. 초(超)의 시대는 고도화된 지능화 시대를 열었다. 인공지능과 빅데이터가 일상화되었으며 인간과 기계의 역할이 변화하고 현실 세계와 가상 세계가 결합했다. 초연결 기반의 융복합 사회로 진입하게 된 것이다. 인간과 기계 모두 데이터 생산에 참여하여 네트워크와 인공지능, 빅데이터와 사물 인터넷으로 연결이 확장되어 지식 경제의 발전은 무한 가속화한다. 기계가 인간 고유의 영역으로 침투하여 인간의 역할과 일자리의 개념을 새롭게 정의하도록 요구하는 시대가 되었다.

빅데이터와 인공지능의 시대

빅데이터(Big Data)는 21세기의 원유로 비유된다. 비즈니스 원천이 빅데이터로 변모한 것이다. 데이터의 가치를 찾고 인사이트를 발굴하는 역량이 기업과 개인의 미래를 결정한다. 개인의 디지털 흔적은 빅데이터의 원천이 되어 고객 행동 예측, 실시간 광고, 맞춤형 서비스가 제공된다. 자율 주행차, 스마트 팩토리에서 발생되는 데이터는 새로운 가치를 창출하고 있다. 2020년에는 1조 개의 센서가 운영되어 모든 것을 연결하는 만물 인터넷 시대가 열린다. 반도체 성능이 18개월마다 2배씩 성장한다고 예측한 무어의 법칙은 무너졌다. 컴퓨팅 기술은 지능형 반도체, 고속 그래픽 처리 장치 GPU, 양자 컴퓨터, 인간의 뇌를 형상화한 뉴로모픽 컴퓨터로 진화하고 있다.

인공지능도 일상으로 침투했다. 앨런 튜링은 에니그마 암호를 해독한 울트라 프로젝트에서 세계 최초의 컴퓨터 콜로서스를 개발했다. 1956년 존 매카시, 마빈 민스키, 허버트 사이먼, 앨런 뉴얼이 다트머스 회의에서 최초로 인공지능이라는 용어를 정의했다. IBM은 1997년 카스파로프와의 대결에서 딥블루를 개량한 디퍼블루로 승리했다. 이후 IBM 왓슨을 개발하여 제퍼디에서 우승했지만 오답을 발생시키는 등의 문제점을 드러내기도 했다. 제프리 힌턴이 제시한 딥 러닝 알고리즘으로 비약적인 발전과 상업화를 이룩했다. 인공지능은 인간의 개입이 필요 없는 자가 학습을 통한 자가 진화를 추구하여 일상의 일부가 된 것이다.

준비하고 있는가?

거짓말하는 착한 사람들

4차 산업혁명은 디지털 기술을 바탕으로 일상을 변화시켜 새로운 경험을 선사하지만 과거의 산업혁명과는 완전히 다른 양상을 보이고 있고 그에 따라 인류는 불확실성에 처했다. 사람들은 시대의 흐름에 합류하려 하지만 준비되지 않은 현실에 어려움을 호소한다. 댄 애리얼리가 말했던 거짓말하는 착한 사람들이 되어 가는 것이다. 기업과 개인이 생존을 넘어 새로운 메가 트렌드의 혜택을 얻기 위해서는 4차 산업혁명의 파급 효과에 대한 올바른 이해와 사고의 전환이 필요하다. 글로벌 리더부터 개인에 이르기까지 시스템적 관점, 융복합, 통합적 사고를 갖추어 큰 그림을 조망하는 동시에 디테일을 파악하여 변화의 흐름에 동참하고 생존과 번영을 위한 인사이트를 발굴하는 노력이 요구된다.

주도 면밀한 독일의 4차 산업혁명 준비

독일은 2006년부터 연방교육연구부가 첨단기술전략 2020을 수립하여 5대 수요 분야와 10대 프로젝트를 선정했다. 인터넷 경제 서비스와 인더스트리 4.0 프로젝트는 클라우드 컴퓨팅, 스마트 그리드, 지능형 로봇, 전자 신분

중, 임베디드 시스템 국가 로드맵, 통신 인프라 구축, 위성통신, 정보통신 전문 인력 양성, 인터넷 문화 제도 정비, 전지 자동차로 구성되어 4차 산업혁명을 이끄는 핵심 기술들이 총망라되었다. 2015년부터 플랫폼 인더스트리 내역을 강화했다. 10년의 로드맵을 수립하여 준비하고 지속적인 시대 흐름과 변화를 반영하여 기술과 사업, 비즈니스 인프라를 구축해 온 것이다.

미국의 맨해튼 프로젝트, 루트 128

미국은 과학 기술 분야에서 미국 제일주의를 천명했다. 2차 세계대전은 과학 기술을 세계 최고 수준으로 끌어 올렸으며 기술 간 융복합의 원동력이 되었다. 1942년에 세워진 핵폭탄 개발 계획인 맨해튼 프로젝트(Manhattan Project)는 학문의 경계를 허문 대표 사례로 참여 과학자 21명이 노벨상 수상자이며 이후 반도체, 인공지능, 로봇, 컴퓨터 기술 발전을 이끌었다. 1945년 최초의 핵폭탄 실험인 트리니티 실험을 성공했으며 8월 6일 히로시마에 원자폭탄 팻맨이 투하되어 2차 세계대전이 종식되었다. 우주 경쟁은 과학기술을 극한으로 발전시켰다.

1957년 소련이 대륙간 탄도 미사일 R-7 개발에 성공하고 최초의 인공위성 스푸트니크 1호 발사와 개를 탑승시킨 스푸트니크 2호의 성공은 미국의 자존심을 짓밟았다. 소련의 루나 시리즈, 미국의 익스플로러 시리즈로 인공위성 경쟁을 벌이며 과학기술 발달을 견인했다. 유인 우주 비행을 성공시킨 보스토크 1호의 성공에 자극받은 미국은 아폴로 11호로 달에 발을 딛었다. 미국은 1970년대 말부터 80년대 중반까지 제조업의 경쟁력을 상실하여 산업단지가 러스트 벨트 현상으로 극심한 경기 침체를 겪었다.

연방 정부와 주 정부는 역할을 나누어 과학기술을 견인했다. 연방 정부는 국방, 안보, 치안에 집중된 기술에 투자하고 주 정부는 대학, 기업, 벤처 투자 자본과 스타트업 인큐베이팅을 지원하는 프로그램을 운영하여 공동 연구 단지를 설립한 것이다. 1990년대에 접어들면서 공동 연구단지는 혁신 클러스터로 성장하여 국제 경쟁력 확보에 초점을 둔 기술 개발과 사업화를 추진했다. 보스턴의 루트(Route) 128은 MIT와 하버드 대학을 중심으로 기업과 인력을 유치하여 첨단 하이테크 벤처 산업의 중심지가 되었다.

실리콘밸리 태동과 미국 혁신 전략

실리콘밸리는 1958년 반도체 회사 페어차일드를 필두로 벤처 클러스터가 형성되고 돈 호플러가 실리콘밸리로 명명하며 성공 신화의 시작을 알렸다. 실용주의 학풍의 스탠퍼드 대학과 프레드릭 터먼 교수의 노력이 실리콘밸리를 만들었다. 터먼 교수는 스탠퍼드 연구 단지를 설립했다. 연구 결과를 비즈니스와 연결하고 기술 라이센싱, 특허 판매, 기술 협력 방식으로 수익을 창출하여 학생들의 연구 개발과 창업을 지원했다. 터먼의 제자 데이비드 패커드와 빌 휴렛이 창업하여 실리콘밸리 스타트업의 역사가 태동했다.

미국은 2009년 미국 혁신 전략을 수립하여 4차 산업혁명과 과학기술 혁명을 준비해 왔다. 연방 정부와 주 정부가 유기적으로 역할을 분담했다. 연방 정부는 개방된 경쟁 정책 추진과 규제 철폐, 인허가 단계 축소로 혁신의 서포터 역할을 수행하고 2011년 2차 미국 혁신 전략으로 초고속 무선 통신망 구축 확대, 신생 기업 투자 확대를 추진했다. 2015년 미국 혁신 전략을 최종 보완하여 혁신 기반 투자, 민간 부분 혁신 가속화, 혁신 국가 구축, 고용 창출 및 지속 경제 성장, 혁신 정부 구축을 목표했다. 미국 혁신 전략은 리쇼어링을 목적으로 하는 첨단 제조 파트너십과 함께 첨단 제조, 정밀 의료, 뇌과학, 차

세대 자동차, 스마트시티, 청정 에너지, 교육 기술, 우주, 고성능 컴퓨팅을 9대 전략 분야로 선정하여 민간 기업과 학계가 쉽사리 접근할 수 없는 분야를 집중 육성하고 연구 결과를 창출하여 민간과 학계에 이양하는 전략을 추진하고 있다.

일본에게 잃어버린 20년은 없었다

일본은 전후 복구 사업에서 미국의 기술과 사업화를 벤치마킹하고 기초기술과 응용기술을 동시에 강화했다. 파나소닉, 소니를 주축으로 하는 전자산업의 호황기에 정밀 기기와 기계, 제조용 로봇, 센서, 휴머노이드 분야와 기초과학에 투자를 지속했다. 1970년대 전기 모터와 마이크로 프로세서 도입으로 일본은 로봇 연구를 강화하고 와봇-1, 2 등의 휴머노이드의 연구를 시작했다. 일본은 제조업용 로봇 분야에서 화낙, 야스카와, 가와사키, 나치, 덴소, 미쓰비시, 엡손 등 글로벌 Top 10 기업에 7개가 등재해 있다. 일본의 저력은 국가 주도의 일본 재흥 전략, 과학 이노베이션 종합 전략, 로봇 신전략으로 대표된다.

일본의 성장 전략은 산업, 경제, 기술, 학문 등 전반에 걸친 혁신 운동이었다. 2012년 아베노믹스에서 일본의 성장 전략으로 규정한 것이 일본 재흥 전략이다. 일본 재흥 전략의 핵심 목표는 민간의 힘을 끌어 내며 모두가 참여하고 세계에서 승리하는 인재를 육성하고 새로운 프런티어를 개척하는 것이었다. 2015년 개정된 일본 재흥 전략은 다보스의 세계경제포럼에 1년 앞서 4차 산업혁명에 대한 소개와 대응 전략을 수립하여 기업과 민간이 신속하게 대응할 수 있도록 지침을 마련했다. 이후 일본 재흥 전략 2016에서는 인공지능, IoT와 로봇, 빅데이터에 관한 전략이 수립되었으며 인공지능기술 전략회의를 설치하여 4차 산업혁명에 대응하는 종합 컨트롤타워로서 역할을 수행하고 있다. 일본은 또한 미래 투자 전략 2018과 Society 5.0을 발표하여 산업경쟁력 강화를 위한 구체적인 실행계획 프로그램인 전략적 혁신창조 프로그램과 혁신적 연구 개발 프로그램을 운영하고 있다.

우리의 준비는 어떠한가?

한국의 4차 산업혁명 위원회는 2019년 1월까지 44건의 회의, 22건의 안건 심사, 243건의 보고서를 발행했지만 체감 지수는 미미한 수준이다. 선진국 대비 10년이 넘는 차이가 존재한다. 질문의 골든 서클에서 질문의 순서는 왜(Why), 어떻게(How), 무엇을(What)이다. 하지만 우리의 준비는 어떻게(How)를 생각하지 않고 결과물인 무엇을(What)에 치중한다. 공유 경제 서비스는 사회적 합의를 이루지 못했고 의료 빅데이터 관련 법규는 규제에 묶여 있다. 인공지능, 빅데이터, 클라우드, 로봇과 IoT는 아마존, 구글, IBM 등 글로벌 기업들에게 시장을 내주었다.

무엇이 바뀌었는가?

시기별 산업혁명의 정의

산업혁명은 프리드리히 엥겔스와 아놀드 토인비가 정의했다. 유발 하라리는 『사피엔스』에서 인류의 발자취를 7만 년 전 인지혁명, 1만 년 전 농업혁명, 500년 전 과학혁명, 200년 전 산업혁명으로 정의했다. 인지혁명 시기에 언어를 사용하여 정보를 교환하고 협업하여 최상위 포식자가 되었다. 농업혁명으로 문명 시대를 열었다. 과학혁명으로 능력의 한계와 지식의 중요성을 인지한 후 산업혁명으로 대량 생산 시대를 맞이했다. 1차 산업혁명은 18세기 후반부터 19세기 중반 증기기관과 기계를 이용한 생산성의 증가로 정의한다. 2차 산업혁명은 19세기 말부터 20세기 초 전기를 동력으로 하는 대량 생산, 대량 소비의 시대이다. 3차 산업혁명은 1960년대부터 2015년을 전후하여 컴퓨터, 네트워크, 인터넷을 기반으로 하는 정보화 시대이다. 4차 산업혁명은 2015년을 기점으로 모바일, 사물 인터넷, 빅데이터와 클라우드, 인공지능, 로봇, 5G 이동통신으로 대표되는 초연결의 시대로 정의되며 에릭 브린욜프슨과 앤드루 매카피는 이것을 제2의 기계 시대로 정의했다.

실크로드의 탄생

산업혁명 이전에도 변화의 흐름을 포착하고 인사이트를 도출하여 시대를 선도한 리더들이 있었다. 한 무제는 흉노족을 협공하기 위해 장건에게 월지국과의 동맹을 명했다. 기원전 139년 장건은 첫걸음을 떼었지만 10년간의 포로 생활을 겪은 후 탈출했다. 그는 월지국에 도착했지만 동맹은 이루어지지 못했고 귀국길에 또다시 포로가 되어 기원전 126년 장안으로 돌아왔다. 13년간 지속된 장건의 여정은 동맹이라는 목적을 이루지 못했지만 단절되었던 동서양 연결의 시발점이었고 비단 등의 교역품뿐만 아니라 문명권의 연결 통로인 실크로드를 탄생시킨 계기가 되었다.

인류 문명을 바꾼 탈라스 전투와 종이의 보급

근대적 종이 발명은 서기 105년 중국 후한시대의 채륜이 개발한 채후지였다. 이전에도 갑골문, 종정문, 죽간, 전한시대의 파교지 등이 있었지만 실질적 기록 문화의 시작은 채후지의 발명 이후부터라고 볼 수 있다. 종이는 당나라 시대인 751년 고구려 유민 고선지 장군과 탈라스 전투를 통해 서방으로 전달되었다. 안서도호부 절도사 고선지 장군은 당 현종의 명령으로 참전한 탈라스 전투에서 패배한 후 안록산의 난을 토벌하는 책임자가 되었지만 모함에 의해 형장의 이슬로 사라졌다. 인류 문명을 바꾼 계기는 탈라스 전투에서 붙잡힌 포로들 덕분이었다. 이들 중에 포함된 제지공들이 사마르칸트지를 만들었고 그것들이 이후 바그다드, 이스탄불, 다마스쿠스를 거쳐 유럽 전역으로 전파되었다. 중국의 서역 정벌은 실패로 끝났지만 종이와 제지술의 전파는 서양에 르네상스와 산업혁명의 단초를 제공했다.

대항해 시대와 항해왕 엔히크

15세기부터 18세기 중반은 신대륙 개척과 무역 경쟁을 수행한 대항해 시대였다. 지식, 사상, 종교, 정보가 교류되어 근대 세계를 형성했다. 이 중심에 항해왕 엔히크(Henrique, 포르투갈 아비스 왕조 1대왕의 아들로, 아프리카 항해의 개척자)가 있었다. 포르투갈이 전쟁을 마치고 카스티야와 평화조약을 맺자 귀족 세력들은 부를 창출할 기회를 상실했고 신흥 상인 세력은 판로를 확장하고자 했다. 성직자들 역시 레콩키스타(reconquista, 스페인과 포르투갈의 그리스도교도가 이슬람교도에 대하여 벌인 실지 회복운동) 정신을 확장할 포교 지역이 필요했다. 해답은 바다였지만 바다와 항해에 무지했던 이들에게 엔히크의 솔루션은 연결과 조합이었다. 엔히크는 귀족, 상인, 과학자들을 연결하고 바다와 항해 기술, 선박 제조 기술을 개발하여 새로운 선박인 캐러벨(Caravel)을 탄생시킴으로써 원거리 항해를 가능하게 한 것이다.

1차 산업혁명과 물류 수송의 혁신

1차 산업혁명은 증기기관과 생산 기계에 기반한 대량 생산 시기이다. 문제는 물류 수송이었다. 선박을 이용한 무역이 성행했으나 신속한 물류 운송을 기대하기 어려웠다. 변화의 흐름을 읽은 인물이 철도왕 벤더빌트이다. 그는 신속한 전달 방법을 고심한 끝에 개선이 아닌 혁신을 제안했다. 빠르고 큰 규모의 선박을 제조한 것이 아니라 철도를 이용한 새롭고 신속한 물류 운송 방법을 제시한 것이다. 강철왕 카네기 역시 변화의 흐름을 읽은 혁신가였다. 그는 남북 전쟁 이후 철강 수요가 증대할 것이라는 가정 하에 운송 방법을 실험했다. 그는 효율성이 떨어지는 선박 대신 철도를 이용한 육상 수송에 주목했고 시간과 비용 단축을 통해 경쟁력을 확보하고 유통의 흐름을 장악하여 부를 창출했다.

2차 산업혁명과 헨리 포드

1883년 니콜라우스 오토, 고틀립 다임러, 빌헬름 마이바흐가 가솔린 엔진을 개발하고 2륜 자동차를 제작했다. 1886년 칼 벤츠는 근대적 자동차인 페이턴트 모터바겐을 제작했다. 그러나 정작 자동차를 최초로 생산한 것은 칼 벤츠에게 설계도를 구입한 에밀 로저였다. 본격적 공업화 시대를 연 2차 산업혁명의 선도자는 헨리 포드이다. 그는 사람들에게 무엇을 원하는가 묻는다면 더 빠른 말을 달라고 했을 것이라며 사고의 전환을 강조했다. 당시 기업들이 관리 프로세스에 초점을 두고 있을 때 헨리 포드는 자동차의 대량 생산 방식을 고민했다. 그는 포드의 모델 T 제작을 위하여 컨베이어 벨트 시스템을 도입했다. 또한 표준화된 단일 모델 생산으로 부품 및 생산 원가를 절감했고 재고를 줄일 수 있었다. 그 결과 중산층도 자동차를 탈 수 있다는 새로운 경험을 선사했다. 컨베이어 벨트 시스템의 적용 덕택에 경쟁사 대비 20%의 노동력으로 자동차를 제작할 수 있었으며 하이랜드 공장은 표준화된 대량 생산의 혁신 아이콘이 되었다.

3차 산업혁명과 4차 산업혁명(제2의 기계 시대)

컴퓨터, 인터넷 기반의 정보화 혁명은 3차 산업혁명 시대를 열었다. 반도체, 상업용 컴퓨터, 전자 상거래 기술과 인터넷은 애플, 마이크로소프트, IBM, 인텔, 아마존과 같은 ICT 기업들을 탄생시켰다. 이것은 이후 인공지능, 센서, 로봇 기술의 발달을 촉진시켜 모바일, 사물 인터넷, 빅데이터와 클라우드, 자율 주행차에 이르기까지 기술과 산업, 비즈니스가 초연결되는 4차 산업혁명 시대와 제2의 기계 시대를 열게 되었다.

　　당 태종은 청동으로 거울을 만들면 의관을 정갈하게 하며 역사를 거울로 삼으면 천하의 이치를 알며 사람을 거울로 삼으면 자신을 되돌아볼 수 있다고 했다. 미래는 현재의 문제점을 해결하는 것이고 현재의 문제점은 과거에서 기인한다. 서양 근대 과학의 태두인 라이프니츠는 중국의 주역에서 이진법을 고안했다. 선교사 주베 신부로부터 태극도를 입수하여 64개의 괘가 이진법 연산을 설명한다는 것을 수학적으로 밝혀내어 이진법 이론을 정립한 것이다. 그는 자신의 논문에서 이진법 원리가 5,000년 전 태호 복희가 만든 주역에서 나왔다고 밝혔다. 스티븐 호킹 교수는 양자역학은 동양 철학의 기본 개념을 과학적으로 증명한 것에 불과하다고 말했다. 문명사를 바꾼 역사적 변곡점의 시기마다 불확실성은 존재했지만 과거와 현재를 연결하여 관성을 버리고 불확실성에 도전하여 혁신을 이룬 선도자들은 미래를 만들고 미래를 주도했던 것이다.

역사의 전환점

첫 번째 역사의 전환 – 도시 길드

인류는 거대한 전환의 시대를 살고 있다. 모든 분야에서 이제까지 겪어 보지 못한 새로운 경험과 세상을 실감하고 있다. 이러한 대변환은 이미 인류의 역사를 통하여 여러 인류에게 사전 징후를 보냈다. 피터 드러커는 이러한 역사의 전환 시기를 역사의 경계, 역사의 변곡점으로 표현했다. 첫 번째 역사의 전환은 13세기 도시 길드(City Guild)의 출현이다. 도시가 형성되고 원거리 교역이 시작되어 지배적 사회 집단이 만들어졌다. 아리스토텔레스를 지혜의 근원으로 재평가하고 도시형 대학들이 문화, 지식의 중심지로 부상했다. 도시형 가톨릭 교단의 등장으로 도미니코 수도회와 프란체스카 수도회가 창설되면서 종교, 학문, 철학 등의 구심점 역할을 담당했다. 단테로 대표되는 유럽 문학이 형성되었으며 라틴어로 된 성경이 각 국가의 언어로 번역되는 급격한 역사적 전환의 시기였다.

두 번째 역사의 전환 – 르네상스 시대 인쇄술

두 번째 역사의 전환점은 15세기 르네상스 시기 인쇄술의 발달이다. 채륜의 채후지는 3세기 말에 유입되었고 우리나라에 현존하는 가장 오래된 종이는 범한다라니다. 우리 선조들은 금속 주조 기술에서도 세계 최고의 기술을 보였다. 고려시대 주전도감을 설치하여 화폐를 제작하고 해동통보를 제작했다. 꿀벌의 벌집에서 추출한 밀랍을 이용하여 금속 활자를 만들기 위한 밀랍 주조법을 창안했다. 세상에서 가장 오래된 금속 활자본인 고려의 『직지심체요절』을 만들어 내었으며 이는 구텐베르크의 활판 인쇄술보다 78년이나 앞선 것이다.

『직지심체요절』은 프랑스 국립도서관에 일하던 한국인 박병선 박사에 의해 발견되어 1972년 유네스코 책의 역사전에서 세계 최고의 금속 활자본으로 공인받았으며 2001년 세계기록유산으로 등재되었다. 구텐베르크의 금속 활자 활판 인쇄술은 시대상을 반영한 결과물이다. 구원의 징표인 면죄부를 신속하게 대량 공급하여 비즈니스 기회 창출을 의도한 것이다. 이후 성서를 인쇄하여 큰 부를 창출했다. 대중에게 생각의 힘을 키우는 계기가 되어 종교개혁의 도화선이 되었다. 1517년 마틴 루터에 의하여 종교개혁이 시작되었고 이로 인해 인류는 역사의 또 다른 전환점을 맞게 되었다. 르네상스는 1470년부터 1500년 사이 절정을 이루었으며 고대 사회의 재발견과 아메리카 대륙의 발견이 있었다. 서양 세계에 아라비아의 숫자가 보급되어 새로운 역사의 전환점을 경험하게 되었다.

세 번째 역사의 전환

세 번째 역사의 전환은 미국 독립운동에서 워털루 전쟁까지의 시기이다. 미국 독립운동, 증기기관, 애덤 스미스의 『국부론』, 자본주의와 공산주의 탄생 등 사건이 연속했다. 증기기관은 산업혁명의 원동력이 되었으며 베를린 대학이 설립되어 학교 교육의 보편화를 이루었다. 니얼 퍼거슨은 로스차일드 가문의 성공 요인으로 신속한 소통과 관계의 중요성을 손꼽았다. 마이어 암셀 로스차일드는 골동품 사업으로 성공한 후 다섯 명의 아들을 독일, 영국, 오스트리아, 이탈리아, 프랑스로 보내 각국의 은행업에 종사토록 했다. 로스차일드 가문의 성공은 이들 형제가 상주한 각국의 정치, 경제, 금융 정보를 신속하게 감지하고 분석하여 변곡점의 시기마다 위기 상황을 예측하고 선제적으로 대비했기에 가능했다.

피터 드러커는 이미 50년 전에, 21세기는 지식사회로 규정될 것이라고 예견했다. 그는 노동력의 중심이 지식근로자로 급속히 이동할 것이라고 전망하고 지식사회에서의 지식은 새로운 형태의 자본임을 강조했다. 엘빈 토플러, 리처드 왓슨, 다니엘 핑크는 이미 시대를 뒤흔들 메가 트렌드를 예측하고 불확실성이 심화된다는 지적을 했다. 특히 하이컨셉, 우뇌의 시대, 통섭의 시대를 제시하며 다방면의 통합적인 시야와 큰 그림을 그릴 수 있는 전문가로서의 자질을 갖추어야 자동화, 기계화에 대비할 수 있음을 예견했다. 리처드 왓슨은 우뇌의 능력과 인간의 감성 능력을 강조했다. 토플러는 기존의 사고방식과 관념, 신념을 깨트리는 융복합적 사고를 제시하였다. 오피니언 리더들이 메가 트렌드와 시대의 흐름을 제시한 것은 역사의 전환점이 도래하고 있음을 알려주는 신호였다. 메가 트렌드와 변화의 흐름을 감지하는 일은 미래학자의 전유물이 아니다. 국가, 기업, 개인에 이르기까지 변화의 흐름을 민첩하게 감지하고 분석하는 능력, 변화에 유연하게 대응할 수 있는 유연한 학습 능력과 변화 능력이 생존 도구가 된 것이다.

러다이트

영국의 러다이트 운동 - 변화를 막을 수 있는가?

다니엘 핑크의 『새로운 미래가 온다』에서 존 헨리와 굴착 기계가 일의 성과를 판가름하는 시합을 벌였다. 기계 도입에 반발하여 시작된 시합에서 존 헨리가 승리했지만 그는 시합 후 숨을 거두고 만다. 자동 방적 기계의 도입은 미숙련 노동자들의 일자리를 대체하고 숙련된 노동자의 임금도 낮아졌다. 노동자들은 일자리를 되찾기 위해 기계를 파괴하며 노동운동을 시작했다. 이러한 저항운동이 영국의 러다이트(Luddite)이다. 러다이트는 급격한 산업화에 따른 일자리 감소와 사회적 구제 장치가 부족한 상황을 극명하게 보여 주는 사례였지만 기계의 도입과 일자리 감소는 막을 수 없었다.

붉은 깃발법

가솔린 엔진이 개발되고 증기 기관을 이용한 자동차들이 운행되려 할 때 영국은 러다이트 운동의 악몽을 떠올렸다. 이에 영국은 붉은 깃발법(Red flag act) 법령을 제정하여 자동차 운행에 관한 속도 제한, 운영 인력 제한, 운행 제한 등의 규제를 부가하고 마부들의 일자리를 자동차 운행으로 전환시키려 했다. 증기 기관을 이용한 자동차는 가솔린 엔진을 장착한 자동차와는 달리

영국의 붉은 깃발법

부피와 중량이 매우 컸으며 도로 조건은 자동차가 고속으로 주행할 수 있는 여건이 되지 않았고 마차와 마부의 안전을 위협하는 상황이 발생할 수 있기에 적절한 조치로 이해될 수 있었다. 이후 규제는 폐지되었지만 결과적으로 이로 인해 영국은 프랑스에 비해 가솔린 자동차 도입과 상용화가 20여 년 뒤처지게 되었다.

로봇의 기원과 로섬의 범용 로봇

체코 극작가 카렐 차페크는 연극 "로섬의 범용 로봇(RUR, Rossum's Universal Robots)"에서 로봇의 개념과 이용에 대한 혜택과 위협을 제시했다. 로봇은 인간의 명령에 따라 노동을 대신 해 주는 존재로 정의된다. 연극에서는 대량 생산된 로봇이 반란을 일으키고 인간을 몰살시키는 장면이 연출되었다. 공상과학 작가 아이작 아시모프는 『아이, 로봇』에서 로봇의 3대 원칙을 제정하여 로봇과 인간과의 관계를 정립하여 공생을 추구했다. 로봇은 인간에게 어떠한 위해를 가해서도 안 되며 위험에 처한 인간을 방조할 수 없고 인간에게 절대 복종하며 로봇 스스로도 자신의 안전을 책임져야 한다는 내용이다. 제임스 카메론 감독의 영화 "터미네이터"에서, 올리버 달리 감독의 "액슬"에 이르기까지 로봇 3대 원칙이 반영되고 있으며 이 원칙은 현실에서도 인공지능과 로봇 개발 분야에서 암묵적인 가이드라인으로 인지되고 있다.

뱀의 턱

1차 산업혁명으로 농촌 인구의 일부는 제조업으로 유입되었고 2차 산업혁명으로 일자리를 상실한 인력 일부는 서비스업으로 이동했다. 디지털, 인터넷, 모바일 혁명은 제조업 인력을 지식 정보화 산업으로 유입시켰다. 앤드루 매카피는 『제2의 기계 시대』에서 2,000년대 이후 고용 창출 능력은 지속적으로 감소했다고 말한다. 경제가 성장하고 생산성이 증가함에도 일자리가 증가하지 않는 현상이 발생하여 제라드 번스타인은 이를 뱀의 턱(jaws of the snake)으로 정의했다. 자동화 기계의 도입으로 고용시장은 지속적으로 위축되며 비정규직, 저임금 노동 일자리가 증가하여 중산층의 소득이 감소되고 빈곤층은 더욱 빈곤해지며 부의 배분은 더욱 불평등해지고 있는 실정이다. 영국의 옥스팜이 발표한 『99%를 위한 경제보고서』는 빌 게이츠, 제프 베조스, 워런 버핏, 마크 서커버그 등 세계 10대 부자가 소유한 자산이 세계 하위 50%인 36억 명의 총 자산과 같다고 보도했다.

뉴노멀

일과 일자리의 미래

4차 산업혁명은 새로운 경험과 가치를 제공하지만 비정규직, 임시직 일자리마저 로봇, 인공지능으로 대체되는 모습을 보인다. 세계경제포럼은 4차 산업혁명을 소개했지만 『일자리의 미래』에서 기술 진보가 미칠 영향에 화두를 던졌다. 2020년까지 700만 개 이상의 일자리가 감소하고 200만 개의 일자리가 창출되어 결국 500만 개 이상의 일자리가 사라진다고 했다. 아이들은 지금은 알지 못하는 새로운 일을 하게 된다. 국내에서는 이를 심각하게 받아들이지 않았다. 인공지능 알파고가 바둑 대국에서 승리하고 나서야 기술이 인간 고유의 영역에 들어왔음을 실감하고 일과 일자리의 미래에 대하여 걱정하기 시작한 것이다.

제3의 실업 시대

4차 산업혁명은 인류에게 제3의 실업 시대를 확인시켰다. 마쓰다 다쿠야는 역사의 흐름에 따라서 실업 시대를 정의했다. 탈농촌화, 도시화에 따른 제1의 실업 시대, 기계화, 자동화에 따른 제2의 실업 시대를 거쳐 지금의 우리는 인공지능과 로봇의 등장으로 발발한 제3의 실업 시대를 살고 있다. 토머스 프레이는 2030년까지 20억 개의 일자리가 소멸할 것이라고 했고 10년 후 일자리의 60%는 아직 탄생하지 않은 상태라고 말했다. 포레스터 연구소는 2025년 미국에서만 전체 일자리의 16%가 사라진다고 발표했다. 프레이와 오스본 교수의『컴퓨터 자동화에 민감한 일자리에 관한 고용의 미래』는 미국 근로자의 절반을 고위험 직군으로 분류했다. 사무직, 일반 판매직, 기계 조작 직군은 최고 위험 직군이며 인간을 직접적으로 상대해야 하는 전문직의 위험도는 상대적으로 낮았다.『직업의 미래 리포트』는 고도화된 전문 직군과 컨설팅, 엔터테인먼트, 커뮤니케이션 분야와 같이 창의, 공감, 소통, 교류 역량이 요구되는 일자리에 대해서는 안정적인 수요를 예측했다. 반복 노동과 육체 노동에 대한 수요는 로봇과 인공지능으로 대체된다. 컴퓨터 프로그래밍, 디자인, 데이터 분석과 같이 인사이트를 발굴하는 창의적 문제 해결 능력에 대한 수요는 증가하고 있다.『2040 유엔 미래 보고서』는 일자리의 80%가 소멸할 것으로 분석했다. 기술 발전과 산업 변화의 흐름을 읽고 민첩하게 학습하고 유연하게 대처하여 전문 분야에서 깊이를 넓히는 것만이 일자리 변화와 감소의 시대에 생존할 수 있는 방법이다.

뉴 노멀(New normal)의 시대

러다이트 운동은 단체교섭권을 획득했지만 기계화의 흐름을 막을 수 없었다. 붉은 깃발법은 영국의 자동차 산업 발전을 도태시켰다. 타일러 코웬은 변화의 흐름을 막을 수 없었다고 강조한다. 역사적 전환점에서 메가 트렌드라는 거대한 파고를 거스를 수 없기 때문이다. 4차 산업혁명에는 일자리, 성장 절벽, 인구 절벽, 양극화라는 구조적 문제점이 복합적으로 작용한다. 글로벌 금융 위기 이후 구조적인 장기 경제 침체가 새로운 표준이 되었다. 2018년 한국의 출산율은 세계 최저인 0.97이다. 일본은 초고령화 사회 진입에 36년이 걸렸지만 한국은 26년으로 단축되었다. 65세 이상의 노인 빈곤율은 OECD 평균의 3배 이상이다. 인구 절벽은 결국 소비 절벽으로 이어지고 일자리 감소로 인한 소득 감소는 경제의 근간을 흔들게 되는 것이다.

신 러다이트 운동과 기본 소득 제공 프로그램

일자리와 실업 문제는 미국도 예외가 아니다. 실리콘밸리는 신 러다이트 (Neo Luddite)에 선제적으로 대응하고자 기본 소득 제공을 실험하고 있다. 이 실험에 앞장선 인물이 와이콤비네이터 회장 샘 올트먼이다. 그는 1,000명을 선발하여 매달 1,000달러를 지급한다. 샘 올트먼은 기본 소득을 지불하면 인류가 생계를 위한 직업 탐구와 단순 노동에서 탈피하여 보다 창의적이고 가치 있는 일을 할 수 있음을 주장한다. 그의 실험은 테슬라의 일론 머스크와 페이스북의 마크 저커버그에게 영향을 미쳐 기본 소득에 대한 지지를 표명하게 했다.

디지털 파괴

혁신 주기의 단축

인류는 수많은 혁명의 시대를 거쳐 왔다. 산업혁명의 시작은 겨우 200년 전이다. 컴퓨터와 인터넷에 기반한 3차 산업혁명의 시작은 30년이 안 되지만 인류는 이미 4차 산업혁명 시대를 살고 있다. 기술 발전과 혁신의 주기가 더욱 짧아지며 파급 속도가 급격해졌다. 알렉산더 그레이엄 벨이 1876년 전화를 개발한 이후 대중화에 걸린 시간은 70년 이상이었다. 1982년 한국 인터넷의 아버지 전길남 박사에 의해 한국은 인터넷 역사의 첫 발을 내딛었다. 그리고 한국 인터넷 대중화에 이르기까지 걸린 시간은 15년에 불과하다. 2009년 스마트폰이 소개된 이후 10년이 못 된 지금 인터넷 보급률 96%, 스마트폰 보급률 94%로 세계 1위를 기록하고 있다.

스마트 팩토리, 인간과 로봇의 협업, 기계 학습은 업의 개념, 일의 패러다임을 전복시켰다. 지멘스의 암베르크 공장은 하루 평균 5,000만 건의 데이터가 실시간으로 분석되어 최적화된 운영 프로세스가 구축되고 위험 요소를 사전에 진단하여 제품의 불량률을 10만 개당 1개로 낮추었다. 에너지 소비량을 3분의 1로 단축하고 평균 근로시간도 주당 35시간 이내로 감축시켰다. 아디다스는 스피드 팩토리의 도입으로 제품 기획부터 소비자 판매까지의 시간을 단24시간으로 단축했다.

디지털 파괴의 시대

인류는 디지털 기술과 모바일로 네트워크에 실시간 연결되어 일상의 활동에서 무한한 데이터를 생성한다. 우버와 함께 폭스바겐, 벤 헬리콥터, 에어버스 등은 이미 수직 이착륙이 가능한 자율 주행 자동차를 선보였으며 이동통신 5G 기술의 발달로 자동차는 움직이는 엔터테인먼트 공간으로 활용되어 끊임없이 데이터를 생산하고 소비하게 되었다.

5G 무선통신은 초당 20기가 비트의 속도로 4G LTE 전송 속도의 20배를 넘어섰다. 인공지능, 빅데이터, 사물 인터넷으로 발발한 초연결, 초지능, 융복합은 디지털 파괴(digital disruption)를 현실화하고 빅뱅 파괴자들을 만들었다. 택시업계 비즈니스 모델 파괴자 우버, 호텔 업계를 파괴한 에어비앤비, 은행 업계를 파괴한 애플페이, 캐비지, 벤모, 서점과 소매 업계, 유통 질서를 파괴한 아마존 등이 대표적 빅뱅 파괴자이다. 애플의 헬스킷, 리서치킷을 통한 의료 시장 진입은 전통적인 의료 업계의 비즈니스 모델을 파괴하는 모습을 보이고 있다.

인공지능

인공지능의 시작 – 다트머스 회의

1956년 다트머스 회의에서 인공지능이라는 용어가 등장했다. 제프리 힌튼이 개발한 딥 러닝은 인공지능의 비약적 발전을 견인했다. 영화 "아이언맨"의 인공지능 자비스는 의사 결정 능력과 자가 진화하는 모습을 제시했다. 인공지능의 선도자는 앨런 튜링이다. 라이프니츠의 이진법 개발이 서양과학의 토대를 정립한 이후 앨런 튜링은 컴퓨터의 원형을 제시했다. 그는 튜링머신을 개발하여 인공지능의 가능성과 활용 사례를 탐구했다.

1943년 제작한 콜로서스는 세계 최초의 컴퓨터로 인정받는다. 인공지능은 약한 인공지능과 강한 인공지능으로 구분한다. 약한 인공지능은 단순한 문제를 해결한다. 강한 인공지능은 인간처럼 생각하고 사고하는 역량을 갖춘다. 앨런 튜링의 연구는 두뇌 기능을 구현하려 한 강한 인공지능 연구의 효시이다.

앨런 튜링과 튜링 테스트

앨런 튜링이 제안한 튜링 테스트는 질문에 답변할 때 기계와 인간을 구분하기 어렵다면 이를 인공지능으로 판단하는 실험이다. 영화 "액스마키나"

는 튜링 테스트를 모티브로 인간과 로봇의 관계, 정체성에 대한 질문을 남겼다. 앨런 튜링 이후 인공지능에 대한 정의도 다양하게 시도되었다. 마빈 민스키는 인공지능에 대해, 인간의 지능이 필요한 작업을 수행하는 기계를 만드는 학문으로 규정했다. 롭 캘런은 인간이 비교적 쉽게 수행할 수 있는 추론, 인지, 지각 등의 기능을 시뮬레이션할 수 있도록 정교한 알고리즘을 만드는 학문으로 정의했다.

구글이 선보인 인공지능 예약 서비스인 듀플렉스는 인간과의 차이를 확인할 수 없어 앨런 튜링의 튜링 테스트를 완벽히 통과한 인공지능의 출현이라며 논란이 일기도 했다. 듀플렉스는 베이퍼웨어(Vaperware, 아직 완성되지 않은 가상 제품)로 간주될 수도 있지만 대화 내용과 상황 판단, 문맥을 이해하여 반응하는 모습에 피실험자들은 인공지능을 이용한 테스트였다는 사실을 전혀 인지하지 못했다. 영화 "HER"의 인공지능 체계인 사만다처럼, 인공지능 로봇과 연애도 가능한 시대가 다가온 것이다.

강한 인공지능, 약한 인공지능, 초인공지능

영화 "프로메테우스"는 인공지능 로봇 데이비드가 탁월한 학습 능력과 추론 역량을 보였지만 인간의 미묘한 감정을 이해하지 못하는 한계점을 나타냈다. 인공지능은 강한 인공지능(Strong AI), 약한 인공지능(Weak AI), 초인공지능(Super AI)으로 분류한다. 강한 인공지능은 맥락을 이해하고 감정을 표현하며 지식과 지성을 드러낸다. 로드니 브룩스와 존 설은 인공지능은 후천적인 학습 능력을 갖춰 다양한 교류와 자기 학습으로 지능을 강화해야 하기에 학습을 강조했다. 특정 문제 해결에 초점을 맞춘 약한 인공지능, 응용 인공지능도 유용하다.

인공지능과 빅데이터 기술을 결합한 개인별 맞춤 서비스, 프로그래매틱 광고, 스마트 팩토리 구축, 큐레이션 서비스가 약한 인공지능의 활용 사례이다. 초인공지능은 인간 지능의 1,000배 이상의 지능을 갖추며 인간처럼 원초적 본능과 욕구를 갖추어 스스로 생존과 지적 탐구, 종족 번식을 실행하며 자가 진화를 수행할 것으로 예상된다.

인공지능의 대안 전뇌화 기술

일론 머스크의 관심사는 인간의 두뇌이다. 신경 레이스로 불리는 이 기술은 정보를 컴퓨터에서 뇌로 이식하거나 다운로드할 수 있도록 두뇌 속에 전극을 삽입하여 통신하는데, 사이버펑크 시대 흐름을 반영한 영화 "자니 니모닉"에서 소개되었다. 영화 "공각기동대"에서는 전뇌화 기술을 선보였는데, 이것은 인간의 뇌에 직접 지능을 이식하는 기술로서 두뇌의 정보 용량뿐만 아니라 두뇌의 모든 것을 제어하고 기능을 극대화할 수 있다. 전뇌화의 시대에는 인간의 두뇌도 해킹의 위협에 노출될 수 있다.

인공지능에 관한 대립각의 주인공은 저커버그와 일론 머스크이다. 인공지능 에반젤리스트인 저커버그와는 달리 일론 머스크는 강한 인공지능의 위험성을 부각시켰는데 그는 뉴럴 레이스로 불리는 피질 직결 인터페이스 기술을 소개했다. 일론 머스크는 전뇌화 연구의 권위자인 바네사 톨로사, 필립 사브스, 티모시 가드너 교수를 영입하여 뇌전증, 우울증 치료를 넘어 두뇌 인지기능을 극대화한 뇌 성형수술을 목표로 연구를 진행중이다.

뇌 신경 지도 연구 – 인간 커넥톰 프로젝트

인공지능 기술발달로 인간 커넥톰 지도 연구도 주목받고 있다. 인간 게놈 프로젝트로 유전자 지도를 완성한 인류는 이제 뇌 신경 연결 구조를 분석하는 인간 커넥톰 프로젝트에 관심을 모으고 있는 것이다. 커넥톰 연구는 코니비안 브로드만이 개발한 브로드만 지도에서 시작되었다. 그는 인간 뇌 속의 세포들을 52개의 독립 그룹으로 분류했는데 커넥톰 연구는 뇌 신경 세포들이 정보를 주고받는 연결성에 주목한다. 존 화이트 교수는 예쁜꼬마선충의 뇌 신경 세포의 연결성을 지도로 완성했다. 예쁜꼬마선충의 1,000여 개 세포 중 신경 세포는 302개에 불과했지만 신경 세포들의 연결쌍은 7천 개 이상이었다. 연구팀은 20년의 연구 끝에 커넥톰을 완성했다.

인간의 뇌는 예쁜꼬마선충과는 비교가 되지 않는다. 인간의 신경 세포 수는 1,000억 개 이상이며 신경 세포를 연결하는 시냅스는 100조 개를 넘는다. 염기 서열 쌍 30억 개 분석에 13년의 시간이 소요되었다. 인공지능, 빅데이터 기술의 도움으로 완벽한 뇌 신경 연결 지도를 확보하기 위해 뇌공학자, 뇌과학자들이 협업을 추진하고 있다. 확산 텐서 영상 기술 개발로 뇌를 해부하지 않고서도 MRI를 이용해서 신경 섬유 구조를 분석할 수 있게 되어 뇌 영상 기술 분야도 주목받고 있다. 광유전학 기술을 이용하면 특정 신경 세포만 선택적으로 자극하고 이에 따라 반응하는 다른 신경 세포들을 추적 관찰할 수 있다. 자폐증이나 정신 분열, 파킨슨씨 병과 같은 뇌 질환의 주요 원인을 뇌의 특정 영역의 손상이라고 생각해 왔지만 이러한 원인을 뇌의 신경 회로의 이상으로 발상의 전환을 하게 되어 질병의 원인과 치료에 관한 새로운 단초를 얻게 되었다.

일상에 침투한 인공지능

인공지능은 일상에 침투했다. 인공지능 스피커는 스마트홈, 홈 IoT 허브로 이용된다. 인공지능은 빅데이터와 결합하여 실시간 프로그래매틱 광고, 고객 패턴 분석, 개인 맞춤형 추천 서비스로 진화했고 실시간 통번역 시장에도 침투하고 있다. 구글은 픽셀버드를 선보여 구글 어시스턴트, 구글 번역 앱과 연동되고 외국인과의 의사소통을 가능하게 했다. 구글 글래스가 인공지능, 빅데이터, 증강현실 기술과 결합하여 기업고객 대상으로 산업용 디바이스로 탈바꿈했다.

　소프트뱅크, 삿포로 맥주 등은 채용 과정에서 인공지능의 문맥 인식 기능으로 인간의 업무를 대체하고 있다. SK C&C가 인공지능 에이브릴 HR을 적용한 자기 소개서 분석 솔루션을 채용 대행 기업인 스카우트에 제공했다. IBM 왓슨은 이력서 분석과 지원자의 소셜 네트워크와 디지털 흔적을 분석하여 지원자의 성격과 가치관까지 추론하는 단계에 이르렀다. 인공지능이 면접자의 표정, 몸짓, 뇌파 반응, 질문과 답변 분석 기능까지 수행하여 직무 적합성을 판정한다. 아톰와이즈는 인공지능과 빅데이터의 도움으로 하루 만에 에볼라 치료약의 후보군을 발굴했다.

빅뱅 파괴

파괴적 혁신

인류는 역사의 전환점, 변곡점의 단계마다 혁신을 수행했다. 하지만 점진적인 개선을 수행하는 존속적 혁신만으로는 급격한 변화의 파고를 헤쳐나가기 어려웠다. 마차를 개량해도 자동차의 도입을 막을 수 없고 대항해 시대를 풍미했던 선박을 개량해도 육로 수송의 철도 도입을 막을 수 없었다. 클레이튼 크리스텐슨 교수는 기존 사고의 패러다임을 변화시키는 파괴적 혁신(Disruptive innovation)을 주장했다. 존속적 혁신은 기존의 전략을 유지하면서 보다 나은 방향으로 점진적 개선을 추구한다. 하지만 파괴적 혁신은 새로운 운영 방식과 고객 요구 수준 이상의 제품과 서비스를 통해 시장을 잠식하는 혁신과 신시장에서 단순함과 편리함으로 고객이 얻는 가치를 극대화하여 이윤을 창출하는 혁신으로 구분한다.

빅뱅 파괴

마이클 포터는 본원 전략인 원가 우위, 차별화, 집중화로 경쟁 우위를 강조했다. 마이클 트레이시와 프레드 위어시마는 경쟁 우위 확보 전략으로 운영의 탁월성, 제품 리더십, 고객 밀착성을 제시했다. 클레이튼 크리스텐슨은 파괴적 혁신으로 저가 시장과 신시장 공략을 위한 혁신 전략을 제시했다. 4차 산업혁명을 이끄는 과학기술 동인으로 ICBM+AI, Robot이라 불리는 사물인터넷, 클라우드, 빅데이터, 모바일, 인공지능, 로봇이 핵심이다.

과학기술과 기술의 융복합은 모든 것을 뿌리째 흔드는 빅뱅 파괴(Bigbang distruption)를 유발했다. 새로운 기술과 플랫폼, 서비스가 급격히 성장하고 사라지면서 인류의 모든 질서를 뒤흔드는 혁신 방식이다. 제품과 서비스, 플랫폼의 수명이 단축되고 일자리의 불안정성은 증가한다. 빅뱅 파괴는 기술 불확실성과 고객의 수요 불확실성의 환경에서 게임의 룰과 경쟁 우위 개념조차 파괴하며 시장과 고객을 새롭게 정의한다. 초연결성, 초지능화, 빅뱅 파괴는 기획, 연구 개발, 제조, 마케팅, 생산, 판매의 흐름으로 구성되었던 가치 사슬을 방사형 네트워크 구조로 변화시켰다.

고객의 요구가 실시간으로 기업 경영에 반영되어 온디맨드 경제가 가속화한다. 대량 생산, 대량 소비의 개념이 무너졌다. 제조 기반의 기업들은 리쇼어링으로 전이 현상을 보이며 산업의 가치 사슬을 새롭게 정의한다. 고객의 디지털 흔적이 실시간 분석되어 최적화된 큐레이션 서비스를 제공한다. 고객을 분석하여 최적화된 제품과 솔루션을 추천하는 패러다임 전환이 일어나고 있다.

빅뱅 파괴 기업의 부상

인공지능, 클라우드, 차세대 물류 시스템과 빅데이터까지 아마존화(Amazon'd)를 이룩한 제프 베조스는 기업의 수명은 30년 내외이며 아마존 역시 망할 수 있음을 지적했다. 2007년과 10년 후인 2017년 Top 10 기업 비교에서 빅뱅 파괴를 선도하는 애플, 알파벳, 페이스북, 아마존, 텐센트, 알리바바가

4차 산업혁명의 수혜를 입고 Top 10에 올랐다. 빅뱅 파괴는 산업을 재편하고 기업의 수명을 단축시켰다. 맥킨지는 기업의 평균 수명을 15년 내외로 판단한다. 클레이튼 크리스텐슨 교수는 기업 수명의 단축에 관하여 사람, 과정, 철학을 바탕으로 하는 기업의 혁신 유전자가 강화되어야 함을 강조했다.

유니콘과 데카콘

텐센트 – 모방에서 새로운 창조를 만든다

텐센트(Tencent)는 짝퉁과 카피캣의 대명사로 조롱을 받았지만 마화텅의 추진력, 장즈둥의 기술은 모방에서 새로운 창조를 이룩했으며 시가총액 590조 원을 넘는 아시아 최대 기업으로 성장했다. 마화텅은 고양이를 보고 호랑이를 그렸다고 설명한다. 스타트업 초기 성공 기업을 빠르게 모방하되 철저한 차별화와 현지화에 초점을 두어 선두를 베끼지만 더 좋게 만들겠다는 창조적 모방을 수행한 것이다. 첫 시작은 ICQ 메신저를 모방하여 텐센트의 메신저인 QQ를 만들면서 싸이월드 아바타, 미니홈피, 도토리 등의 개념을 차용했다. 개인 정보를 텐센트의 서버에 저장하여 다른 단말기를 이용하더라도 모든 정보를 그대로 이용할 수 있는 차별화를 적용했다. 텐센트는 카카오톡을 벤치마킹하고 중국 내수 시장에 맞는 현지화로 새로운 모바일 메신저 위챗을 출시하고 간편결제, 위챗페이, 주문 결제 시스템 등을 통합하여 중국 내수 시장을 장악했다.

유니콘, 데카콘

유니콘(Unicorn)은 고대 그리스의 의사이자 작가인 크테시아스가 『인디카』에서 소개한 뿔 달린 동물로 치유력을 지녔다고 한다. 에일린 리는 성공한 스타트업에 유니콘, 데카콘(Decacorn)이라는 이름을 붙였는데 비상장 스타트업으로 기업 가치가 10억 달러 이상인 회사를 유니콘, 100억 달러 이상인 곳을 데카콘으로 정의했다. 2018년 기준 258개의 스타트업이 유니콘에 올랐다. 그들은 혁신적인 아이디어와 플랫폼, 비즈니스 모델로 시장 질서와 경쟁 원리, 경영 전략을 파괴하며 신세계의 질서를 만든다. 미래는 신속하게 다가올 뿐만 아니라 예측하지 못한 방식으로 찾아온다고 말한 엘빈 토플러의 언급처럼 빅뱅 파괴의 속도가 단축되고 있다. 500대 기업들은 시가총액 1조 원에 도달하기까지 평균 20년 소요되었다. 그러나 유니콘 기업들은 이 시간을 평균 6년으로 단축했으며 우버는 2년 만에 시가총액 1조 원에 도달했다. 이들의 핵심 전략은 과학기술과 플랫폼 구축을 통한 규모의 확장과 연결, 융복합이다.

앞글자를 따 FAANG이라고 불리며 미국 시총을 주도하는 페이스북(Facebook), 애플(Apple), 아마존(Amazon), 넷플릭스(Netflix), 구글(Google)은 굳건한 영향력으로 비즈니스를 선도하고 있으며 PANDA로 불리는 페이팔(Paypal), 아마존(Amazon), 엔비디아(Nvidia), 디즈니(Disney), 알파벳(Alphabet)이 FAANG을 추격하고 있다. 신생 유니콘 기업들에는 새로운 특징이 있다. 그들은 기존 유니콘 기업들처럼 기술과 플랫폼으로 시장 파괴를 주도하지만 인공지능, 3D 프린팅, 사물 인터넷, 빅데이터, 헬스케어, 로봇, 핀테크에 이르기까지 필요한 모든 것을 신속하게 융복합한다. 그렇게 연결, 협력, 집단 지성과 오픈 소스, 오픈 커뮤니티로 민첩하게 기술을 흡수하여 이종 산업의 플랫폼까지 유연하게 연결하여 비즈니스를 확장시키는 전략적 민첩성과 유연성, 기술을 신속하게 습득하고 비즈니스를 창출하는 기술지능을 갖춘 것이다.

성공하는 플랫폼 구축을 위한 9단계

오마에 겐이치는 21세기의 부는 플랫폼에서 나온다고 주장했다. 안드레이 학주와 히라노 아쓰시 칼은 『플랫폼 전략』을 선보였다. 스콧 갤러웨이는 『플랫폼 제국의 미래』에서 극한의 포식자를 선정했다. 비즈니스 확장의 대명사 아마존, 고객 가치와 새로운 경험을 신앙의 수준으로 끌어올린 애플, 초연결 시대에 연결을 중재하고 관장하는 페이스북, 세상의 모든 정보를 손 안에 움켜쥐고 있는 구글이 그것이다. 플랫폼 구축을 위한 전략 9단계는 이미 업계의 공식처럼 회자되고 있다.

* 1단계: 사업 도메인 결정

메가 트렌드(Mega Trends), 기술, 사회, 라이프 스타일의 변화를 파악하고 산업 및 산업 버티컬에서 점유하거나 침투할 비즈니스 도메인 결정

* 2단계: 타깃 그룹 선정

어떤 그룹과 그룹을 연결하는 플랫폼을 만들 것인가, 특징으로 내세울 것은 무엇인가?

* 3단계: 플랫폼 내의 활발한 교류 시스템 구축을 통한 플랫폼 자가 증식

플랫폼 내에서 이용자 간 활발한 교류 시스템 구축, 네트워크 효과, 입소문 효과 생성

* 4단계: 킬러 콘텐츠, 번들링 서비스 제공

차별화된 킬러 콘텐츠, 인기 콘텐츠는 무엇인가? 플랫폼 이용자에게 가치를 제공하는가?

* 5단계: 가격 전략, 비즈니스 모델 구축

어떤 그룹으로부터 어떻게 수익을 얻을 것인가? 어떤 지원을 할 것인가? 어떤 그룹의 참가가 플랫폼에 유리할 것인가?

가격 정책, 가격 변동은 어떻게 유지할 것인가? 마이너스/플러스 전략을 어떻게 사용할 것인가? 마이너스 전략은 어떻게 극복할 것인가?

* 6단계: 가격 이외의 매력 제공하기

플랫폼의 이용자 애착도 높이기, 가격 이외에 사용자는 어떠한 가치를 제공받는가?

* 7단계: 플랫폼의 규칙 제정, 관리

사용자 및 사용 그룹에게 합리적으로 납득될 수 있는 규칙 제정, 악화가 양화를 구축하는 사태 방지, 네트워크 효과의 역풍 방지하기

* 8단계: 독점 금지법 등 정부 규제 및 지도, 특허권 침해 사전 파악 및 대응

국가별, 지역별 사업 규제 사전 대응하기

* 9단계: 플랫폼의 지속적인 진화 전략 수립

플랫폼에 참가하는 사용자 그룹의 본원적 욕구 충족을 위한 서비스와 니

즈·원츠(Needs & Wants)에 대한 끊임없는 질의

플랫폼의 존재 이유 및 사업의 근원적 수행 이유를 찾고 진화하기

시카르 고시는 플랫폼 전략이 성공을 보장하지 않는다는 사실을 수치로 밝혔다. 2,000개의 기업을 조사한 결과 스타트업 10개 중 3~4개는 파산했으며 3~4개는 투자 원금만 회수했고 1~2개 기업만이 성공을 거두었다. 자본금 회수 가능성을 보면 스타트업의 실패 확률은 95% 이상이다. 실리콘밸리는 창업자들의 무덤이라는 역설이 있다. 하나의 벤처캐피탈이 2,000장 정도의 투자 제안서를 검토하며 200개 정도로 걸러 내고 나머지는 쓰레기통으로 들어간다. 200개의 사업 제안서를 인터뷰하고 최종 5곳만 투자를 진행한다. 벤처캐피탈이 10개 회사에 투자한다면 3개는 6개월 내에 4개는 1년 내에 망하고 잘되면 3개 정도가 생존하며 그중에 1개가 생존을 유지하여 유니콘, 데카콘의 길을 걷는 것이 냉혹한 현실이다.

실리콘밸리 성공과 실패의 원인

CBInsight는 스타트업의 실패 원인을 20가지로 분석했다. 주된 이유는 수요가 없는 비즈니스 모델이었으며 자금 부족이 그 뒤를 따랐다. 이외에 최상의 팀 구성 실패, 무능력, 형편없는 제품과 솔루션, 비즈니스 모델 이해 부족, 시기에 맞지 않는 제품 출시도 문제였다. 이들에게 필요한 것은 프로덕트 마켓 핏이다. 그것은 시장과 고객이 원하고 문제점을 가지며 진정으로 필요로 하는 제품과 솔루션을 제공할 수 있는가를 판단하는 것이다. 유니콘, 데카콘 기업들은 린 스타트업 방식으로 피봇(고객과 시장 검증을 통하여 제품의 방향이나 기능을 바꾸는 작업)을 거쳐 진화했다. 연결을 주관하는 중개자의 역할을

이행하여 성공한 것이다.

초연결 사회, 연결을 관장하는 중개자

세계경제포럼은 2025년까지 1조 개의 센서가 연결되어 초연결 시대를 견인할 것으로 예상했다. 클라우스 슈밥은 4차 산업혁명의 시대를 헤쳐 나갈 수 있는 힘은 초연결 사회(Hyper connected society)에 있다고 주장했다. 모든 사물이 연결되는 만물 인터넷의 시대이다. 초연결의 시대에서 연결의 수는 기하급수로 증대하며 연결을 관장하는 중개자(Business Connector)도 진화하고 있다. 유니콘, 데카콘은 연결과 연결을 주관하는 중개자 역할을 한다. 초연결 사회에서 연결의 수단이 더욱 다양해지고 있다. 연결의 종류와 개수가 무한으로 증대되는 초연결 사회로 진입할수록 고객의 선택권은 더욱 다양하게 발전하며 특정 플랫폼의 독주는 과거의 영화를 보장하지 못한다. 중개자의 입장에서는 자신의 플랫폼 속으로 매일 다양하게 생성되는 연결의 종류 모두를 구현하는 것은 불가능한 일이다. 초연결 사회는 기업과 고객만을 연결하는 것이 아니다. 기업과 고객, 기업과 기업, 고객과 고객을 모두 연결하게 된다. 서로 다른 플랫폼들을 연결하고, 서로 다른 제품과 서비스들을 연결한다. 기존 생태계와 플랫폼을 연결하고, 생태계와 또 다른 생태계가 연결되며, 산업의 다양한 버티컬이 서로 연결되는 것이다.

비즈니스 시스템적 사고

글로벌 기업과 유니콘, 데카콘 기업들은 피터 셍게의 『제5경영』에서 소개된 시스템적 사고(systems thinking)를 확장하여 비즈니스에 적용한다. 클라우스 슈밥은 『제4차 산업혁명 더 넥스트』에서 시스템적 관점(systems view), 융복합, 통합적 사고를 갖추어 큰 그림을 조망하고 디테일을 갖도록 요구했다. 시스템적 사고는 맥락을 파악하고 다양한 요소의 상호 작용을 파악하여 최적의 기회를 확보하는 것이다. 기술적 배경과 비즈니스 인사이트를 갖추어야 한다. 고급 통찰력으로 가치를 부여하여 기회를 창출하는 것이다.

로봇의 역사

로봇의 아버지 - 조지프 엥겔버거, 조지 데볼

정보 처리의 기본 단위인 비트를 탄생시킨 노버트 위너는 수학, 전자공학, 제어, 통신, 신경과학, 철학을 융복합하여 사이버네틱스를 만든 창시자다. 사이버네틱스는 정보공학, 통신공학, 제어공학의 기초를 구축했으며 그의 연구는 신경망, 인공지능 분야에까지 영향을 주었다. 카렐 차페크의 연극 이후 로봇을 실용적으로 사용하게 된 것은 1950년대 산업용 로봇 분야이다. 1954년 조지 데볼이 최초의 로봇 특허를 출원했다. 1956년 조지프 엥겔버거와 조지 데볼이 최초의 로봇 회사 유니메이션을 설립했다. 그리고 1961년 프로그램이 가능한 유니메이션의 산업용 로봇이 GM 공장에 설치되어 로봇에 의한 자동화 시대가 개막되었다.

인공지능의 창시자 - 존 매카시, 마빈 민스키

인공지능이라는 개념과 표현은 존 매카시가 처음 제시한 것이다. 그는 리스프를 개발하여 인공지능 연구의 대중화를 열었고 영화『뷰티플 마인드』의 실존 모델인 존 내시와 프린스턴 대학에서 공부했다. IBM 704 컴퓨터에 리스프 인터프리터가 구현되어 트리 구조, 객체 지향 프로그래밍, 컴파일러 등의 이론과 구현이 시작되었다. 존 매카시와 함께 인공지능의 아버지로 추앙받는 과학자가 마빈 민스키이다. 마빈 민스키는 딘 에드몬즈와 함께 최초의 학습하는 기계 SNARC를 개발했다. 인공지능이 학문적으로 연구된 것은 1956년 다트머스 학회에서의 모임이 시초였다. 민스키, 존 매카시, 클로드 섀넌이 단출하게 시작한 이 모임은 인공지능학회로 성장했다. 1960년대 인공지능 연구는 인공 신경망 퍼셉트론이었다. 하지만 1960년대 후반 민스키와 시모어 패퍼트가 퍼셉트론의 학습 범위의 한계를 입증하여 역설적으로 인공지능의 암흑 시기를 초래했다. 이후 민스키의 연구 분야는 로봇 시뮬레이션과 기계 학습, 뇌과학 등으로 확대되었으며 그는 컴퓨터 분야의 노벨상인 튜링상을 수상했다.

유니메이트 – 최초의 산업용 로봇

최초의 산업용 로봇 회사는 조지 데볼과 조지프 엥겔버거가 1956년 설립한 유니메이션이다. 1961년 GM 뉴저지 공장에 유압식 로봇 유니메이트를 투입하여 자동차 생산에 기계화, 자동화의 문을 열었다. 2톤이 넘는 로봇 팔로 구성된 유니메이트는 유압으로 150kg의 자동차 부품을 집어 이송했다.

유니메이트의 도입은 자동차 제조업에 혁신을 초래했다. 로봇이

유니메이트

인간의 작업을 대체하기 시작했고 1971년에만 10만 시간의 가동 시간을 기록했다. 1962년 AMF는 버사트란을 포드 생산 라인에 투입했다. 1967년 일본이 버사트란을 수입하여 자동차 제조와 로봇 공학 분야에 혁신을 가져왔다. 엥겔버거의 1969년 가와사키 중공업과의 파트너십은 이후 수십 년간 일본이 산업용 로봇 분야에서 선도자로 부상하는 계기를 마련했다.

최초의 로봇 팔 - 란초 암

초기 로봇 연구는 인공 팔을 만들려는 시도에서 비롯되었다. 세계 최초의 로봇 팔(Robot Arm)은 란초로스트아미고 병원에서 개발된 란초 암(Rancho Arm)이다. 이것은 장애인을 위한 보조 도구로써 6개의 관절과 실린더 유압장치를 부착하여 인간 팔의 움직임을 구현하고자 했다. 그러나 재정적인 문제로 1963년 스탠퍼드 대학에 인수되고 스탠퍼드 대학이 후속 연구를 지속하여 1968년 마빈 민스키가 다관절 로봇 팔 텐터클 암을 개발했다. 12개의 관절로 PDP-6 컴퓨터에 의해 제어되고 유압 오일로 구동되었다.

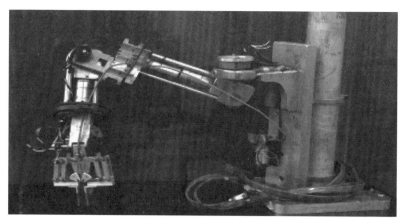

란초 암

최초의 자율 주행 로봇 - 셰이키

1969년 스탠퍼드 대학은 셰이키(Shakey)
로봇을 개발했다. 셰이키는 센서와 카메라
로 주변 환경정보를 인식하는 세계 최초의
이동형 로봇이다. 셰이키는 자율 주행 서비
스 로봇의 원형으로 현대 로봇공학과 인공
지능 개발에 영향을 주어 『라이프』는 셰이
키를 최초의 전자 인간으로 표현했다. 셰이
키에 쓰인 최상 우선 탐색 알고리즘은 이후
지도 제작에서 컴퓨터 게임에 이르기까지
다양한 분야에 활용되었다.

셰이키

파괴적 기술에 대응했는가?

1970년대 로봇은 컴퓨팅 기술을 적용하며 파괴적 기술(Disruptive Technol-
ogy)이 유입되었다. 시작은 전기 모터였다. 1973년 쿠카에서 전기 모터 로봇
이 개발되었고 리처드 혼은 마이크로 컴퓨터로 제어되는 최초의 산업용 로
봇 전용 컨트롤러 T3를 개발했다. GM을 필두로 자동차 제조업체들은 전기
모터로 설비를 교체했지만 전기 모터에 대응이 부족했던 엥겔버그는 유압식
모터에 집착했다. 결국 GM은 화낙과 계약을 체결했고 변화의 흐름을 읽지
못한 엥겔버거와 유니메이션은 역사의 뒤안길로 사라지게 되었다. 이후 앵
겔버거는 헬프메이트 로보틱스라는 서비스 로봇 업체를 설립한 뒤 병원 내
부를 이동하면서 약과 식사를 전달해 주고 환자의 상태를 기록하는 로봇을
만든다. 엥겔버거는 미국 로봇산업연합 창립에도 기여했고 이후 엥겔버거

어워드가 제정되어 로봇 산업계의 리더들에게 수상해 왔다. 최근의 수상자는 아이로봇의 창업자이자 리씽크로보틱스의 회장인 로드니 브룩스, 퍼스트 로보틱스 경진대회 창설자인 딘 캐먼 등이다.

세계 최초의 휴머노이드 로봇 와봇-1

1970년대 전기 모터와 마이크로 컴퓨터로 제어하는 로봇이 등장할 때 정밀 모터 제어 기술의 선두 일본은 휴머노이드 로봇 연구에 착수했다. 와세다 대학은 1973년 최초의 휴머노이드 로봇 와봇-1(WABOT-1, 1970~1973)을 개발했다. 일본이 휴머노이드 로봇을 연구한 이유는 3차 산업인 서비스 분야에 로봇이 다양하게 활용될 것이라는 비전을 발견했기 때문이다. 와봇-1은 손과 발을 제어하는 시스템, 비전 시스템, 대화를 할 수 있는 커뮤니케이션 시스템으로 구성되어 인간과 의사소통이 가능했고 외부 자극을 입력받는 인공 귀, 인공 눈, 인공 입술을 통하여 물체의 거리와 방향을 판단했다.

또한 두 다리로 걷고 촉각 센서를 활용하여 손으로 물체를 잡고 운반할 수 있었다. 다음 모델은 1980년에 시작한 와봇-2이다. 와봇-2는 지능형 기능 구현으로 악보를 읽고 피아노를 치는 행동을 구현했는데 이것은 개인형 로봇의 시발점이었다.

와봇-1

2족 보행 로봇 - 혼다의 아시모부터 나사의 발키리까지

혼다의 로봇 연구는 2족 보행 연구에서 시작되었는데 2000년부터 아시모를 개발했다. 혼다는 자율형 행동 제어 기능을 탑재하여 인간과 유사한 의사 결정 메커니즘을 선보였지만 2018년 NHK는 혼다의 아시모 개발 중단과 조직 해체를 보도했다. 2011년 일본이 동일본 대지진과 후쿠시마 원전으로 피해를 입자 세계 로봇 업계도 재난 구조 로봇 개발에 본격적으로 착수했다. 미국 DARPA의 세계 재난 구조 로봇 대회가 열리면서 재난 구조 로봇에 대한 연구 성과가 높아졌다. 혼다는 재난 구조 로봇 E2-DR을 공개했다. E2-DR은 인간처럼 팔, 다리, 무릎, 몸통, 손과 머리를 움직일 수 있으며 2족 보행 기술과 센서 기술을 이용하여 시속 4Km의 속도로 움직임으로써 재난 로봇의 미래를 열었다는 평가를 얻었다.

북유럽 신화에서 신들의 제왕 오딘을 수호하는 12명의 여전사 발키리(Valkyrie)는 나사에 의해 재난 구조 로봇 발키리-R5로 탄생하여 화성 탐사에 이용될 휴머노이드 로봇으로 선정되었다. 발키리는 DARPA 로봇 경진대회의 기준에 맞는 차량 운전, 차량에서 내리기, 문 열고 들어가기, 밸브 잠그기, 전동공구로 벽 뚫기, 플러그 뽑기, 장애물 돌파하기 등의 임무를 성공적으로 수행했다. 발키리는 인간에 앞서 화성에 보내져 인간이 화성 탐사, 거주에 적응하도록 사전 작업을 할 예정이다.

감정 인식 로봇, 자율 이동 로봇

소프트뱅크는 감정 인식 도우미 로봇 페퍼(Pepper)를 출시했다. 페퍼의 춤추는 모습에 인간이 웃는 모습을 보인다면 페퍼는 그 표정을 읽고 자신의 긍정적 행동 패턴으로 강화한다. 클라우드 이모션 엔진으로 불리는 인공지능 협업 강화 기능도 탑재되었다. 전 세계의 모든 페퍼들과 연결되어 인공지능의 강화 학습을 빠르고 정확하게 진화시킬 수 있다. 페퍼의 기능은 여전히 미완성이다. BBC의 "여섯 대의 로봇과 우리들"에서 식료품 매장에 페퍼를 투입했다. 고객들은 폭발적인 관심을 나타냈으나 그 인기는 이내 시들해졌다. 답변 수준은 불만족스럽고 고객 안내를 유도하는 기능이 없었기 때문이다. 고객의 질문을 제대로 이해하지도 못했다. 결국 페퍼는 일주일 만에 해고당하는 수모를 겪었다.

실리콘밸리 로봇 스타트업인 페치 로보틱스(Fetch Robotics)는 제조 및 물류 이송 환경에서 무거운 짐을 운반해 주는 자율 이동 로봇을 만드는 물류 로봇 분야의 선두주자이다. 멜로니 와이즈는 로봇 인큐베이터 윌로우 개러지 출신으로 현존 로봇에 대부분 적용되는 로봇 운영체계 ROS의 핵심 개발자다. 페치 로봇은 스스로 학습하고 자율 주행하는 지도 알고리즘으로 물류 이송 비즈니스에서 주목받고 있다.

로봇 클러스터에 연결하라

미국 로봇 산업은 매사추세츠 로보틱스 클러스터와 실리콘밸리 로보틱스가 양분한다. 매사추세츠 로보틱스 클러스터는 120개의 스타트업과 50개 이상의 대학, 연구기관이 협업하여 기술 협력, 시설 공유, 표준화 제정, 네트워킹으로 업계를 선도한다. 특히 MassTLC는 벤처 인큐베이팅과 엑셀러레이팅, 네트워킹 서비스를 제공한다. 기술 컨소시엄 RTC를 운영하여 국방, 안보, 테러 분야의 로봇 개발을 위한 국가 지원과 관련 연구를 수행한다. 실리콘밸리 로보틱스는 매사추세츠 로보틱스 클러스터와 함께 세계 최대의 로봇 및 인공지능 기술 혁신 및 투자에 대한 클러스터 중 하나이다. 로봇 기술의 혁신과 상업화를 지원하기 위해 로봇 회사들에 의하여 시작되었으며 설립부터 스타트업의 CEO 및 핵심 인력들이 직접 이사회의 중역을 맡아 최적의 기업 친화적 활동을 추진하고 있다.

로봇, 자연을 모사하라

자연 모사 기술

자연 모사 기술(Nature Inspired Tech)은 생명체의 구조, 원리, 메커니즘에서 영감을 얻어 구현하는 기술이다. 코뿔소를 모방한 보스턴 다이내믹스의 4족 보행 로봇 LS3(Legged Squad Support System)는 정찰, 지뢰 제거, 운송에 활용되고 있다. 앤트옵티마는 개미의 집단 움직임을 모델링하여 업무 효율성을 극대화할 수 있는 소프트웨어를 개발했다. 브뤼셀 대학 도리고 교수 팀은 집단 전체가 협력하고 지능을 갖게 되는 군집 지능을 로봇에 적용하고 있다. 군집 지능을 프로그래밍하여 상업적 목적에 이용한 사례는 평창올림픽에서 선보인 인텔의 슈팅스타 드론 프로젝트이다. 이 프로젝트에서는 1,281대의 드론이 일사분란하게 움직이며 충돌 없이 정상 비행 및 군무를 수행했다. 미국 DARPA는 군사 활동에 투입될 드론 및 군집 지능을 갖춘 드론 기술에 대한 검토를 시작했다. 250대 이상의 드론이 도시 상공을 정찰하며 군집 기능으로 정찰, 첩보, 테러 진압 등의 임무를 수행하는 연구를 진행 중이다. 현대의 자연 모사 과학기술은 동식물 및 자연의 특이한 능력에 주목하고 있으며 감지 기능과 동작 메커니즘, 생물학적인 프로세스를 규명하며 센서로 구현하여 비전 시스템, 열화상 시스템, 광전도, 태양광 발전, 전자기파 감지 등에 활용하고 있다.

바이오 마이크로 로봇, 홀 스킨 로코모션

리처드 플레이셔 감독의 영화 "마이크로 결사대", 조 단테 감독의 영화 "이너스페이스"는 실리콘밸리의 극비 실험인 초소형화 실험과 나노 공학을 모티브로 초소형 잠수정을 타고 인간의 혈류와 내장 기관 속에 침투하여 각종 병원 균을 치료하는 영화로 바이오 마이크로 로봇에 대한 기대치를 높였다.

데니스 홍은 자연 모사 기술을 아메바 로봇으로 확대했다. 아메바 로봇의 개발 목적은 인명 구조와 재난 로봇 분야이다. 아메바 로봇은 건물 붕괴 현장 등 장애물을 넘어 이동할 수 있으며 팽창과 수축을 반복해서 이동하는 메커니즘으로 자연스럽게 움직이는 홀 스킨 로코모션(whole skin locomotion) 기술이 적용되어 있다. 데니스 홍은 이러한 특성을 이용하여 로봇 카이메라를 만들게 되었으며 이 로봇은 초소형화 기술과 접목하여 가까운 미래에 인체의 내장 기관에 투입되거나 초소형 로봇으로 구현되어 인간의 혈류를 타고 들어가 병을 치료하는 역할을 수행하게 될 것이다.

로봇의 활용

로봇의 감지 기술, 동작 관련 기술

인간에게 다섯 가지의 감각이 존재하듯 로봇의 기능, 성능을 평가하는 척도의 기준은 감지 기술이다.

① 물체 인식 기술 – 주변의 물체가 사람, 동물, 건물, 차량 등 어떤 것인지를 식별하고 그 움직임을 파악

② 위치 인식 기술 – 지도에서 로봇의 현재 위치와 목적지를 찾아내는 기능

③ 휴먼 로봇 인터페이스 기술 – 사람의 음성과 표정 등을 인식하여 요구 사항을 이해하고 감정에 반응하는 기술

감지 기술은 센서와 소프트웨어로 구성되며 경량화되어 로봇의 센서 탑재 개수가 증가하고 정확도가 향상되고 있다. 영상 분석은 인공지능, 빅데이터와 연계한다. 주요 반도체 기업들이 참여하는 크로노스 그룹에서 3차원 이미지 분석 기술 표준인 오픈VX를 발표했고 3차원 이미지를 실시간으로 분석할 수 있는 전용 칩 개발이 진행되어 실시간 이미지 인식과 분석 기술이 로

봇으로 들어오고 있다. 로봇의 동작 기술은 초소형 모터와 액추에이터, 구동 제어 소프트웨어 기술이 융복합한다. 보스턴 다이내믹스의 아틀라스는 백 덤블링도 가능하다. 혼다는 휴머노이드 아시모와 재난 구조 로봇 E2-DR을 개발했다. 나사는 화성 탐사 목적의 2족 보행 로봇 발키리를 출시했다. 로봇 챌린지에 출품되는 로봇들은 스스로 차량을 운전하고 비포장 도로 위를 걷고 장애물을 치우거나 사다리를 올라 전기 톱이나 드릴과 같은 도구를 사용하는 등 고난도의 동작을 수행하여 인간을 대체하는 시기를 더욱 앞당기고 있다. 로봇 페퍼는 왓슨과 클라우드 기술을 융복합했다. 감정 로봇의 구현에는 고성능의 인공지능 알고리즘과 하드웨어가 요구된다. 소프트뱅크는 이러한 한계점을 마사유키 이나바 교수의 연구 결과로 클라우드와 인공지능 왓슨으로 해결했다. 로봇이 IoT 기기처럼 다양한 센싱으로 데이터를 발생시키고 이를 처리하는 인공지능, 빅데이터 엔진을 클라우드에 구축하여 클라우드에서 연산되고 분석된 결과물을 전달받아 동작하도록 구현한 것이다.

로봇의 분류

글로벌 로봇 비즈니스는 IFR에서 제공하는 리포트, 매사추세츠 로보틱스 클러스터, 실리콘밸리 로보틱스 클러스터, 글로벌 시장 동향 분석 기관의 자료를 이용한다. IFR의 분류에 따라 로봇 시장은 제조업용 로봇 시장과 전문 서비스, 개인 서비스 로봇 시장으로 구분할 수 있다.

* 제조업용 로봇(산업용 로봇)

제조 현장에서 부품의 입고, 분류, 설비 운영, 제조, 생산, 포장 및 운송을 포함하는 제조 전 과정에 적용되는 로봇 및 관련 소프트웨어

* 전문 서비스 로봇

비제조업용 로봇으로 인간을 대신하여 특정 시설, 특수목적에 적합한 서비스를 제공하는 로봇과 관련 소프트웨어

* 개인 서비스 로봇

청소 로봇, 가정용 로봇, 교육용 로봇, 오락용 로봇, 개인비서 로봇, 간병 로봇, 친구 로봇 등 일반인을 대상으로 서비스를 제공하는 로봇

제조업용 로봇의 지역별 주요 시장은 중국, 한국, 일본, 미국, 독일 등 5개 국이며 이들은 글로벌 판매 수량의 74%를 점유한다. 중국은 2013년 이후 세계 최대의 제조업용 로봇 시장으로 부상하고 있다. 제조업용 로봇의 글로벌 시장은 전기, 전자 산업에서 제조업용 로봇에 대한 수요가 급증세를 나타냄에 따라 2020년까지 연 평균 15%의 성장세를 나타낼 것으로 예상되고 있으며 2020년 로봇 판매 수량은 2015년 대비 2배 이상의 성장세를 나타낼 것으로 예측된다.

로봇 밀도, 제조업용 로봇 활용

로봇 보급률을 측정하기 위해서는 1만 명 당 로봇의 투입 대수를 나타내는 로봇 밀도 수치를 이용한다. 한국은 631, 독일 309, 일본 303, 미국 189를 기록했다. 중국은 68의 수치를 기록하고 있지만 2020년까지 글로벌 로봇 시장을 주도하며 연 평균 22%의 성장세를 나타낼 것으로 예측된다. 글로벌 제조업용 로봇 기업 10개 중 7개를 보유하고 있는 일본은 이미 세계 최고 수준의 기술력을 보유하고 있다. 미국은 자동차 산업의 부활로 제조업용 로봇의

수요가 증대되고 있으며 2020년까지 15%의 성장을 할 것으로 예상된다.

제조업용 로봇의 활용 분야는 자동차 산업의 점유율이 가장 높지만 전기, 전자 산업의 수요가 급증하는 추세이다. 일본은 제조업용 로봇 분야의 글로벌 리더로 세계 10대 기업 중 7개의 기업을 순위에 올리고 있다. 화낙, 야스카와, 가와사키는 글로벌 Top 5로 분류되어 세계 제조업용 로봇 시장을 선도하고 일본의 제조업용 로봇 기업들은 생산 로봇의 70%를 수출하고 있다. 주요 수출 대상국은 중국, 미국, 한국, 독일, 대만이다.

제조업용 로봇 기술은 스마트 팩토리, 인간과 로봇의 협업, 기계 학습으로 확대되고 있다. 스마트 팩토리 시장을 장악하고 있는 기업들은 독일의 지멘스, 미국의 로크웰 오토메이션, 일본의 미쓰비시이다. 스마트 팩토리의 완성을 위해서는 4차 산업혁명의 기반이 되는 사이버 물리 시스템, 로보틱스, 3D 프린팅, IoT 기반 포그 컴퓨팅, 사이버 보안 등 다양한 디지털 신기술의 융복합이 요구된다. 생산, 제조 라인의 실시간 데이터를 수집하는 사물 인터넷 기술과 취득한 데이터를 실시간으로 분석하여 의사 결정을 지원하거나 문제점 패턴을 분석하고 사전에 문제점을 밝혀 대응하는 애널리틱, 인공지능 기술이 핵심 요소로 부각되고 있다. 제조 현장에서의 즉각적인 분석과 판단, 운영의 효율성을 위해 클라우드를 대체하는 포그 컴퓨팅, 에지 컴퓨팅도 중요성을 높여 가고 있다.

모라벡의 역설과 협업 로봇

마누엘라 벨로소 교수는 로봇과 인간 사이의 협업과 소통, 상호 협조적인 공생 관계를 강조했다. 인간에게 쉬운 일이 로봇에게 불가능한 일이 될 수 있음을 말한 모라벡의 역설(Moravec's Paradox)처럼 현실에는 문제점이 존재한다. 벨로소 교수는 코봇 개념을 정립하며 인공지능 기술의 혁신뿐만 아니라 로봇이 직접 인간에게 도움을 요구하는 형태로 발전할 수 있음을 제시했다. 쿠카와 화낙, 유니버셜 로봇 등 로봇 제작 기업들은 코봇을 개발해 항공기와 자동차 생산 라인에서 사람과 함께 작업하고 있다. 최초의 산업용 협업 양팔 로봇은 독일 ABB가 제작한 유미이다. ABB는 다보스포럼에서 사물, 서비스, 인간이 연결되는 IoTSP 개념을 소개하여 제조업의 생산성 증대를 위해 인간과 기계의 협업 방안과 로봇의 학습을 제시했다. 독일 BMW 자동차 제조 라인에 투입된 쿠카의 LBR iiwa는 인간과 로봇의 협업을 위한 감응형 로봇으로 인간은 생산 제어와 운영 관리를 수행하고 로봇은 부품 이송, 정밀 조립을 수행하여 로봇과 인간의 상호 보완적 협업의 사례를 선보였다. 야스카와는 협동 로봇 모토맨-HC10을 출시했는데, 여기에는 로봇 팔을 직접 손으로 잡고 자유롭게 조작하여 구동 방식을 교육시키는 티칭 기술과 인간의 안전을 위하여 로봇의 구동이 자동으로 제어되는 파워포스 리미테이션 기술이 결합되었다. 이제 로봇은 지속적으로 학습을 수행하고 이를 데이터

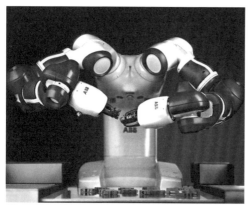

유미

모토맨-HC10

화하여 빅데이터, 딥 러닝 기술과 접목하여 학습 효과를 극대화하고 있다.

서비스 로봇

서비스 로봇은 개인 서비스 로봇과 전문 서비스 로봇으로 구분한다. 물류 분야는 스마트 팩토리의 핵심 요소인 무인 운반차에 대한 글로벌 수요가 증가하여 2020년까지 25~30%의 높은 성장 기록이 전망된다. 의료 분야의 로봇 수요는 지속적으로 증가하고 있으며 홍보 분야는 텔레프레전스 로봇, 정보 제공 로봇 등 홍보 로봇의 수요 역시 급증세를 보이고 있다. 전문 서비스용 로봇은 전문가를 보조하거나 협력하여 작업을 수행하거나 전문화된 작업의 일부를 수행하는 로봇으로 물류, 농업, 의료 분야에서 다양한 제품이 소개되고 있다. 물류 분야는 피킹 로봇, 농업 분야는 착유 로봇, 의료 분야는 수술 로봇 등이 주를 이루고 있다. 개인 서비스용 로봇은 가사, 엔터테인먼트, 장애인, 노인 지원 로봇 등 모든 개인 서비스용 로봇 분야의 수요 급증이 예상된다. 가사 분야에서는 청소 로봇이 가장 큰 비중을 차지하며 장애인, 노인 지원 분야에서는 텔레프레전스 로봇, 정보 제공 로봇 등 홍보 로봇의 수요도 증가하고 있다. 서비스 로봇은 자율 주행 기술, 인공 지능, 휴머노이드, 소셜 로봇, 로봇 비전 분야로 확대되고 있다. 자율 주행 기술은 인공지능이 운전자의 주행 과정을 관찰하여 운전 방법을 스스로 학습하여 주변 차량들과의 관계를 분석해 향후 움직임 및 위험 예측을 수행하는 기능 구현을 추진하고 있다. 아마존은 물류 센터의 24시간 무인 작업을 위하여 이동과 피킹 작업이 동시에 가능한 로봇을 개발 중이며 구글은 대량 생산 체제를 갖춘 차량 OEM 업체들과의 협력을 통한 시장 선점을 목표로 현재 FCA와 협력하여 자율 주행 차량을 개발하고 있다. 엔비디아는 자율 주행에 딥 러닝 기술을 적응 응용하고 있고 기존 5단계의 차량 제어 단계(센서 정보 취득, 주변 환경 인지, 위험도 판단, 경로 생성, 차량 제어)를 3단계(센서 정보 취득 - 딥 러닝 - 차량 제어)로 줄이는 방법을 연구하고 있다.

자율 주행 기술

자율 주행 자동차의 개념은 사람이 제어할 필요 없는 완벽한 자율 주행 자동차 상태로 정의하며 주요 요소 기술은 환경 인식 센서, 위치 인식 및 맵핑, 판단, 제어, V2X 등이다. 자율 주행 자동차의 기술 수준은 운전자의 개입 수준에 따라 5~6단계로 구분한다. 한국은 NHTSA 기준을, 유럽에서는 SAE 기준을 따르고 있다. 자율 주행 자동차 산업은 전통적인 자동차 제조 회사가 자율 주행의 핵심 기술 적용을 위해 ICT 기업 등 다른 산업과 융복합하며 발전하고 있다. 캘리포니아에서는 운전자 동승 없이 고속도로 운행이 가능한 개정법을 발표했고 도로교통 안전국에서 2016년 자율 주행 자동차 가이드라인을 발표하여 사실상의 표준이 되었다. 유럽은 2015년 자율 주행 자동차 개발 로드맵이 수립되었다. EPoSS 로드맵에 따라 자율 주행 자동차 기술 개발 로드맵을 연구 개발, 시연, 상용화의 3단계로 구분하고 2025년 고속도로 자율 주행, 2030년 도로 주행 상용화, 2050년 5단계 수준의 자율 주행 자동차 상용화를 목표로 하고 있다. ERTRAC은 일반 승용차와 상용차를 대상으로 자율 주행 자동차 상용화 로드맵을 제시하며 승용차의 경우 2020년까지 자율 주차 시스템 개발, 트럭의 경우 2019년까지 어댑티브 크루즈 컨트롤 개발 완료 목표를 제시하고 있다. 완전 주행 자동차(레벨 5)의 개발 목표는 2030년으로 규정하고 있지만 기술 개발 수준에 따라 유동적임을 명기한다.

AI first, AI Everywhere

인공지능과 빅데이터는 4차 산업혁명 및 이후의 비즈니스에서 핵심으로 평가되고 있다. 스마트 가전에 인공지능 비서를 탑재하는 것을 넘어 인공지능 챗봇, 의료 영상 진단, 협동 로봇, 인지 판단 로봇에 활용되고 유통 분야에서는 상품 추천 서비스, 배송 분야에 활용되어 AI first, AI Everywhere를 표방한다. 딥 러닝 기술 발달로 상업적 활용 범위가 증대되고 있으며 기술 플랫폼으로서 자율 주행차, 의료, 서비스 로봇 및 제어 로봇, 휴먼 인터페이스 등으로 빠르게 적용되고 있다. 자율 주행 자동차의 경우 주변 상황을 인지하고 대처하거나 오작동에 대처하는 기술 연구를 진행하고 있으며 의료 영상 분야에서는 전문의의 판단보다 정확한 영상 진단을 수행하게 되었다. 로봇 분야에서는 강화 학습을 통하여 입력된 학습 데이터가 부족해도 스스로 학습하고 판단하여 행동할 수 있는 연구가 진행되고 있으며 휴먼 인터페이스 분야도 딥 러닝 적용이 활발하다.

인공지능의 전문 서비스 영역 침투

인공지능은 특화된 전문 서비스로 옮겨 간다. 마이크로소프트의 시각 장애인용 서비스 Seeing AI, 아마존의 패션 코디네이터 Echo Look 등이 그 사례이다. 인공지능은 보는 인공지능, 시각화된 인공지능으로 진화하고 있다. 대표적인 사례가 구글 렌즈이다. 구글 렌즈는 구글의 구글 고글에서 진화된 형태로 구글 어시스턴트에 통합되어 새로운 검색 경험을 제공할 것이다. 아마존의 에코룩은 음성 명령으로 사용자에게 옷의 스타일, 날씨에 맞춘 옷이나 상품을 추천한다. 기업용 B2B 시장의 인공지능 플랫폼 경쟁도 주목해야 할 부분이다. 삼성 SDS는 기업 통합 분석 플랫폼인 Brity를 출시하고 자연어로 대화하는 기능을 포함했다. LG CNS는 데이터 수집, 분석, 시각화까지 빅데이터를 처리하고 분석하는 인공지능 빅데이터 플랫폼인 DAP를 출시했으며 SK C&C는 IBM 왓슨의 한국어 인공지능 플랫폼 서비스인 에이브릴을 출시하였고 솔트룩스는 ADAM 플랫폼을 공개하여 비즈니스를 수행하고 있다.

소셜 로봇

소셜 로봇은 인간과 교감, 감성 교환에 초점을 둔 로봇이며 인간과의 상호 작용을 지속적으로 강화하는 성장 로봇으로 개인용 로봇 시대의 주역으로 인식된다. 소셜 로봇은 클라우드에 연결된 학습 데이터를 공유하고 자가 학습을 통하여 성능을 향상시킨다. 소니의 애완견 로봇 아이보는 1999년에 첫 출시되어 2,500달러의 높은 판매 가격에도 불구하고 세계적으로 15만 대 이상의 판매량을 기록했으며 6세대 아이보를 끝으로 2006년 생산을 중단했다. 지난 2018년 7월 출시된 7세대 아이보는 인공지능과 클라우드, 빅데이터 기술이 결합해서 지능과 행동 반응을 강화시켜 주변 상황을 인식하고 실제 애완 동물과 같은 교감 행동을 수행한다. 소니는 아이보 출시 시점에 실제 동물들과 아이보의 교감 활동을 실험하여 실제 동물들이 아이보와의 생활 이후 아이보를 분리시켰을 때 정서적 불안감과 스트레스를 받는다는 점을 밝혔다.

일자리의 변화

특이점과 수확 가속의 법칙

문서 판독기, 광학 문자 인식기, 음성 인식기, 평판 스캐너, 문서를 음성으로 읽어 주는 시각장애인용 음성 변환기, 전문 음악인들의 필수 장비가 된 신디사이저 등을 발명하고 애플의 음성 인식 서비스 시리를 개발한 구글의 기술고문 레이 커즈와일은 『특이점이 온다』에서 기술이 인간을 초월하는 순간인 특이점을 예견했다. 그는 기술이 선형적인 발전을 하는 것이 아니라 기하 급수적 발전을 한다는 수확 가속의 법칙을 주장하여 21세기의 발전 속도는 20세기의 1,000배가 될 것이라고 예상했다. 그의 계산에 따르면 2045년 인간이 만든 기계의 지능이 인간의 지능을 뛰어넘는 특이점에 도달하게 된다.

ICBM+AI, Robot

인공지능과 로봇 기술은 융복합을 추구한다. 캘리포니아의 알로프트, 일본의 헨나, 뉴욕의 요텔뉴욕앳타임스퀘어 호텔에 로봇 호텔리어가 등장했다. 무인 편의점 아마존 고는 3,000개의 점포를 개설할 예정이다. 스마트시티는 자율 주행 기술과 5G 통신, V2X 기술로 편의성을 제공하지만 수납원의 종말을 예고했다. IBM 왓슨의 도입으로 골드만삭스 트레이더 600명이

해고되었다. 독일의 인더스트리 4.0은 제조업 강화 전략으로서 2011년 하노버 산업박람회에서 소개된 이후 사물 인터넷, 클라우드 컴퓨팅, 빅데이터 등 주요 ICT 기술을 제조업에 복합했다. 미국은 2014년 GE, IBM, Intel, Cisco, AT&T, SAP 등이 주축이 되어 사물 인터넷 기반 제조업 강화 프로그램을 만들었다. 일본은 기계학회를 중심으로 기업 간 통신 프로토콜과 보안 규격의 표준화를 추진하고 개방형 인터페이스 구축으로 생태계 구축과 확대를 추진한다.

4차 산업혁명과 금융 비즈니스의 패러다임 변화

금융 기업과 ICT 기업들은 소비자의 새로운 니즈에 맞춤형 서비스를 제공하고자 금융 디지털 트랜스포메이션을 추진하고 있다. 맞춤형 금융서비스, 신규 금융 플랫폼 구축, 신용 평가 체계의 고도화, 비대면 금융 거래 확대, 지급 결제 수단의 간편화로 패러다임을 변화시킨다. 핀테크는 금융을 뜻하는 파이낸스와 기술을 뜻하는 테크놀로지의 합성어로 금융과 기술이 결합한 ICT 금융 융복합 서비스이다.

핀테크 사업 영역은 지급 결제, 송금, P2P 대출, 크라우드 펀딩, 자산 관리, 가상화폐, 기관 투자, 소비자 금융, 보안, 금융 인프라 영역으로 확대된다. 핀테크 비즈니스에서도 인공지능, 빅데이터, 사물 인터넷 기술이 융복합하여 새로운 비즈니스 플랫폼과 고객 경험 제공이 활발하다. 브렛 킹은 『핀테크 전쟁』에서 인터넷 금융의 발전으로 기존 은행들이 운영해 온 지점의 70~80%가 10년 안에 사라질 것이라고 예언했다. 예언은 현실이 되어 글로벌 은행들은 신기술로 무장한 핀테크 기업들에게 자신의 영토를 내어 주며 혹독한 영업점 구조 조정을 진행하고 있다.

산업 인터넷, 스마트 팩토리

다변화된 시장 요구와 효율적 생산 시스템의 필요성이 증대되면서 제조 기업들은 신성장 동력으로 사물 인터넷 기술에 주목하게 되었다. IoT 기반의 산업 인터넷(IIoT, Industrial Internet of Things)이 제조업 혁신의 핵심으로 부상했다. GE 디지털의 프레딕스, 지멘스의 마인드스피어, 슈나이더 일렉트릭의 원더웨어, SAP의 HANA, Leonardo, 보쉬의 IoT Suite, 화낙의 로봇 사물 인터넷 IoRT, ABB의 Ability, 시스코의 KINETIC 등이 대표적인 스마트 팩토리 솔루션이다.

인텐트 기반 네트워킹은 스스로 학습하고 목적에 따라 네트워크 자원을 조정하는 네트워크이다. 스마트 팩토리는 사이버 물리 시스템에 기반한 지능화로 변모하고 있다. 고객과 시장의 불확실성에 따라 생산, 제조 라인의 운영을 가변적으로 변경하며 딥 러닝 알고리즘을 도입하여 불량을 자동으로 판정하고 분류하여 제품 품질을 향상시킬 수 있게 되었다.

일자리의 감소와 변화

마쓰다 다쿠는 산업혁명으로 촉발된 제1의 실업 시대, 자동화에 따른 제2의 실업 시대를 거쳐 인공지능으로 화이트 칼라들이 실직하는 제3의 실업 시대가 도래했다고 주장했다. 칼 베네딕트 프레이와 마이클 오스본은 『고용의 미래』에서 직업의 47%가 사라질 것이라고 예견했다. 인공지능, 빅데이터, 로봇의 고도화로 고급 전문직 일자리는 창출되지만 수요가 급격하게 늘지는 않는다. 산업용 로봇이 제조업 일자리를 대체하고 인공지능과 빅데이터가 서비스업 일자리를 대체하여 일자리는 감소하게 된다. 일자리의 변화는 직업과 직무에 대한 전문성에 따라 다른 양상을 나타냄을 알 수 있다. ICT 기반의 전문성을 갖춘 일자리는 증가하고 저급 기술자나 단순 노동의 일자리 역시 자동화와 로봇, 인공지능으로 대체하기 위한 비용 문제로 당분간은 일자리의 위협에서 벗어나 있다. 하지만 단순 노동, 저급 기술의 경우에도 인간의 인건비와 비교하여 언제라도 일자리가 감소하거나 대체될 수 있다. 가장 위협을 받는 일자리는 중급의 숙련도를 갖춘 기술 인력이다. 단순, 반복 작업이 전체 업무의 대부분을 차지하기에 ICBM+AI, Robot 기술로 대체하기에 가장 적합한 계층이다.

전문 지식과 역량

사라지는 일자리는 단순, 반복 작업의 사무직, 행정직, 제조, 생산직, 육체 노동이고 증가하는 일자리는 전문 기술과 인지 능력, 인간의 판단력을 요구하는 ICT 연구 개발직, 비즈니스, 금융, 전문 컨설팅, 엔지니어링, 데이터 분석 직군 등이다. 인공지능과 로봇 등이 대체하기 어려운 의사, 변호사, 컨설턴트, 상담사 등 인간과의 상호 작용과 정서적 교감, 신뢰가 바탕이 되는 전문 직군은 수요가 증대할 것으로 평가된다. 경제협력개발기구는 일자리 변화의 키워드를 자동화에 따른 직무의 변화로 규정했다. 이는 극단적인 일자리의 해체를 의미하는 것이 아니라 인공지능, 기계, 로봇 등에 의한 직무의 자동화를 의미하며 인간 고유의 창의적, 감정적, 의사 결정에 기반한 고유 역량의 일자리는 자동화되기 어렵다는 사실과 전문지식(Expertise)과 역량(Competencies)을 갖출 것을 요구한 것이다.

기그 이코노미, 프리 에이전트

찰스 핸디는 『코끼리와 벼룩』에서 근로 형태가 비정규직, 파트타임 형태로 변모한다고 말했으며 예측은 현실이 되었다. 그는 자신을 경영하고 자신만의 포트폴리오를 정립할 것을 강조하며 포트폴리오 인생론을 강조했다. 기그(Gig)는 1920년대 공연장에서 임시 연주가를 단기 계약으로 고용하던 형태에서 유래했다. 에어비앤비, 우버로 촉발된 공유 경제의 이면에는 비정규직, 파트타임, 독립형 계약직 일자리 확대에 대한 우려가 존재한다. 공유 서비스의 확대로 기업들은 기그 이코노미(Gig Economy) 고용 형태로 채용 방식을 수정하고 있다. 기그 이코노미가 근로의 탄력성과 자유로운 선택권을 제공하고 프리 에이전트(Free Agent) 시대를 열었다고 할 수 있지만 낮은 임금과 고용 불안정, 노동의 질 저하, 노동력 착취 등의 문제점도 함께 지적되고 있다.

미래 역량의 변화

일하는 역량과 능력의 변화

4차 산업혁명은 초(超)의 시대로 고도화된 지능화 사회를 선보이며 일하는 역량과 능력의 변화를 요구한다. 다니엘 핑크는『새로운 미래가 온다』에서 미래 인재의 자격으로 창조, 협업, 공감하는 능력과 맥락을 이해하고 변화를 인지하여 큰 그림을 그리는 사람이 부를 창출할 것이라고 했다. 클라우스 슈밥은 시스템적 관점을 갖추고 큰 그림을 볼 수 있어야 한다고 강조했다. 핀란드 미래 교육의 4C는 소통, 창의, 비판적 사고, 협업이다. 실리콘밸리는 적응력, 복원력과 기개, 지속적으로 배우려는 성장형 사고방식을 추가했다. 로베르타 콜린코프, 캐시 허시파섹은『최고의 교육』에서 미래 인재의 조건으로 협력, 의사소통, 콘텐츠, 비판적 사고, 창의적 혁신, 자신감을 선정했다. 세계경제포럼은 현대인에게 요구되는 10개 역량으로 복합적 문제 해결, 비판적 사고, 창의성, 인적 자원 관리 역량, 대인 관계 역량, 감성 지능, 결정력, 방향 설정, 협상력, 융통성을 손꼽았다.

호모 데우스 vs 무용 계급

프로메테우스가 신을 닮은 형체를 만들고 아테나의 입김으로 탄생한 인류는 프로메테우스가 훔친 불로 문명의 서막을 열었다. 제우스는 홍수를 내리고 프로메테우스에게 독수리에게 간을 쪼이는 형벌을 부여했다. 데우칼리온은 방주를 만들어 홍수를 피하고 인류를 재창조했다. 유발 하라리는 인류가 신으로 성장하는 호모 데우스가 되려 한다고 지적하며 과학기술의 발전으로 대부분의 인간이 가치를 상실하는 무용 계급(Useless class)으로 전락할 수 있음을 지적했다. 인공지능의 발달은 초지능, 슈퍼인텔리전스의 시대를 예고한다. 일본은 인공지능 로봇인 도로보군을 만들어 도쿄 대학 입학에 도전했지만 낙방했다. 독해와 논리 추론 등에서는 고전을 면치 못했다. 칭화 대학이 개발한 인공지능 샤오이는 국가 임상 의사 시험에 합격했다. 1년 만에 인공지능 기술은 딥 러닝과 자가 학습으로 무장하여 인간의 논리, 추론의 분야까지 침투한 것이다.

파괴적 혁신가와 뉴 칼라

IBM CEO 지니 로메티는 인공지능을 성장의 도구로 이용하는 파괴적 혁신가(Disruptor)와 뉴 칼라(New Collar)가 되어야 함을 강조했다. 뉴 칼라는 4차 산업혁명 이후 등장한 숙련된 고급 지식 노동자다. 지니 로메티는 세 가지 역사적 변곡점을 설명했다. 반도체의 성능이 18개월마다 2배씩 증가하는 무어의 법칙, 네트워크의 규모가 커질수록 기하급수적으로 가치가 커지는 메트칼프의 법칙, 인공지능과 빅데이터가 변곡점으로 작용하여 인류의 삶과 일하는 방식을 변화시킨다는 것이다. 또한 다크 데이터의 활용 유무가 파괴적 혁신가인 디스럽터가 될 수 있는 요건임을 강조했다.

소프트 스킬과 감성 지능

존 손메즈는『소프트 스킬(Soft skill)』에서 전공, 대학, 자격증 같은 하드 스킬을 요구하던 시대를 지나 사고력, 커뮤니케이션 능력, 사회성, 긍정적 자아 관념과 복원력, 성장형 마인드셋과 같은 소프트 스킬의 시대가 도래했음을 알렸다. 아리스토텔레스가 소통의 3요소로 제시한 에토스(신뢰), 로고스(논리), 파토스(감성) 역량이 부활하고 대니얼 골먼이 자기 인식, 자기 조절, 공감 능력, 사회성, 동기 등의 요소를 통합하여 제시한 감성 지능(emotional intelligence)이 소프트 스킬의 주요 인자로 대두되고 있다. 과학기술의 혜택과 위협을 탐색하여 새로운 가치를 창출하는 디지털 리터러시 역량이 요구된다. 엘빈 토플러는 공교육 시스템은 수동적 산업 인력을 만들고 실업자를 양산하기 때문에 현재의 공교육 시스템을 개혁해야 한다고 주장했다. 유발 하라리는 학교 교육의 80% 이상이 학생들이 40대가 되었을 때 전혀 도움이 되지 않는다고 했다. 지식이 아닌 변화에 유연하게 대응하는 역량의 시대이다.

그레이 스완, 뉴 애브노멀

코맥 맥코시의 소설을 영화화한 "더 로드(The Road)"는 종말 이후 생존을 위해 남쪽으로 향하지만 왜 가는지 무엇이 존재하는지 알려주지 않는다. 희망도 존재하지 않았다. 판도라의 호기심은 상자를 열지 말라던 금기를 깨어 인간은 고통과 고난에 휩싸였지만 마지막 선물은 희망이었다. 암호화폐에 대한 극단적 비판론자로 닥터 둠으로 불리는 누리엘 루비니는 4차 산업혁명의 파급 효과와 이에 대응하는 미래 역량을 구체적이고 신속하게 이해하고 준비할 것을 강조했다. 나심 탈레브는『블랙 스완』에서 이제까지 경험하지 못했던 블랙 스완의 시기가 도래했음을 설명했다. 불확실성으로 변화를 알고 있지만 어떻게 대처해야 하는지 모르는 그레이 스완(Gray Swan)의 시대, 언제나 불확실성이 존재하는 뉴 애브노멀(New Abnormal) 시대에 직면하게 된 것이다.

호모 모빌리쿠스, 포노 사피엔스

인류는 200만 년 전 손을 이용하는 호모 하빌리스 특성으로 도구를 사용하는 호모 파베르가 되었고 50만 년 전 직립을 수행하는 호모 에렉투스가 되었다. 유발 하라리는 『사피엔스』에서 30만 년 전 나타난 생각하는 인간 호모 사피엔스가 7만 년 전 인지혁명을 거쳐 아프리카를 벗어났다고 했다. 호모 사피엔스는 1만 5,000년경 농업혁명을 일으켰다. 500년 전 과학혁명을 일으킨 이후 지적 설계를 수행하여 진화했다. 판도라의 상자가 열린 이후 에리히 프롬의 주장처럼 희망을 품은 호모 에스페란스가 되었다. 인류는 태초부터 놀이를 즐기는 속성으로 즐겁게 놀며 행복을 찾는 호모 루덴스의 속성을 갖는다. 컴퓨터, 인터넷 기술은 인류에게 디지털 네이티브 속성을 부여했다. 디지털 공간에서 소통하는 호모 나랜스, 스마트폰을 손에서 떼어 놓지 못하는 호모 모빌리쿠스로 변모시켰다. 기업가적 성향을 띠며 기술에 기반한 인터넷 엘리트를 의미하는 예티족과 이에 대비하여 멋진 삶과 여유를 누리는 여피족을 탄생시켰다. 스마트폰 없이 살 수 없는 포노 사피엔스(Phono Sapiens)의 속성을 지니게 되었으며 스마트폰 금단 현상을 겪는 노모포비아가 사회 질병으로 나타났다. 인류는 콘텐츠를 창조하고 선별, 재구성한 후 유튜브, 페이스북, 인스타그램 등으로 공유하면서 공동체와 소통하는 신인류 C세대로 진화하고 있다.

호모 파베르, 호모 루덴스

토머스 모어는 『유토피아』에서 평균 6시간의 업무를 수행하며 이외의 시간은 지적 추구에 이용하는 세상을 유토피아로 묘사했다. 상상은 현실이 되었다. 4차 산업혁명은 노동 시간의 단축을 요구한다. 아마존은 주 4일 근무를 실험하고 있으며 폭스바겐은 주당 25시간을 검토한다. 일본은 주 4일 근무를 검토한다. 기업의 경영 위기 극복, 일과 삶의 균형을 맞추고자 하는 워라밸의 해결책으로 검토되었던 근로시간 단축이 더욱 앞당겨지게 된 것이다. 선진국과 미국의 실리콘밸리는 노동 없이도 기본 소득을 제공하는 프로그램을 실험하고 있으며 핀란드에서 진행된 중앙정부 차원의 기본 소득 제공 실험은 실패로 끝났지만 그 대안으로 영국의 유니버설 크레디트 등 대안적인 복지 프로그램을 검토하고 있다. 호모 파베르 속성으로 고급 전문지식과 창의 역량을 갖춘 사람에게 이 시간은 놀이와 의미를 찾는 호모 루덴스로의 진화를 의미한다. 이들의 일은 재미와 놀이가 녹아 있는 의미 있는 목표에 도전하는 과정으로 진화할 수 있다. 기업 근로자부터 온라인 플랫폼 노동자나 클라우드 워커, 프리 에이전트, 디지털 노마드의 모습으로 변모할 수 있다. 반면 비숙련 근로자, 실직자에게는 일자리 감소와 소득 감소로 인하여 무용 계급에서 헤어나오기 어려운 긴 터널을 지나는 시간이다. 평생 직장, 평생 직업의 시대는 종말을 고했다. 변화하는 시대의 흐름과 맥락을 읽고 분석하여 지속적으로 필요한 역량을 갖추기 위한 평생 학습과 지적 탐구 활동이 생존의 무기로 대두되고 있다.

직장에서 직업, 직업 역량으로

초의 시대에서 현대인들은 직장이 아닌 평생 직업을 위한 역량을 학습해야 한다. 기술 변화와 산업 재편은 빅뱅 파괴를 초래했다. 개인도 변화를 감지하고 일과 학습에 대한 점검으로 평생 가져갈 수 있는 역량을 갖추어야 한다. 인류는 과학 기술 발전으로 신이 되고자 하는 호모 데우스, 모든 것을 융복합하여 진화하는 호모 컨버전스로 진화하고 창발적 인류를 창조한다. 전문 사무직은 인공지능과 빅데이터 기술을 능동적을 활용하는 파괴적 혁신가, 뉴 칼라로의 전환을 요구받고 있으며 기그 이코노미와 프리 에이전트의 시대에서 여가를 찾으면서도 삶의 목표에 도전하는 신인류 호모 파덴스로 진화한다. 신인류 C세대, 인플루언서들이 선망의 대상이 되고 있다.

미래 역량을 준비하라

모비딕, 괴물의 아이

허먼 멜빌의 『모비딕(Moby Dick)』은 상징과 비유, 철학적 탐구를 융복합한 작품이다. 이스마엘은 아브라함의 아들로 추방자를 의미한다. 이스마엘은 자신을 사회에서 추방당한 망명자로 생각하고 삶의 의미를 찾고자 배를 타게 된다. 에이햅 선장의 이름은 이스라엘 왕 아합이다. 우상을 섬기고 이교도와 결혼하여 파멸한 인물이다. 포경선 피쿼드는 백인에게 몰살당한 인디언 부족이다. 커피를 좋아한 항해사 스타벅은 커피 브랜드 스타벅스로 재탄생했다.

모비딕은 악의 화신, 또는 신성한 성물로 인식되어 모비딕을 공격하는 에이햅 선장과 피쿼드호는 파멸한다고 해석되었다. 이후 모비딕은 알 수 없는 존재, 가려진 진리로 인식되면서 모비딕을 찾는 인간은 본질을 탐구하는 모습으로 해석되기도 했다. 불굴의 의지와 신념은 현실과 변화를 인지하지 못하도록 장벽을 드리운다. 불확실성과 변화가 함께 공존하는 시대에 큰 목표는 작은 목표들을 쌓아 가며 수정하는 유연성을 가져야 한다.

호소다 마모루 감독이 모비딕을 모티브로 만든 영화 "괴물의 아이"에서 괴물 세계에서 성장하여 인간의 문자를 잃어버렸던 주인공 큐타는 시부야에서 만난 카에데에게 도움을 받아 『모비딕』을 읽으며 점차 새로운 세계에 눈을 뜨게 된다. 감독은 세상에 대해 스스로 공부하고 배우며 변화해야 한다는 점을 주인공 규타가 『모비딕』을 읽고 세상에 눈을 뜨는 장면으로 이야기한 것이다.

지속적으로 배우려는 사고방식

'어떻게 살 것인가? 무엇을 알고 있는가?' 불확실성의 시대에 핵심 질문이다. 몽테뉴는 『수상록』을 집필하고 거기에 시험, 경험, 새로운 시도를 뜻하는 "에세(Les Essais)"라는 제목을 붙였는데 이는 글쓰기 장르의 시초로 평가받는다. 그가 제시하는 화두는 '나는 무엇을 아는가?'에 대한 답이다. 그는 자신을 성찰하고 지식을 탐구하고 지식의 깊이를 강조했다. 4차 산업혁명, 불확실성과 초의 시대에 어떻게 대응해야 하는가가 화두가 되고 있다. 유엔 미래보고서 2050은 교육은 평생 계속될 것이라고 전망하며 소통, 창의성, 분석력, 협업을 강조했다. 핵심은 새로운 기술과 정보, 연결로 이루어진 융복합과 변화에 끊임없이 평생 학습할 준비가 되어 있어야 한다는 것이다. 지속적으로 배우려는 사고방식이 필요하다. 몽테뉴는 『수상록』에서 구조화된 뇌를 갖고 싶다고 했다. 지식은 서로 연결되고 진화하여 새로운 지식과 가치를 창출한다. 인류는 정해진 답을 구하는 뇌에서 벗어나 불확실성과 복합적인 문제에 질문을 만드는 배움의 뇌를 만들어야 하며 지속적으로 배우려는 사고방식(Mindset of continuous learning)의 전환을 해야 한다.

평생 학습으로 로켓에 올라타라

4차 산업혁명, 초연결 시대에 일과 공부는 인공지능과 로봇이 흉내 낼 수 없는 가치를 찾아야 한다. 페이스북의 셰릴 샌드버거는 로켓에 올라탈 자리가 주어진다면 "어떤 좌석인지 물어보지 마라, 그냥 올라타라."라고 했다. 로켓에 올라타는 기회를 얻기 위해서는 변화하는 사회와 산업, 기술의 흐름을 읽고 준비해야 한다. 자신을 연결하는 생존 전략이다. 픽사는 꾸준한 학습이 임직원의 두뇌를 민첩하고 유연한 창의력의 원천으로 만들어 유연하고 강한 인재로 성장시킨다고 말한다. 엘빈 토플러는 21세기의 문맹자는 새로운 것을 배우려 하지 않는 사람이라고 단정하며 평생 교육을 강조했다. 세계은행은 평생 학습이 경쟁력과 역량을 갖추는 도구임을 강조했다. 『교육전략 2020』에서는 교육에서 학습으로 패러다임을 전환하고 취학 이전부터 요람까지 평생 학습을 추구하는 것만이 변화와 불확실성에 대응하는 방안임을 제시했다. 학습은 스스로가 자신의 역량과 수준에 따라 온라인 강좌 플랫폼, 오픈 소스와 오픈 커뮤니티에 연결하여 자가 진화를 해야 한다. 학습 내용과 과정에 게임 기법을 적용하는 게이미피케이션 학습이 대안으로 부각되고 오프라인 학교 수업과 온라인 수업이 결합된 블렌디드 러닝이 도입되고 있다. 학습자의 자기주도적 학습 역량과 창조적 문제 해결 능력을 증진시키려 하고 있다. 기존의 교육 방식도 맥락을 찾아가는 방식으로 변모하고 있다. 이기기 위한 토론을 탈피하여 공감과 소통, 설득력을 갖춘 토론의 중요성이 더욱 증대하여 질문과 생각하는 힘을 강조하는 유태인의 전통적 학습 방법인 하브루타 등이 주목받고 있다.

미래 역량은 무엇인가

이코노미스트는 미래 인재의 필요 역량과 업무 능력으로 맥락 파악, 사회적 지능, 참신하고 적응력 있는 사고, 다문화 역량, 컴퓨터적 사고력, 뉴미

		인간 고유의 인문학적이고 감성적이며 비판적인 상황 해석을 더해 기계와 차별화된 관점으로 문제를 인식할 수 있는 능력
인간 고유의 문제 인식 역량	유연하고 감성적인 인지력	문학적 이해와 감성적 해석을 더함으로써 복합적인 문제를 보다 유연하게 해석할 수 있는 능력
	능동적 자료탐색 및 학습능력	상황 인식에 관련성이 있는 다양한 자료를 탐색할 수 있고 학습을 통해 문제와 관련성을 찾을 수 있는 역량
	비판적 상황 해석력	일반적인 틀에서 벗어나 문제의 핵심을 해석해 보는 역량
		인간 개개인이 갖는 다양성을 조합하여 기계와 차별화된 대안을 탐색하고 도출하는데 필요하거나 도움이 되는 역량
인간 고유의 대안 도출 능력	구조화, 설계화된 휴먼 모니터링 능력	필요로 하는 경험 관점에서 자신 및 타인을 계획적으로 모니터링 하는 역량
	유연한 협력 능력	다양한 사람들에게 창의적 의견과 지식을 추출, 유인해낼수 있는 역량
	휴먼 클라우드 활용 능력	다양한 휴먼 네트워크의 인적 자원을 활용하여 대안을 수행할 수 있는 능력
	시스템적 사고	다양한 유형과 소스의 정보를 체계적으로 조합하여 지식화 할 수 있는 능력
	협력적 의사 결정 능력	다양한 사람들의 의견을 종합하여 결론을 도출하는 기준과 과정을 설계할 수 있는 능력
		인간 고유의 다양성을 활용하면서도 기계를 이해하고 협력하는 방안을 찾아냄으로써 기계를 이용하는 인간이 되는 역량
기계와의 협력적 소통 역량	디지털 문해력	ICT 기기의 특성과 그로부터 발생하는 디지털 정보를 이해하고 활용할 수 있는 능력
	정교한 첨단 기술 조작 역량	첨단 기술, 기기를 정교하게 조작하거나 감수, 보정할 수 있는 능력
	휴먼 – 컴퓨터 조합력	기계로부터 얻을 수 있는 정보와 사람의 의견을 체계적으로 연결하고 종합하는 능력

디어 리터러시, 초학문적 능력, 디자인 마인드셋, 인지적 부하 관리, 가상 협력을 정의했다. 세계경제포럼은 직장인의 필수 요구 역량으로 복합적 문제 해결, 비판적 사고, 창의성, 인적 자원 관리 역량, 대인 관계 역량, 감성 지능, 결정력, 방향 설정 역량, 협상력, 융통성을 선정한 이후 『21세기 기술』에서 평생 학습을 위한 16가지 핵심 기술을 제안했다. 중복적으로 강조한 요소들은 역량과 인성이다. 또한 메타인지 역량을 갖추어 자신의 학습과 사회 정서적 역량 강화를 위한 계획, 점검, 수정, 평가의 과정을 수행하여 학습의 방향과 전략을 점검하고 보완해야 한다. 자기 조절 능력을 갖추어 자신의 꿈, 미래, 비전과 미션을 달성하기 위하여 학습 과정을 스스로 계획하고 실행하며 통제해야 한다. 미래창조과학부는 『미래전략 보고서』에서 미래 인재에게 필요한 3대 미래 역량으로 기계와 차별화된 인간 고유의 문제 인식 역량, 인간 고유의 대안 도출 능력, 기계와 협력하고 소통할 수 있는 역량을 제시했다. 지식과 기술을 연결하여 가치를 창출하는 창의적 역량이 강조된다. 깊고 넓은 사고를 위한 심층 학습 역량과 비판적 사고방식과 문제를 해결하는 역량을 갖추어야 한다.

호모 컨버전스

로저 스페리의 좌뇌, 우뇌의 기능적 차이 발견

뇌는 좌뇌와 우뇌, 이를 연결하는 뇌량으로 구성된다. 좌뇌와 우뇌의 기능을 밝혀 뇌과학 발전을 이끈 인물은 로저 스페리이다. 그는 간질 환자의 뇌량을 제거하여 한쪽 뇌의 간질 발작이 다른 쪽에 전이됨을 방지하는 연구를 수행했다. 시각 정보는 뇌량을 통해 반대쪽 뇌에 전달된다. 뇌량을 절제한 환자들은 왼쪽 눈을 통해 정보를 입력받으면 무엇을 보았는지 정확히 설명을 하지 못했지만 그 물체를 정확하게 지목했다. 우뇌는 정확하게 시각 정보를 인지했지만 뇌량이 없어 좌뇌로 전달되지 못했던 것이다.

언어를 담당하는 뇌는 좌뇌임이 밝혀졌고 인간의 뇌가 좌뇌, 우뇌의 기능 분할 특성을 갖고 있음을 보였다. 이후 과학자들에 의해 좌뇌는 논리적 특성을 담당하고 우뇌는 직관과 감성을 담당한다는 사실이 밝혀졌다.

애플의 전뇌 사고방식

좌뇌는 논리적, 분석적이기에 수학, 언어, 비판, 연속적 사고를 담당하며 우뇌는 창의적, 직관적이기에 공간, 음악, 이상과 비현실의 사고를 담당한다. 좌뇌를 이용한 사고방식은 무엇이 문제인가, 무엇을 개선해야 하는가라는 질문을 한다. 우뇌적 사고방식은 무엇이 불편한가, 어떠한 가치가 있을까, 기회를 찾을 수 없을까의 질문을 만든다. 협업에서 좌뇌 사고방식은 이 문제의 책임자는 누구인가, 누가 잘못했는가를 판단한다. 우뇌적인 사고방식은 협업하여 어떻게 해결할 수 있을까, 집단 지성을 이용할 가능성은 없는가를 판단한다.

좌뇌 사고방식은 집중과 몰입으로 특정 문제에 초점을 맞춘다. 우뇌적 사고방식은 다양성을 인정하고 사건의 전후 관계와 흐름, 변화를 찾는다. 좌뇌적 사고방식은 전통적인 분석 방법, 프레임과 데이터를 중시하며 우뇌적 사고방식은 새로운 패러다임, 다양성을 찾아 발산적, 직관적 사고방식을 추구한다. 현 시대가 인문학적 사고와 시스템적 사고, 창의성과 복합적 문제 해결 능력 등을 요구하는 것처럼 좌뇌와 우뇌를 유연하게 이용하는 전뇌 사고방식이 요구된다.

인문학과 과학이 결합하고 이종 비즈니스와 학문간 경계를 넘나드는 유연한 융복합적 사고로 새로운 가치를 창출하는 융복합형 인간, 호모 컨버전스를 요구하는 것이다. 애플은 전뇌 사고방식(Whole Brain Thinking)을 다방면으로 적용한다. 전뇌 활동인 페어드 미팅은 우뇌 창의 미팅, 좌뇌 생산 미팅으로 구분하여 운영된다.

창의적, 창발적 아이디어 도출과 실질적이고 현실적인 개선안을 탐구하는 활동이 융복합된다. 부서간 장벽을 허물고 토론과 소통, 협업으로 통합적 인사이트를 발굴한다. 어떠한 제약 없이 전뇌 활동으로 끊임없는 아이디어를 생산하는 것이다.

융복합 학문의 시작 – 사이버네틱스

융복합 학문 연구의 시초는 노버트 위너, 폰 노이만, 클로드 섀넌의 사이버네틱스(Cybernetics) 모임이다. 이들은 메이시 컨퍼런스를 개최하여 인공지능 연구의 효시인 다트머스 컨퍼런스, 자동 제어, 로봇, 우주 개발 연구에 영감을 주었다. 사이보그는 사이버네틱스와 유기체의 합성어로 우주복을 인간과 긴밀하게 연계된 유기체적 시스템으로 간주하여 생성된 용어이다. 기계 장치를 이용하여 인간의 능력을 대신하거나 초월하는 존재로서 사이보그가 탄생했다. 필립 K. 딕의 『안드로이드는 전기양의 꿈을 꾸는가』는 인공지능을 가진 사이보그와 그를 사냥하는 데커드의 이야기이다. 작가는 사이보그에게 감정을 느끼는 데커드의 혼란, 인간과 인간다움에 관하여 질문했고 이후 영화 "블레이드 러너"를 탄생시켰다.

사이버네틱스는 펑크 문화와 융복합하여 사이버 펑크를 만들고 사이버 스페이스를 창조했다. 사이버 펑크의 탄생에는 윌리엄 깁슨의 『뉴로맨서』가 중심에 있다. 인공지능의 발달로 매트릭스를 만들어 가상의 세계에서 삶을 살아가는 사이버 스페이스를 정의했다. 자론 레이니어는 컴퓨터 시뮬레이션으로 인간과 컴퓨터를 연결하는 인터페이스를 가상현실로 정의했다. 시로 마사무네는 "공각기동대"를 제작했고 영화 "제5원소", "매트릭스" 등에 영향을 주었다. 특히 매트릭스를 제작한 워쇼스키 남매는 『뉴로맨서』에서 제시한 화두와 프랑스 철학자 장 보들레르의 철학을 융복합하여 매트릭스를 제작했다고 밝혔다.

호모 컨버전스 – 초연결과 융합

애덤 그랜트는 『오리지널스』에서 창조한다는 것은 지식과 정보를 융복합하여 가치를 창출하는 것이라고 했다. 구글의 새로운 인재상은 협업형 인재다. 초지능과 융합의 시대에 요구되는 인재상은 융복합 지식과 기술을 소유하며 분업과 협업을 유연하게 적용하는 호모 컨버전스이다. 핵심은 초연결(Hyper connectivity)과 융합(Convergence), 협업과 커뮤니케이션이다. 4차 산업혁명을 이끄는 기술은 오픈 소스이다. 글로벌 기업들도 집단 지성의 힘을 이용하고 사용자를 넓히고자 오픈 소스 정책을 취한다. 로봇의 ROS, IoT 솔루션 WSO2, 빅데이터의 핵심 기술 하둡, 클라우드 기술인 오픈 스택, 지속적인 연구 개발과 배포를 위한 RaaS 등이 오픈 소스로 구성되어 있다. 협업과 원활한 커뮤니케이션이 없다면 불가능하다.

호모 컨버전스의 다른 요구 조건은 복합 문제를 해결하기 위한 시스템적 사고방식으로서 큰 그림을 보는 능력과 이를 작은 덩어리들로 쪼개어 세부적인 부분을 보는 디테일 관찰 능력이다. 컨버전스형 인재는 자신이 속한 사회와 산업의 생태계에 끊임없이 연결하여 스스로 진화한다. 법률 서비스에 인공지능이 접목되었고 금융권도 디지털 트랜스포메이션을 추진하며 핀테크와 블록체인, P2P를 이용한 인터넷 은행 등이 기존의 전통 금융업에 위협을 가하고 있다. 제조업으로 상징되던 자동차 업계는 공유 경제 모빌리티 서비스와 제휴를 추진하고 자율 주행 기술과 스마트 엔터테인먼트 기술로 첨단 ICT 기술의 집결체로 변모하고 있다. 스마트폰의 위치 정보와 디지털 흔적은 수많은 비즈니스 기회를 창출하여 고객 맞춤형 서비스를 만든다. 로봇 분야는 인공지능과 결합하여 협동 로봇, 감정 인식 로봇이 출현했다. 한정된 지식과 경험에서 한계를 확대해야 한다. 모든 영역으로부터 정보가 서로 영향을 주고받기 때문이다. 편협한 시각으로는 수많은 점(dots)을 볼 수도 없고 선(line)으로 연결할 수도 없다.

Part 2 공부

학습, 공부:
시대를 살아가는 유일한 생존 전략

목적 있는 삶

무민 세대, 무의미의 축제

김상용 시인의 시 "남으로 창을 내겠소"는 '왜 사냐건 웃지요'라는 구절로 끝난다. 너 왜 사냐?고 다그칠 때마다 이런 행동으로 혼쭐나는 학생도 많았다. '아이고 의미 없다'라는 말은 '사는 게 사는 게 아니다'라는 말을 대신한다. 인싸(인사이더)들은 그들만의 리그를 만든다. 합류하지 못한 아싸(아웃사이더)들은 인싸에 합류하든지 모든 사람을 아싸로 간주해 자기 위안을 찾는다. 인형 뽑기 최애 아이템 무민 인형은 무민(No mean) 세대로 정의되어 팍팍한 삶을 대변한다. 밀란 쿤데라의 『무의미의 축제』는 불확실해지는 시대 모습을 반영한다. 한국을 만든 동력은 평등한 교육이 아닌 평등한 경쟁 원칙이었다. 여건이 열악해도 본인의 노력으로 계층 사다리를 딛고 성장을 견인했다. 하지만 원칙 없는 교육 정책은 갈등과 분열을 초래했고 계층 사다리를 무너트렸다. 드라마 "SKY 캐슬"은 사회적으로 큰 반향을 일으켰다.

목적 있는 삶

헤시오도스는 『신통기(신들의 계보)』에서 인간의 시대를 황금의 시대, 은의 시대, 청동의 시대, 영웅의 시대, 철의 시대로 분류했다. 인간의 역사가 유토피아인 황금의 시기에서 혼돈과 파멸의 철의 시대로 옮겨 감을 말했다. 일자리의 종말이 현실이 되어 연애, 출산, 결혼, 사회 경력, 가족 구성까지 포기하는 5포 세대로 추락한다. 부유하는 현대인들이 목적 없는 삶을 살아가게된 것이다.

하지만 자신의 삶을 개척해 온 사람들이 있다. 스티븐 호킹은 루게릭 병으로 죽음을 마주했지만 블랙홀의 특이점과 에너지 방출, 호킹 복사 등 현대우주론을 정립하고 『시간의 역사』라는 책을 통해 우리에게 영감을 주었다. 그는 또한 저커버그와 우주선에 반사판을 붙이고 레이저를 투사해 가속하는원리로 나노 우주선 프로젝트를 추진하기도 했다. 로빈 캐번디시의 실화를바탕으로 한 영화 "달링"(원제 Breathe)은 소아마비 환자에 대한 편견과 목적없는 삶을 극복한 사례이다. 로빈은 전신이 마비되었지만 세상에 나와 장애인 인권에 헌신했다. 핵심은 목적 있는 삶이다. 실패에서 현실을 냉철하게 인지하고 희망, 목적, 꿈에 대한 균형을 맞추어 변화와 성장을 지속해야 한다. 빅터 프랭클은 『죽음의 수용소』에서 삶의 의미를 잃지 않았음을 말한다. 남은 것은 죽음뿐이었지만 그는 무의식적인 삶을 거부하고 최악의 시나리오를생각하며 현실이 그보다는 좋은 것이라는 믿음으로 집단 무기력증을 극복했다. 빼앗기지 않은 영혼의 자유가 있었기에 삶을 의미 있게 만든 것이다.

인생이라는 무대의 주인공

삶의 가치를 판단하고 인생이라는 무대에서 주인공이 되어야 하는 것은자기 자신이다. 김난도 교수는 『트렌드 코리아』에서 자신을 아끼며 가치 판단의 기준을 자신의 시선으로 옮긴 사람들을 나나랜더로 정의했다. 나나랜더는 전통 가치와 규범을 탈피하고 자신의 당당함으로 자존감을 키운다. 자존감 형성의 원천 요인이 목적 있는 삶이며 그 기준이 자신이라는 것을 안다. 다양성을 존중하고 새로운 관계를 연결하여 진화한다. 불확실성의 충격 속에서 자신을 보호하고 건강한 삶을 이끄는 동인은 나나랜더처럼 자신의 가치를 인식하고 변화에 연결하여 성장하며 삶의 목표를 찾는 것이다. 생생하게 꿈만 꾼다고 이루어지지 않는다. 불확실성의 시대에는 정답이 존재하지 않는다. 자신이 만든 가치 기준과 목표를 향해 조금씩이라도 성장하면 되는 것이다.

가치, 관점, 신념

양철북을 벗어 던진 오스카

영화 "영웅본색"은 팬덤을 형성했다. 주인공들은 서로 가는 길이 달랐다는 말로 가치와 관점의 차이를 말했지만 추구해 온 가치를 위해 함께 운명에 맞섰다. 영화 속에서 주윤발이 위조 지폐를 태우던 장면은 베스트 컷이지만 그 모습은 이제 현실로 재현되었다. 주윤발은 전 재산을 기부하며 자신에게 가장 큰 가치는 평온하게 보통 사람으로 사는 것이라는 신념을 피력했다. 조지 오웰은 『1984』에서 빅 브라더가 텔레스크린을 이용하여 감시, 통제한다고 예견하며 윈스턴 스미스의 일기 쓰기를 통해 원초적 기본 가치가 자유와 생각하는 힘이라고 말했다.

애플은 매킨토시 컴퓨터를 출시하면서, 컴퓨터는 IBM이라는 기존의 가치와 관점을 깨트리고자 슈퍼볼 광고를 선보였다. 빅 브라더로 묘사된 IBM이 사람들을 세뇌할 때 한 여성이 해머를 던져 텔레스크린을 깨트린다. 기존의 가치와 관점을 허상으로 묘사하고 이를 파괴하여 애플의 가치와 관점을 말한 것이다. 권터 그라스의 『양철북』은 어른이 되고 싶지 않은 오스카의 이야기이다. 어른의 세계는 지옥과도 같았고 오스카는 어른이 되어야 한다는 사실을 받아들일 수 없었다. 오스카는 난간에서 추락함으로써 신체적 성장을 멈추었지만 양철북을 두드리며 사회의 부조리에 대한 무의식적 순응을 거부했다. 하지만 그는 부모와 사랑하는 사람들의 죽음 앞에서 더 이상 어린 아이일 수 없었다. 오스카는 오랜 기간 자신의 어깨를 눌러 왔던 양철북을 벗어 던지고 세상을 향해 성장해야 한다고 외친다. 자신이 고수했던 가치와 관점을 과감히 버리고 현실을 인식하여 성장을 선택한 것이다.

가치와 관점

목적이 있는 삶의 도구는 가치와 관점이다. 아리스토텔레스는 가치를 도덕적 가치, 법률적 가치, 종교적 가치, 정치적 가치, 사회적 가치, 미적 가치, 경제적 가치로 구분했다. 가치는 판단의 규범이 되며 자신의 의지와 상관없이 보편적, 도덕적 기준이 되기도 한다. 시인 김춘수는 이름을 불러 줌으로써 꽃이 되고 의미가 된다고 했다. 영화 "곡성"에서 "뭣이 중한디? 뭣이 중헌지도 모름서"라고 말하는 것처럼 우리는 모든 것에 가치를 부여할 수 있으며 생각하고 행동하는 기준을 가치에 의존한다. 시대가 변화하고 다양성이 혼재되면서 누구를 위한 가치인가에 대한 해답을 이제 자기 자신에게서 찾고 있다. 자기 자신에 대한 가치 추구로 변하고 있는 것이다. 4차 산업혁명의 시대는 불확실성의 시대이다. 가치와 관점이 변모하고 새로운 질서가 형성되고 있다. 삶의 만족도가 악화되는 상황에서 가치의 기준은 자기 자신에게로 이동하여 자기 자존감, 자아 존중감이 시대의 트렌드가 되었다. 자신이 가장 소중한 존재이며 자기를 스스로 객관화하여 자기 주체성을 찾아가는 시대이다. 가치와 관점의 기준은 나(Me)가 된 것이다.

자크 니니오의 소멸 착시

관점이란 무엇일까? 그것은 자크 니니오의 소멸 착시(Ninio's Extinction Illusion)라는 그림으로 설명할 수 있다.

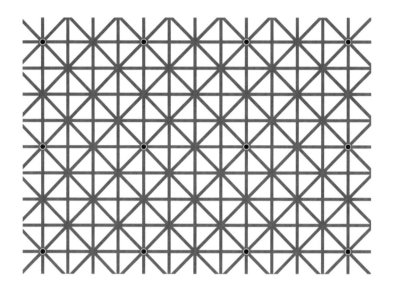

그림 속 12개의 점을 동시에 볼 수 있을까? 한 곳에 초점을 맞출 때마다 주변의 점은 보이지만 멀리 위치한 점들은 사라져 버린다. 카메라로 피사체에 집중하고 배경을 제거하는 아웃포커싱 같다. 사라진 것은 아니지만 시각과 뇌는 그렇게 인지한다. 1개로 보일 수 있고 3~4개가 동시에 보일 수도 있다. 관점이란 그런 것이다. 사람마다 다를 수 있고 관점에 따라서 결과도 달라진다.

우리는 이제까지 관점을 강요당했다. 문학 작품을 대할 때에도 자신의 관점이 아닌 시험 출제자의 관점으로 밑줄을 긋고 깨알 같은 해석을 암기했다. 클래식 음악을 들으면서 작가의 출생과 시대 사조를 암기해야 했다.

신념으로 이룩한다 – 픽사의 존 라세터

신념은 가치와 관점으로 만들어지며 사물과 현상을 바라보는 확고한 믿음이다. "벅스 라이프", "카", "인크레더블", "라따뚜이", "몬스터 주식회사" 등의 애니메이션을 만든 픽사(Pixar)는 컴퓨터 화소인 픽셀(Pixel)과 예술(Art)을 합성한 명칭이다. 픽사는 셀 애니메이션을 탈피하여 컴퓨터 그래픽을 이용한 애니메이션 "토이 스토리"를 창조했다. 픽사의 시작은 "스타워즈"와 "인디애너 존스" 시리즈를 만든 조지 루카스 감독이 설립한 루카스 필름의 컴퓨터 그래픽 사업부였다. 이 사업부가 매각될 때 스티브 잡스가 픽사를 인수하여 에드 캣멀, 알비 레이 스미스에게 경영을 맡겼다.

픽사의 가치를 세상에 알린 인물은 "기술은 예술에 영감을 주고 예술은 기술을 변모시킨다."라고 말한 존 라세터이다. 그가 픽사의 컴퓨터와 프로그램을 홍보할 목적으로 제작한 애니메이션 "룩소 주니어"는 업계의 주목을 받은 후 픽사 애니메이션의 로고와 첫 타이틀을 장식하고 있다. 픽사의 성공에는 존 라세터의 가치와 신념이 존재한다. 그는 칼 아츠 대학 진학과 디즈니 입사 후 스티븐 리스버거 감독의 영화 "트론" 제작진 미팅에서 컴퓨터 그래픽과 애니메이션의 결합이 새로운 혁신을 창출할 것이라는 신념을 갖게 되었지만 이러한 신념은 디즈니에서 수용되지 못하고 그는 해고되어 루카스 필름에 합류했다.

스티브 잡스가 픽사를 인수한 이후에도 그곳은 존 라세터의 신념을 구체화할 토대가 되지 못했고 그는 조직 내 비주류로 낙인 찍혔다. 하지만 존 라세터는 컴퓨터 그래픽 기술을 이용한 장편 애니메이션 영화 제작이라는 꿈과 신념을 포기하지 않았다. 10년의 신념과 노력으로 그는 결국 최초의 3D 컴퓨터 애니메이션 "토이 스토리"를 세상에 선보였다.

무스비, 사회적 뇌

너의 이름은……

잊고 싶지 않고, 잊으면 안 되는 사람. 애니메이션 "너의 이름은"은 일본 대지진과 세월호 참사에서 영감을 얻어 제작된 작품으로 한국에서도 많은 공감을 형성했다. 무스비(結び)는 페이스북, 인스타그램에서 여전히 인기 있는 댓글과 해시태그이다. 무스비는 인연, 만남, 관계, 연결된 매듭이다. 무스비로 나와 상대의 자아 및 존재 가치를 확인하여 관계를 만들고 이름을 불러 관계를 시작할 수 있다. PC통신 하이텔, 천리안, 나우누리, 유니텔은 초고속 인터넷 보급과 함께 인기를 끌었다. 이들 성장의 주역은 채팅과 동호회 모임이었다. 밀레니엄을 맞이하기 전 한국을 광풍으로 휩쓴 것은 Y2K 버그, 종말론, 컬트 문화가 아닌 아이러브스쿨이었다. "TV는 사랑을 싣고"라는 프로그램의 감동을 인터넷으로 옮겨 온 아이러브스쿨은 대한민국은 지금 동창회 중이라는 신드롬을 만들었으며 300만 명이라는 경이적인 회원 수를 기록했다.

사이버볼 테스트 – 사회적 뇌

매튜 리버먼은 『사회적 뇌』에서 타인과의 연결을 시도하고 유지하려는 것은 인간의 본성이며 인간의 뇌는 진화를 거쳐 사회적 뇌로 발전했음을 주장했다. 근거는 사이버볼 테스트(Cyberball Test)이다. 이 실험 중 의도적으로 몇 사람에게 공을 주지 않을 때의 뇌 반응을 측정하니, 지속적으로 공을 얻지 못한 실험자들은 박탈감과 소외감으로 뇌 활동에 변화가 생겼다. 그것은 물리적인 충격을 가했을 때의 뇌 활동과 같았다. 사회적 뇌로 인간은 관계를 맺고 그러한 관계의 단절은 정신적, 육체적 고통으로 연결될 수 있다. 인간은 사회적 동물이라고 했던 아리스토텔레스의 주장이 과학적으로 평가받은 것이다. 바벨탑은 창세기 시대의 건축물이다. 대홍수 이후 인류에게 전 세계로 흩어져 살 것을 명했지만 노아의 후손들은 사회적 관계의 단절을 원치 않았기에 이주를 거부하고 하늘에 도달하려 바벨탑을 쌓았다. 신은 이들이 소통할 수 없도록 수백 개의 언어를 사용하게 함으로써 연결을 단절시키는 형벌을 내린 것이다.

사회적 뇌와 연결의 진화

인류는 본성과 사회적 뇌로 연결의 진화를 이룩했다. 기원전 180만 년 호모 에렉투스가 언어를 사용했다. 문자가 없던 시절 라스코, 알타미라 동굴 벽화 등으로 사회적 연결과 소통을 추구했다. 국보 285호 울주 반구대 암각화는 7,000년 전 고래 사냥법을 그려 세상과 연결했다. 수메르인들은 기원전 3,000년 쐐기문자를 만들어 역사 시대의 서막을 알렸고 "길가메시" 서사시로 노래했다. 알렉산더 그레이엄 벨이 1876년 전화 통화 실험에 성공하여 인류는 더욱 가까워진 연결을 경험했다.

컴퓨터, 인터넷과 모바일 기기의 발전은 인류를 위한 연결의 진화를 선보였으며 강화된 연결성을 실감했다. 4차 산업혁명과 과학기술의 발달은 일상의 모든 것을 연결하는 만물 인터넷의 시대를 열었다. 사람과 기계, 플랫폼과 인공지능, 빅데이터, 로봇, 클라우드에 이르기까지 초연결의 시대를 일상으로 변모시켰으며 일자리 패러다임을 변화시켜 디지털 노마드 라이프 스타일을 만들었다. 출생 시점부터 디지털 환경에 노출되어 새로운 일상을 만들어 가는 Z 세대, 디지털 네이티브가 등장했다. 이들은 연결을 추구하는 본성과 사회적 뇌의 작동 이전부터 유튜브, 페이스북과 같은 디지털 플랫폼에 빠져든다. 크리에이터가 되어 창작물을 세상과 공유하며 다름을 인정하고 소통과 연결을 강화하여 진화한다.

크로노스, 카이로스

모모와 회색 옷을 입은 신사들

신은 누구에게나 공평한 시간을 선물했지만 그 사실에 의문을 가져 본 적은 없을까? 미하엘 엔데의 『모모』는 이러한 신념에 질문을 던졌다. 모모가 사는 마을에 회색 옷을 입은 신사들이 나타나 주민들의 시간을 빼앗기 시작했다. 시간에 대한 관점은 일순간에 변했고 사람들은 시간 강박증에 휩싸였다. 무관심의 세상은 잿빛으로 변해 모든 사람들이 회색 옷을 입은 신사처럼 된 것이다. 모모는 빼앗긴 시간을 되찾고자 시간의 꽃을 사용한다. "지구가 태양을 한 바퀴 도는 동안 기다리는 거야. 싹이 돋아나기까지는 땅 속에 묻혀 잠자는 씨앗처럼 말이지. 그렇게 기다릴 수 있니?" 호라 박사는 시계란 단지 사람들의 마음속에서 시간을 어설프게 묘사한 도구라고 말한다. 가슴으로 느끼지 않는다면 시간은 모두 소멸된다는 것이다.

크로노스, 카이로스의 시간

헤시오도스의 『신통기』에서 티탄 족을 대표하는 하늘의 신 우라노스, 땅의 여신 가이아의 자식인 크로노스가 우라노스를 축출하고 권좌에 올라 신들의 왕이 되었다. 권좌를 위해 자식을 먹었던 크로노스의 시대는 오래가지 않았다. 크로노스의 아들 제우스가 올림포스 신들과 연합하여 크로노스에 반기를 들어 신들의 전쟁 티타노마키아로 왕좌를 차지했다. 시간의 신 크로노스는 무형의 신으로 과거, 현재, 미래의 연속적인 시간의 흐름을 관장한다. 제우스는 아들 카이로스에게 또 다른 시간을 관장시켰다. 카이로스는 움켜잡을 수 있을 것 같은 긴 앞머리를 가졌으며 등 뒤와 두 발목에 날개가 달려 있고 두 손에는 저울과 칼을 들고 있다. 카이로스는 순간적인 시간을 의미하며 뜻밖의 기회, 행운을 뜻한다. 카이로스의 날개는 빠르게 다가오는 시간이며 인간이 붙잡을 수 있도록 긴 앞머리를 드리워 기회와 행운, 새롭고 일시적인 시간을 제공해 주지만 시간의 강박증 속에서 살고 있다면 카이로스를 볼 수 없다. 떠나가는 뒷모습을 붙잡고자 해도 뒤쪽 민머리는 잡을 수가 없다. 발목의 날개까지 이용해 순식간에 사라진다.

실시간 믿음, 절대 회복력

초연결의 충격에 노출되거나 라라랜더가 되는 것, 세상과 소통하는 것 모두 가치, 관점, 신념의 문제다. 불확실한 상황에서 이러한 요소들은 실시간 믿음을 형성한다. 무의식에 잠재하다 실시간으로 표출된다. 캐런 레이비치, 앤드루 샤테는 『절대 회복력』에서 이러한 믿음을 빙산에 비유하고 빙산 찾기로 무의식에 잠재하는 믿음을 들추어 고난과 역경에 대처하는 절대 회복력을 가져야 한다고 말한다. 일과 직업의 가치가 변해 디지털 노마드, 디지털 원주민을 만들고 소유의 가치가 변해 공유 경제를 만들었다. 아마존, 우버, 구글, 페이스북, 애플은 플랫폼으로 시장과 고객을 장악하며 뉴 노멀의 대표 주자가 되었다. 그리고 이들 플랫폼에 합류하지 못한 사람들을 디지털 이민자로 내몰아 아싸(Outsider)를 만들고 있다.

가치와 관점, 신념은 타인과 구별되는 자신의 이미지와 정체성을 형성하여 자기다움의 삶을 사는 것이며 그 판단의 주체는 자기 자신이다. 하지만 연결의 강도와 깊이는 심화되고 개인은 자기다움을 강조하면서도 연결과 소통을 지속적으로 추구한다. 자신만의 자기다움은 유연하게 성장해야 한다. 유연한 가치와 관점으로 무의식에 숨어 있는 빙산을 꺼내 의식적으로 필요한 부분을 녹여야 한다. 윌리엄 제임스는 생각이 바뀌면 행동이 바뀌고, 행동이 바뀌면 습관이 바뀌며, 습관이 바뀌면 인격과 운명이 바뀐다고 했다. 생각을 바꾸기 위한 가장 첫 시작은 바로 가치와 관점, 신념을 점검하는 것이다.

Think Different

관점을 바꾸면 새로운 세상이 열린다

우주를 놀라게 하자. 해군이 아니라 해적이 되자. 설탕 물만 팔 것인가? 나의 비즈니스 모델은 비틀즈이다. 창의력은 연결하는 능력이다. 좋아하는 일을 하라. Stay Hungry, Stay Foolish. 죽음을 상기하라. 여정은 보상이다. 스티브 잡스의 혁신, 다르게 생각하는 방법은 현재도 유효하다. 『포천(Fortune)』지는 잭 웰치가 했던 방식을 거꾸로 해야 한다고 역설하며 미국식 경영 모델은 애플, 구글, 아마존이 대체하고 있다고 주장했다.

아놀드 토인비는 『역사의 연구』에서 예측하지 못한 외부의 도전에 대한 생각과 관점을 달리한 응전이 인류의 문명을 만들었다고 말했다. MP3 플레이어는 낸드 메모리로 만든다는 생각을 바꾸지 않았더라면 하드 디스크를 장착한 애플의 아이팟은 탄생할 수 없었다. 디스플레이는 평판이라는 고정 관념을 고수했다면 폴더블 스마트폰은 존재하지 못했다.

일본의 무인 마켓 MUJI는 기존의 비즈니스 관점을 비틀어 미니멀리즘 트렌드에 부합한 보이지 않는 마케팅으로 인기를 끌었다. 젓가락은 항상 짝으로 존재해야 할까? 관점의 변화는 새로운 휴대용 외벌 젓가락을 탄생시켰다. 텐트 천을 청바지로 변신시킨 리바이스 스트라우스의 관점 변화는 새로운 트렌드와 문화를 만들었다. 트루릴리전은 청바지가 보편적이고 편리한 상품이라는 관점을 비틀어 프리미엄 청바지로 승부했다. 불경기 상황에서 최고의 원단으로 부츠컷을 선보였다. 평범함과 당연함을 거부하여 새로운 가치와 경험을 창조했다.

혁신과 창의성의 출발점

우주와 세상에 존재하는 모든 사물이나 현상을 자연으로 정의한다. 하지만 자연을 의심하고 본질을 찾는 탐구 과정에서 인류가 성장하고 진화했다. 당연함의 프레임이 상식이며 고착화된 관점이다. 당연함과 상식, 관점의 프레임에서 벗어나는 것이 혁신과 창의성의 출발점이다. 다르게 생각하고 당연함을 거부하며 왜(Why), 어떻게(How)의 질문으로 또 다른 세상을 보는 것이다. 아인슈타인은 인생에서 가장 중요한 것은 질문을 멈추지 않는 것이라고 했다. 외젠 이오네스코는 깨달음을 주는 것은 질문이라고 강조했다. 답을 추구했던 과거의 패러다임은 질문을 하라고 변화하고 있다. 당연함을 버리고 질문으로 기회를 만들고 검증하는 과정에서 혁신과 창의가 만들어진다.

당연함을 의심한다 – 알프레드 히치콕

알프레드 히치콕은 영화 제작과 연출 공식, 메시지 전달의 틀을 역발상으로 무너트려 새로운 경험을 선사했다. 그는 자신의 영화에 카메오로 출연하여 영화적 서명을 전파했다. "사이코"는 역발상을 대표한다. 주인공은 죽지 않는다는 당연성을 짓밟았다. 밝은 대낮, 환한 불빛의 욕실 살인 장면에서 몽타주 기법을 시도했다. 범인 노먼의 행동과 매리언의 공포에 찬 얼굴, 음향 효과를 반복 제시하여 직접적인 살인 장면을 보여 주지 않았음에도 관객들의 상상력을 자극하고 공포를 극대화했다. 관객은 이제까지 경험하지 못했던 새로운 극한의 공포를 경험한 것이다.

질문을 의심하라

질문 이전에 다르게 생각한다는 것은 질문 자체가 올바르고 합당한가를 점검한다는 것이다. 존 코더 교수는 역량을 강화시키는 최고의 방법은 질문이며 유능한 리더는 질문이 올바른가에 집중하고 무능한 리더는 질문의 답에 연연한다고 했다. 짐 콜린스는 위대한 기업의 비밀은 질문으로 고객을 알아 가는 능력이라고 했다. 다르게 생각한다는 것은 질문을 올바르게 하여 새로운 아이디어를 창출하는 집단 창의력의 원동력이다.

올바른 질문은 올바른 답변을 유도하지만 잘못된 질문은 잘못된 답변을 유도한다. 잘못된 질문은 이미 그 질문에서 답변을 제한한다. 왜 프로젝트 일정을 맞추지 못하는가? 학업 성적이 왜 이런가? 이런 질문은 답변이 아닌 변명을 도출하기 위한 폐쇄형 질문이다. 질문을 개방형 질문으로 바꾸어야 한다. 성적이 왜 떨어졌는가?라고 묻기보다 공부는 어떻게 진행되고 있는가?라는 개방형 질문으로 변경하면 상대의 마음과 생각을 자극하여 열린 답변이 나올 수 있다.

버나드 쇼는 두 사람이 질문을 교환하면 서로가 두 개의 생각을 소유하여 생각의 확장을 추구할 수 있다고 했다. 산소를 발견한 사람은 과학자가 아닌 성직자 조지프 프리스틀리다. 그는 개방형 질문으로 철학, 신학, 정치, 과학 분야에서 남다른 행보를 이루었다. 벤저민 프랭클린과의 만남은 그를 더욱 개방형 질문자로 만들었다. 프리스틀리는 프랭클린의 개방형 질문에 자극을 받아 자신이 몰랐던 전기에 대한 다양한 질문으로 『전기의 역사와 현

단계』를 저술하고 자신의 모든 실험 결과를 공개하여 후세의 과학자들이 영감을 받아 연구를 지속하기를 바랐다. 그의 연구는 후일 전하 법칙으로 알려진 쿨롱 법칙 탄생에 밑거름이 되었다. 프리스틀리가 산소를 발견했을 때 자신은 그것이 정확히 무엇인지를 알지 못했다. 그렇지만 자신의 실험 결과를 개방형 질문으로 수많은 과학자들에게 소개했고 자신이 직접 답을 찾아야 한다는 고정 관념을 탈피하여 열린 연구를 유도한 것이다. 그의 노력은 질량 보존 법칙의 창시자이자 근대 화학의 아버지라 불리는 라부아지에 의해 산소로 명명되었다

Ask Different

스퀘어 – 질문의 힘, 관찰의 힘

스퀘어(Square)는 잭 도시와 짐 맥켈비가 설립한 모바일 온라인 송금 서비스 업체로 실리콘밸리를 대표하는 유니콘이다. 이들의 성공 요인은 질문의 힘이다. 카드 결제를 원하는 고객에게 서비스를 제공할 수 없었다. 영세 소상공인 맥켈비는 신용카드 단말기를 구입할 능력이 없었고 고객의 결제 요청에 대응할 수 없어 비즈니스 기회를 상실했다. 잭 도시는 끊임없는 질문으로 소상공인들의 문제점을 파악했고 영세 상인들을 위해 새로운 결제 시스템의 구현 아이디어를 도출했다. 질문의 힘은 관찰의 힘으로 확장되었다. 상인들은 더 작고 편리한 POS, 결제 수수료가 더 낮은 서비스를 원했던 것이다.

잭 도시가 관찰로 영감을 얻은 매개체는 스마트폰이다. 스마트폰은 통신 기능과 휴대성을 겸비했기에 결제 기능만 추가한다면 결제 서비스를 이용할 수 있다고 확인한 것이다. 이들에게는 하드웨어를 제작할 기술, 작업 공간 등이 존재하지 않았다. 또다시 질문의 힘을 이용했다. 테크숍에서 수많은 엔지니어를 만나고 부족한 기술, 장비, 계측기를 활용했다. 마침내 스마트폰 이어폰 단자에 연결하는 스퀘어 카드리더기를 출시하여 무료로 배포하고 결제 수수료도 획기적으로 낮추었다. 스마트폰의 앱으로 소상공인과 고객에게 결제 내역을 이메일, SMS 서비스로 통보했다. 스퀘어는 경이적인 기록으로 소상공인들을 흡수하며 성장했고 실리콘밸리를 대표하는 유니콘이 되었다. 친구 사이의 질문의 힘이 실리콘밸리의 유니콘 기업을 탄생시키고 미래를 바꾼 것이다.

보이지 않는 고릴라 실험, 무주의 맹시

질문은 생존과 미래를 대비하는 시작점이며 관계 형성을 위한 소통의 매개체다. 질문으로 문제를 새롭게 정의하고 본질에 접근하며 가려진 진실을 볼 수 있다. 대니얼 사이먼스와 크리스토퍼 차브리스는 "보이지 않는 고릴라" 실험에서 학생들에게 농구 경기를 보여 주며 공을 주고받은 횟수를 세어 보라고 했다. 대부분 패스 횟수를 맞출 수 있었다. 경기에 고릴라 의상을 입은 사람이 선수들 사이를 오갔지만 학생들은 지시받은 패스 횟수를 세는 것에 집중하느라 고릴라의 등장을 알지 못했다. 이를 "무주의 맹시(inattentional blindness)"라고 정의한다. 두뇌는 정보 사전에 설정한 목표에 집중하고 다른 자극에 무감각하다. 보고 있지만 보고 싶은 것만 보는 선택적 주의 집중이다. 토머스 대븐포트는 『관심의 경제학』에서 무주의 맹시를 특정 요인에 집중하는 장점이라고 했다. 데이비드 맥레이니는 『착각의 심리학』에서 무주의 맹시 현상 자체가 문제가 아니라 무주의 맹시를 믿지 않는다는 점이 문제라며 터널 비전을 소개했다. 터널을 진입하기 전에 터널과 주변을 모두 볼 수 있지만 터널 속에서는 시야의 폭이 좁아져 모든 것을 온전하게 볼 수 없다. 보이지 않았던 새로운 진실이 존재함을 인정하는 열린 가치관이 필요한 시기이다.

질문 - 인지 능력 한계를 극복하는 도구

대니얼 사이먼스와 크리스토퍼 차브리스는 『보이지 않는 고릴라』에서 인지 능력의 여섯 가지 한계를 제시했다. 첫 번째는 주의력 착각이다. 무주의 맹시와 다른 것에 신경 쓰느라 소리를 듣지 못하는 무주의 난청이다. 기억력 착각은 변화를 인지하지 못하는 변화 맹시, 기억 출처의 오류, 감정이 만드는 기억 왜곡이다. 능력을 과대 평가하는 자신감 착각, 지식에 대한 과도한 믿음이 불러 오는 지식 착각, 인과관계에 대한 원인 착각, 잠재 능력에 대한 잠재력 착각 등이다. 인지 능력의 한계를 극복하는 방법은 질문으로 시각과 관점을 변화시켜 문제의 본질에 접근하고 답을 찾는 과정을 진행해야 한다.

핵심은 답이 아니라 질문이다. 질문으로 새로운 기회를 발견하고 불확실성에 대처해야 한다. 한국의 부모들은 자녀들이 귀가하면 "오늘 선생님 말씀 잘 들었니?"라고 질문한다. 반면 유대인들은 무엇을 배웠는지를 물어보는 것이 아니라 어떠한 질문을 했는지를 물어본다. 학습과 공부는 책을 통해 얻는다고 생각하지만 유대인들은 도서관 예시바에서 자신의 생각을 자유롭게 토론하고 공감, 경청, 질문하는 과정을 통해 새로움을 찾고 무지를 인식한다고 생각한다. 질문을 학습의 확장, 연장, 변화의 시작이라고 인식한다. 질문과 토론으로 관점을 변화시키고 사고의 깊이와 넓이를 확장시킨다고 믿는다.

메타인지와 러닝 피라미드

델포이 신탁

파르나르소스 산의 델포이 신전에는 세상의 중심임을 알리는 옴파로스 돌 조각(배꼽돌)이 있다. 크로노스가 모든 자식들을 잡아 먹을 때 아내 레아는 제우스를 대신해 돌 조각을 건네어 제우스를 살렸고 이후 제우스는 신들의 왕이 되었다. 제우스는 세상의 양쪽 두 끝에서 독수리를 날려 서로 만난 지점에 배꼽돌 옴파로스를 놓은 것이다. 신들은 세상의 중심인 델포이 신전에서 지혜를 전달하였고 이를 신탁이라고 했다. 하지만 신탁은 메타포어로 이루어져 해석하는 사람들에 따라 의미가 다르게 전달되었다. 델포이 신전 입구에는 "너 자신을 알라"라는 메시지가 새겨져 있다. 신탁을 갈구하고 해석하기 이전에 자신의 문제와 능력, 상황에 대한 이해가 먼저인 것이다.

메타인지

메타인지(metacognition)는 한 단계 높은 수순을 의미하는 메타와 무엇을 안다는 인지가 합성된 표현으로 자신의 인지 능력의 수준을 알고 조절하는 능력이다. 메타인지는 할 수 있는 것과 없는 것의 구분, 현실과 비현실, 필요와 불필요 요소의 구분, 학습 역량에 대한 계획, 실행, 분석과 점검 등으로 범위가 확대된다. 아는 것과 모르는 것을 밝혀 학습의 동기를 유발한다. 자신이 올바로 이해했는지, 알고 있다고 착각하는 것은 아닌지 확인하는 자기 평가로 피드백을 수행한다. 메타인지를 학습에 적용하는 구성 요소는 계획하기, 실행하기, 점검하고 피드백하여 개선하기다. 자기 자신의 현재 수준을 파악하고 무엇을 알고 있는지 무엇을 모르는지를 인지한다. 복합적 문제 해결 역량은 문제 인식, 대안 도출, 협업과 소통으로 이루어지며 그 근간에는 메타인지가 자리한다.

KBS "시사의 창 – 공부에 관한 공부 편"에서 메타인지 역량이 우수한 학생들이 더 높은 성적과 학업 성취도를 나타냈다. EBS는 "학업 성취도와 기억력의 상관관계 테스트"에서 기억력을 측정했다. 최상위권 참가자들은 자신이 어느 정도를 기억해 낼 수 있었는지를 정확하게 인지했다. 자신의 역량과 능력을 정확히 알고 있는가가 핵심이다. 우유, 감자, 오렌지, 당근, 생크림, 사과, 치즈, 요거트, 포도와 같은 정보가 입력되었을 때 메타인지 역량이 우수한 실험자들은 이 정보를 과일 그룹을 생각하여 오렌지, 사과, 포도를 그룹화하고 유제품 그룹에 우유, 치즈, 생크림과 요거트를 그룹화하며 채소 그룹에 당근과 감자를 포함하는 방식이다. 대니얼 샥터 교수는 『기억의 일곱 가지 죄악』에서 새로운 정보를 기억할 때 입력되는 정보를 체계적으로 분류하여 자신이 이미 알고 있는 정보와 연결하여 유사성을 찾고 그룹화하는 것이 기억과 학습의 효과를 창출한다며 메타인지의 중요성을 강조했다.

러닝 피라미드

학습 후 24시간이 경과하면 학교 수업, 인터넷 강의 등 듣기 위주의 학습은 5%를 기억한다. 독서 활동은 10%, 시청각 자료와 듣고 보고 읽는 학습 방법으로 20%의 효과를 만든다. 선생님의 시범을 볼 때에는 30%, 토론에 참여할 때에는 50%, 실습하는 경우 75%, 서로 설명하며 가르치면 90%의 내용을 기억할 수 있다는 이론이다.

오랫동안 학습 효과를 지속하는 방법은 설명하고 가르치는 것이다. 알고 있는 것, 생각하는 것을 표현하고 가르치는 과정에서 피드백을 얻어 학습 내용과 과정의 문제점을 보완할 수 있다. 러닝 피라미드(Learning Pyramid)에서 강조하는 부분은 듣기, 읽기, 시청각 자료나 시연과 같은 수동적 학습보다 집단 토의, 실질 연습, 직접 가르쳐 보기 등 능동적, 주도적 학습이다.

스티븐 코비가 『성공하는 사람들의 7가지 습관』에서 성공 공식으로 자신의 삶을 주도하기, 끝을 생각하며 시작하기, 소중한 것 먼저 하기, 윈윈 생각하기, 먼저 이해하고 다음에 이해시키기, 시너지 만들기, 끊임 없이 쇄신하기를 제시한 것처럼 러닝 피라미드의 핵심은 주도적인 참여와 이해한 후에 이해시키고 학습을 끊임없이 쇄신하는 것이다.

평균 기억률
(Average Retention Rates)

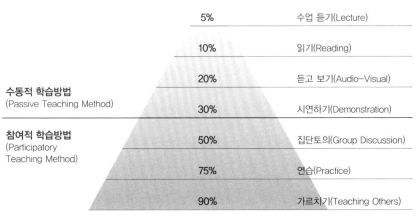

5%	수업 듣기(Lecture)
10%	읽기(Reading)
20%	듣고 보기(Audio-Visual)
30%	시연하기(Demonstration)
50%	집단토의(Group Discussion)
75%	연습(Practice)
90%	가르치기(Teaching Others)

수동적 학습방법 (Passive Teaching Method)

참여적 학습방법 (Participatory Teaching Method)

Adapted from National Training Laboratories. Bethel, Maine

러닝 피라미드를 이해하는 방법은 피라미드의 정점에서 내려오는 단계를 수행하는 것이다. 가르친다는 것은 내용을 준비하고 이해하며 교습 방법을 연습해야 그 내용을 효과적으로 전달할 수 있다. 가르칠 내용을 준비하는 것은 학습의 기본 과정인 듣기, 읽기, 반복하고 점검하기를 자신의 것으로 만드는 체화 과정을 거쳐야 한다. 또한 체화 과정에서 놓친 부분, 모르는 부분을 점검하기 위하여 집단 토의, 즉 질문을 통하여 주도적으로 아는 것과 모르는 것, 새로운 것을 만들어 나가는 과정을 수행해야 한다.

나에게 질문하기

아는 것과 모르는 것은 어떻게 확인할까? 숙고하지 않는 삶은 가치가 없다는 소크라테스, 구글의 존재 이유는 정답을 제시하는 것이 아니라 스스로에게 질문을 만들고 답을 찾는 과정이라는 에릭 슈미트의 설명처럼 정답은 자신에게 질문하는 것이다. 앨리스 토머스는 『나 자신에게 던지는 1,000가지 질문』에서 자신의 삶과 인생, 학습을 능동적이고 주체적으로 점검할 수 있다고 주장했다. 데비 포트는 『행복 선택의 기술』에서 인생을 바꾸는 10가지 질문을 제시했다.

- 이 선택은 미래로 향하게 하는가, 과거에 집착하게 하는가?
- 이 선택은 꿈을 위한 것인가, 당장의 만족을 위한 것인가?
- 스스로의 힘으로 서 있는가, 다른 사람을 기쁘게 하려고 애쓰는가?
- 좋은 점을 보는가, 잘못된 점만 찾는가?
- 이 선택이 나의 생명력을 더해 줄까, 내게서 활력을 빼앗아갈까?
- 성장의 계기로 삼을 것인가, 자신을 괴롭히는 데 이용할 것인가?

- 이 선택으로 나는 힘을 얻을까, 힘을 잃게 될까?
- 나를 사랑하는 행동인가, 자기 파괴적 행동인가?
- 신념에 의한 행동인가, 두려움에 따른 행동인가?
- 이 선택은 내 신성의 선택인가, 아니면 인성의 선택인가?

반복과 점검, 질문과 평가, 피드백

스테판 플레밍은 자기공명장치(fMRI)로 학업 성취도가 높은 학생들은 전전두엽 앞의 회백질이 발달했으며 메타인지 역량과 상관관계가 있음을 밝혔다. 마르셀 베엔만은 IQ보다 메타인지가 성적에 미치는 영향이 더욱 높고 메타인지는 훈련을 통해 향상될 수 있음을 강조했다. 러닝 피라미드에서 자기 주도적 학습으로 분류된 집단 토론, 연습, 가르치기 과정이 학습자 자신에게 구체화되어야 한다. 학습의 기본은 반복과 점검이다. 반복 과정을 거치지 않는다면 두뇌는 망각 과정을 거친다.

에빙하우스는 망각곡선 그래프를 제시했다. 인간의 기억은 학습 후 10분이 지나면 망각 과정을 거친다. 1주일 후 학습 내용의 70%를 망각하고 1달 후 80% 이상의 기억을 망각한다. 학습 과정에서 주기적인 반복이 망각 과정을 지연시키며 4회 정도의 반복으로 단기 기억을 장기 기억으로 전환할 수 있음을 밝혔다.

다음 단계는 자신에게 질문하고 답변하는 자기 평가의 과정으로 자신의 앎과 무지를 인식하게 된다. 이러한 훈련이 메타인지를 높인다. 역량을 점검하고 학습 과정과 내용에 대한 피드백을 수행하여 새로운 계획 수립과 실행, 점검, 피드백의 과정을 반복해야 한다. 4차 산업혁명 시대의 학습 방법으로 자기 주도 학습이 요구되는 것도 메타인지에 기초한 학습이다.

더럽게 형편없는 못난이 아기(Ugly Baby)

상상을 현실로 만드는 꿈의 공작소 픽사는 "토이 스토리"에서 "겨울왕국"까지 기술과 예술, 비즈니스와 창의력을 융복합한 창조적 기업이다. 이들의 창의력은 어떻게 만들어질까? 에드 캣멀은 고도의 집단 창의성을 만드는 "자가 발전"을 그 해답으로 보고 소통과 협업을 창의력의 근본 원천으로 손꼽았다. 그는 컴퓨터 그래픽 분야의 선구자 이반 서덜랜드 연구실 출신이다. 이반 서덜랜드는 최초의 그래픽 사용자 인터페이스인 스케치 패드를 제작했고 가상현실과 증강현실 시스템의 선구자로 튜링상을 수상했다.

에드 캣멀은 창의력과 번뜩이는 아이디어의 원천은 사람임을 강조하며 그들의 근무 습관, 재능, 가치에 초점을 맞추는 것이 픽사의 성공 비결이며 리더는 사일로 이펙트 같은 집단 이기주의를 무너트려야 한다고 말하지만 더욱 강조한 것은 질문을 통한 자가 발전이다. 픽사와 디즈니의 애니메이션은 아이디어 단계부터 창의적 스토리를 갖춘 것으로 생각할 수 있지만 캣멀은 더럽게 형편없는 못난이 아기라고 지칭한다. 이 상태에서 협업과 소통, 집단과 개인의 자가 질문, 자가 발전으로 좀더 좋은 상태로 성장하며 괜찮은 단계를 거쳐 좋은 단계로 진화한다는 것이다. 이를 "브레인러스트"라고 하며 아이디어를 완성하기 위한 질(Quality)에 초점을 맞추어 성장시켜 집단 창의성을 창출한다고 믿는다.

"데일리스 회의"에서 현실을 직시하고 문제를 파악하고 개선하는 자기 평가를 통해 못난이 아기인 미운 오리 새끼를 백조로 성장시킨다. 개인과 조직은 오류와 실패의 압박과 부담에서 벗어나 위기 상황과 복합 문제에 창의적으로 대응하는 힘, 실패 후 유연하게 복원하는 힘을 갖추며 냉철한 자기 인식과 자기 비판, 자가 질문으로 발전과 집단 창의력을 이끌어 내는 것이다.

질문의 골든 서클

성장형 질문으로 전환하라

비트겐슈타인은 언어의 한계가 자신의 한계라고 했다. 질문이 생각의 깊이와 넓이를 나타낸다. 협업과 소통으로 집단 지성이 강조되면서 질문도 성장형 질문으로 변해야 한다. 불확실한 미래를 대비하고 신속한 의사 결정과 방향 전환을 해야 하기 때문이다. 인간 두뇌의 좌뇌는 논리, 분석, 추론 기능을 담당하며 우뇌는 창의, 창조를 수행한다. 실리콘밸리 기업들은 인간의 좌뇌, 우뇌를 활용하는 디자인 씽킹과 전뇌 사고방식으로 성장형 질문을 활용한다. 애플은 페어드 미팅에서 우뇌 창의 미팅, 좌뇌 생산 미팅을 구분한다. 우뇌 창의 미팅은 자유롭고 창의적인 아이디어 도출을 위한 질문 생성과 협의를 진행한다. 좌뇌 생산 미팅은 우뇌 창의 미팅에서 도출된 아이디어를 제품과 솔루션으로 구체화하기 위한 실질적 구현 방법을 탐색한다. 핵심은 성장형 질문이다. 모든 질문에 끊임없이 왜(Why), 어떻게(How), 무엇을(What)이라는 기준을 적용하여 실문의 수준을 강화하고 답을 찾는 과정을 심화시킴으로써 집단 창의성이 발현되는 것이다.

디지털 텍사노미

벤저민 블룸은 지식 수용 체계를 6단계로 정의하여 텍사노미(Digital Tax-onomy)를 고안했다. 낮은 사고 수준에서 높은 수준으로 사고력 발달 단계를 구분하여 지식, 이해, 응용, 분석, 종합, 평가의 단계로 정의했다. 이후 로린 엔더슨과 데이빗 크라스월의 디지털 텍사노미는 기억하기, 이해하기, 응용하기, 분석하기, 평가하기, 창조하기 단계를 정의했다. 지식을 물어 답을 요구하는 질문을 탈피하고 지속적 사고를 요구하는 높은 수준의 질문으로 창의적 아이디어를 도출하는 성장형 질문 방법을 제시한 것이다.

질문의 수준 측면에서 가장 낮은 단계는 기억하기이다. 단순한 기억을 묻는 질문이다. 기억을 묻는 것은 질문의 기본이며 사고와 인지의 출발점이기도 하다. 이해하기는 공감과 소통으로 재질문과 반복 질문, 답변 확인 과정으로 문제의 가치를 찾을 수 있다. 적용하기는 기억과 이해 과정에서 획득된 가치를 새로운 문제에 반영하는 행위이며 분석하기를 거쳐 질문과 답변의 유기적 상관관계를 파악하고 문제의 큰 틀과 세부 사항을 구조적 관점에서 파악할 수 있다. 평가하기는 점검을 통한 피드백으로 가설을 검증한 이후 새로운 가설을 수립하거나 가설을 강화하는 단계다. 질문의 가장 높은 사고 수준은 창조하기다. 창조하기 과정에서는 연결과 조합을 통하여 새로운 가치를 형성할 수 있다.

Why? - 질문의 힘

질문은 5W1H(What, Where, When, Who, Why, How)로 구성된다. 과거에는 선도자를 신속하게 추격하는 패스트 팔로워 전략이 주효하여 왜(Why)라는 질문에 소홀했다. 당연하다고 착각한 것이다. 성공하는 기업과 개인은 초격차를 유지하려 왜(Why)라는 질문에 초점을 맞춘다. 홀로코스트를 기획하고 집행한 사람은 아돌프 아이히만이다. 자신의 행동을 권위에 대한 복종으로 일관했다. 스탠리 밀그램은 권위에 복종하는 인간의 악한 본성에 관하여 "권위에 대한 복종 실험"을 진행했다. 학생에게 암기할 단어를 제시하고 오답을 제출하면 그에 대한 체벌로 교사가 전기충격을 가하도록 명령했다. 그리고 선생에게는 책임이 없음을 강조하고 전기충격의 강도를 높이라고 요구했다. 실험은 권위에 따라 선생이 얼마나 무의식, 무비판적으로 행동하는지를 알아보려는 것이었다. 선생의 65%가 그 요구를 거부하지 않고 학생의 생명에 치명적이라고 경고했던 450볼트의 전기충격을 학생에게 가했다. 밀그램의 실험은 권위에 왜(Why)라고 반기를 들지 못하는 인간 본성을 꼬집은 것이었다.

질문의 골든 서클

성공하는 사람들은 어떻게 행동을 이끌어 내었을까? 사이먼 사이넥은 질문의 골든 서클(Golden circle)을 제시하여 질문의 순서를 왜(Why), 어떻게(How), 무엇을(What)의 순서로 진행할 것을 강조했다. 이 일은 왜 하는지? 이 현상은 왜 발생했지? 등의 질문으로 목적을 파악하고, 어떻게(How)의 질문으로 일의 과정을 파악하며 무엇을(What)의 질문으로 결과물을 생성한다.

일, 공부, 인생에서 왜(Why)라는 질문으로 시작하며 기업이 존재하는 이유와 새로운 상품, 서비스를 제공하는 과정에서도 왜(Why)를 생각해야 한다. 글로벌 기업들의 비전에는 왜(Why)라는 질문에 답변하려는 노력이 담겨 있다. 애플의 비전은 최고의 퍼스널 컴퓨팅 경험을 전달하는 것이다. 페이스북은 세상을 더욱 개방적이고 연결 지향적으로 만들려는 책무로 설명하여 왜(Why)라는 질문에 답하고 해커 웨이로 어떻게(How)라는 질문에 답한다. 구글은 존재 가치를 묻는 왜(Why) 질문에 세상의 정보를 누구나 쉽고 편리하게 접근할 수 있도록 한다는 말로 답변하고 사악해지지 말자(Don't be devil)는 슬로건과 구글 십계명으로 어떻게(How)에 대한 방법을 제시했다.

질문의 기술 – 본질 찾기

일의 본질을 찾기 위해 질문을 하며 어떻게 질문을 하는가에 따라 다른 답이 만들어진다. 마릴리 애덤스는 『삶을 변환시키는 질문의 기술』에서 문제를 해결하는 최선의 방법은 훌륭한 질문을 찾아내는 것이라고 정의했다. 좋은 생각을 만든다는 것은 좋은 질문에서 시작한다. 복합 문제를 해결하기 위한 최선의 방법은 더 훌륭한 질문을 찾는 것이다. 필요한 질문은 무엇인가? 에 답해야 하며 본질을 찾아 변화시키는 질문의 기술은 다음과 같은 질문에 답할 수 있어야 한다.

- 어떤 질문들이 문제를 해결할 수 있는가
- 문제를 푸는 최선의 방법은 보다 훌륭한 질문을 찾아내는 것이다
- 좋은 생각을 해내려면 좋은 질문을 해야 한다
- 훌륭한 질문을 찾아내는 것이 문제를 푸는 최선의 방법이다
- 해결책을 찾는 것보다 먼저 훌륭한 질문을 찾아야 한다

본질을 찾는 질문자의 입장 – 심판자, 학습자, 관찰자

마릴리 애덤스는 본질을 찾는 질문자는 심판자, 학습자, 관찰자의 입장을 보인다고 정의했다. 심판자 입장은 자신의 가치와 관점으로 판단하며 자

기 방어적 성향을 나타낸다. 문제의 원인과 과정, 결과를 타인과 환경의 탓으로 돌려 상황을 악화시킬 수 있다. 학습자 입장은 문제 해결의 시점에서 배우려는 자세이다. 본질을 인식한 이후 문제 해결의 실마리를 발견하며 사려 깊은 생각으로 다양한 답을 찾아 선택할 수 있다. 관찰자 입장은 객관적으로 관찰하는 자세이다. 관찰자 입장은 훈련이 필요하며 의식적으로 자신과 타인, 상황을 관찰하려 노력해야 한다. 질문을 바꾸면 답이 보인다. 타인의 입장을 이해하고 자신의 인식을 변화시키는 계기를 만들 수 있다. 일의 본질과 본질을 찾기 위한 질문을 탐색하며 어떤 형태로든 고객과 연결되어 있음을 인식해야 한다. 고객은 자신, 자신이 속한 집단, 조직을 의미하는 내부 고객과 제품, 서비스, 가치를 구매하는 외부 고객의 형태가 될 수도 있다. 고객을 알지 못하면 성공할 수 없다는 사실을 인식하고 고객의 입장, 고객이 바라는 가치를 생각하는 자신만의 질문법을 훈련해야 한다.

- 이 일의 본질은 무엇인가? 핵심 역량은 무엇인가?
- 고객은 누구인가? 고객은 어떠한 선택을 하는가?
- 고객의 기호는 무엇이고 어떻게 변하며 궁극적 추구 가치는 무엇인가?

업의 본질은 무엇인가?

삼성 이건희 회장은 본질을 찾는 질문을 화두로 업의 본질을 강조했다. 호텔 사업이 서비스업이라고 답한 임원은 이후 해외 호텔을 벤치마킹하고 장치 산업과 부동산업과 유사하다고 보고했다. 호텔의 위치에 따라 사업의 성패가 결정되며 새로운 시설로 손님을 끌어야 한다는 호텔 사업의 업의 본질을 파악한 것이다. 이건희 회장은 업의 개념을 시스템적 사고로 자신을 이해하고 사업의 본질과 특성을 이해하여 직급에 따른 직무를 수행하는 것으로 정의했다. 업의 본질에 대한 화두 경영과 반복된 질문은 각 사업이 추구하는 근본적 가치를 확인하고 이를 바탕으로 잘할 수 있는, 혹은 잘 해야 하는 부분에 역량을 집중하려는 의도이다. 기업이 본업에 충실한 가치를 만들어 내고 사회에 기여하는 것이 핵심이며 불필요한 형식, 타성이나 선입견은 과감히 버리겠다는 의지이며 불요불급한 사업과 자산을 미련없이 털어 버리는 것도 같은 맥락이다.

체다카, 티쿤 올람, 후츠파

유대인의 저금통 체다카

유대인의 삶은 이주와 분리로 상징되는 디아스포라의 역사다. 아브라함과 이삭, 야곱의 시대를 거쳐 아시리아에 의한 이스라엘 고대 왕국의 멸망, 바빌로니아가 유대인들을 강제로 억류시킨 바빌론 유수, 이집트 왕 람세스 통치 시기의 노예 생활과 모세의 애굽 탈출과 가나안 정착, 페르시아와 그리스 점령 시기, 로마 제국, 비잔틴, 오스만 제국의 지배를 거쳐 영국 통치 이후 1948년 이스라엘의 독립에 이르기까지 모든 역사가 이를 증명해 왔다. 유대인들은 현재도 민족적 동질성을 유지하며 세계 경제와 학계, 과학 기술, 예술 분야에 이르기까지 영향력을 행사하고 있다.

이들에게는 유대인의 저금통 체다카(Tzedakah)와 탈무드가 있다. 체다카는 나눔과 배려, 협업과 소통을 위한 가치관의 표출이며 작은 돈을 모아 기부하고 자신의 지식과 경험을 나누는 문화이다. 당연한 일을 당연하게 한다는 체다카의 원래 뜻을 가치와 신념으로 표현한 것이다. 유대인의 체다카 문화는 공동체를 지속시켰으며 협업과 소통의 문화를 확장 진화시킨 원동력으로 작용하였고 이스라엘의 교육 목표와 가치로 이어졌다. 질문하지 않고 단순히 수용하는 사람을 가장 어리석은 사람으로 규정한 탈무드는 연구와 배움을 뜻하는 히브리어로서 유대인들의 교육 철학, 가치관 형성에서 질문을 통한 배움, 소통, 협업의 중요성을 꾸준히 강조해 왔다.

21세기를 경작하는 하이테크 농부

체다카 문화와 탈무드로만 이스라엘과 유대인의 특성을 단정할 수 없다. ADAS 분야와 차량 자율 주행 분야의 기술을 선도하는 기업 모빌아이는 인텔의 인수 합병으로 주목을 받았다. 네비게이션 기업 웨이즈는 구글에 1조 원에 인수되었다. 광학 기술, 담수화 기술, 원자력 발전을 위한 안전 기술 등은 세계 최고를 자랑한다. 이스라엘은 세계 최고 수준의 창업 국가로 5,000개 이상의 스타트업이 있으며 나스닥 상장 기업도 83개에 이른다.

댄 세노르와 사울 싱어는 『창업 국가』에서 이스라엘을 21세기를 경작하는 하이테크 농부로 묘사했다. 이스라엘은 건국 이후 두뇌 자원 활용에 모든 역량을 집중했다. 정부 주도의 국가과학기술 자문회의를 설립하여 학계와 산업계를 대표하는 150여 명 석학들의 두뇌를 융복합했다. 국가의 교육 시스템, 연구 개발, 기술 사업화에 대한 명확한 비전과 로드맵을 제시했다. 담수화 기술과 원자력 기술, 4차 산업혁명의 기초 기술과 가시적인 사업화 성공 이면에는 치밀한 전략이 녹아 있었다. 정부 주도로 설립된 요즈마 펀드는 이스라엘 스타트업에 자금을 지원하는 자양분이 되었으며, 선진 국가, 기업들의 비즈니스 노하우를 직접적으로 이식시키는 실질적인 벤처 인큐베이팅을 수행했다.

티쿤 올람 - 세상을 고친다

유대인들에게 삶의 목적과 이유를 물으면 이들의 답변은 티쿤 올람(Tikkun Olam)으로 수렴한다. 그들은 현재의 세상을 더 좋게 고치고 개선한다는 티쿤 올람 사상을 유지해 왔으며 이것은 이스라엘을 가장 강력한 혁신 국가, 창업 국가로 이끌었다. 이스라엘에는 하나님이 창조한 세상은 완성되지 못한 불안정한 상태이지만 신과 인간이 함께 협력하여 세상을 끊임없이 개선하고 발전시켜야 한다는 집단 메시아 의식이 존재해 온 것이다.

후츠파 정신 – 대담한 용기와 도전

후츠파(chutzpah) 정신은 당돌하고 뻔뻔하지만 대담한 용기와 도전 정신, 불굴의 의지이다. 새로움을 창조하는 도전과 창조 정신이다. 후츠파 정신의 궁극적 가치는 집단 창의력의 발현이다. 후츠파 정신은 형식 파괴, 질문할 수 있는 권리, 융합, 위험 감수, 목표 지향, 끈질김, 실패로부터의 교훈으로 구성된다. 4차 산업혁명 이후 국가, 기업뿐만 아니라 개인 역시 불확실성의 시대를 살고 있다. 과거의 성공 경험에 대한 집착은 성공 신드롬을 형성하여 변화, 혁신의 필요성을 느끼지 못하는 관성과 저항으로 작용할 수 있다. 기존의 가치와 질서가 무너지며 새로운 표준이 생성되는 변혁의 시대에 체다카와 후츠파 정신은 관성과 저항을 깨트리는 수단이자 협력적 도구인 것이다.

Why? 일과 학습의 이유

호메로스의 일리아스

스티브 잡스는 서체 수업의 경험으로 매킨토시에 혁신을 이룩했다. 리드 칼리지는 신입생에게 호메로스의 『일리아스』와 『오디세이아』를 선물하며 고전 작품을 읽고 토론하는 교육 과정을 운영한다. 『일리아스』는 서양 문명의 시원이며 10년간의 트로이 전쟁 마지막 50일의 기록을 다룬 것이다. 중심 사건을 설명한 후 사건의 전, 후 상황을 풀어 가는 독특한 구조를 제시했다. 서사시의 운율을 맞추기 위하여 발이 빠른 아킬레우스, 멀리 쏘는 아폴론처럼 관용구를 반복한다. 『일리아스』가 24편으로 구성되어 수많은 인물과 사건, 신화와 역사의 결합 등 상상력의 원천으로 평가받으면서 동시에 불멸의 고전으로 인식되는 이유는 아킬레우스로 대표되는 필멸의 존재 인간이 운명에 능동적으로 대응하는 삶과 성장의 과정을 보여 주었다는 점 때문이다.

시지프의 형벌

시지프 신화에서 시지프는 주피터 신의 비행을 발설하여 신들의 노여움을 샀다. 시지프는 인간을 위해 죽음의 신을 가두고 삶에 대한 열정으로 저승 세계로 되돌아갈 것을 거부한 이단과 반항의 상징이다. 큰 바위를 굴려 산꼭 대기에 다다르면 아래로 굴러 떨어지고 다시 굴려서 정상으로 올라가야 하는 무한 반복의 징계를 받았다. 신들은 시지프에게 자유가 없는 노동의 고통을 가한 것이다.

현대인들은 일하는 이유가 생계 유지, 재미, 돈과 부의 축적, 삶의 의미를 찾기 위해서라고 말한다. 일을 의미하는 트라바유는 로마시대 뜨거운 태양 아래 사람을 묶어 두는 고문 도구에서 비롯된 것으로 일은 인간에게 그 자체로서 즐겁거나 기분 좋은 경험을 선사하는 것과는 거리가 멀지도 모른다. 현대인들이 자신이 하는 일을 시지프의 형벌(Sisyphean tasks)에 비유하여 탈출구 없는 형벌로 인식하고 있는 것도 이러한 이유에서이다.

찰리 채플린의 모던 타임즈

찰리 채플린의 "모던 타임즈"는 산업혁명과 자본주의, 기계에 의한 실직과 대공황 시대의 인간의 삶을 그렸다. 헨리 포드의 컨베이어 시스템을 빗대어 빅 브라더의 등장을 예고했었다. 영화 말미에 찰리는 팔을 들어 주먹을 쥐는 핸드모션을 취하며 희망을 잃지 않고 소녀에게 스마일이라고 답한다. 시지프의 형벌을 무의식적으로 받아들인다면 무의미하고 절망적이며 반복적인 노동의 삶은 더욱 비참해질 수 있지만 운명을 수용하면 그 일에 몰입할 수 있으며 질문의 골든 서클인 Why, How, What을 통하여 운명을 개선하고 발전의 계기로 이용할 수 있다.

바쁨의 역설과 침팬지 길들이기

BBC 프로그램인 "바쁨의 역설"은 현대인들의 바쁘다 증후군에 관해 실상 바쁘지 않다는 역설을 전했다. 프로그램은 바쁨의 이유를 시간의 가치에서 찾았다. 시간 부족의 압박감이 바쁨으로 표출된다는 것이다. 토니 크랩은 『내 안의 침팬지 길들이기』에서 바쁜 것은 나쁜 것이고 그 삶은 잘못된 삶이라고 말한다. 머릿속의 스위치를 끄고 삶의 통제권을 찾아 변화할 것을 제안했다. 반복된 일상을 통해서 작은 성공을 거둔 경험이 삶의 행동에 관성을 불러 일으키고 결국 외부와 사회의 변화를 읽지 못하고 과거에 했던 경험을 단순히 반복하게 된다. 현대인의 바쁘다 증후군은 삶과 인생의 목표 없이 현재에 직면한 과제와 일을 해결하려 연연하기 때문이다.

일(Work)을 하는 이유

다수의 직장인이 출근과 동시에 우울증을 앓는 오피스 증후군에 시달린다. 불확실성, 과도한 업무량, 인간관계 등이 원인이다. 자신이 하는 일의 의미를 아는 사람들은 최고의 성과를 만들어 낸다. 일하는 이유를 찾기 위해서 질문의 골든 서클을 적용해야 한다. 나는 왜 일을 하는가(Why), 나는 어떻게 일을 하고 있는가(How), 내가 하고 있는 일에는 어떠한 의미가 있는가(What) 이러한 질문에 답을 할 수 있다면 일에 대한 첫 단추를 잘 꿰고 있는 것이다.

관점에서 찾아라

스티브 잡스는 25세에 1억 달러의 부를 축적했지만 일을 중단하지 않았다. 일을 하는 이유는 생계 유지와 더 나은 삶을 만들기 위한 돈이다. 스티브 잡스는 이윤이 아닌 최고의 제품 중심의 사고방식을 전파했다. 돈은 제품이 좋으면 자연스럽게 따라온다고 말하며 일 자체에 1차적인 가치를 두었던 것이다. 일이란 인간에게 생계를 유지하기 위한 수단을 넘어 삶의 의미와 존재 가치를 만들어 주는 원천이 되는 것이다.

맥클레랜드의 동기 이론

동기는 일을 하는 이유를 설명한다. 동기에 따라 일과 삶의 태도도 다르다. 맥클레랜드는 동기 유발의 요인으로 성취 욕구, 친교 욕구, 권력 욕구를 선정했다. 성취 동기는 일에 대한 열정, 의욕, 몰입이다. 경험에 의해서 학습되는 요인으로 훈련을 통해서 개인이 처한 현실과 지향하는 목표에 따라 향상시킬 수 있는 후천적 요소이다.

자기 실현

일하는 이유는 자기 실현(Self-realization)으로 말할 수 있다. 애플에서 퇴출당한 스티브 잡스의 자산은 실패를 통한 경험과 학습으로 자기 실현을 이룩했다는 점이다. 잡스가 애플에 복귀하며 내세운 조건은 연봉 1달러였다. 자기를 실현하는 방법으로서 일을 선택했다. 일과 삶의 균형을 추구하자는 워라밸은 삶의 트렌드가 되었지만 한국은 2018년 BLI에서 38개 가입국 중 29위, 워라밸 평가에서는 최하위인 35위를 기록했다. 일과 학습에 대한 진정한 기쁨을 찾는 방법으로 스티브 잡스는 스스로 위대한 일을 하고 있다고 자부하는 것이라고 말했다.

칙센트미하이는 『몰입』에서 가능한 여러 영역을 시도해 보는 것이 중요하며 인내심이 필요함을 강조했다. 일과 학습, 여가, 인생에 대한 자부심을 가져야 한다. 일을 하면서 업적을 만들고 역량을 개발하는 것을 자기 실현으로 동일시하면 일을 통한 자기 실현이 된다. 학습으로 자신의 꿈을 이루는 도구와 수단을 만들며 자가 발전을 이룰 수 있다.

너를 외쳐 봐

내 인생의 모쿠슈라

인생은 사각의 링이며 복싱처럼 모순으로 이루어졌으며 고독한 싸움에서 깊은 상처를 입을 수도 있다. 밀리언 달러 베이비는 싸구려 제품을 파는 가게에서 찾아낸 진귀한 물건, 기대하지 않은 횡재를 의미한다. 나의 소중한, 나의 핏줄을 의미하는 모쿠슈라(Mo Cuishle)는 인생의 진정한 모쿠슈라는 무엇인지를 묻고 있다.

영화『늑대와 춤을』에서 남군과 북군이 대치하는 상황에 놓였다. 다리를 절단하게 된 운명 앞에 죽는 것이 낫겠다며 말을 타고 달린 행동이 군의 사기를 높여 전쟁의 영웅이 되었다. 세즈윅 요새에 도달한 던바는 인디언 수우 족을 만나면서 그들이 제거해야 할 대상이 아닌 같은 인간임을 깨닫고 그들에게 동화되어 '늑대와 춤을'이라는 이름을 부여받는다. 던바는 부족의 피해를 막기 위해 수우 족을 떠나면서 "나는 당신의 영원한 친구이다. 너도 그러한 가?"라는 인디언 친구들의 질문에 답하고자 했지만 침묵으로 백인들의 원죄를 속죄하였다. 영화 "늑대와 춤을"에서는 '절망조차 뛰어넘는 진정한 인간의 길은 무엇일까? 나의 이름은 무엇인가?'에 대한 질문을 던지고 있다.

Just Do It - 너를 외쳐 봐

국제 올림픽 위원회는 하계 올림픽 메달 디자인에 승리의 여신 니케를 도안하도록 규정한다. 루브르 박물관 고대 유물관 입구에는 승리를 상징하는 여신 니케가 복원되어 관람객의 이목을 끈다. 런닝화를 제작하던 작은 회사가 니케에게 영감을 받아 회사명을 나이키로 바꾸고 기업의 로고도 니케의 날개를 형상화한 디자인으로 교체했다. 니케의 날갯짓 소리를 의성화한 스우시로 명명하여 스포츠 브랜드의 대명사가 된 것이다. 나이키는 스포츠 브랜드뿐만 아니라 삶과 인생을 판매한다. 나이키의 "Just Do It - 너를 외쳐 봐" 캠페인은 세상의 편견과 잣대에 맞서 잃어버렸던 자신의 목소리를 통해 너를 외쳐 보라는 스토리를 전달한다. 녹록치 않은 세상에 "이건 시간 낭비야, 인생에 도움이 안 돼, 요즘이 어떤 세상인데? 그냥 남들처럼 하면 안 돼? 그런데도 끝까지 하겠다는 거야?"라는 편견으로 반문하면서도 역설적으로 도전의 삶을 사는 사람들에게 응원의 메시지를 전달하고 있다.

이봐 해 봤어? 해 보기나 한 거야?

삼성, LG, 현대를 대표하는 문화는 무엇일까에 관한 논의가 있었다. 삼성맨은 지적이고 치밀하며 형식을 중요시하는 반면 현대맨은 직설적이며 단순함을 추구하는 스타일이며 LG맨은 개방적이고 혁신적이라는 결과였다. 다른 조사에서 삼성맨은 최고경영자의 의사 결정을 충실히 수행하는 행정형 관리자로, 현대맨은 스스로 책임지고 추신하는 경영형 관리자로 명명했다.

하지만 그로부터 20년이 지난 후 조사한 대기업 집단의 이미지는 그와는 다르게 나타났다. 삼성은 지적, 권위, 냉정으로, 현대차는 진취, 강인, 도전으로, LG는 유행 민감, 대중적, 친근함으로, 포스코는 남성적, 투박, 강인함으로, SK는 유행 민감, 세련됨, 대중적으로, 롯데는 대중적, 보수적, 여성스러움으로 표현됐다.

"이봐 해 봤어? 해 보지도 않고 얼마나 많은 것들을 불가능하다고 생각하는 건가?" 현대그룹 창업자 정주영 회장은 목표에 대한 신념이 투철하고 노력만 쏟아 부으면 무슨 일이라도 할 수 있다고 강조했지만 그 이면은 잘 알려지지 못했다. "나는 어떤 일에도 결코 무턱대고 도전한 적이 없다. 교육은 못 받았지만 더 열심히 생각하는 머리를 가졌고 남보다 더 치밀하게 계산하고 더 적극적인 모험심과 신념이 있었다. 일을 시작하기 전에 얼마나 치열하게 분석하고 계획하는지를 모르는 사람들은 모든 일이 전부 무계획적이고 무모한 것으로 보이겠지만 어떻게 현대그룹이 존재할 수 있단 말인가? 고정 관념의 노예가 되어 있으면 매순간 적응력이 우둔해질 수밖에 없다. 교과서적인 사고방식이 곧 고정 관념이며 그것이 우리를 바보로 만드는 함정이다."

자기 인생의 주인이라는 믿음

고정 관념의 폐해와 사고의 전환을 요구한 대표적 사례가 서산만 방조제 공사의 유조선 공법이다. 물살이 센 서산만에 방조제를 짓는 것은 무모하다는 고정 관점에 맞서 고철 유조선으로 물살의 흐름을 막고 방파제를 구축한 것이다. 한국이 조선 강국으로 도약한 계기는 현대그룹 울산 조선소 건립이며 그 이면에 500원짜리 지폐가 있다.

현대는 조선업 진출을 계획하였지만 외국 자본을 유치해야 하는 상황이었다. 정주영 회장은 500원짜리 지폐를 보여 주며 말했다. "우리는 영국보다 300년이나 앞선 기술로 철갑선을 만들었지만 산업화가 늦어져서 아이디어가 녹슬었을 뿐이다. 한번 시작하면 잠재력이 분출될 것이다." 현대는 결국 투자 유치에 성공하여 울산 조선소의 첫 삽을 뜨게 되었다. 정주영 회장은 바로 자신이 인생의 주인이라는 믿음을 전파했다. 어떤 환경에서 태어나 어떤 위치에서 무슨 일을 하고 있든지 최선을 다해 자기한테 맡겨진 일을 전심전력으로 이루어 내며 현재를 충실히 살 줄 아는 사람은 행복한 사람이다.

현재에 충실하면서 자신의 보다 나은 미래에 대한 꿈을 꾸기 때문에 언제나 일하는 것이 즐겁고 작은 일에도 행복하게 생각할 줄 아는 사람은 누구든 나름대로 성공을 거둘 것이다. 그런 사람이 인생을 잘 사는 사람이라고 생각한다.

피터 드러커의 인생을 바꾼 7가지 지적 경험

자기 실현 과정에서 어떻게 성장하고 발전할 수 있을까? 이에 대해 피터 드러커는 '나의 강점은 무엇인가? 어떻게 성과를 올리는가? 읽는 자인가 듣는 자인가? 어떻게 배우는가? 일을 어울려서 하는가 아니면 혼자 일하는가? 나의 가치는 무엇인가? 어디에 속하는가?' 등 자기 관리를 위한 7가지 자가 질문과 이를 통한 피드백을 제시했다.

또한 피터 드러커는 『프로페셔널의 조건』에서 능동적으로 삶을 개척하는 방법으로 자신의 인생을 바꾼 7가지 지적 경험을 제시했다. 언제나 한 번 더 도전할 의무가 남아 있다는 베르디의 말에 영감을 얻어 목표와 비전을 갖는 삶을 다짐했으며 파르테논 신전의 작품 의뢰를 받은 조각가 페이디아스가 자신의 일을 하며 신들이 보고 있는 것처럼 완벽을 추구했듯 드러커 자신도 완벽할 수 없지만 완벽하기 위해 노력하는 삶을 추구하겠다는 마음을 지니게 되었다.

드러커는 끊임없이 새로운 주제를 공부하고 자신의 업무를 정기적으로 검토하라고 조언하여 지속적인 평생 학습과 점검을 통한 피드백과 개선, 혁신의 중요성을 강조했다. 또 다른 지적 경험은 새로운 일이 요구하는 것을 배우고 피드백 활동을 하라는 것이다. 마지막 지적 경험은 슘페터와의 대화에서 찾은 '어떤 사람으로 기억되기를 바라는가?'이다. 드러커의 부친이 젊은 슘페터에게 질문을 했을 때 슘페터는 유럽 미인들의 최고 연인, 유럽의 최고 승마인, 그 다음으로 최고 경제학자로 기억되기 바란다고 답변했지만 세월이 흐른 후 슘페터는 같은 질문에 몇 명의 우수한 학생을 일류 경제학자로 키운 교사로 기억되길 바란다고 이야기했다.

인재 전쟁, 두뇌 전쟁

썩은 사과

매출 1천 억에 달하는 중견기업에서 조직 성장의 문제와 총체적 관리 부재의 모습을 드러냈다. 교육이 부재한 상황에서 권한은 없고 책임만 강조하는 운영 행태를 보였다. 당장의 매출이 발생하더라도 내부적으로는 곪아 가고 있는 것이다. 경영진의 확증 편향은 회사의 리더들에게 전파되고 말단 부하 직원들에게도 그대로 전달된다. 미첼 쿠지의 썩은 사과(Bad Apples)는 그 경영진이었던 것이다. 썩은 사과는 개인, 팀, 전체 조직을 병들게 하는 사람이다. 상자 속에 썩은 사과가 방치되면 다른 사과까지 전부 못 먹게 돼 버리는 현상을 사람과 조직에 비유한 것이다.

인재 전쟁(The War for Talent), 두뇌 전쟁

맥킨지 보고서에서는 인재 확보 전쟁의 심화를 지적했다. 삼성은 5대 핵심 가치로서 인재 제일, 최고 지향, 변화 선도, 정도 경영, 상생 추구를 선정했고 이중 인재 제일을 최고의 핵심 가치로 손꼽았다. 창업주인 이병철 회장은 인생의 80%는 인재를 모으고 교육시키는 데 할애했다고 설명했다. 이건희 회장은 좋은 인재 한 명이 10만 명을 먹여 살릴 수 있다고 했다. 빌 게이츠는 핵심 인재 30명이 없었다면 마이크로 소프트도 없었다고 회고했다. 삼성은 세계적 석학으로 뇌 신경 공학 기반 인공지능 연구 분야의 세바스찬 승, 인공지능 로보틱스 분야의 다니엘 리 교수를 영입했다. 또한 한국과 미국, 영국, 캐나다, 러시아에 인공지능 연구 센터를 설립하여 관련 S급 인재 영입에도 총력을 다하고 있다.

글로벌 정보통신 업계에서 인공지능, 빅데이터, 로봇, IoT 스타트업을 인수, 합병하려는 총성 없는 전쟁이 한창이다. 구글, 페이스북, 애플, 인텔, 아마존과 중국 텐센트, 알리바바 등은 조금이라도 가능성이 보이는 스타트업들을 싹쓸이하고 있으며 스타트업의 아이디어와 인재를 흡수하여 막대한 자금과 기술로 새로운 서비스를 선보이면서 우월한 기술과 플랫폼으로 독점적 시장 지배력을 강화하고 있다.

파레토 법칙, 롱테일 법칙

"기업은 사람이다'라는 말은 알고 있으면서도 인재 육성에 소홀하면 되겠는가, 기업에서 사람을 키우지 않는 것은 죄악이며 양질의 인재를 내보내는 것은 경영의 손실이다." 삼성전자 이건희 회장이 신경영 선언에서 인재 육성을 강조하며 언급한 내용이다. 인재를 구분하는 두 가지 법칙은 파레토 법칙과 롱테일 법칙이다.

기업 경영에서의 파레토 법칙은 상위 20%의 인재가 기업 성과의 80%를 창출한다는 법칙이다. 전체 결과의 80%는 20%의 원인에 의해 발생하고 상위 20%가 전체 생산성의 80%를 수행한다는 원리, 기업 성과의 80%는 전체 임직원 중 상위 20%가 하는 업무이며 기업 경영에서 20%의 주요 문제점을 해결하면 나머지 80%의 문제는 자연히 해결된다는 원리, 전체 매출의 80%

는 구매력을 갖춘 상위 20%의 고객에 의하여 발생된다는 원칙 등이 파레토 법칙의 대표적 사례이다. 이에 반하여 롱테일 법칙은 80%의 평범한 다수가 20%의 핵심 소수보다 더 뛰어난 가치를 창출한다는 법칙이다.

경쟁은 피할 수 없다

엘빈 토플러는『부의 미래』에서 가장 효과적인 조직은 기업이라고 정의 했다. 기업은 100마일로 달리지만 시민단체는 90마일, 가족은 60마일, 정부 조직은 25마일의 속도를 내며 법은 1마일의 속도를 낸다고 비유했다. 기업이 가장 빠르게 변화를 주도해야 하며 그렇지 못하면 결국 생존의 원동력을 잃 고 도태한다는 것을 의미한다.

성공하는 직장인들은 이미 준비를 해 왔고 지금도 학습과 공부를 하며 변화하는 환경과 상황에 적응, 진화, 혁신하여 경쟁에 앞서고 있다. 셀러던트 는 셀러리맨과 스튜던트의 합성어로 직장 생활을 하면서 계속 공부하는 직 장인을 표현하며 경쟁력을 갖추어 보다 좋은 대우를 받고 일을 하기 위해 지 속적인 학습을 추구하는 직장인이다. 이 과정에서 경쟁은 피할 수 없는 필수 요소이다. 정성적이든 정량적이든 경쟁을 하고 평가를 받게 된다. 결국 경쟁 력을 갖추는 것은 생존을 위한 가장 기본적인 도구인 것이다.

성공하는 기업

TV 손자병법에서 미생까지

　　미국 NBC의 드라마 "더 오피스"는 직장의 다양한 에피소드를 다큐멘터리처럼 실제 상황인 듯 연출한 모큐멘터리 기법을 적용했으며 이것은 한국예능 프로그램 "무한도전"의 무한상사 모티브가 되었다. 한국의 직장 드라마는 시트콤의 원조 "TV 손자병법"을 시작으로 "신입사원", "직장의 신"으로 계보를 이어 왔다. 사회라는 거대한 바둑판에서 낙하산 인턴 장그래가 정사원이 되고자 서투르지만 차근차근 돌을 놓아 가는 사회 초년생의 이야기와 대기업 상사맨, 샐러리맨의 일상, 워커홀릭, 일개미, 오지랖과 만성 피로, 교과서적인 엘리트 등 다양한 인간 군상을 그린 드라마 "미생"이 직장인들 사이에서 열풍을 불러 일으켰다. 오 차장은 '왜 이 일에 의미를 부여했을까?'라고 자조하며 업무에 억지로라도 의미를 부여하고자 하지만 현실이 생각처럼 녹록치 않음에 한탄한다.

기업과 조직에서의 일의 의미

　　디지털 노마드, 프리 에이전트, 프리랜서, 일과 놀이를 함께 추구하는 호모 파덴스 유형의 직업과 인플루언서, 크리에이터가 등장하고 있지만 일자리를 제공하는 견고한 플랫폼은 기업이다. 기업에 합류하여 일을 하려는 사람이나 현재 기업, 회사에서 일을 수행하는 사람 모두 기업과 회사가 추구하는 인재상과 경쟁 요소에 부합하는 역량을 갖추어야 한다. 조직은 구성원 개개인의 역량과 집단 창의성, 협업, 소통, 시너지를 창출하기 위하여 협력하는 구조 및 시스템으로 정의된다. 조직 내에서의 각 구성원들은 목표에 기반하여 할당된 직무에 관한 책임이 부가되기에 개인과 조직이 일을 하는 의미는 부여된 목표에 따른 책임을 수행하고 성과를 창출하는 것이다. 기업이 가장 빠르게 변화를 주도해야 하며 변화를 주도하지 못하거나 뒤처지게 되면 결국 멸종될 수 있음을 의미한다.

기업의 존재 이유와 기업 환경의 변화

피터 드러커는 기업의 존재 이유를 사회적 니즈의 충족이라고 정의했다. 고객의 기호 변화에 대한 불확실성, 융복합과 초연결로 인한 산업간 경계의 붕괴, 신규 빅뱅 파괴자의 등장은 글로벌 기업조차 생존의 위협에 노출시켜 변화와 혁신을 요구한다. 스콧 갤러웨이는 『플랫폼 제국의 미래』에서 성공하기 위해 반드시 열정을 따르라는 조언은 정답이 아니며 타인의 인정을 받을 수 있는 실력을 갖출 때 열정도 뒤따른다고 조언한다. 또한 유연하게 상황에 따른 협력자의 자세를 취할 것을 강조했다.

허브 코헨은 『협상의 법칙』에서 코앞에 닥쳐야만 정보를 찾는 방식으로는 참담한 실패를 피하기 어려우며 정보를 얻을 수 있는 기회를 미루지 말아야 한다고 강조했다. 프란시스 코폴라 감독의 영화 "대부"에서 비토 코를레오네가 막내아들 마이클에게 건네는 핵심은 친구는 가까이 하되 적은 더욱 가까이 두어야 한다는 말이다. 연결은 협력을 의미한다. 세계적인 거대 공룡과 경쟁할 수 있는 유일한 방법은 연결이며 적과의 동침은 생존을 위한 전략적인 연결이다. 연결을 통하여 이들에게서 정보를 획득하고 비즈니스의 기회를 발굴할 시간을 확보하는 것이다.

성공 기업의 조건

톰 피터스는 『초우량 기업의 조건』에서 전략, 조직 구조, 시스템 측면 이외에 공유 가치, 스타일, 문화, 사람 등의 중요성을 강조하며 기업가 정신과 자율성이 넘치는 조직을 손꼽았으며 초우량 기업의 8대 조건으로 철저하게 실행하기, 고객 밀착, 자율성과 기업가 정신, 사람을 통한 생산성 향상, 가치에 근거한 실천, 핵심 사업에 집중하기, 조직 단순화, 엄격함과 온건함의 조화를 선정했다. 현재는 창의와 몰입의 시대로 미래 인재는 창의력과 지식, 소프트 스킬과 하드 스킬을 겸비한 융복합형 역량을 갖추어야 한다고 강조한다.

짐 콜린스는 『좋은 기업을 넘어 위대한 기업으로』에서 위대한 기업의 조건으로 단계 5의 리더십, 적합한 인재 우선, 현실 직시, 고슴도치 컨셉, 규율의 문화와 기술 가속 페달을 선정했다. 단계 5의 리더십은 개인적 겸양과 의지를 융합하여 지속적 성과를 창출하는 리더이며 기업은 무엇을 할지를 고민하기에 앞서 누구와 함께하고 어떻게 적재적소에 인력을 배치할 것인가를 고민하는 적합한 인재 우선 정책을 수행해야 함을 의미한다. 냉혹한 현실을 직시하고 세계 최고가 될 수 있는 일, 경제 엔진을 움직이는 일, 열정을 가진 일에 집중해야 한다. 자율과 책임이 공존하는 규율의 문화와 선별된 기술 분야의 선구자가 되어 플라이휠 효과를 창출해야 함을 이야기했다.

기업 경쟁력의 핵심 요소 – 비전, 혁신, 지식, 커뮤니케이션, 인재

기업이 생존을 넘어 경쟁력 있는 기업이 되기 위한 요소로 비전, 혁신, 지식, 커뮤니케이션, 인재를 손꼽는다. 비전은 기업의 존재의 이유를 밝히며 방향성과 가치를 명시한다. 혁신은 변화를 포함하여 일하는 방식과 사고방식의 전환이다. 4차 산업혁명 시대의 지식은 기술 지능과 소프트 스킬, 하드 스킬을 포함하며 연결을 통한 융복합적 사고, 협업과 집단 창의성을 발현하는 지식 네트워크의 연결과 확장이다.

커뮤니케이션은 기업 내의 소통, 사일로 이펙트와 썩은 사과 제거, 산업 간 경계를 허무는 소통과 커뮤니케이션 플랫폼 구축, 소셜 네트워크와 고객의 디지털 흔적, 디지털 마케팅, 빅데이터 및 인공지능을 이용한 소통을 포함한다. 인재는 기업 경영의 기본으로 기술 지능과 전략적 민첩성과 감수성, 학습 민첩성을 겸비한 역량을 갖추고 인간 고유의 문제 인식 역량, 인간 고유의 대안 도출 능력, 기계와의 협력적 소통 역량을 갖춘 인력이다.

몰입 상승 효과, 활동적 타성, 확증 편향

성공 조건에 부합된 기업조차 역사의 뒤안길로 사라진다. 짐 콜린스는 『위대한 기업은 다 어디로 갔을까?』에서 기업이 한순간에 몰락할 수 있는 단계를 성공으로부터 자만심이 생기는 단계, 원칙 없이 더 많은 욕심을 내는 단계, 위험과 위기의 가능성을 부정하는 단계, 구원을 찾아 헤매어 극약 처방에 이르는 단계, 유명무실하거나 생명이 끝나는 단계로 선정했다. 실패학의 대가 잭디시 세스는 기업의 몰락 원인으로 현실 부정, 오만, 타성, 핵심 역량에 대한 과도한 의존과 집착, 눈앞의 경쟁만 보는 근시안적 시야, 규모에 대한 집착, 조직과 구성원의 사일로 이펙트를 손꼽았다. 몰입 상승 효과는 의사 결정을 내리고 시간이 경과된 후에 잘못된 판단이었음을 인지했지만 이를 수정하지 않고 집착하는 태도와 그릇된 신념이다. 세계 최초로 무전기와 휴대폰을 만든 모토로라는 아날로그 통신의 성공 신화에 갇혀 디지털 전환을 거부했고 노키아는 스마트폰 시장을 부정했다. 도널드 설은 『혼돈을 넘어 위대한 기업으로』에서 활동적 타성(Active inertia)은 성공 신화에 갇혀 과거의 행동을 답습하고 변화와 혁신, 진화를 거부하는 사고방식으로 정의했다. 확증 편향은 자신의 신념과 일치하는 정보만 받아들이고 반대되는 정보는 무시하여 보고 싶은 것만 보는 왜곡된 사고방식이다.

삼성, LG 인재의 기준

시대의 변화에 인재 역량도 달라진다

미래 인재의 역량은 이제껏 경험하지 못한 문제와 변화에 대응하는 능력이며 인성과 도덕성에 기반하여 소통과 공감, 협업을 수행하고 새로운 기술과 아이디어에 관해 끊임없이 학습하고 점검하는 역량이다. 지난 2010년 잡코리아가 조사한 대기업이 요구하는 인재상은 국제 감각, 글로벌 경쟁력, 창의, 창조, 도전 정신, 전문성, 팀워크, 조직력의 순서였지만 2018년 잡코리아와 알바몬이 조사한 대기업 인재상 공통 키워드는 도전, 도전 정신, 창의/창조, 혁신, 열정, 책임감, 인간미, 변화, 미래 가치 지향, 도덕성이다.

시대가 변함에 따라서 기업이 요구하는 인재상도 달라진다. 현재는 새로운 영역을 융복합하는 도전 정신과 개인의 역량과 결합된 집단 창의성이 강조되고 있다. 국제 감각, 글로벌 경쟁력도 여전히 중요하다. 초연결의 시대에 글로벌 플랫폼과 각종 오픈 커뮤니티, 전문가 그룹에서 연결을 통한 지적 창출에 앞선 기업과 개인이 보다 빠른 성공의 기회를 포착하기 때문이다.

삼성과 LG가 요구하는 인재상

기업이 표방하는 인재상은 잠재적 역량으로 인식해야 한다. 기업의 인재상을 나타내는 키워드들은 모든 것을 갖춘 인재를 확인하는 것이 아니라 가능성과 잠재적 역량이 있는지를 확인하는 것으로 개개인 스스로가 자신의 역량으로 만들고 표현을 해야 하는 것이다. 삼성은 과거 삼성 피플 웨이라고 명명된 신인재상을 표방하였고 그 핵심 내용은 열정과 몰입, 학습과 창의, 소통과 협업을 하는 인재를 의미하며 세부적인 역량으로 열정, 전문성, 헌신, 학습, 창의성, 문제 해결능력, 소통, 개방성, 협업을 제시했다.

현재 삼성전자의 채용 사이트에 소개된 삼성전자의 인재상은 열정, 창의 혁신, 인간미, 도덕성이다. 시대의 변화에 따라 기업의 인재상도 변화하고 진화하지만 열정, 창의, 인간미와 도덕성은 시대를 관통하는 키워드이다.

LG의 인재상은 LG 웨이를 통해 신념과 실행력을 겸비한 사람으로 정의하고 있으며 세부적으로는 꿈과 열정, 세계 최고에 도전, 고객 최우선, 혁신, 팀워크, 자율, 창의, 일하는 사람, 실력 배양, 정정 당당 경쟁 등의 키워드를 제시하고 있다. 혁신, 팀워크, 자율, 창의는 삼성과 동일하게 선정된 키워드이며 꾸준한 실력 배양의 키워드는 삼성에서는 학습과 창의로 표현했다. 정정 당당 키워드는 삼성의 인간미, 도덕성과 유사하다. 삼성과 달리 LG만의 키워드로 정정당당하게 경쟁하는 사람을 구체적으로 명시했다는 점도 주목해야 한다.

실리콘밸리 인재

실리콘밸리 - 새로운 시대를 위한 북극성

삼성경제연구소의 『실리콘밸리 사람들은 어떻게 일할까?』에서는 실리콘밸리의 혁신 기업 29개를 선정하여 이들의 공통점을 비전, 오너십, 아이디어와 새로운 시도, 협력과 효율성으로 정의했다. SK는 근본적인 혁신, 딥 체인지를 위해 실리콘밸리에 축구장 7개 규모의 종합 연구단지를 구축하여 실리콘밸리를 그룹의 미래를 책임지는 연구 개발과 협력, 투자를 위한 미래 허브로 이용하겠다는 전략을 발표했다.

실리콘밸리는 혁신과 변화, 다양성을 상징하며 수많은 기업들에게 목적지와 방향을 알려주는 북극성(North Star)의 역할을 수행한다. 성공한 기업들은 대부분 자사가 추구하는 핵심 가치를 기억하고 고도화시키려 노력한다. 실리콘밸리의 대표적 ICT 기업들은 고유한 핵심 가치를 가지고 있기에 이들의 비전, 미션, 조직과 인재, 문화에 부여하는 핵심 가치를 파악하면 이들이 어떻게 굴지의 ICT 기업이 되었는지를 가늠할 수 있다.

넷플릭스 컬처 데크 - 넷플릭스 문화, 자유 & 책임

실리콘밸리 역사상 가장 중요한 문서는 넷플릭스의 CEO인 리드 헤이

스팅스가 기업 철학에 관하여 작성한 128쪽 분량의『넷플릭스 문화: 자유와 책임』이다. 넷플릭스를 이끄는 힘은 7개의 관점이다. 그것은 실제로 가치 있게 여기는 것이 진정한 가치다, 최고의 성과를 지향한다, 자유와 책임을 추구한다, 통제가 아닌 맥락의 의미를 전달한다, 강력하게 연결되어 있지만 느슨하게 짝지어진 조직을 구성한다, 업계 최고의 임금과 처우로 대한다, 승진과 자기 계발을 수행할 수 있도록 한다 등으로 구성되어 있다.

　넷플릭스는 임직원들에게 자신들이 가치가 있다고 생각하는 바로 그것을 진정한 가치로 인지하기 위한 9가지 행동과 기술을 요구하며 판단력, 소통, 성과, 호기심, 혁신, 용기, 열정, 정직, 이타적 행동을 덕목으로 규정했다. 판단력은 근본 원인을 파악하여 현명한 결정을 내리고 우선순위를 결정하는 역량이다. 소통은 경청과 간단 명료하고 직관적인 글쓰기를 포함한다. 성과를 중시한다. 과정과 절차보다 뛰어난 결과를 만들어야 하며 어리석은 분석가가 되지 말고 동료들이 충분히 신뢰할 만한 성과를 창출해야 한다. 호기심은 자신의 전문 분야에서 진화하여 고객, 시장, 기술과 전략을 열정적으로 배우는 역량이다. 혁신은 문제를 해결하기 위한 실용적 방안을 찾고 조립하고 연결하여 복잡성을 단순화 시키는 능력이며 민첩함과 유연성이다. 가치에 부합되지 않은 일에 문제를 제기하고 논란에 주눅들지 않고 생각을 말하는 힘이 용기이다. 열정은 탁월함을 추구하여 영감을 자극하는 행동이며 실수를 인정하고 개선하는 것이 정직이다. 가장 좋은 아이디어 창출을 위해 이기심을 버리고 동료를 돕는 것에 최선을 다하는 행동이 이타적 행동이다.

애플 - 세계 최고의 혁신과 경험을 제공한다

애플은 애플 I, 애플 II 컴퓨터, 아이폰, 아이팟, 아이패드와 아이튠즈 등으로 혁신의 이미지를 심어 왔다. 혁신과 새로운 고객 경험에 기꺼이 비용을 지불하는 고객 패러다임을 창출한다. 애플이 추구하는 가치는 세계 최고의 경험으로 무장한 제품과 솔루션을 고객에게 제공하고 극단적인 디자인 추구, 단순하고 직관적인 인터페이스, 신제품이 출시되어도 일관적인 경험을 지속하는 단순함이다. 애플은 세계 최초가 아닌 세계 최고를 지향한다. 최초의 개인용 컴퓨터는 알테어 8800이다. 스마트폰도 휴대폰과 PDA에서 영감을 얻었다. 애플은 제품과 솔루션에 대한 집착으로 새로운 고객 경험과 차별화를 통하여 애플 스타일이라는 매니아 팬덤을 형성했다. 애플의 집요함은 품질로 대변된다. 신제품 개발 프로세스인 ANPP, 엔지니어링과 글로벌 소싱을 위한 EPM, GSM은 제품에 대한 극한의 집착으로 기술 리더십과 제품 리더십을 확보한다는 관리 통제력에 대한 절대적인 애플의 철학이다. 애플의 기업 가치 전반에 흐르는 정신은 탁월성과 No라고 말할 수 있는 정신이며 선택력, 협력, 단순성, 용기를 기업 가치로 표방하고 있다.

구글 – 산소 프로젝트(커뮤니케이션), 아리스토텔레스 프로젝트(연결)

미국 HBO의 드라마 "실리콘밸리"는 컴퓨터 프로그래머인 리처드 핸드릭스가 개발한 음악 도구 프로그램이 혁신적 데이터 압축 알고리즘으로 밝혀지며 스타트업을 설립하며 겪는 다양한 에피소드들을 선보였다. 구글을 모델로 만든 가상 기업 홀리 사무실, 페이스북의 모토인 생각하지 말고 빠르게 행동하라 등이 보이며 테크 크런치, 사업 계획서 작성, 회사 설립과 투자 유치, 인큐베이팅, 투자에 따른 경영권 상실, 스크럼 메소드 개발 방식, 스탠드업 미팅, 세련되고 부유한 프로그래머를 일컫는 브로그래머, 스타트업의 사업 방향 전환 등 실리콘밸리의 일상을 그대로 재현하여 인기를 끌고 있다.

구글은 전 세계의 정보를 모으고 분류하여 누구나 편리하게 이용할 수 있도록 하겠다는 원대한 꿈으로 시작했다.

검색 엔진과 광고 서비스로 시작된 사업은 인공지능, 빅데이터, 클라우드와 자율 주행차, 인공지능 음성 비서 서비스에 이르기까지 인류의 삶과 일상에 지대한 영향을 끼치고 있다. 구글은 산소 프로젝트를 시작하여 리더의 조건을 정립했다. 전문성과 소통을 수행하는 인간미를 겸비한 리더로서 전방위적 역할을 수행하여 조직에 활력을 제공한다. 아리스토텔레스 프로젝트의 핵심은 연결성이다. 임직원이 비전, 미션, 현안 문제를 완전히 공유하여 정보의 공유와 의견 제시를 강조했다. 구체적인 성과물이 구글의 TGIF 미팅이다. 모든 임직원들이 찰리 카페에 모여 사내 문제에서 아이디어 제안, 미래 로드맵에 이르기까지 의견을 제시하고 경영진의 설명을 가감없이 들을 수 있다. TGIF 미팅이 구글을 지탱하는 핵심 가치가 생산되는 장소라고 자부한다.

마이크로소프트 - People ready

마이크로소프트는 빌 게이츠와 폴 앨런이 알테어 8800에서 구동되는 베이직 프로그램 판매를 목적으로 설립한 회사이다. IBM PC 보급과 함께 DOS를 개발하고 소프트웨어 판권을 독점하여 성장했다. 이들의 미션은 모든 책상 위와 가정에 컴퓨터를 보급하겠다는 야심찬 계획이었다. 마이크로소프트를 유지해 온 힘은 핵심 역량 강화 프로그램인 "People ready"이다. 빌 게이츠는 자신을 최고 소프트웨어 아키텍트로 자처하며 기술 리더십을 강조했고 임직원에게 건설적 자기 비판과 혁신, 역량 강화를 주문했다. 자신보다 더 우수한 사람만을 채용한다는 원칙과 건전한 경쟁 관계 유지를 철학으로 삼았다. 사티아 나델라의 취임 후에는 모바일 퍼스트, 클라우드 퍼스트 정책을 선도하고 있으며 고객에게 플랫폼과 생산성을 제공하는 회사로 정체성을 변화시켰으며 오픈 소스 플랫폼인 깃허브를 인수하여 외부 개발자 및 생태계에 대한 공동체 책임을 전파하고 있다.

아마존 – 실패를 통한 학습과 진화

아마존은 제프 베조스가 인터넷 서점으로 시작한 1인 기업이었지만 시가총액 1억 달러를 넘는 초대형 기업으로 진화했다. 아마존의 힘은 아마존 웨이로 불리는 실험과 학습에 기반한 확장이다. 온라인 서점에서부터 오프라인 유통, 아마존 고 무인 슈퍼마켓, 아마존 대시 버튼, 클라우드와 컨텐츠, 인공 지능, 음성 비서, 물류 로봇에 이르기까지 아마존화(Amazon'd)를 구축한다. 아마존이 추구하는 가치는 차별화된 아이디어, 아이디어를 선별하고 가치를 탐구하는 독창성, 규모를 만들기 위한 학습과 실험, 확장 능력과 실패의 중요성에 대한 자각이다. 인공지능 음성 인식 서비스인 아마존 에코의 성공에는 스마트폰인 파이어폰 사업에서는 비롯 실패했지만 그 과정에서 학습한 비즈니스 생태계, 소프트웨어와 하드웨어 및 인적 자산, 실패 경험 등이 토대가 되었다. 아마존은 최고의 자가 학습 수행자로서 실패를 통한 신속한 학습과 진화를 추진해 왔으며 이를 이끈 힘은 고객에 대한 집중이다. 아마존은 리더들이 출발점부터 고객과 항상 함께해야 한다고 강조하며 고객 집중이라는 가치를 토대로 책임 의식, 단순성, 진정성, 탁월한 인력 채용, 높은 기준 등의 가치를 추구한다.

페이스북 – 해커 웨이, 부트캠프, 해커톤, 저커버그 어항

페이스북의 핵심 가치는 해커톤과 해커 웨이이다. 성장에 따른 조직 이기주의, 사일로 이펙트를 제거하기 위해 협력, 공유, 연결을 추구하는 부트캠프, 해커먼스, 해커톤을 운영한다. 부트캠프는 신규 입사자를 위한 6주간의 오리엔테이션으로 선배 직원들이 코딩 기술, 문화, 일하는 방법, 동류 의식과 연대감, 협력과 비전과 미션을 함께 공유한다. 해커먼스는 12~18개월 동안 하나의 프로젝트에 집중한 직원들을 대상으로 현재 맡은 일과는 완전히 다른 일을 할 수 있도록 기회를 제공한다. 연결 기회를 상실한 이들에게 새로운 동기를 제공하는 것이다.

해커톤은 저커버그와 핵심 임직원들이 밤을 지새며 아이디어를 도출하는 방식에서 시작되어 대표적인 기업 문화가 되었다. 페이스북은 사내 복지 제도, 교육, 기업 문화, 평가, 재무, 인사 등 필요한 모든 주제에 해커톤을 적용하여 부서간 장벽을 허물고 협업을 도모한다. 저커버그가 일하는 장소를 저커버그의 어항이라고 말한다. 그의 사무실은 유리로 만들어져 임직원들의 한가운데에 위치하여 모든 것을 살펴볼 수 있기에 붙여진 별명이다. 저커버그의 어항은 페이스북의 해커 스퀘어로 발전하여 공유와 개방을 대표하며 전 임직원을 대상으로 회사의 중요한 정책과 신규 사업 계획을 투명하게 공유하여 아이디어를 공유하고 자유롭게 토론하며 소통으로 더 좋은 최고의 가치를 추구하고 있다.

IBM – 탁월함과 자부심으로 IT 역사를 쓴다

IBM은 IT의 역사를 써 왔다. 전자 계산기, 하드 디스크, 메인프레임 컴퓨터, 온라인 뱅킹과 전자 상거래, 바코드 시스템과 RFID, GPS, 인공지능 등이 모두 IBM의 결과물이다. 1960년대 바로우즈를 추격하는 2등 기업이었지만 기술 발달의 흐름을 놓치지 않았다. 메인프레임 컴퓨터의 필요성을 감지하여 IBM System 360 시리즈로 시장을 장악했다. IBM 5150, IBM PC XT/AT로 컴퓨터 시장을 장악해 왔다. IBM은 인공지능, 빅데이터, 클라우드와 기업 솔루션, 컨설팅과 SI, 지적 재산권과 특허 출원 분야의 최강자다. IBM이 100년이 넘는 역사를 만들어 온 힘은 탁월성과 자부심이다. 노벨상, 4개의 튜링상, 5개의 전미 기술 메달, 5개의 전미 과학 메달 수상에 이어 탄소 동소체인 플러린을 개발한 하인리히 로러, 게르트 비니히, MRI와 자기 부상 열차의 기초를 수립한 게이르그 베드노르츠와 알렉스 뮐러, 음저항 현상을 발견한 에사키 레오나, 기업의 주식, 채권 가치를 시뮬레이션하여 노벨 경제학상을 수상한 해리 마코워츠 등 IBM 출신들이 노벨상을 수상했다. IBM의 토머스 왓슨은 임직원들에게 IBM은 특별한 회사라는 인식을 가져야 하며 이러한 의식이 동기를 유발하여 탁월한 성과를 창출할 수 있다고 이야기해 왔다.

메가 트렌드, 페일콘, 실패학

주역 - 변화하는 것이 불변의 진리

인류는 태곳적부터 우주, 만물의 이치와 길흉화복을 알고자 했다. 혼돈 속에서 변화에 대한 질서를 찾아 정리한 것이 주역이다. 『십팔사략』은 인류의 태고 시절부터 송나라 말기까지의 역사로서 인류 문명의 시원을 삼황오제에서 찾는다. 3황은 태호복희, 염제신농, 황제헌원을 지칭하며 5제는 소호금천, 전욱고양, 제곡고신, 제요도당, 제순유우이다. 주역의 시초는 태호복희다. 그는 음양의 이치인 태극, 생명의 움직임을 그림으로 나타낸 하도, 천지 변화의 모습을 그려 낸 낙서를 이용하여 선천팔괘를 만들었다. 주나라 문왕이 태호복희의 괘를 설명한 괘사를 덧붙이고 아들 주공이 효사를 만들어 주역이 탄생했다. 주역의 기본 원리로 불역은 만물이 변화하지만 그 안에서도 변하지 않는 이치, 간이는 음양의 이치, 변역은 만물이 끊임없이 변화하며 변화는 순환 과정을 반복한다고 말한다. 주역의 변즉불변은 변하는 것이 곧 불변의 진리임을 이야기한다. 이미 태곳적부터 세상은 변화를 거듭한다는 단순하고도 기본적인 원리를 제시한 것이다.

메가 트렌드를 재정의하라

변화의 시대에 메가 트렌드(Mega Trends)에 연결하여 빅 픽처를 살펴보고 관성과 타성에 맞서며 새로운 가치를 발굴하여 기회를 포착하고 문제를 해결하여 미래에 대비하는 역량이 요구된다. 메가 트렌드는 존 나이스비트의 저서『메가 트렌드』에서 정의되어 거대한 시대적 조류, 삶과 환경, 비즈니스를 바꾸어 놓은 큰 흐름이다. 그는『미래의 단서』에서 변화하는 세상에서 어떤 일을 하고 무엇을 준비할지를 스스로 판단하고 대비해야 함을 강조했다. 4차 산업혁명과 과학기술 혁명은 변화의 속도, 범위와 깊이, 시스템 충격 측면에서 영향력을 행사하며 인류의 삶을 경험한 적이 없는 방식으로 변화시켰다. 실리콘밸리의 유니콘, 데카콘 기업들은 우월한 기술력으로 주도권 경쟁을 통해 새로운 세상을 만들고 있다. 마티아스 호르크스는『메가 트렌드 2045』에서 개별 기술이 아닌 메가 트렌드에 집중해야 하며, 생존과 성공 여부도 메가 트렌드의 분석과 파악에 달려 있다고 이야기하며 일시적 유행, 미시적 트렌드와 구분되는 메가 트렌드의 정의를 다음과 같이 제시했다.

- 메가 트렌드는 수십 년의 잠복 기간을 거치며 영향력을 확대시키기에 대부분 한 세대를 넘어선다.
- 메가 트렌드는 어떤 특정 영역이나 사업, 비즈니스에만 발생하는 것이 아니라 모든 영역에서 경계의 구분 없이 변화를 일으킨다.
- 메가 트렌드는 글로벌하게 지구 전체에 동시다발적으로 발생하고 신행된다. 일시적 사건이나 위기로 궤도에서 벗어나지 않는다.
- 정체되어 있는 것처럼 보이지만 그 흐름과 파급 효과는 거스를 수 없다.

• 메가 트렌드는 천천히 진행되기 때문에 일반인들은 잘 느끼지 못하지만 변화의 방향은 확실하다.

역사 - 과거, 현재, 미래의 연결

메가 트렌드를 읽기 위한 핵심은 메가 트렌드의 항목들을 인지하고 연결시켜 변화를 예측하고 새로운 가치를 만들 수 있는 역량의 문제이다. 토인비는 인류의 역사를 도전과 응전의 과정으로 정의했다. 외부의 도전에 효과적으로 응전했던 민족과 문명은 번영했지만 그렇지 않은 문명은 여지없이 소멸했다. 4차 산업혁명 이후의 모든 활동은 거대한 도전에 대한 응전이며 생존과 성공 여부는 메가 트렌드의 본질 파악에 달려 있다. 메가 트렌드의 본질 파악은 과거로부터 이어져 온 흐름의 파악이며 이를 역사에서 찾을 수 있다. 에드워드 헬릿 카는 역사란 과거와 현재의 끊임없는 대화라고 정의했다. 현재의 복합적인 문제는 과거에 기인한 결과물이며 현재의 문제점은 역사적 맥락인 과거를 통해 찾을 수 있다. 과거는 현재를 지배하고 현재는 미래를 만든다. 역사를 읽는 것은 과거와 현재, 미래의 연관성과 변화의 흐름을 찾는 과정이다. 미래를 예측한다는 것은 과거와 현재를 올바르게 파악하는 것에서 시작되는 것이다.

실패의 역사에서 배운다 - 페일콘, 실패학

실리콘밸리는 실패를 역사로 만들어 실패에서 학습하고 성장한다. 3M은 실패 파티를 개최하여 엔지니어들이 실패를 딛고 학습하며 도전할 수 있도록 격려한다. BMW는 실수를 권장하며 수많은 실수에서 가장 창의적인 실수에 기꺼이 보상과 격려를 제공한다. 실패를 경험하여 학습이 이루어지며 회복 탄력성이 강화된다. 기업과 개인은 실패 정보에 대한 데이터베이스를 구축하여 역사를 현재의 거울로 이용한다. 구글과 3M은 실패에 관한 자료를 데이터베이스로 구축하여 새로운 창의적 활동에 활용하고 있다. 실패 콘퍼런스 페일콘(FailCon)이 대표적이다. 페일콘은 풍부한 실패 사례를 기꺼이 공유하고 의견을 교류하여 동반 성장의 기회로 활용한다. 실패를 공유하고 자산화하며 필요한 시기에 즉각적으로 활용하여 성공의 기반을 구축할 수 있다. 실패학(Failure Study) 의 권위자 하타무라 요타로는 인생의 80%는 실패의 연속이며 실패를 묻어 두면 지속적으로 실패하는 것이며 실패에서 배우면 성공의 가능성을 더욱 증대시킨다고 강조한다.

이머징 이슈, 기술 수용 곡선, 기술 지능

이머징 이슈 - 메가 트렌드의 씨앗

미래 변화의 흐름과 향방을 가늠하고자 트렌드와 미래 예측에 대한 관심이 높아지고 있다. 미래 트렌드를 선제적으로 읽어 내야 한다. 메가 트렌드를 만드는 원천 요소는 이머징 이슈(Emerging Issue)이다. 메가 트렌드는 주류를 이루는 트렌드이거나 곧 주류를 형성하기에 무조건적 기회로 인지하고 수용하는 것은 피해야 한다. 메가 트렌드를 경쟁력의 원천으로 만들고자 한다면 선발자의 이득을 획득하기 어렵다. 해당 트렌드가 공개되어 이머징 이슈와 트렌드를 선점하고 이를 플랫폼과 비즈니스 에코 시스템으로 구축한 선도자들이 존재하기 때문이다. 차별화 포인트를 발굴하기가 쉽지 않아 선도자들의 초격차를 실감하여 영원히 후발주자로 남게 될 수 있다. 현재의 트렌드는 새롭게 부상하는 트렌드나 또 다른 메가 트렌드로 흡수, 통합, 변형되기 때문에 빠른 추격자의 전략 적용 역시 쉽지 않다.

기술 수용 곡선 - 이머징 이슈, 트렌드, 메가 트렌드, 패즈를 찾아라

기술 수용 곡선(Technology Adoption Curve)은 에버렛 로저스의『혁신의 확산 이론』에 기반하며 제품과 서비스, 솔루션이 도입기, 성장기, 성숙기, 쇠퇴기를 거친다는 제품 수명 주기 모델에 소비자 집단의 유형을 결합했다. 기술 수용 곡선은 초기 시장인 발아기와 유아기, 주류 시장을 이루는 성장기와 성숙기, 말기 시장을 이루는 쇠퇴기로 구분한다. 이머징 이슈는 특히 기술 수용 곡선의 유아기와 유아기 단계에서 형성되며 이 단계의 고객은 주로 이노베이터, 얼리 어답터로 구성되어 전체 시장에서 각각 2.5%와 13.5%를 차지한다. 주목할 부분은 캐즘(chasm)이다. 초기 시장과 주류 고객 사이에 간격이 있으며 이를 지층 사이의 협곡을 의미하는 용어를 빌려 캐즘이라고 하며 일시적 수요 정체는 경기의 호불황에 관계없이 첨단 기술 제품의 특성과 시장의 독특한 역동성에 기인한 것으로 대부분의 첨단 기술 기업이 거쳐야 하는 홍역 같은 단계이다. 캐즘의 단계를 거치면 이제는 트렌드가 되며 트렌드는 성장과 성숙 과정을 거쳐 메가 트렌드로 진화하게 되지만 죽음의 협곡인 캐즘의 단계를 극복하지 못한다면 그 기술은 일시적인 유행으로 패즈(Fads)의 형태로 사라지거나 소멸되는 것이다.

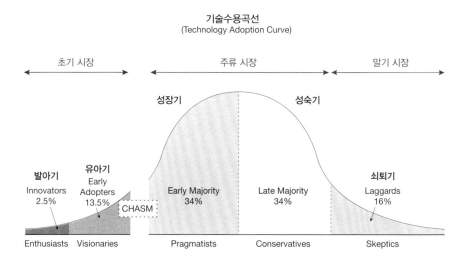

기술수용곡선
(Technology Adoption Curve)

문과입니다만……

가와무라 겐키는 영화 "전차남", "고백", "기생수", 애니메이션 "너의 이름은", "늑대 아이" 등을 연출한 연출가이다. 그는 세상을 움직이는 주역들이 스티브 잡스, 마크 저커버그, 빌 게이츠와 같은 이공계 출신이라는 생각에 닌텐도의 미야모토 시게루, 일본 인공지능의 선구자 마쓰오 유다카, 일본 로봇 산업의 대표 전문가인 다카하시 도모타카, 일본 라인(LINE)의 마쓰다 준, MIT 미디어 랩 소장인 이토 조이치 등을 인터뷰하여 『문과 출신입니다만』을 발표했다. 그는 결국 경로가 다르지만 같은 산을 오르고 있다고 이야기하며 무엇이 아름답고 무엇을 행복이라고 느끼는지, 무엇이 사람들에게 영감과 가치를 주고 인류에 기여할지 자신이 가장 잘 아는 방식으로 표현하는 것이 관건이라 말했다.

기술 지능에 연결하라

현대인의 필수 역량으로 융복합적 사고와 시스템적인 관점이 요구된다. 현대는 기술에 기반한 기회 발굴의 중요성이 강조되며 신기술과 신제품에 초점을 맞춘 기존 활동은 응용 기술과 융복합 기술로 패러다임이 바뀌고 있다. 글로벌 기업들은 기술이 초래하는 변화의 흐름에서 맥락을 읽고 새로운 기회를 만들어 내는 고도화된 기술 중심의 지능을 가진 인재를 선발한다. 이러한 역량이 기술 지능(Technology Quotient)이다. 기술 지능은 다양한 기술 분야의 변화의 흐름, 신기술과 제품, 솔루션, 플랫폼, 경쟁 구도, 생태계 등을 도구와 협업 시스템, 빅데이터와 인공지능, 로봇 기술로 분석, 예측하며 가치를 발굴하는 역량이다. 기술적 위협에서 위기와 기회를 포착하여 정보에 따라 대처할 수 있도록 하는 사고와 행동 방식이다. 기술 지능은 기술을 파악하고 이 기술이 어떻게 발전해 왔는지를 파악하여 앞으로 출현할 기술이 무엇이고 인류에게 어떠한 영향을 줄 것인가를 예측한다. 시장과 제품이 아닌 원천 기술과 응용 기술, 기술 간 상관관계, 기술의 도입과 진화, 오픈 커뮤니티 움직임과 글로벌 기업의 동향과 사업화, 새로운 가치 창출 등이 분석 대상이 된다. 기술 로드맵은 필요 기술에 대한 개발 단계를 보여 주지만 기술 지능은 현재 능력과 환경을 토대로 어떤 기술이 필요하고 어떻게 선별하여 선택, 적용하고 융복합하고 연결하고 협력하여 새로운 가치를 발굴할 것인가에 초점을 둔다.

기술 지능 연결 – 가트너 Top 10 전략 기술 트렌드

가트너(Gartner)는 매년 전략 기술 트렌드를 발표하여 업계의 주목을 받고 있다. 전략 기술 트렌드는 급성장하여 새로운 트렌드를 형성할 신기술과 향후 5년 내 주류를 형성할 잠재 기술을 소개하여 ICT 기술 흐름과 업계의 움직임을 사전에 파악할 수 있는 도구이다. 가트너가 선정한 3대 핵심 키워드는 지난 2017년부터 지속적으로 설정한 지능형, 디지털, 메쉬의 기조를 이어 가고 있으며 가트너가 선정한 2019년 10대 전략 기술 트렌드는 자율 사물, 증강 분석, 인공지능이 주도하는 개발, 디지털 트윈, 자율권을 가진 에지, 몰입 경험, 블록체인, 스마트 공간, 디지털 윤리와 개인 정보 보호, 양자 컴퓨팅이다. 이처럼 기술 지능의 연결은 업계를 선도하는 주요 오피니언 그룹, 리서치 업체, ICT 업계 주요 기업들의 로드맵, 미래 학자들의 미래 예측을 취합하여 데이터를 선별하고 그 안에서 인사이트를 도출하는 과정이다. 과거에는 이러한 기술 지능의 연결을 기업의 주요 전략 부서인 기술 전략, 기술 기획, 마케팅 인텔리전스, 상품 기획, 서비스 기획 부서 등에서 주요 리서치 기관인

가트너, IHS, IBM, IDC, Nilson, Infineon, Deloitte, KPMG, 일본의 야노 경제 연구소, Frost and Sullivan, IBIS World 등의 상용화 조사, 분석 서비스를 이용했지만 불확실성이 가중되고 기술 발달이 예측을 뛰어넘는 초연결, 융복합의 시대에는 특정 부서의 업무라는 인식에서 벗어나 개인, 조직, 기업이 모두 이러한 변화의 흐름에서 맥락을 읽고 인사이트를 도출하는 역량을 갖추어야 한다.

인공지능이 인간을 뛰어넘을까?

모라벡의 역설

모라벡 패러독스(Moravec's Paradox)는 인공지능과 관련된 역설의 원리이다. 인공지능이 수준 높고 복잡한 논리를 구현하기는 쉽지만 단순한 지각과 운동을 구현하기는 어렵다는 의미이다. 인간에게 어려운 것은 인공지능에게 쉽고 인간에게 쉬운 영역이 인공지능에게 고난도의 어려움을 선사할수 있다. 인공지능은 이미 세계 체스 챔피언을 이겼고, 바둑 세계 챔피언을 상대로 승리를 거두었으며 투자 자문과 환자 진료, 법률 상담과 챗봇 등으로 고객 응대를 진행하고 있다. 하지만 어린아이가 주변을 지각하는 능력, 블록을 어려움 없이 균형 잡아 쌓는 행위 등은 쉽게 구현되지 않는다. 페이스북이 진행했던 빵, 강아지, 고양이, 사람 등을 구분하는 인공지능 실험에서 만족할만한 성능을 구현하지 못했다. 반복되는 규칙을 찾아 효율적으로 처리하는일은 로봇이 수행하고, 창의적인 혁신은 인간이 담당하는 공존의 역할을 수행해야 한다.

브레인넷, 뇌 - 기계 인터페이스

한 사람에게는 작은 한 걸음이었지만 인류에게는 거대한 도약이었다. 케네디 대통령은 인간을 달에 착륙시킨 후에 무사 귀환을 하겠다는 원대한 꿈을 이야기했고 그 꿈은 아폴로 11호에 탑승한 닐 암스트롱, 마이클 콜린스, 버즈 올드린에 의해 현실이 되어 인류의 달 착륙에 대한 서막을 열었다. 이때의 일은 영화 "퍼스트 맨"으로 만들어졌으며 우주선을 3D 프린터로 제작하여 화제가 되었다. 버즈 올드린은 달에서의 경험을 장엄함과 황량함으로 표현했고 발에 닿은 달의 느낌을 탱탱함과 불안정감이 없는 트램펄린 같다고 전했다. 하지만 그들이 경험했던 느낌과 촉감, 환희, 벅찬 감정과 격앙은 인류에게는 동경의 대상이고 공유할 수 없는 순간이다.

미치오 카쿠는 『마음의 미래』에서 브레인넷(BrainNet)으로 인류의 감정과 경험, 추억과 기억 등을 공유하며 인간의 꿈을 동영상으로 만들어 전달하는 브레인 메일의 시기가 도래한다고 주장했다. 미겔 니코렐리스는 『뇌의 미래』에서 불가능은 단지 그 일이 이루어지기 위해 누군가 충분한 노력을 하지 않는 가능에 불과하다고 말했다. 니코렐리스는 붉은털원숭이 두뇌에 전극을 삽입하여 원숭이의 생각만으로 로봇 팔을 움직이는 실험에 성공했다. 이 실험은 이후 듀크 대학과 일본 교토 대학 사이에서 붉은털원숭이의 생각을 디지털 전송을 통해 태평양을 건너 교토 대학의 인간형 로봇 CB-1이 동일하게 움직이도록 개선되었다. 마음이라 표현되어 왔던 두뇌의 움직임이 뇌-기계 인터페이스(BMI, Brain-machine interface)로 정체를 밝힌 것이며 이제 인류는 마음을 전달하고 교류하며 기억을 읽고 지우며 꿈의 영역에 도전함으로써 호모 데우스의 영역으로 진화하고 있는 것이다.

특이점, 수확 가속의 법칙

구글의 미래학자 레이 커즈와일은 『특이점이 온다』에서 기술이 인간을 초월하는 순간에 도달하는 특이점(Singularity)을 예견하여 유전공학, 나노공학, 로봇과 인공지능의 발달이 인간의 질병을 극복하고 가상환경에서 새로운 삶과 여유를 누리는 유토피아를 소개했다. 그는 수확 가속의 법칙(The Law of Accelerating Returns)을 소개하며 기술 발전이 선형적 특성을 초월하여 기하급수적인 발전을 하며 2045년 경에는 인간이 만든 기계의 지능이 인간 지능을 뛰어넘는 특이점에 도달하여 인간과 기계의 두뇌가 서로 연결되어 전뇌화, 초지능의 시대를 맞을 것이라고 예측하여 주목받고 있다.

- 2030년대에는 나노봇(Nanobot)이 뇌에 이식된다.
- 나노봇이 근본적인 생명연장을 가져온다.
- 인류는 보다 재미있어진다.
- 모든 것을 3D 프린터로 만든다.
- AI로 부활한다. 특이점이 온다.
- 특이점 다음에는 마음을 업로드한다.
- 누구나 가상 육체(Virtual Bodies)를 갖게 된다.

커즈와일이 제시한 특이점의 시작은 나노봇이다. 영화 "이너 스페이스"에서는 초소형 잠수정이 인간의 혈류에 투입되어 병원균을 제거한다. 나노봇의 기능도 이와 유사하다. 나노봇이 인간의 혈류의 흐름에 따라 이동하여 병원균을 추적하고 제거한다. 인간의 노화 메커니즘을 규명하고 궁극적으로 인간의 생명을 무한하게 확장할 수 있다는 개념이다. 수명 연장으로 인한 여가 시간은 가상현실로 만회할 수 있다고 말한다. 일론 머스크는 브레인 임플란트 기술의 발달로 인간 두뇌의 신피질이 클라우드에 연결되고 나노봇이 두뇌에 이식되어 나노봇을 통해 세상의 모든 지식, 경험, 감정을 이식받거나 클라우드로 이전할 수 있는 세상을 예견했다. 영화 "매트릭스"가 현실이 되는 것이다. 커즈와일이 주장한 나노봇은 인간의 감정, 지능을 이식받아 감정의 수준을 재창조하고 인간은 더욱 재미와 흥미를 느낄 수 있는 유희적 인간이 된다고 예견한다. 영화 "블레이드 러너"의 데커트가 자신이 리플리컨트임을 모르고 활동한 것처럼 기계와 인간의 정체성과 생명 윤리 문제에 직면해 있기도 하다. 커즈와일은 DNA 샘플링 기술과 결합하여 죽은 사람의 두뇌를 깨워 가상의 아바타를 만들면 아인슈타인, 뉴턴도 아바타로 환생할 수 있다고 주장한다. 2045년 무렵 인공지능의 컴퓨팅 파워가 인간을 초월하는 특이점이 발생하고 인간의 마음을 자유롭게 네트워크 상에 업로드하며 인간의 육체도 의복을 갈아입는 것처럼 가상의 육체를 활용할 것이라고 예상한다.

좋은 마인드, 잘못된 마인드

역시나 안 돼. 난 머리가 나빠. 해도 안 되잖아

학습과 공부, 인생에서 먼저 점검해야 할 것은 마인드이다. 난 머리가 너무 나빠. 해도 안 되잖아. 세상이 나를 몰라. 애초부터 그런 거야. 답은 정해져 있어. 너는 대답만 하면 돼. 1등만 기억하는 더러운 세상! 왜 이렇게 말할까? 부정의 마인드로 부정적 바이러스에 감염되었기 때문이다. 이런 사람들은 썩은 사과로 인식된다.

미첼 쿠지는 『썩은 사과』에서 썩은 사과 한 알을 며칠 방치하였더니 한 상자 전체가 썩는 현상을 말했다. 건강한 사과를 다시 담아도 썩게 만드는 원인을 초래하는 것이 썩은 사과의 특성이다. 깨진 유리창으로 불리는 사소한 실수, 불친절, 비리는 대수롭지 않게 인식되는 것이 문제이지만 의지를 통해 쉽게 발견하고 제거할 수 있다.

하지만 잘못된 마인드를 가진 썩은 사과는 개인뿐만 아니라 조직 내 비호 세력이 존재하며 조직 메커니즘과 긴밀한 공생 관계를 맺어 눈에 잘 띄지 않는다. 잘못된 마인드로 썩은 사과, 썩은 사과를 비호하는 보호 세력이 될 것인가? 마인드를 바꾸어 현재와 미래를 연결하여 원하는 것을 이룰 것인가?

괜찮아, 잘될 거야, 너는 할 수 있어???

인생에서 가장 많이 듣는 말은 무엇일까? 괜찮아, 잘될 거야, 너는 할 수 있어라고 서로에게 위로하고 치유와 격려를 전달하려 한다. 무엇이 괜찮은 것일까? 무엇이 잘된다는 것일까? 위로와 치유, 격려는 정서적인 안정을 취하게 하지만 이 말에 담긴 의미를 다시 생각해 보아야 한다. 위로, 치유, 격려의 과정에서 부족한 것은 문제를 올바르게 인식하는 직설적인 피드백이다. 사람과 사람 사이에는 항상 관계가 존재한다. 관계는 만들기도 어렵지만 한번 틀어지면 회복하기는 더욱 어렵기 때문에 위로, 치유, 격려 속에는 관계를 틀어 버릴 피드백을 포함하지 않게 된다. 받아들이는 사람들은 이러한 피드백을 지적, 질타로 치부해 버리기도 한다. 받아들일 자세가 안 되어 있는 것이지만 사실 그 의식구조 속에는 받아들일 진정한 용기가 없기 때문이다. 서로 좋은 게 좋은 것이라며 촌철살인 피드백을 하지 못하고 입에 발린 소리만하는 것이다. 지금 친구와의 우정을 위해, 직장 상사와 동료와의 관계를 위해 입에 발린 위로와 격려를 하고 있지 않은가?

피그말리온 효과는 항상 옳은 것일까?

노력과 반성이 없는 "괜찮아 잘될 거야"라는 말은 의미 없는 치유다. 오비디우스의 『변신이야기』는 피그말리온의 일화를 소개했다. 피그말리온은 키프로스의 천박한 여인들에 염증을 느껴 자신만의 조각상을 만들어 갈라테이아라는 이름을 부여하고 사랑을 건네고 대화를 나누었다. 미의 여신 아프로디테가 에로스를 시켜 조각상에 입을 맞춤으로써 조각상은 여인으로 변하여 피그말리온의 간절한 소원이 이루어졌다. 간절한 믿음, 기대와 예측이 이루어지는 현상으로 피그말리온 효과, 자기 충족적 예언이라 한다.

로버트 로젠탈은 피그말리온 효과(Pygmalion Effect)를 입증했다. 선생님에게 무작위로 뽑힌 학생 명단을 건네주고 학생들의 성적이 향상될 것이라고 말했다. 선생님 역시 성적 향상의 믿음으로 학생들을 대했다. 학생들도 선생님이 기대감을 갖고 있다는 것을 알게 되었고 결과적으로 학생들의 성적이 향상되었다. 골렘 효과도 존재한다. 선생님이 부정적 기대를 가지면 학생들의 성적이 떨어진다는 효과다. 선생님의 기대치가 낮으면 학생들은 그것을 인지하고 성취 동기를 상실하여 성취도가 낮아진다는 것이다. 피그말리온 효과는 긍정의 힘을 제공하고 자신을 되돌아볼 수 있게 하지만 이후의 과정이 더 중요하다. 실패에 대한 점검으로 무엇이 부족했고 잘못되었는지를 밝혀 성장의 계기로 삼아야 한다. 일상을 점검하고 잠재되어 있는 문제를 밝혀내는 과정이 피드백이다. 피드백의 과정까지 이루어 냈다면 절반의 행동을 한 것이며 그 이후에는 실천, 행동으로 옮겨야 한다. 거창한 계획과 긍정적인 마음가짐으로 희망에 찬 부푼 꿈만 가지고는 절대 목표한 바를 이룰 수 없기 때문이다.

브레이브하트, 우린 다 죽을 수 있다. 하지만……

영화 "브레이브하트(Braveheart)"에서 윌리엄 월레스는 연인 머론을 잃고 잉글랜드로부터 독립을 쟁취하는 것이 삶의 전부였지만 열세에 처한 상황과 싸우다가 모두 죽을 수도 있다는 명백한 사실을 인지했다. 열심히 싸우면 독립을 얻을 것이라는 허황되고 무모한 꿈을 추구하시 않았다. 싸워야 하는 이유를 찾은 것이다. 모든 사람은 죽는다. 하지만 모든 사람들이 진정으로 사는 것이 아니다. 진정으로 중요한 일은 죽지 않는 것이 아니라 어떻게 죽을 것이냐를 결정하는 것이라고 외친다. 꿈을 갖는 것은 그 자체로서도 긍정적인 효과를 만든다. 원대한 꿈은 비전, 가치, 존재의 이유가 되지만 원대한 꿈을 꾸어도 자연히 이루어지지 않는다. 꿈만 꾸는 것은 단지 버킷 리스트에 기록하는 것이며 죽기 전에 꼭 해 보고 싶은 것을 일기장에 기록하는 행위일 뿐이다. 이러한 꿈은 단지 헛된 꿈이고 흔히 말하는 개꿈, 몽상이다.

일본의 노벨상 수상자 24명, 한국은……

노벨상 수상자 발표에서 주목을 받는 국가가 일본이다. 수상자의 분야도 다양하여 물리학상 9명, 화학상 7명, 생리의학상 5명, 문학상 2명, 평화상 1명 등 총 24명의 수상자를 배출했다. 유카와 히데키가 중간자의 존재를 예상해 1949년 노벨 물리학상을 받은 것을 시작으로 66년 만에 과학 분야에서 20명 이상의 수상자를 배출했다. 일본은 아시아 국가 최초로 근대화를 시도하여 서구 과학 문명을 수용했으며 4차 산업혁명의 원동력인 로봇 기술 연구는 1967년 버사트란 도입으로 시작되었다. 와세다 대학은 1970년도 휴머노이드 로봇 와봇 연구에 착수했고 혼다 자동차의 아시모는 재난 구조 로봇 E2-DR로 변신하여 세계를 놀라게 했다. 글로벌 산업용 로봇 10대 기업 중 일본은 이미 화낙, 야스카와, 가와사키, 나치, 덴소, 미쓰비시, 엡슨 등이 장악하고 있다. 2018년 노벨 생리의학상 수상자 혼조 다스쿠 교토 대 특별 교수는 자신의 연구에 대한 관점을 부단한 호기심에 대한 탐구로 정의하고 무엇인가 알고자 하는 호기심이 세상을 바꾼다고 이야기한다. 『네이처』나 『사이언스』에 나오는 연구 결과도 10년 후 새로운 과학 기술의 발달로 단지 10%만이 남을 것이라 예견하며 남이 정리한 내용의 수용을 넘어 자신이 납득할 때까지 연구하는 것을 진정한 탐구의 목적으로 강조했다. 그는 미래를 바꾸기 위해 호기심, 용기, 도전, 확신, 집중, 연속 등의 힘이 작용해야 한다고 전했다.

꿈을 실현하는 원동력

스톡데일 패러독스, 합리적 낙관주의

나는 8년간의 수용소 생활에서 벗어나겠다는 희망과 믿음을 의심하지 않았다. 인생을 전환시키겠다고 굳게 다짐하여 희망을 잃지 않았다. 막연한 기대가 아닌 현재의 비참한 상황을 냉정하게 받아들였다. 반면 크리스마스에는 풀려나겠지, 부활절에는 나갈 것이라는 근거 없는 막연한 희망을 가진 낙관론자들은 이루지 못한 상심에 수용소의 삶을 견뎌 내지 못하고 죽어나갔다. 짐 콜린스는『좋은 기업을 넘어 위대한 기업으로』에서 스톡데일의 이야기를 전하며 이를 합리적인 낙관주의로 규정했다.

스톡데일 패러독스(Stockdale Paradox)는 베트남 전쟁에 참여한 짐 스톡데일의 실화를 바탕으로 성공의 믿음을 잃지 않는 동시에 냉혹한 현실을 직시해야 하는 이중성을 의미한다. 현실을 냉정하게 인지하여 분석, 판단하며 한편으로는 흔들림 없는 믿음으로 현실의 어려움을 극복하는 마인드이다. 센다 다쿠야는 자신을 둘러싼 장애를 부모나 사회 탓으로 돌리지 말고 진정으로 승부하는 것이 삶의 주인으로 사는 것이라 말했다. 학습, 공부, 인생에서 미래의 희망과 현실의 균형 감각을 가지면서 끝까지 인내하며 꿈을 잃어버리지 않아야 한다. 현실을 떠난 기대감과 그릇된 희망은 오히려 좌절을 증폭시킬 수 있다. 인생이 변화되고 꿈을 성취하는 것도 마찬가지이다.

자신의 현재 모습과 수준을 파악하여 어려움과 문제점을 받아들이고 개선해 가면서 비전을 가지고 나가야 하는 것이다. 현실에 대한 진단과 개선 없이 꿈만 가지고 있다고 되는 것이 아니며 현실을 파악하는 지혜와 미래를 설계하는 유연함으로 변화를 모색해야 한다. 현실을 변화시키려고 노력하면서 비전과 목표를 포기하지 않고 실행과 점검, 개선과 보완의 과정이 중요하다. 현실과 미래의 균형 감각은 인생을 살아 가는 모든 사람들이 가져야 할 기본 덕목인 것이다.

아는 척하기, 너무나 힘들지 않을까?

공자는 『논어』에서 아는 것을 안다고 하고 모르는 것을 모른다고 하는 것이 진정으로 아는 것이라며 제자 자로에게 사람을 네 등급으로 나누어 가르쳤다고 말했다. 아는 것을 안다고 하는 사람은 지혜로운 사람이며 모르는 것을 모른다고 하는 사람은 솔직한 사람이고 알면서도 모른다고 하는 사람은 숨기는 사람이며 모르면서도 안다고 하는 사람은 어리석은 사람으로 정의했다. 공자는 지혜롭고 솔직한 사람이 되어야 함을 말하려 했던 것이다.

소크라테스는 "나는 아무것도 모른다. 단지 내가 아는 것은 내가 아무것도 모른다는 것이다."라며 모른다고 말하는 것을 결코 부끄럽거나 두려워하지 않았다. 노자는 『도덕경』에서 알지 못하는 것을 아는 것이 가장 훌륭하며 알지 못하면서도 안다고 하는 것은 병통이라 했다. 자신의 무지를 아는 것은 학업과 공부, 성장의 첫걸음이다. 자신의 무지를 감추기 위해 변명과 자기 합리화로 힘들게 웃는다. 모른다는 것을 모르는 사람들은 자신을 속이는 사람이다. 아는 것과 모르는 것을 구분할 수 있다고 생각하지만 모르면서 아는 척하며 알고 있다는 확신으로 자기 최면에 걸린다. 모른다는 것을 아는 과정에서 발생하는 부끄러움과 두려움도 없고 용기를 내었기에 아는 척을 했다고 자위한다. 이들은 진정으로 중요한 동기, 즉 모르는 것을 발견하여 학습과 공부가 필요하다는 자극과 동기를 잃어버렸고 학습과 공부의 기회를 상실한 것이다. 오늘도 무사히 잘 넘어갔다는 평온함을 얻으려 애쓰지만 하루하루가 점점 더 힘들어지게 된다.

용기 – 학습과 학업을 위한 원동력

파울로 코엘료는 『연금술사』에서 꿈을 이루지 못하게 만드는 원인은 실패할지도 모른다는 두려움이라고 말했다. 월트 디즈니는 용기가 있다면 꿈은 이루어질 수 있다고 했다. 냉혹한 현실을 인식하고 모르는 것을 인정하는 것이 진정한 용기다. 자존심을 버리고 자존감을 만들어 가는 것이 더 좋은 선택이다. 두려움이 없는 사람들은 용기가 없다. 두려움을 애써 피하려는 사람들에게 그릇된 용기, 만용이 자리 잡는다. 두려움을 아는 사람은 용기를 가져야 한다. 자존심을 버리고 자존감을 만들어 힘, 두려움에도 불구하고 고통을 감내하며 앞으로 나아가 자신의 꿈과 비전을 실현하는 원동력은 대담하고도 원대한 용기이다.

Part 3 생각

마인드셋:
기업가 정신과 성장형 마인드셋

기업가 정신

시스템적 사고

시스템적 사고(Systems Thinking)는 숲과 나무를 동시에 보며 맥락을 읽는 사고방식이다. 사물과 현상을 통합적인 맥락에서 파악하고 다양한 요소들이 어떤 상호 작용을 하며 시스템에 영향을 주는지 알아낸다. 시스템적 사고는 제이 포레스터 교수의 『시스템 역학』에서 시작하여 공학 개념을 인문, 사회, 정치, 경제 및 다양한 현상에 적용하려 했다. 피터 셍게 교수는 『제5경영』에서 시스템적 사고를 전파했다. 4차 산업혁명 시대의 시스템적 사고는 기술적 배경과 비즈니스 인사이트를 근간으로 다양한 연결과 융복합으로 의미 있는 상호 연결성을 파악하는 고급 통찰력으로 가치와 기회를 창출하는 사고의 전환으로 정의할 수 있다. 시스템적 사고, 시스템적 관점(Systems View)은 현대인의 일과 학습에도 영향을 미친다. 열심히 하더라도 목표한 성과를 창출하기 어렵다. 기업 환경, 메가 트렌드, 기술의 융복합, 경쟁사, 플랫폼과 서비스, 소비자의 심리와 행동 패턴 등 다양한 요소가 함께 영향을 미치기 때문이다. 이에 융복합을 전제로 복합적인 문제 인식, 문제 해결, 기계와 기술을 활용할 수 있는 능력이 요구된다. 연결이 중요한 시대, 초연결과 융복합, 협력과 집단 지성의 시대로 진입했기 때문이다.

제록스 팔로알토 연구소

제록스의 연구소 PARC는 기술 혁신의 상징과 같은 연구소이다. PC, 마우스, 이더넷, GUI, 레이저 프린터, 워드프로세서, CD-ROM, 태블릿 등이 탄생했다. 하지만 이 연구소는 혁신 실패의 전형으로 평가받았다. 대부분의 아이디어는 다른 기업을 통하여 상용화되는 운명을 겪었다. 사업화를 생각하지 않고 기술을 위한 기술을 개발했다. 시스템적 관점, 시스템적 사고를 수행하지 못하여 마케팅 및 비즈니스에 연결하지 못하였으며 기술 과시를 위한 연구로 모든 것이 제록스에서 이탈했다. 스티브 잡스는 PARC의 GUI는 인생에서 최고의 기술과 경험이었다고 회상했다. 이때 받은 영감으로 매킨토시 GUI를 완성했다. 결국 성공은 시스템적 관점과 사고를 지닌 스티브 잡스와 애플로 넘어간 것이다.

기업가 정신에 연결하라

최근 국내에도 『MIT 스타트업』의 저자 빌 올렛 교수의 MIT 기업가 정신 센터, 버클리 기업가 부트 캠프가 소개되고 있지만 글로벌 석학들은 한국 내에서 기업가 정신을 찾아보기 힘들다고 말한다. 기업가 정신(Entrepreneurship)을 학문적으로 정립한 이론 경제학의 대가 조지프 슘페터는 기업가 정신이란 위험을 감수하고 어려운 환경을 극복하여 기업을 키우려는 의지라고 설명했다. 피터 드러커는 기회를 사업화하려는 모험과 도전 정신으로 규정했다. 제프리 티몬스는 가치 있는 것을 이루어 내는 창조적 행동과 기회를 추구하고 위험을 감수하는 정신으로 규정했다. 윌리엄 바넷은 기업가 정신의 핵심은 혁신이며 평범함을 거부하는 아이디어라고 했다. 주도적으로 기회를 포착하여 새로운 가치를 창조하는 혁신과 창의, 진취성과 위험 감수성을 겸비한 실천적 역량으로서 기업가 정신을 함양한 미래 인재의 필요성이 강조되고 있다.

1970년대 조성된 미국의 산업 단지와 보스턴의 루트 128, MIT와 하버드 대학 중심의 하이테크 벤처 단지, 반도체 회사 페어차일드의 입주로 시작된 실리콘밸리 벤처 단지와 실용주의 학풍의 스탠퍼드 대학, 프레드릭 터먼 공대 학장의 휴렛패커드 탄생 지원과 구글의 래리 페이지 지원, 산학 연계를 통한 실리콘밸리 산파 역할, 생태계 조성은 유니콘, 데카콘 기업 산실의 요람이 되었다.

기업가 정신을 대표하는 항저우는 알리바바를 탄생시켰다. 리커창 중국 총리가 대중 창업, 민중 혁신이라는 기치를 내세워 각종 규제를 개혁하자 이것은 벤처 창업과 투자 활성화로 이어졌고 중국 스타트업 규모는 100조를 넘어섰다.

인도 방갈로는 마이크로소프트, IBM, HP 등 세계적인 IT 기업과 AZK, GSK 같은 글로벌 제약회사의 연구 개발 센터가 입주한 인도의 실리콘밸리이다. 7명의 청년이 모여 250달러로 창업한 인포시스의 창업 신화에서 현재 4,200개가 넘는 스타트업을 보유하고 있다.

기업가 정신은 단순한 창업을 의미하지 않는다. 필립 코틀러와 경영 석학들은 불확실성에서 새로운 가치를 창출하는 역량으로 기업가 정신을 강조한다. 혁신과 몰입, 실패를 통한 학습과 성과 창출을 추구하는 기업가 정신은 창의와 혁신으로 복합적 문제를 해결하는 역량이며 성과 창출을 통한 사회적 공동선에 기여하고 다양한 환경 트렌드와 메가 트렌드를 창출한다. 기업가 정신은 개인의 비즈니스 스킬 이외에 혁신과 몰입, 변화를 감지하고 대응하는 유연한 학습 능력과 실패에 대한 복원력, 협업과 소통, 지속적인 성장을 추구하는 마인드셋이 함께 작용해야 한다.

기업가 정신 – 혁신의 원천부터 찾아라

환골탈태는 과거 옛 사람들의 시를 모방하는 '환골'과 오래된 시구의 뜻을 바꾸어 표현하는 '탈태'의 합성어이다. 선인들의 시구와 문장을 차용하지만 자신의 해석과 새로움, 가치를 더하여 더 좋은 작품으로 만들고 변화함을 말한다. 혁신의 문자적 의미는 낡은 가죽을 벗겨 내고 그 속의 새로움을 찾는 과정이다. 헤르만 헤세는 『데미안』에서 "새는 알에서 나오기 위해 투쟁한다. 알은 세계이며 태어나려고 하는 자는 누구든 하나의 세계를 파괴하지 않으면 안 된다. 내 속에서 솟아 나오려는 것, 바로 그것을 나는 살아 보려고 했다. 왜 그것이 그토록 어려웠을까?"라고 이야기한다. 인간도 성장을 위해 방황과 고통의 성장통을 겪는 것이다. 자연계의 다른 동물들과는 달리 인간은 탈피만으로 성장하지 못하기에 혁신을 통해 성장을 추구해야 하며 혁신의 원천을 올바르게 찾는 역량이 4차 산업혁명 시대에 또 하나의 시대 역량으로 인지되고 있다. 성공한 기업가들의 공통된 면은 개성과 천부적 재능이 아니라 체계적인 혁신의 실행이었다. 혁신은 의식적이고 의도적으로 혁신의 기회를 찾는 과정에서 시작한다. 피터 드러커는 유작 『위대한 혁신』에서 혁신의 원천을 다음과 같이 제시했다.

- 예상 밖의 사건에서 가능성을 찾는다.
- 부조화 상황은 변화의 징후를 보여 준다.
- 프로세스에서 새롭게 요구되거나 빠진 부분은 무엇인가?
- 산업 및 시장의 변화를 감지하라.

- 인구 통계적 변화에서 인사이트를 도출한다.
- 인식의 변화로 새로움을 찾는다.
- 새로운 지식은 변화를 읽는 힘이다.

실리콘밸리의 하나하우스는 SAP이 제공하는 혁신의 공간이다. 유럽풍의 인테리어를 배경으로 블루보틀 커피를 마시며 다양한 업종의 사람들과 학생, 일반인이 자유롭게 만나 소통하여 새로운 영감과 사업의 가능성을 찾는다. 인간의 꿈도 예상 밖의 사건과 가능성을 제시한다. 구글의 래리 페이지는 웹 페이지를 다운받고 사이트의 링크를 조사하는 꿈을 꾼 후에 메모를 토대로 기술 개발을 구현했다고 밝혔다. 재봉틀을 발명한 아이작 싱어는 꿈에서 원주민이 던진 창에 구멍이 뚫린 모습에 착안하여 바늘의 구멍을 착안하여 재봉틀 발명에까지 이르렀다. 포스트잇은 원래 강력한 접착제를 개발하는 과정에서 실패한 작품이었지만 오히려 붙였다 떼었다 할 수 있는 가능성을 찾아 세계적인 발명품이 되었다. 수영 선수들의 기록 단축을 위한 전신 수영복은 상어의 피부 돌기가 물의 흐름으로 발생하는 소용돌이를 연구하는 과정에서 태어났다. "블랙팬서", "왕좌의 게임" 등 공전의 히트를 만들어 낸 은네디 오코라포는 학창 시절 선생님과 학우들에게 흑인은 열등하고 부족한 존재라는 인종 차별에 시달렸다. 그러나 그는 고향인 나이지리아를 방문하여 아프리카에 전승되어 온 신호와 우주관에 영감을 얻어 비서구적 이미지로 미국을 대표하는 SF 작가가 되었다.

기존 기술로 풀지 못하는 난제들은 자연이 제시해 준 예상 밖의 현상에서 영감을 얻는다. 생체모방공학은 거미줄의 구조와 기능을 모방하여 리튬이온전지의 전극 소재 개발에 영감을 주었고 모르포 나비가 빛의 반사, 간섭에 파란색을 띠는 현상에 착안하여 광발색 섬유를 탄생시켰으며 흰개미 집에서 얻은 영감은 자연 냉방 원리에 영감을 주었다. 부조화 상황은 변화의 징후를 보여 주며 프로세스에서 새롭게 요구되거나 빠진 부분은 새로운 혁신의 기회를 제공한다. 부조화 상황은 불편함을 유발하기 때문에 불편함을 해소하여 새로운 기회와 가치를 제공하는 원천이 되는 것이다.

제임스 다이슨은 후버의 미니 진공청소기를 이용하던 중 미세 먼지가 먼지 봉투의 구멍을 막으며 흡입력이 떨어지는 불편함을 경험하고 제재소에서 공기 회전을 통해 톱밥을 분리하는 사이클론 기술을 차용하여 먼지 없는 진공청소기를 개발하여 현재의 다이슨 제국을 만들었다. IT 인프라 구매와 유지의 불편함은 클라우드 서비스를 탄생시켰으며 기업 경영의 각종 프로세스의 설계와 운영은 전사적 자원 관리 시스템(ERP)을 탄생시켰다. 수많은 검색 엔진 경쟁에서 빠른 속도를 추구하여 부조화 상황을 극복한 구글의 검색 서비스는 구글을 일약 업계의 선두에 올려놓았다. 값비싼 호텔마저 구하지 못하는 상황에서 저렴하고 편리한 숙박 시설을 제공하는 에어비앤비, 눈 내리는 도심에서 택시 호출에 어려움을 겪던 부조화 상황은 우버를 탄생시켰다. 산업과 시장의 변화, 인구 통계학적 변화에 연결하여 변화를 읽고 분석하여 가치를 찾는 활동은 혁신 활동의 근원이다. 산업의 대전환기를 초래하는 메가 트렌드와 이머징 이슈, 트렌드와 일시적 유행을 구별하고 협력적 공유 경제, 구독 경제, 큐레이션 서비스 등 경제 변동의 동인을 찾아 혁신 요소를 발굴해야 한다.

성장형 마인드셋

연역적 학습법 vs. 귀납적 학습법

구글 알파고는 이세돌 기사와의 바둑 대국에 앞서 15만 건의 바둑 기보를 익혔다. 이때 적용된 학습 방법은 지도 학습으로써 사전에 프로그래밍된 데이터와 규칙을 이용한 연역적 추론 학습이다. 이후 스스로 문제와 답을 찾아가는 방식으로 진화하여 기계에 적용한 것이 머신 러닝이다. 인공신경망 뉴런에서 영감을 얻은 딥 러닝 알고리즘의 개발로 스스로 학습하며 학습을 강화하여 귀납적 추론의 강화 학습으로 발전했다.

학교 교육은 개념과 원리에 대한 정의를 제시한 후 답을 찾는 연역적 학습법을 추구했다. 하지만 세상의 모든 문제와 현상은 무수히 많은 점(dots)으로 산재하며 이를 연결하여 선(line)을 만들어 의미와 가치를 부여하는 귀납적 학습과 사고방식을 요구한다. 수많은 빅데이터의 홍수 속에서 의미와 패턴을 찾아 가치를 발굴하며 수천만의 고객 이동 데이터에서 패턴을 찾아 고객 맞춤형 데이터, 맞춤형 광고와 제품 추천 서비스를 제공하는 일도 결국 귀납적 학습에 따른 사고방식의 활용 사례이다. 정답을 알고 이를 찾아가던 시기는 끝났다. 스스로 꿈꾸고 설계하고 행동해야 한다.

4차 산업혁명 시대에 필요한 학습 방식은 스스로 문제를 정의하고 해결해 가는 귀납적 학습법이다. 모든 것이 연결되고 융복합하여 불확실성을 창출하는 시대에 복합적 문제 해결을 위한 정답이 존재하지 않으며 정답을 찾아가는 경로 역시 제시될 수 없다. 현상에 연결하여 복합된 문제를 감지하고 문제를 정의하여 해결하는 모든 과정이 자신의 경험과 지식, 협업을 통한 집단 창의로 이루어지는 것이며 이 과정에서 자신과 고객을 검증하고 혁신의 요소를 찾아 개선하여 새로운 가치와 경험을 창출해야 하는 것이다.

성장형 마인드셋 vs. 고착형 마인드셋

마인드는 사물과 현상을 바라보는 시각과 사고방식이다. 마인드셋은 마음, 심리 상태와 의식 구조를 특정한 방향으로 설정하여 조정하는 역량이다. 캐롤 드웩 교수는 『마인드셋』에서 마인드셋을 인생, 성공 등 모든 것을 결정하는 태도의 힘으로 정의했다. 『해리 포터』의 저자 조앤 K. 롤링은 최저 생계비로 연명하던 싱글맘이다. 하버드 대학교 졸업식에서 그녀는 역설적으로 실패의 장점을 이야기했다. 가식과 과장, 좌절과 낙담 등 불필요한 것을 버림으로써 집중할 수 있었고 내면의 힘과 절제력을 키웠으며 글을 읽고 즐거워할 아이들을 상상했다는 것이다.

마인드는 긍정적 사고방식과 부정적 사고방식이 공존하며 긍정적 사고방식은 성장형 마인드셋(Growth Mindset)으로 불리고 부정적 사고방식은 고착형 마인드셋(Fixed Mindset)으로 정의된다. 긍정적 사고방식은 스톡데일 패러독스에 기반한 합리적 낙관주의로서 긍정, 부정의 관점을 모두 인정하여 냉혹한 현실을 직시하면서도 성공의 믿음을 잃지 않고 실패의 참담함도 함께 가정한다. 부정 속에 가려진 긍정의 힘을 발견하여 성장의 계기로 활용하는 사고방식으로 노력이 수반되지 않는 맹목적 피그말리온 효과를 배척

한다. 성장형 마인드셋은 성취 욕구를 강화하고 동기를 자극하기 때문에 몰입과 열정으로 높은 목표를 설정하고 이에 따른 위험을 감수하며 기꺼이 실패를 수용한다. 그 과정에서 경험과 교훈을 학습하여 지속적인 성장을 이룩한다. 부정적 사고방식은 좌절, 분노, 확증 편향 등으로 나타나는 그릇된 신념과 가치에 기인한 사고방식이며 사일로 이펙트, 썩은 사과를 유발하는 사회악을 초래한다. 상황에 따라 긍정적 사고방식과 부정적 사고방식을 취사선택하는 유연성을 갖추어야 한다. 합리적 낙관주의와 더불어 최악의 상황을 가정하여 다양한 시도, 도전을 시뮬레이션함으로써 높은 실패 확률을 점진적으로 줄여 나가는 방어적 비관주의를 함께 활용해야 한다.

실패를 극복하는 아직의 힘

캐롤 드웩은 아직(Not Yet)의 힘을 강조한다. 한 고등학교는 낙제를 표기하지 않고 "Not Yet"으로 학점을 부여한다. "Not Yet"은 미완의 가능성이며 다시 도전하도록 성장형 마인드를 제공한다. 실패로 인한 경직된 사고를 열린 사고로 전환한다. 실패학의 대가 하타무라 요타로 교수는 실패는 확률 현상이며 확대, 재생산된다고 했다. 치명적 실패 확률은 1/300이며 작은 실패의 확률은 29/300로서 큰 실패 뒤에 수많은 작은 실패가 뒤따른다는 "확률의 바다 이론"을 주장했다. 실패를 공개하여 개인과 집단의 힘으로 보완하고 실패 관리로 반복된 실수와 위험 확률을 줄인다.

애플은 지독한 실패 학습을 해 왔다. 알테어 8800의 실패를 학습하여 애플Ⅰ을 개발했지만 실패했다. 실패를 바탕으로 애플Ⅱ 신화를 창조했다. 애플Ⅲ의 실패에서 매킨토시가 탄생했다. 뉴턴의 실패는 아이폰과 아이튠즈를 창조했다. 유니콘으로의 성공 확률은 0.1%에 불과하다. 그럼에도 재창업

에 도전한다. 실리콘밸리 페일콘은 실패 경험의 빅데이터가 모여 집단 창의
로 연결시키는 장소이며 실패를 공유하고 학습한다. 실패를 용인하는 문화
뒤에는 재발을 방지하는 교육 시스템과 재점검이 가능한 데이터베이스가 구
축되어야 한다. IBM이 매년 9,000건의 특허 출원으로 25년이 넘는 시간 동안
특허 분야 1위를 고수하고 100년 기업 역사의 과정에서 지속적으로 혁신과
성장을 이룬 힘은 실패를 자산화한 데이터베이스의 구축이었다.

협업

믿음(자신감, 정신력, 신념)

프란츠 카프카는 유행에 맞게 영혼을 편집하지 말고 가장 강력한 집착을 믿고 따르라고 했다. 성장형 마인드셋을 만드는 다른 요소는 믿음이며 자신감, 정신력, 신념의 원동력으로 작용한다. 믿음과 자신감은 비전과 미션으로 연결되어 일의 본질을 찾고 목표를 달성하는 힘이 된다. 실리콘밸리의 핵심은 자신감이다. 자신감은 네트워킹과 투자의 이유를 밝히고 목표를 세우고 본질에 집중할 수 있도록 한다.

경영의 신이며 인간 존중의 경영관을 상징하는 파나소닉 창업주 마쓰시타 고노스케는 믿고 맡기되 내버려 두지 않는다는 말로 믿음에 대한 지론을 피력했다. 『성공하는 사람들의 7가지 습관』의 저자 스티븐 코비는 개인, 조직, 사회 전반의 신뢰 수준이 하락할수록 지출되는 개인적, 사회적, 국가적 비용이 증가한다고 말하며 믿음과 신뢰의 힘을 강조했다.

실리콘밸리에는 빨간 날이 없다. 공식적 휴무일을 없애는 것이 추세이다. 프로젝트 기반의 성과 창출을 위해 개인과 팀, 조직이 몰입하고 원할 때에는 언제나 집중 휴무를 선택할 수 있다. 이는 경영자와 임직원의 신뢰와 믿음에 기인한다. 실리콘밸리는 임직원 평가를 동료 평가 방식으로 수행한다. 비록 동료 평가에서 낮은 점수를 받았다고 하더라도 그들은 능력 미달로 생각하지 않는다. 자신들이 근무하는 회사에 입사한 그 자체로서 능력은 이미 검증된 것이며 단지 프로젝트가 추구하는 방향과 기대에 부합되지 못했을 뿐이라는 마인드로 개인과 시스템에 대한 믿음을 갖고 있다.

구글이 중국에 다시 돌아온다면 우리는 다시 한번 이겨 줄 자신이 있다. 『실리콘밸리 비즈니스 전쟁』의 저자이며 바이두의 창업자인 리옌훙을 수식하는 단어는 직선 원칙과 믿음의 화신이다. 그의 직선 원칙은 현실적 목표를 설정한 후 시류에 흔들리지 않고 즉각적인 실행과 점검, 피드백을 통해 학습과 성장의 목표를 완수한 후 다음의 목표를 향해 전진하는 행동과 마음가짐이다. 그와 바이두의 성공 키워드는 믿음이다. 송나라 시인 신치지의 시구인 인파 속에서 그녀를 수천, 수백 번 찾았다는 표현에서 영감을 얻어 바이두를 창업했고 어디에서든 흔적을 남긴다는 의미의 곰 발바닥 로고를 창안하여 225억 달러의 브랜드 가치를 기록하며 중국 최고의 거부로 올라섰다.

개방형 협업

정조대왕과 심환지는 적대 세력으로 알려졌다. 사도세자의 아들로 파란을 예고했던 정조가 성군으로 평가받은 이유는 심환지에게 보낸 299통의 비밀 편지였다. 정조는 젖 비린내, 호로자식, 뒤죽박죽, 껄껄 등의 표현을 통해 인간적 속내를 드러내며 심환지와 협업으로 국정을 운영했던 것이다. 당 태종 이세민과 신하들의 대화를 엮은 오긍의 『정관정요』는 근대 정치학의 기원으로 평가받는 마키아벨리의 『군주론』과 더불어 제왕학, 정치, 경영, 리더의 자질과 요건을 제시한다. 그의 치적은 천자 의식을 버리고 인재들과 협업한 결과물이다. 복합 문제를 해결하고 생존을 넘어 번영에 이르는 길은 집단 지성의 힘을 이용하는 것이다.

열린 협업(Open Collaboration)의 힘은 해커톤이며 개발자, 기획자, 마케팅, 고객 담당, 경영자 등 각 분야의 전문가들이 협업의 전력질주로 집단 지성을 이끌어 낸다. 경쟁하지만 동시에 모방, 협력을 통한 재창조가 통념이고 규범이다. 스티브 워즈니악은 홈브루 컴퓨터 클럽이 없었다면 애플도 없었다고 회고한다. 홈브루 컴퓨팅 클럽은 1975년 실리콘밸리에서 탄생한 전문가 모임이다. 당시 전자공학의 인기로 전자회로, 부품, 컴퓨팅 장치를 스스로 설계하고 이에 관한 정보를 교환하기 위해 전문가 그룹을 만들고 교류와 협업을 추구했다.

협력하는 괴짜

협업에는 전제 조건이 요구된다. 테아 싱어 스피처는 『협업의 시대』에서 협업의 극대화를 위해 개인의 역량, 팀이 사용하는 도구, 조직의 시스템적 관행과 정신을 손꼽았다. 아르키메데스는 움직이는 한 점과 충분히 긴 막대가 있다면 지렛대의 원리로 지구를 들겠다고 했다. 인류 역사를 이끈 주역은 개별적 괴짜였지만 이제 개별적 괴짜들이 협력하여 세상을 바꾸는 원대한 꿈을 현실로 만들고 있다. 협업의 시대에 첫 시작은 역량을 갖춘 개별적 괴짜가 되는 것이다. 자신, 타인, 일과 업무의 전문성, 비전과 미션, 유연한 학습 능력과 가치관으로 개별적 괴짜가 되어야 한다. 협업은 공동의 프로젝트이며 이를 위해서는 소통과 협업 도구에 대한 스킬이 요구된다. 강력한 협업 툴인 슬랙과 컨플루언스, 지라, 트렐로, 이슈 트래킹 시스템인 레드마인, 맨티스, 트랙, 요나 등은 개발자를 넘어 매니저, 마케터와 기획자, 경영자에 이르기까지 이용 범위가 확대되어 극도의 협업과 집단 창의를 유도한다. 조직의 시스템적 관행과 정신도 협업을 성공으로 이끄는 조건이다. 실리콘밸리는 어느 누구와도 협업이 가능하며 창발적 아이디어 및 각종 복합적 문제 해결에 열린 협업과 집단 지성으로 시너지가 창출된다는 믿음을 갖고 근무 환경도 열린 공간을 선호한다. 어도비의 리하이 캠퍼스에는 열린 사무 공간이 생산성 향상의 원천이라는 믿음에 문과 벽이 존재하지 않는다. 구글은 직원의 행동 패턴을 빅데이터로 분석하여 최적의 동선까지 고려한다. 테슬라의 일론 머스크는 별도의 사무실 없이 공장에 있는 완성품 테스트라인에서 직원들과 함께 근무한다.

집단 지성의 힘

협업은 집단 지성에 연결하고 새로운 경험과 가치를 창조한다. 우생학을 창시한 프랜시스 골턴은 인간의 우수함은 유전에 기인한다고 주장했다. 소의 무게 측정 실험에서 인간은 여럿이 모여도 어리석다고 주장했지만 실험자들이 제출한 소의 무게는 실제 무게와 별반 차이가 없었다. 제임스 서로위키는 이를 대중의 지혜로 정의했다. 지식은 권력층이 독점한다는 인식을 깨트린 브리태니커 백과사전은 중세 이후 지식의 보고였다. 팀 버너스리는 전 세계의 정보를 연결하면 복잡한 문제를 해결할 수 있다는 믿음으로 웹을 만들었다.

세상의 정보는 위키, 블로그, 커뮤니티와 오픈 소스, 뉴스 플랫폼, 소셜 미디어와 큐레이션에 기반한 정보의 구독 경제 서비스를 만든다. 니콜라스 카는『생각하지 않는 사람들』에서 소셜미디어와 위키, 지식 제공 서비스에서 제공되는 지식의 무분별한 믿음과 맹신이 인간의 지적 활동을 막아 생각하지 않는 사람들을 양산한다고 지적하며 집단 지성의 힘은 다양성, 독립성, 견해의 분산화, 통합과 조정이 필요함을 강조했다. 리누스 토발즈는 집단 지성의 위한 자정 작용으로 지켜보는 사람만 있으면 오류는 쉽게 해결할 수 있다는 리누스 법칙을 주장한다. 맥락 지능은 서로 다른 의미의 맥락을 넘나들며 상황을 읽어 내고 예측하여 단편적 사실에서 새로운 가치를 읽어 낼 수 있는 역량이다. 빅데이터의 시대에 데이터의 가치에 관한 중요성이 커지고 있는 것처럼 협업과 집단 지성의 창출 과정에서도 상황을 읽고 입체적 사고를 하는 맥락 지능이 요구된다.

민첩성

신뢰 기반의 커뮤니케이션

삼성의 미래전략실 해체는 소통의 창구로 평가받아 온 사내방송(SBC)을 폐지시켰다. SBC는 다양한 현장의 소식을 전달했으며 삼성 신경영의 단초를 제공한 불량 세탁기 후가공 장면을 여과 없이 소개했다. 삼성 소프트웨어 경쟁백서 방송은 삼성도 변화의 파고에 결코 편안한 쉼터를 제공하지 못함을 보여 주었으며 개인과 조직의 역량 강화, 일하는 방식과 소통, 비전과 미션의 재점검을 요구했다. 구글은 검색 결과를 신속하게 생성하는 알고리즘으로 세상의 모든 지식과 정보를 연결한다는 목표로 창업했지만 첫 3년간은 안정적 수입을 창출하지 못했다. 구글에 생명력을 불러일으킨 것은 검색어 광고와 인터넷 광고를 이용한 수익 모델 아이디어였다. 매니저와 경영진은 한 임직원이 제출한 작은 아이디어를 버리지 않았다. 실패해도 그 과정에서 배울 것이 있다며 신뢰와 지원을 제공했다. 폴 부쳇의 작은 아이디어는 블로그, 웹 페이지 등 다양한 인터넷 페이지에 끼워 넣을 수 있는 플랫폼으로 개발되어 구글의 배너 광고 서비스인 애드 센스의 탄생을 불러 왔고 검색어 광고인 애드워즈와 함께 만성 누적 적자에 헤매던 구글에 실질적인 매출을 가져다 주었다. 실리콘밸리에서는 신뢰를 바탕으로 하는 커뮤니케이션의 힘이 작용한다. 다양한 사람들이 모이는 밋업, 소셜 이벤트, 서밋과 테크크런치, 코드 컨퍼런스에서 커뮤니케이션과 창의성이 교류된다. 지향하는 가치는 신속한 커뮤니케이션과 피드백이다. 아이디어를 신속하게 교류하여 더 큰 가치의 피드백을 모아 실패 확률을 줄인다. 상대는 적이 아니라 협력의 동반자, 고객이 될 수 있고 새로운 기회를 소개할 매개자가 될 수도 있다. 신뢰 기반 커뮤니케이션은 다양성을 부여하며 사일로 이펙트와 보이지 않는 장벽, 썩은 사과를 제거하는 도구가 된다.

다양성 vs. 레밍 신드롬

크레이그 벤터는 세계 최초로 인간 게놈 지도를 해독하여 업계의 주목을 받았다. 게놈 분석의 시작은 인간게놈프로젝트 컨소시엄 HGP이며 염기 서열을 차례로 분석하는 방법이다. 그는 8년이나 늦게 연구를 시작했지만 샷건 염기서열 분석법이라는 새로운 시도로 비웃음을 극복하고 기념비적 업적을 이룩했다. 인간은 수많은 정보를 빠르게 걸러 내고 처리하기 위해 선입견을 이용한다. 하지만 선입견이 언제나 옳은 것은 아니다.

다르다는 것은 틀린 것이 아니라는 사실도 수용해야 한다. 현대는 다양성을 수용하는 역량이 필요하다. 다양성은 관점의 확대와 협업으로 더 많은 정보와 아이디어로 성공 확률을 높일 수 있다. 구글은 동영상이 거꾸로 업로드되는 문제를 발견했다. 원인은 디자이너와 엔지니어가 모두 오른손잡이여서 생겨난 문제였으며 다양성이 중요한 이유를 밝혔다. 좋은 아이디어는 모여 있는 것이 아니라 곳곳에 퍼져 있다는 생각이 구글의 다양성에 대한 인식이다. 컴퓨터 게임 레밍즈는 작은 나그네 쥐 레밍이 무리를 이루고 선두에 선 레밍을 따라 맹목적으로 이동한다. 강이나 절벽도 아랑곳 않고 오직 전진뿐이다. 레밍은 낮은 시력과 집단 행동 때문에 의식 없이 집단 행동에 동화되는 레밍 신드롬(lemming syndrome)을 만들어 냈다. 다양성을 수용하지 않는 것은 개인과 조직이 확증 편향에 감염되어 레밍이 되는 것과 다름없는 것이다.

감정 민첩성

영화 "Her"는 인공지능 비서 사만다의 감정적인 교감을 다루었다. 아마존의 인공지능 비서 알렉사는 매년 100만 명이 넘는 사람들로부터 구애와 청혼을 받는다. 픽사의 애니메이션 "인사이드 아웃"은 마음속 감정을 끌어냈다. 라일리의 머리에는 기쁨이, 슬픔이, 버럭이, 까칠이, 소심이가 감정 컨트롤 본부에서 함께 살고 있다. 익숙한 마을을 떠나 마주한 새로운 도시에서 라일리의 다섯 감정들은 변화에 직면하고 슬픔이가 핵심 기억 장치를 건드리는 사건으로 기쁨이와 슬픔이가 감정 컨트롤 본부를 이탈한다. 라일리에게는 버럭이, 까칠이, 소심이만 남게 되어 격한 감정의 소용돌이에 휘말린다. "인사이드 아웃"에서 핵심 기억 장치는 인간의 핵심 감정과 핵심 기억을 상징한 것이다.

핵심 감정은 사람의 정서, 신념, 행동 방식과 가치관 등 삶의 모습을 좌우하는 중심적인 감정이며 기쁨과 슬픔의 감정이 대표적인 핵심 감정이다. 인간은 핵심 감정을 통해 과거의 경험이나 사건에서 만들어진 특정 감정이 두뇌 속에 고착화되어 핵심 기억을 형성한다. 이후 과거의 기억을 떠올리는 상황에 직면했을 때 무의식적으로 유사한 감정의 반응을 보이게 된다. 슬픔이가 감정 기억 구슬을 건드려 슬픔이 강화되고 기쁨이와 슬픔이가 감정 컨트롤 본부를 이탈한 것처럼 변화와 불확실성의 시대에 감정 컨트롤 본부에 속한 감정들을 관리하고 조절하며 표현하는 역량이 요구되는 것이다.

현대의 뇌과학 연구는 신경가소성에 주목한다. 신경가소성은 두뇌가 환경, 경험, 학습과 훈련에 의해 변화될 수 있음을 말한다. 뇌를 훈련시킴으로써 감정 컨트롤 본부의 기쁨, 슬픔, 버럭, 까칠, 소심도 통제하고 관리하게 된 것이다. 릭 헨슨은 『행복 뇌 접속』에서 행복한 뇌를 만드는 기술로 긍정적 경험 갖기, 긍정적 경험을 풍부하게 만들기, 긍정적 경험의 흡수, 긍정과 부정의 요소를 결합하여 긍정이 부정을 흡수하고 대체하도록 만들기 등의 방법을 제시하여 긍정적 성장형 마인드셋으로 부정적 편향성을 극복할 수 있다고 주장한다.

감정 민첩성이란 상황과 맥락에 적절히 대응하여 부정적 감정 패턴을 다스려 긍정의 감정으로 변환시키고 조절하는 역량이며 자신을 치유하고 회복하여 복원하는 능력이다. 수전 데이비드는 『감정이라는 무기에서』에서 작고 사소한 변화로 시작하여 자아를 수용하여 감정의 핵심 가치를 긍정으로 변화시킬 것을 강조한다. 감정 민첩성은 감정을 다스리는 역량인 감정 용량의 크기에 따라 다르게 나타난다. 급격한 부정적 감정들은 감정 용량이 수용하는 한계를 초과하여 감정의 과부하를 초래할 수 있다. 감정 용량을 초과하는 상황에서는 물러섬과 쉼, 휴식과 중단으로 감정 용량의 수위를 조절해야 한다. 불교의 명상법에는 마음 알아채기 수련이 있다. 격랑처럼 밀려오는 감정에 자신을 동일시하지 말고 한 걸음 물러서서 또 다른 나를 찾아보는 것이다.

탄력성

회복 탄력성

란제이 굴라티 교수는 기업과 개인의 지속 성장에 관한 핵심은 회복 탄력성(Resilience)의 강화라고 손꼽았으며 미래학자 자메스 카시오는 피할 수 없는 변화의 흐름을 수용하고 불확실성에 대비할 수 있는 마음의 힘, 회복 탄력성에 집중해야 한다고 강조한다. 알리바바의 CEO 마윈은 회복 탄력성의 원천으로 성공의 결과가 아니라 실패의 원인을 근본부터 파악하고 학습해야 함을 강조했다. 삼성의 이건희 회장은 신경영 선포 당시 보잉 747 이론을 소개했다. 보잉 747 비행기는 그 크기나 무게가 대단하기에 비행기가 활주로를 달려 이륙 5분 이내에 1만 미터의 상공까지 올라가야 한다. 그렇게 못 한다면 추락하거나 공중 폭발을 초래한다.

초연결, 초지능과 협업의 시대를 살아 가고 있지만 무한 경쟁은 피할 수 없으며 개인, 조직, 기업에 이르기까지 수많은 실패와 좌절, 역경과 시련의 상황에서 주저앉아 개인과 타인, 환경과 사회, 국가의 탓으로만 책임을 전가하거나 회피하는 방식은 근본적 치유가 될 수 없다. 민첩한 도약을 위한 마음의 근육을 쌓아야 하는 것이다. 회복 탄력성은 충격이 가해져 물체의 변형이 나타났을 때 원래의 상태로 돌아가려는 복원력, 회복력으로 역경과 좌절의 상황에서 자기 자신을 추스르는 마음의 근육이다. 또한 회복을 넘어 새로운 역량을 개발하고 성장의 기회로 만드는 확장을 의미하며 전진을 위한 복원력, 긍정적이고 효과적이며 민첩한 도약의 단계로 진입하는 힘이며 개인과 집단, 조직은 환경을 이해하는 능력, 전략 수립 능력, 목표 추진 능력, 현실과 미래에 대한 냉철한 분석과 희망이 공존하는 합리적 낙관주의 마인드를 배양해야 한다.

자원에 대한 인식

디지털 기술로 촉발된 4차 산업혁명은 새로운 해체와 융합, 초연결과 초지능으로 세상을 변모시키고 있다. 초연결은 자원이 유한하다는 상식을 여지없이 무너트려 자원을 획득하고 가공하여 가치를 창출하는 방법을 변화시켰다. 초연결은 세상의 어떠한 물적, 인적 자원에 접근하고 활용할 수 있음을 알려주어 자원에 대한 인식의 전환을 요구하고 있는 것이다. 금융위기 이후 로렌스 레식 교수가 제시한 공유 경제 개념은 자동차, 사무실, 숙박, 등의 유형 자원뿐만 아니라 클라우드 기반의 플랫폼, 인프라, 소프트웨어, 재능, 시간 등 무형의 자원으로도 확대되고 있다. 제러미 리프킨 교수는『한계비용 제로 사회』에서 자본주의 시스템은 막을 내리고 협력적 공유 사회 부상으로 경제 패러다임이 전면적으로 바뀌는 변혁의 단계에 있음을 주장했다. 우버의 공유 차량 한 대는 개인 소유 차량 다섯 대를 상쇄하는 효과를 발생시켰다. 개인과 집단, 기업이 자체적으로 보유한 자원은 유한하지만 연결과 공유, 협업을 통해 그 한계를 뛰어넘을 수 있으며 대표적인 사례가 70:20:10의 법칙, 해커톤과 오픈 소스, 오픈 커뮤니티의 활용, 코피티션으로 대표되는 연합과 제휴이다.

하이퍼 코피티션

실리콘밸리는 인재 전쟁이 한창이다. 인공지능, 빅데이터, 머신 러닝 분야에서의 심각한 인력난과 함께 우수 인력 확보에 열을 올리며 자원에 대한 인식을 변환하여 협력과 경쟁을 동시에 수행하는 하이퍼 코피티션(Hyper Co-opetition) 전략을 수행한다. 베리 네일버프는『코피티션』에서 코피티션을, 협력과 경쟁으로 동반 성장을 추구하여 게임의 룰과 게임을 주도하는 전략으로 정의했다. 코피티션은 연결과 확장을 통해 산업, 비즈니스, 업종, 플랫폼과 서비스, 지역과 국가의 경계를 허물고 목적에 따라 열린 협업과 경쟁의 하이퍼 코피티션으로 진화한다. 오픈 커뮤니티와 오픈 소스는 하이퍼 코피티션의 경연장이다.

서비스형 클라우드 인프라 스트럭처를 위한 오픈 스택, 클라우드 환경의 개발 환경인 데브옵스, 빅데이터 처리를 위한 하둡 및 하둡 생태계, 자율주행 자동차의 핵심 기술인 V2X(Vehicle to Everything), 구글의 머신 러닝 오픈 프로젝트, 컨테이너 오케스트레이션 플랫폼인 텐서플로우와 쿠버네티스 등 4차 산업혁명과 빅뱅 파괴를 이끄는 대부분의 기술과 플랫폼, 서비스가 하이퍼 코피티션에 기반한 집단 지성의 힘을 이용하고 있다. 4차 산업혁명으로 초래된 과학기술 혁명과 융복합, 가중되는 불확실성, 빅뱅 파괴에 대비하고 신속하게 플랫폼과 서비스를 전개하기 위해서는 개별 기업이 전적으로 모든 것을 수행할 수 없다. 외부의 아이디어, 기술을 능동적으로 수용하여 혁신의 원천에 관한 다양성을 확보하고 내부 혁신을 가속화하며 내부의 미완성 기술을 공개하여 신속한 피드백과 집단 지성의 힘으로 새로운 가치를 창출하는 것이다. 이런 이유 때문에 아마존, 구글, 페이스북과 같은 초대형 ICT 기업도 하이퍼 코피티션으로 기술, 사람, 시간의 제한을 극복하고자 하는 것이다.

70 : 20 : 10의 법칙

구글의 성공 이유에 대해 에릭 슈미트는 70:20:10 원칙을 설명했다. 자신에게 주어진 시간 중 70%를 핵심 산업에 쓰며 20%는 파생 사업, 10%는 신규 사업에 사용한다는 것이다. 구글 임직원도 시간의 70%는 맡은 일에 핵심 역량을 발휘하고 20%는 역량 강화를 위해 투자하며 10%는 전혀 상관없는 일에 투자한다. 자원의 10%를 투입하면 실패하더라도 위험이 크지 않으며 학습과 경험이 축적되어 성공 가능성을 누적할 수 있다. 현재의 일에서 벗어나 개인의 신규 역량과 기업의 미래를 창출하여 지속 가능한 성장 동력과 일하는 동기를 자극할 수 있다. 구글은 10% 투자로 구글 와이파이, 광고 플랫폼, 구글 토크 서비스를 개발했다. 개인도 70:20:10 법칙으로 불확실성에 대비할 수 있다. 시간의 70%는 핵심 업무에 집중하여 성과를 창출하고 20%는 역량 확장을 위한 일을 하며 10%는 다르게 생각하기, 생각할 수 없던 것을 생각하기 등 자유로운 상상과 다양한 시도로 빠른 실패와 귀납적 사고방식으로 불확실성에 대비한 새로운 역량을 갖추어 나가는 것이다.

역량

역량이란

맥클레랜드는『지능 검사에 대한 역량 검사의 우위성』에서 역량(Compe-tency)은 높은 성과를 만드는 사람과 평범한 성과를 만드는 사람을 구별하는 요인이며 인간의 내적 특성이라고 정의했다. 지능보다는 역량이 성과 창출에 더욱 큰 영향을 준다고 강조했다. 스펜서는 역량을 우수한 성과 창출의 원인이 되는 개인의 내적 속성으로 정의했다. 역량은 타인과 구분되는 자신이 가지고 있는 능력이며 성과에 기반한다.

기업이나 조직의 인적 자원 개발 측면에서는 역량을 특정한 직무 환경 및 상황에서 비교 준거를 기준으로 개인의 효과적 실행의 원인이 되는 내적 특성으로 정의한다. 성과를 기반으로 구체적 기준에 의해 예측이 가능하다는 것이다. 시대가 다양화되고 변화함에 따라 역량을 나타내는 내적 요소들도 진화한다. 소통 역량, 유머 역량, 협상 역량, 의사 결정 역량, 문제 해결 역량, 협업 역량, 공감 역량 등 사회와 기업, 조직과 단체가 필요에 따라서 다양한 역량 요소들을 정의하고 있다.

스탠드 펌

모든 차이와 구별은 역량과 성과의 차이에 기인한다. 역량이 부족하면 개인의 삶, 일과 학습, 세상과의 연결이 어려워진다. 역량 부족의 근본 원인을 찾아 그 부족한 역량을 성장시켜야 한다. 업무 프로세스 습득 역량과 관리 역량이 부족하여 낮은 평가를 받은 직장인에게 생생하게 꿈을 꾸고 성공한 모습만 그리라고 하는 것은 모순이다. 피그말리온 효과나 자기 충족적 위로와 힐링은 일시적 마음 치료가 되지만 문제의 본질인 역량을 끌어 올리지 못한다면 매일이 고통과 역경의 순간이 된다. 역량은 높은 성과를 내며 잘할 수 있는 자신의 강점 영역이다. 강점 영역을 지속적으로 발전시키고 진화시키는 것이 모든 성공 요소이다. 심리학자 스벤 브링크만은『스탠드펌(Stand Firm)』에서 시류에 흔들리지 않고 굳건하게 자신을 추스리는 역량을 강조했다. 전략적 민첩성과 감정 민첩성으로 변화를 읽고 시대가 요구하는 역량을 찾아 학습과 성장을 추구하면서도 실패를 수용하고 또 다른 성장을 계획하는 유연성과 회복 탄력성을 갖추어야 한다. 합리적 낙관주의로 현실을 인식하고 흔들림 없는 굳건한 믿음으로 점진적 개선을 통해 성장하는 것이다.

역량의 특성

역량은 내적 특성이지만 심리적 내면 세계를 평가하는 것은 아니다. 마음, 의지, 의욕, 성취 욕구, 열정은 직접적 평가가 불가능하다. 평가가 불가능한 심리적 요소를 내부 역량이라 하며 평가가 가능한 역량을 외부 역량이라 구분한다. 내부 역량은 성취 동기, 성취욕, 추진력, 결단력, 결정 능력 등으로 표현되며 외부 역량은 사전에 규정한 역량의 기준으로 업무 성과, 대인 관계, 문제 해결 능력 등으로 나타난다. 역량은 개인이 속한 조직, 단체가 제시하는 직무 환경 및 평가 기준에 따라 달라진다. 시대 변화에 따라 요구되는 역량이 달라진다. 세계경제포럼이 제시한 직장인의 필수 역량에서 품질 관리 역량과 경청 능력은 10위권을 벗어났고 감성 지능과 융통성이 새롭게 등재되었다. 역량은 우수한 성과를 만들기 위한 전제 조건이며 미래의 바람직한 기능과 역할을 기대한다. 불확실성의 시대에 현대인들은 복합적 문제를 해결하고 비판적, 논리적으로 사고하며 창의성을 발휘하여 세상을 살아갈 수 있도록 학습 역량과 융복합적 사고 역량을 증진해야 한다.

역량 강화 – 학습과 노력, 상상력

선천적 능력과 달리 역량은 후천적으로 개발하고 학습할 수 있기 때문에 실천과 노력이 중요한 요소가 된다. 에란 카츠는 기억력으로 기네스북에 등재된 인물로 500자리의 숫자를 한 번에 암기한다. 대중은 그를 암기의 천재라고 이야기하지만 정작 그는 이러한 역량을 고등학교 시절부터 훈련해 왔다고 밝혔다. 그가 훈련한 내용은 상상력이다. 아기 – 강아지 – 자동차 – 뉴욕 등을 단어로 제시하면 그는 아기가 강아지와 함께 자동차를 타고 뉴욕으로 향하는 상상을 하고 그 이미지를 머릿속에 그리는 훈련을 해 왔다. 초기 훈련에서 그림을 그려 가며 머릿속의 이미지를 시각화했고 이후 이러한 부분마저 연습과 훈련의 힘으로 대체했다. 숫자 암기도 유대인의 숫자 표현 방식인 기마트리아를 이용하여 숫자를 문자로 바꾸고 바뀐 문자들을 연결시켜 머릿속에 그림을 그리는 것이다. 그는 암기력을 부러워하지 말고 상상력을 잃지 말라고 한다.

상상력도 다양한 연관 짓기 훈련으로 강화할 수 있다. 천부적 재능은 역량의 범주에 속하지 않는다. 부러워할 필요도 없다. 500자리 숫자를 단번에 암기하는 능력이 시대를 살아가는 필수 역량이라는 것에 찬성하는 사람은 많지 않을 것이다. 포토그래픽 메모리를 보유해야만 삶과 인생, 일과 학습에서 성과를 내는 것은 아니다. 이런 부분들은 과학기술의 발달로 컴퓨터와 인공지능이 충분히 수행할 수 있다. 감성 지능, 창의력, 비판적 사고, 문제 해결력, 결정력이 지속적으로 부각되는 이유는 무엇일까? 타고날 수도 없고 기계와 인공지능으로도 대체할 수 없는 인간 고유의 역량이기 때문이다. 이러한 역량은 노력 여부에 따라서 개발이 가능하고 학습하여 역량의 단계를 끌어올릴 수 있기에 도전해 볼 가치가 있는 것이다.

자신을 알기

자아 개념

역량 개발의 시작은 자신을 아는 일이다. 자아 개념은 자신을 대하는 관념, 자각, 태도이며 과거의 경험, 사건 등 외적인 영향과 내적 사고를 통해 형성된다. 델포이 신전 입구에는 "너 자신을 알라"라는 문구가 적혀 있다. "나란 누구이고 어떠한 가치를 추구하는가?"라는 질문은 너 자신을 알라는 말에 귀결된다. "지피지기면 백전백승"에는 적을 알아도 나를 모르면 이길 수 없다는 진리가 숨겨져 있다. 『대학』은 수신제가치국평천하를 논했다. 몸을 닦고 집안을 가지런히 하여 나라를 다스리고 천하를 다스린다는 의미다. 첫 시작은 자신의 몸과 마음을 바르게 하는 것, 자신을 아는 것이며 실천하는 삶의 중요성을 강조한 것이다. 자아 개념은 자긍심, 자기 효능감, 자기 진정성으로 구성된다. 마음속에는 자신감과 자부심과 자긍심이 있다. 자신감은 무엇이든 할 수 있다는 믿음과 용기이며 자부심은 자기를 뿌듯한 존재로 인식하는 긍지와 책임감이다. 자긍심은 자신을 자랑스럽게 생각하는 자기 존중의 마음이다.

자신감

자신감은 "하면 된다!"는 다짐처럼 기대와 확신을 표현한다. 자신감만으로 수많은 문제를 풀어 나갈 수는 없지만 자신감은 좌절을 넘어 도전하는 용기다. 근거 없는 자신감은 경계해야 한다. 학습과 노력, 계획과 실행, 피드백과 혁신이 수반되어야 한다. 한국은 일제 강점기와 6·25전쟁으로 전 국토가 황폐화된 최빈국이었다. 맥아더는 한국 전쟁 직후 100년이 지나야 한국 경제가 궤도에 오를 것으로 예상했다. 한강의 기적은 1960~70년대의 경제 성장을 의미한다. 1962년 제1차 경제개발 5개년 계획을 시작으로 20년 만에 괄목할 경제 성장을 이루었다. 1인당 국민소득은 1962년 87달러에서 1979년 1,693달러로 증가했고 국내총생산은 23억 달러에서 640억 달러로 28배 성장했다. 케인스는 이러한 현상을 "야성적 충동"으로 정의했다. 경제가 인간의 합리적, 이성적 판단과 경제적 동기에 의해서만 운영되는 것이 아니라 개인적 판단과 본능 등 비경제적 본성에 의해서도 구동된다는 것이다. 전 세계가 의심했던 한국의 재건이 폐허를 딛고 한강의 기적을 만든 원동력은 이전 세대의 헌신이며 그들의 유일한 무기인 자신감과 실행 의지였다.

자부심

자부심은 자신을 가치 있는 존재로 인식하는 긍지와 책임감이다. 자신감이 자기를 인정하고 목표를 향해 나아가는 힘이라면 자부심은 자기 존중과 자신을 높게 받드는 내면의 에너지이다. 자신감에 상처를 입어도 자부심으로 극복하는 이유이다. 자신감이 마음의 중심을 잡아 주고 자부심은 자기의 허물과 단점을 자신이 책임지도록 한다. 자부심은 고난과 역경, 실패와 좌절에서 자리를 털고 일어나 전진할 수 있는 용기와 기개이다. 자신감은 성공을 만들고 자부심은 자신을 위대하게 한다. 하면 된다는 자신감과 세상에 긍정적 영향을 준다는 자부심은 삶의 유용한 자산이다. 성공 기업들은 고객에게 제공하는 가치와 영향에 자부심을 갖는다.

마이크로소프트에는 "Change the World"라는 자부심이 존재한다. 아마존의 의약 분야 진출에 대항하기 위해 미국 약국 체인 CSV에 인수된 애트나 보험은 150년간 정부의 건강, 복지 정책 수립에 기여했다는 자부심이 충만하다. IBM의 전 회장 토머스 왓슨은 임직원들에게 IBM이 특별한 회사라는 자부심을 가지면 자부심을 실현하려 동기를 부여하고 일의 가치를 찾을 수 있다고 했다. 영감을 제공하고 마음을 움직이는 자부심은 강력한 동기 부여 수단이 된다. 자부심은 기업의 사회적 책임을 자극하여 기업의 경제적, 공익적 가치를 동시에 추구하는 마케팅 기법인 코즈 마케팅에도 적용된다. 미국 독립 100주년을 기념하여 프랑스 국민들의 성금으로 제작된 뉴욕 리버티 섬의 자유의 여신상은 1886년 완공되었다. 이후 100년이 지난 1984년 아메리카 익스프레스는 자유의 여신상을 복원하기 위해 고객이 카드를 사용하면 1센트, 신규 고객이 유치되면 1달러씩 기부하는 캠페인을 진행했다. 이 프로젝트는 고객들에게 자신도 자유의 여신상 복원에 참여한다는 자부심을 불러일으켜 착한 소비를 유발했고 아메리카 익스프레스는 착한 기업의 이미지를 형상화하며 당시 금액으로 170만 달러 모금이라는 성과를 기록했고 코즈 마케팅의 시초가 되었다.

자부심과 자기 통제

자부심은 자기 통제(Self-Control)를 유발한다. 애착과 자긍심이 수반되어 스스로 판단하고 행동하도록 동기를 제공한다. 존슨앤존슨 전 CEO 랄프라센의 경영 전략은 임직원들의 자부심을 북돋는 일이었다. 그는 임직원 개개인이 자부심을 가지면 스스로를 통제하여 자신의 역할을 수행하며 개인과 조직, 기업과 사회에 영감과 가치를 전달할 수 있다고 생각했다. 자부심을 갖고 주도적으로 일하는 사람들은 탁월한 성과를 창출한다. 존 카젠바흐는 『경영, 비공식 조직에 주목하라』에서 직원의 동기 부여 방식으로 자부심이 가장 큰 비중을 차지한다고 밝혔다.

북미 최대 트럭 화물 수송 기업 옐로 프레이드에 부임한 빌 졸라스의 전략은 "우리의 경쟁 상대는 스타벅스이다."로 대표되는 슬로건이다. 스타벅스의 사명은 인간의 정신에 영감을 불어넣고 더욱 풍요롭게 하며 이를 위해 한 명의 고객, 한 잔의 음료, 이웃에 정성을 다한다는 것이다. 스타벅스가 추구하는 가치는 용기를 가지고 행동하며 현재에 안주하지 않고 도전하여 성장하는 방법을 찾는 것이다. 빌 졸라스는 스타벅스의 사명과 가치를 차용하여 적당주의와 패배의식이 팽배했던 임직원들에게 자신의 원대한 꿈을 설명하고 임직원 개개인에게 그 꿈을 실현하는 회사에서 함께 성장하는 자부심을 부여했던 것이다.

자긍심

자긍심은 자신을 자랑스럽게 생각하는 자기 존중의 마음이다. 집단의 우수함을 존중하고 지키려는 자세이다. 자부심이 개인적인 자랑이라면 자긍심은 집단의 자랑이다. 자긍심이 높은 사람은 삶에 대한 확신으로 자신을 유능하다 생각하며 부족한 부분을 개선하여 자신의 가치를 높이려 노력한다. 사이버 외교사절단 반크가 한국의 보물 시리즈를 공개했다. 고려가 남긴 위대한 기록 유산이며 유네스코 세계기록유산으로 지정된 국보 32호 팔만대장경은 호국 정신이 만든 걸작이다. 제작 기간 16년, 참여한 고려인 50만 명, 한판의 두께 평균 4cm, 81,352장의 목판을 쌓으면 백두산보다 높고 무게는 280톤이나 된다. 『타임』지가 선정한 세계를 바꾼 100대 사건 중 1위는 금속 활자 인쇄술이다. 금속 활자 기술을 최초로 발명한 나라는 고려다. 1234년 『상정고금예문』이 금속 활자술로 발행되어 구텐베르크의 성서보다 200년이나 앞섰다. 또한 1377년에 금속 활자 기술로 인쇄된 『직지』가 발견되었다. 이는 구텐베르크 성서보다 78년 앞선 세계에서 가장 오래된 금속 활자본이다. 영국 사회학자 조지프 니덤은 혼일강리역대국도지도를 15세기 세계에서 가장 훌륭한 지도라고 평가했다. 이것은 유럽보다 약 100년이나 앞서 아프리카 대륙을 나타내었고 인도, 중동과 유럽, 아프리카 해안과 나일강의 세부 형태까지 반영한 지도다. 한글은 소리와 글이 체계적인 연계성을 지닌 과학적 문자로서 서양이 20세기에 완성한 음운 이론을 5세기나 앞서 체계화했다. 독일 함부르크 대학 베르너 사세 교수는 한글은 전통 철학과 과학 이론이 결합한 세계 최고의 문자라고 평가했다.

자기 효능감

자신에 대한 믿음

심리학자 앨버트 반두라가 정의한 자기 효능감(Self-efficacy)은 특정한 상황에서 자신의 능력과 효율성에 대한 믿음과 자신감이며 어떤 일을 잘해 낼 수 있다는 신념, 특정한 일에 대한 자기 믿음이다. 예상치 못한 복합 문제에 직면했을 때 자신의 능력과 효율성을 믿고 실천하는 자기 신뢰 마인드이다. 자기 효능감이 높은 사람들은 불확실성을 합리적 낙관주의 사고방식으로 판단한다. 의사 결정을 못하는 판단 장애를 이겨 내어 자신 있고 일관된 행동을 보인다. 자신감과 효율, 성과에 대한 믿음으로 꾸준하고 지속적으로 끈기를 갖고 진행한다. 자기 효능감은 긍정적 사고와 성장형 마인드셋에서 출발하며 성과를 만들어 내는 원동력이다. 자기 효능감이 낮은 사람들은 자신과 주변 환경, 사회 전반에 대해 부정적 생각을 한다. 열심히 했음에도 문제의 원인을 자신에게서 찾지 않고 운과 운명, 사회적 환경 탓으로 돌리며 세상을 적대적으로 상대한다.

자긍심 vs. 자기 효능감

자긍심은 자신을 가치 있게 생각하는 태도다. 자기 효능감은 특정한 일이나 분야의 자신감이며 특정한 문제를 자신의 능력으로 성공적으로 해결하겠다는 자기 자신에 대한 신념과 기대감이다. 유능한 직장인도 디지털 트랜스포메이션의 여파로 업무 환경이 바뀌고 빅데이터, 인공지능 활용에 경험이 없으면 이에 대한 자기 효능감이 떨어지게 된다. 세상이 바뀌고 시대가 변화함에 따라 꾸준히 대응하여 준비하고 학습하는 것이 자긍심과 자기 효능감을 높여 성공의 가능성을 높이는 지름길이며 평생 학습을 하는 이유이기도 하다.

자기 효능감은 신념과 기대감의 속성을 보유하는 마인드 영역이며 현재의 행동과 미래의 모습에 영향을 미친다. 신념과 기대감의 차이에 따라서 노력의 정도와 몰입, 지속적인 수행 능력 수준이 달라지며 성과도 달라진다. 앨버트 반두라는 자기 효능감의 원천을 과거의 성과, 대리 경험과 관찰, 구두 설득, 개인의 정서적 각성이나 생리적 상태로 정의하며 이러한 원인들로 자기 효능감이 강화되거나 약화될 수 있음을 지적했다. 자기 효능감은 학습과 실천으로 증진시킬 수 있으며 자신이 스스로 만들어 가는 훈련되는 역량이다.

과거의 성과

과거의 성공 경험이 많은 사람은 실패 경험이 많은 사람보다 더 높은 수준의 자기 효능감을 갖는다. 과거의 성공 경험에 심취해 변화에 대응하는 유연성을 잃는다면 성공의 경험은 오히려 독이 된다. 실패 경험이 많더라도 실패를 통한 경험과 학습이 수반된다면 성공 확률을 높이는 계기가 된다.

작은 성공과 실패, 그리고 학습

자기 효능감을 높이는 방법은 작은 성공을 많이 만들어 성공의 기억 주머니를 채우는 것이다. 너무 큰 꿈은 자기 효능감을 상실한다. 작은 성공을 지속하면 자기 효능감이 강화되어 더 큰 목적과 꿈을 향해 나아갈 수 있다. 실패를 회피하거나 모면할 필요도 없다. 실패의 위험이 크다면 실패한 목표를 잘게 쪼개어 그 안에서 작은 성공의 기쁨을 만들며 실패의 원인을 찾고 보완한다. 실리콘밸리의 기업들도 평균 2회의 커다란 실패를 경험하지만 그들은 페일콘, 실패학까지 동원하여 실패의 원인을 찾아 새로운 성장의 기회로 삼는다. 모든 실패의 경험을 자산화하고 데이터베이스로 만들어 과거의 실패를 관찰하여 성공의 기회를 발굴한다.

아마존 – 실패도 과거의 성과다

세상의 모든 것을 판매하는 아마존은 아마존닷컴과 인공지능, 클라우드, 차세대 물류 시스템과 빅데이터로 아마존화(Amazon'd)를 구축하고 있다. 그 힘은 실패를 두려워하지 않는 실험 의지와 실패하더라도 학습하여 성장하려는 자기 효능감 마인드이다. 아마존은 제약 사업 진출에 실패했고 20여 개의 신규 사업에서 완전히 실패했다. 파이어폰은 최악의 적자를 선사했고 아마존 데스티네이션은 에어비앤비와 익스피디아에 참패하며 6개월 만에 철수했다. 아마존 월렛도 막대한 손실로 사업을 종료했다. 아마존 로컬은 그루폰에 매각되었다. 하지만 실패의 경험은 아마존 킨들, 음성인식 스피커 아마존 에코를 탄생시켰고 인공지능 알렉사를 창조했다. 제프 베조스는 주주들에게 보낸 편지에서 실패와 혁신은 쌍둥이라고 말하며 세상에서 가장 편하게 실패를 하는 회사가 아마존임을 강조했다.

기록하고 눈으로 확인하여 이동시킨다

기록하지 않으면 잊혀지고 반복된 실수와 실패를 지속한다. 큰 실패를 생각하면 모든 것이 실패로 인식된다. 큰 실패를 잘게 쪼개면 작은 성공과 실패를 구분할 수 있다. 큰 실패 속의 작은 성공도 보상받을 자격이 있다. 작은 실패도 원인을 분석하여 작은 성공으로 전환시킬 방법을 찾아 성공의 확률을 높이는 것이다. 작은 성공과 실패는 언제라도 볼 수 있도록 성공 노트를 만드는 것도 유용하다. 힘들고 어려운 상황일 때마다 자꾸 들추어 보며 마음, 뇌 구조의 움직임을 긍정의 방향으로 이동시켜야 하는 것이다.

대리 경험과 관찰

낸시 마이어스 감독의 영화 "인턴"은 70대의 퇴역 임원이 젊은 CEO의 회사에 인턴으로 입사하여 공감하고 소통하는 과정을 그렸다. 진짜 스승, 참된 어른의 부재와 그에 대한 동경이 영화를 통한 대리 체험으로 이어져 높은 관심을 받았다. 영화 "와일드"는 아메리카 대륙을 홀로 횡단한 셰릴 스트레이트의 실화를 바탕으로 생생한 풍광과 주인공의 내면 심리를 그려 관객들에게 대리 경험의 만족도를 높였다. 현대는 자신의 감정도 솔직하게 표현하기 어려운 감정 외주의 시대이다. 이모티콘으로 감정을 대신하고 "욕해 주는 페이지", "찌질한 페이지"를 찾아 감정을 대리한다. 감정 큐레이션이 신종 사업으로 주목받는다. 감정 대리로 온라인과 오프라인의 균형을 맞추지 못하여 관계 면역력을 약화시키기도 한다.

* 대리 경험 – 연결의 촉을 세워라

유튜브, 페이스북과 인스타그램, 구글 검색으로 원하는 정보와 경험에 접속하여 기업과 개인의 성공 경험과 실패담, 공감 경험, 여행 정보, 맛집, 힐링 포인트, 동기 유발에 이르기까지 모든 경험을 시뮬레이션할 수 있다. 연결의 촉만 세운다면 수많은 대리 경험으로 자기 효능감을 강화할 수 있다.

* 관찰 – 의도적 대리 경험에 의한 분석과 학습으로 연결하라

관찰은 의도적인 대리 경험이며 관찰의 결과를 분석하여 성장의 계기를 만드는 동기를 유발할 수 있다. 제록스 PARC 연구소에서 수많은 사람들이 첨단 기술을 대리 경험했지만 관찰의 힘으로 성장의 계기를 만든 인물은 스티브 잡스다. 세계 최초 편의점은 텍사스 사막에 매장을 설립한 사우스랜드였지만 관찰의 힘으로 세계 최대 편의점을 만든 인물은 세븐일레븐을 설립한 스즈키 도시후미다. 바이두, 알리바바, 텐센트도 시작은 의도적 관찰을 통한 학습이었다. 관찰로 의도적 대리 경험을 수행하고 분석 결과를 성장의 계기로 인식하여 학습하는 과정이 모방과 혁신으로 안내한다.

구두 설득

구두 설득은 언어적 설득 방법으로 암시 효과를 만들어 자기 효능감을 강화한다. 로버트 치알디니는 『설득의 심리학』에서 마음을 사로잡는 6가지 원칙으로 상호성의 원칙, 일관성의 원칙, 사회적 증거의 원칙, 호감의 원칙, 권위의 원칙, 희귀성의 원칙을 제시했다.

상호성의 원칙은 먼저 주고 더 크게 받는 Give & Take, 한 걸음 물러난 후의 두 걸음 전진 전략이다. 먼저 제공하면 상대는 답해야 하는 고정 관념과 의무감으로 행동을 유발한다. 큰 요구와 작은 요구를 동시에 제공하면 수용하기 쉬운 작은 요구를 선택하며 미래의 요청에도 응하게 된다. 큰 목표를 수립하고 작은 목표로 나누어 보상을 명시하고 작은 보상을 받은 후 보상의 의무감으로 자기 효능감을 강화하여 목표 달성을 위한 행동을 자극한다.

일관성의 원칙은 약속은 약속을 낳는다는 의미다. 특정한 선택, 입장 표명은 걸맞는 행동을 하려는 부담감을 만들고 일관된 행동으로 정당화하려는 성향이 있다. 말과 행동의 불일치에서 불편함과 부담감이 발생하여 행동을 유도한다. 자신이 수행하려는 꿈과 목표, 비전을 자기 자신과 자신이 속한 집단, 조직, 공동체에 약속하여 언행일치 마인드를 자극하여 자기 효능감을 강화하고 행동을 유발한다.

사회적 증거의 원칙은 관찰과 벤치마킹이다. 잘 팔리는 상품에 더 눈길이 가는 원리이다. 사회적 증거를 수집하여 데이터를 만들고 분석하여 가치를 찾는다면 자기 효능감을 강화하는 객관적이고 타당한 근거로 작용하며 벤치마킹, 롤 모델의 대상을 구축하고 구체화된 행동 계획을 수립할 수 있다.

호감의 원칙은 연결과 동료 의식이다. 호감을 갖는 사람이나 유사한 사고방식, 행동 방식에 동질감을 느끼는 것처럼 다양한 연결로 공감을 얻고 교류하며 시너지를 창출하여 자기 효능감을 강화한다.

권위의 원칙은 데이터의 힘이다. 불확실성의 시대에 해당 분야 전문가, 오피니언 리더에게 의존하는 경향이 크다. 초연결 시대에는 다양한 권위가 존재한다. 인플루언서, 큐레이터, 커뮤니티, 인공지능과 빅데이터의 힘은 불특정 다수의 행동 패턴을 분석하여 새로운 권위를 만들고 경제, 사회, 문화와 삶에 영향을 미친다. 자기 효능감은 데이터의 힘으로 과학적 근거를 얻어 강화될 수 있다.

희귀성의 원칙은 한정 판매처럼 경쟁 심리를 자극한다. 무언가를 상실할 수 있다는 생각이 의사 결정에 영향을 준다. 협업과 소통의 시대에도 또 다른 경쟁을 위한 코피티션이 가능하다. 변화의 흐름을 읽고 기회와 가치를 창출하는 혁신가들이 세상을 선도한다. 일과 일자리의 본질이 변화하고 기계와 협력하며 복합적 문제 해결 역량을 갖춘 전문 지식인을 요구하는 현재의 상황에서 경쟁 없는 평등을 요구하는 것은 모순이다.

칭찬과 질책 감정의 대리 경험

켄 블랜차드의 『칭찬은 고래도 춤추게 한다』는 칭찬 열풍을 일으켰다. 현대인은 자신을 위한 구두 설득과 칭찬에 인색하다. 바쁘다 증후군을 겪는 현대인들에게 토니 크랩은 『내 안의 침팬지 길들이기』에서 머릿속의 스위치를 끄라고 말한다. 잃어버린 삶의 통제권을 찾고 대화 활동에 참여할 것을 강조했다. 자기 칭찬과 동기 유발도 대리 외주의 시대이다. 경험을 대리하여 자아 효능감을 강화할 수 있다. 수험생들이 "자냐! 잠이 오냐! 지금 잠이 오냐! 눈 떠라 이 X야" 등이 녹음된 파일로 자기 각성과 질책을 유도한다. 자신만의 음악으로 자아 효능감을 높이기도 한다. 가수 보아의 "No.1"은 실연의 상처를 입은 소녀가 달에게 자신의 사랑을 전달해 달라는 내용이다. 하지만 빠른 비트와 댄스 뮤직비디오를 보며 "나도 해 보자. No.1이 되는 거야"라고 다짐하는 사람들이 많다. 본 조비의 "It's my life"를 자아 효능감 강화를 위하여 벨소리로 이용하는 사례도 많다. 강렬한 사운드와 본 조비의 독특한 음색으로 외치는, "살아 있는 동안 제대로 살고 싶을 뿐이야, 꿋꿋이 서, 좌절하지 말고, 부러지지 말고, 지금 아니면 못 해, 영원히 살 것도 아니잖아"를 통해 자신을 강화시키는 것이다.

개인의 정서적 각성, 생리적 상태

정서적 각성, 생리적 상태도 자기 효능감의 원천이다. 한 수험생이 4수 끝에 진학했다. 시험장에 가면 시험지가 보이지 않는다고 했다. 의대에 진학하여 집안을 살리겠다는 강한 의지가 있었지만 실패에 대한 두려움과 중압감이 그를 굴복시켰다. 이 학생은 하루에 두 차례, 6개월간 실전처럼 시험을 치렀다. 하루를 두 번의 수능 시험일로 가정하고 수능 시간에 맞추어 문제를 풀고 저녁 때도 1층 햄버거 가게에서 모의고사를 실전처럼 풀었다. 힘들고 창피하며 주변 눈초리도 감당하기 어려웠지만 플래너에 다음의 글을 써 놓고 반복했다. "죽는 사람 살리는 의사가 나 자신도 못 살린다면 그게 의사냐! 명의도 수련을 한다. 지금 나의 의사 수련은 죽도록 수능 시험 시뮬레이션을 하는 것이다."

자존감 회복

징크스

징크스(Jinx)는 고대 그리스에서 마술 도구로 이용하던 딱따구리 새의 이름에서 유래했다. 원작보다 못한 후속 작을 일컫는 소포모어 징크스와 같이 2차, 2년차에는 기존의 성과를 창출하지 못한다는 속설이 통용되고 있다. 언제나 의도된 바와 다르게 일이 전개된다는 머피의 법칙, 잘될 가능성이 희박한 일들이 지속적으로 꼬리를 물고 발생하는 샐리의 법칙도 일상에서 쉽게 찾아보는 징크스다. 머피의 법칙은 실패하는 이유가 사소한 원인에서 시작하지만 누군가는 항상 그런 방식으로 일을 하기 때문에 실패한다고 말한 것이다.

징크스도 자아 효능감을 상쇄시킨다. 징크스는 불길한 일이나 사람의 힘으로 어쩌지 못하는 운명적인 일이며 실패 경험을 일반화하여 스스로에게 암시하는 자기 최면이다. NASA는 탐사선을 쏘아 올릴 때마다 통제실의 모든 연구원들에게 땅콩을 먹이는 징크스가 있다. 러시아 우주비행사들은 우주비행 전에 자신을 태운 차량 바퀴에 소변을 보아야만 하는 징크스를 가지고 있다. 징크스는 인지적 오류에 기인한다. 잘된 일보다는 잘못된 일이나 감정적, 심리적으로 강한 자극이 기억의 효과를 강화하여 유사한 사례가 발생하면 모든 것을 일반화한다. 일반화된 심리는 잘못된 일이 더욱 자주 발생하고 있는 것처럼 부정적 자기 암시를 강화하여 자신을 속박한다.

징크스는 확률 경기다. 불확실성의 시대는 제거와 집중으로 실패 확률이 큰 요인부터 제거하고 옵션을 선택한다. 자신의 생각, 전략이 올바른지 작은 실험과 신속한 검증으로 개선하고 보완한다. 징크스를 이기는 도구는 작은 용기와 실험, 피드백이다. 작은 실험으로 징크스가 발생하지 않으면 징크스는 없다고 생각한다. 실험의 횟수가 적다면 반복하면 된다. 이 과정에서 작고 사소하게 인식되었던 실수의 원인을 찾아 개선하는 것이다. 다른 방법은 자신만의 루틴을 만드는 것이다. 자신만의 행동 순서, 마음의 안정 및 긴장 해소 방법을 만드는 것이다. 징크스가 있다면 징크스 리스트를 만들어 하나씩 시뮬레이션을 할 수 있다. 자신의 준비와 노력 부족을 징크스로 포장하는 경우가 많다. 징크스를 가지고 있다면 노력과 시뮬레이션의 부족인지 구분하고 검증해야 한다.

자기 진정성

자긍심, 자기 효능감과 더불어 자아 개념을 형성하는 다른 요소는 자기 진정성이다. 진정성의 한자적 의미는 참되고 바른 것을 의미한다. 라이오넬 트릴링은 저서 『성실성과 진실성』에서 진실성과 성실함은 대등한 개념이며 말과 행동이 사람의 의지에 의해 일치되는 상태로서 자기 본연의 모습에 대한 진실함을 진정성으로 정의했다. 이는 자기 자신에게 일관적이고 성실한 태도를 유지하는 모습과 정신 상태로 해석되어 왔다. 자기 진정성은 타인이 자신을 평가하는 스타일과도 같이 겉으로 드러나기도 한다. 자기 진정성이 높은 사람은 언행일치의 행동 태도를 보이며 현실적이면서도 미래를 생각하는 스톡데일 패러독스 기반의 합리적 낙관주의자의 성향을 보유하여 자신이 하고 싶은 것, 자신의 비전과 꿈, 빅 픽처를 이미 그려 실천하는 사람이다.

　4차 산업혁명의 불확실성을 살아가는 현대인들에게 진정성의 기준과 가치도 유연하게 인식되어야 한다. 『오리지널스』의 저자 애덤 그랜트는 평균적이고 평범함으로 정의되어 온 규범과 관습, 전통과 관행에 순응하지 않는 독창적 사람들을 오리지널스로 정의했다. 또한 인간의 독창성과 창의성은 타고난 기질이 아니라 선택에 따른 의식적 행동으로 정의한다. 멀리서 눈으로만 감상하는 미술 작품이 아니라 연결하고 조립하여 새로운 자신만의 무언가를 만드는 레고 블록인 것이다. 『평균의 종말』의 저자 토드 로즈는 사회가 강요하는 평균주의의 함정을 경계할 것을 말하며 평균주의의 허상을 탈피하는 개개인성을 강조한다. 인생이라는 여정에서 주인공은 자기 자신이다. 자기 진정성의 가치 판단 기준을 타인에서 자기 자신으로 전환하여 유연하지만 시류에 흔들리지 않는 자신만의 스탠드 펌을 갖추어야 할 시기이다.

자존감 상실의 시대

　윌리엄 제임스가 정의한 자존감은 자아 존중감이다. 자존감은 자신이 충분히 소중한 존재이고 유능한 사람이라고 믿는 자신에 대한 존중감이다. 자존감은 자기 자신이 주관적으로 평가를 하는 것이지만 외부 자극, 자신과 타인, 사회, 환경을 비교함으로써 상승하거나 하강하는 특색을 갖는다. 인간은 끊임없이 자신을 외부와 연결해야 한다. 연결 속에서 자신을 비교하게 되고 자신에 대한 존중감이 결여되는 것이다. 자존감은 여러 요인들이 복합되어 형성된다. 자존감 상실은 자신과 타인, 환경, 조건, 능력 등을 비교하는 것에서 시작한다. 비교는 결코 잘못된 것이 아니다. 비교 후에 이를 수용하는 마음 상태에 따라 다른 결과를 나타낸다.

마인드는 마음가짐, 관점, 태도, 사고방식을 의미하며 마인드를 설정하는 것을 마인드셋이라 한다. 성장형 마인드셋은 자존감을 유지하고 강화하는 도구가 된다. 성장형 마인드셋과 실패에서 자신을 일으키는 용기, 현실을 냉철하게 바라보며 미래를 함께 꿈꾸는 합리적 낙관주의를 가져야만 자존감을 유지하고 강화할 수 있다.

자존감 확보의 첫 단계는 마인드셋이며 다음은 비전, 인생의 빅 픽처를 만드는 것이다. 비전이 없거나 비전을 상실하면 일상이 무기력해지고 바쁘다 증후군에 빠져 부정적이고 비판적 시각에 사로잡힌다. 반면, 비전을 만들고 유지하면 꿈꾸고 바라는 모습을 상상하며 성공으로 나를 이끄는 힘을 얻게 된다. 빅 픽처와 비전은 너무 크고 감당하기 어려울 수 있기에 잘게 쪼개어 꿈 저장소와 버킷 리스트에 예금과 인출 과정을 통하여 꿈 모듈을 만들어야 한다.

다음은 자아 개념이다. 자신감, 자부심, 자긍심으로 자신을 돌보고 자기 효능감을 강화하는 것이다.

마지막은 역량이다. 자신이 비교를 당하고 상처를 입는 것은 자신이 생각하는 역량과 주변의 기대 역량에 차이가 있기 때문이다. 역량은 꿈을 실현하는 징검다리이며 세상을 살아가는 힘이 되며 자기 효능감을 높여 자존감을 회복하게 한다. 역량은 개인의 모든 내적인 요소와 겉으로 드러나는 요소, 비교를 해야 하는 상황에서 힘이 된다.

몰입과 학습된 무기력

지금 일과 학습, 인생에 몰입하고 있는가?

　몰입 이론의 대가 미하이 칙센트미하이는 집중 상태를 유지하며 일을 즐기는 것을 몰입으로 정의했다. 갤럽은 미국 기업들이 유럽 및 국내 기업보다 3배 이상 업무 몰입도가 높다고 밝혔다. 실리콘밸리는 업무 몰입과 성과에 높은 영향을 미치는 요인으로 자율성 보장 문화와 경력 개발, 자기 성장 기회 제공을 손꼽는다. 다니엘 핑크는 창의적 근무가 필요한 기업에서는 외재적 동기 부여보다 내재적 동기 부여가 더 효과적이라고 강조했다. 몰입은 자기 자신의 의지와 행동을 꾸준히 올바른 방향으로 이끄는 셀프 리딩이어야 하며 자신이 통제할 수 있어야 한다. 자신에게 생긴 일에 대한 원인, 현상, 결과를 자신의 탓으로 돌리거나 타인과 환경, 주변 여건의 탓으로 돌리는가에 따라 일과 학습, 인생에 대한 몰입의 강도가 달라진다. 목표를 이루는 노력과 시간의 투자가 달라지며 목표한 꿈에 도달하는 여정에는 차이가 발생한다. 지금 몰입하고 있는가?

내재론자 vs. 외재론자

　삶을 주도한다는 판단은 자신에게 발생하는 현상과 결과에 대해 그 원인을 자신에게서 찾느냐 외부의 탓으로 돌리느냐에 따라 결정된다. 원인을 자기 자신에게 돌리는 사람을 내재론자로 정의하며 환경이나 주변 조건으로 돌리는 사람을 외재론자로 정의한다. 오랜 시간 동안 내재론자와 외재론자에 대한 비교가 이루어지면서 외재론자보다는 내재론자가 성공에 이를 가능성이 훨씬 더 높다는 인식이 일반적이다. 내재론자는 발생한 결과에 대한 원인을 자신에게로 돌리기 때문에 목적을 달성하고자 하는 동기의 수준이 높고 성과의 차이는 노력 여하에 따라 달라진다고 생각한다. 또한 문제 해결 능력이나 학습, 몰입에서도 내재론자의 지표가 대부분 높게 검사되었다.

내 탓이오, ○○답게 살겠습니다

1990년 대한민국은 "내 탓이오 운동"이 열풍이었다. 이것은 가톨릭 내부 운동으로 시작해서 시대 상황과 맞물려 전국적 사회운동으로 확산되었고 큰 반향을 일으켰다. 내 탓이오는 천주교 기도문에서 죄를 지어 자신의 의무를 충실히 하지 못했다는 고백과 함께 가슴을 세 번 치면서 내 탓이오를 말하는 데서 유래한다. 세상이 혼란스러울 때 그 원인이 어디에 있는가를 살피고 해결책을 찾기 위한 취지에서 이 캠페인은 전 국민의 공감을 샀다. 김수환 추기경이 앞장 서 자신을 먼저 돌아보라는 이야기를 널리 전파했고 이후 내 탓이오 캠페인은 "○○답게 살겠습니다"라는 캠페인으로 그 뜻을 이어 갔다. 학생은 학생답게, 기업가는 기업가답게, 정치인은 정치인답게라는 운동이었다. 가족 소통을 소재로 활용한 TV 프로그램 "동상이몽", "엄마가 뭐길래", "유자식 상팔자" 등이 시청자의 관심을 얻었고 후속 프로그램까지 그 열기가 이어졌다. 부모와 자녀 간 대화가 어렵고 대화는 하되 소통은 안 된다는 방증이기도 했다. 한 조사에 따르면 부모 자식 간 소통 방해의 원인이 의견 충돌,

잔소리, 대화 부족, 성격 차이, 가정 분위기 순으로 나타났다. 이러한 현상은 반성을 통한 자기 관리 능력이 필요함을 보여 주는 것이다. 내 탓이오, ○○답게 살겠습니다라는 마음가짐으로 자신을 되돌아보아야 한다. 사람은 자기 반성과 성찰로 어려움과 역경을 극복할 수 있다. 그 과정이 학습과 성장이다. 지혜로운 사람은 자아와 싸우고 어리석은 사람은 타인의 자아와 싸운다. 지혜로운 사람은 끊임없이 자신을 점검하고 개선의 기회로 자신을 성장시키지만 어리석은 사람은 자신을 보호하기에 급급한 것이다.

학습된 무기력

심리학자 마틴 셀리그만은 실험으로 학습된 무기력(learned helplessness)을 입증했다. 개를 높은 벽이 둘러싸인 방에 넣고 강한 전기 충격에 대한 행동을 관찰했다. 개는 고통을 피하려 벽을 기어올랐지만 벽이 너무 높아 발버둥 치기만 했다. 그 후 반복된 실험에 탈출을 포기하고 전기 충격을 받아들였다. 다음에는 벽의 높이를 낮추어 쉽게 넘을 수 있도록 했지만 개는 전기 충격을 피하거나 벽을 넘으려 하지 않고 고통을 그대로 수용하는 학습된 무기력을 보였다.

셀리그만은 인간도 학습된 무기력이 존재함을 밝히고 긍정의 마음가짐도 학습이 가능하다고 주장했다. 학습된 무기력은 자신이 상황을 통제하지 못해 무력감에 빠지며 도전과 희망을 포기하는 상태이다. 목표와 희망, 도전과 꿈을 잃고 맹목적인 삶의 길로 들어선다. 타 버린 연료처럼 무기력한 번아웃 상태가 된다. 학습된 무기력은 적절한 치료와 힐링이 필요하다. 마라톤을 완주한 선수에게 원대한 꿈, 생생한 비전 달성을 위해 쉼 없이 뛰게 하는 것은 몰입이 될 수 없다. 만족스럽지 못한 성적을 얻은 학생에게 몰입하여 쉼

없이 공부하라고 재촉하는 것 역시 학습된 무기력을 더욱 강화시키는 행위가 된다. 학습된 무기력 상태에서 뇌는 인지 부하에 걸려 활성화 정도가 급격히 저하된다. 학습된 무기력에 처한 사람들의 뇌를 fMRI로 살펴보면 뇌의 많은 부분이 활성화되지 않는 반면 일상의 소확행을 경험한 사람들의 뇌는 급격한 활성 상태로 전이된다는 연구 결과가 보고되었다.

학습된 무기력의 원인을 찾아야 한다. 무기력도 학습이 된다. 학습은 과거의 경험에서 만들어진다. 무기력의 원인은 너무도 큰 실패 경험이 반복되어 자포자기의 부정적인 마음이 사진처럼 머리와 마음속에 각인되고 행복 감정과 경험이 사라지게 된다. 지워진 자리에 공허감, 허무감, 고립감이 자리한다. 빅터 프랭클은 아우슈비츠 수용소에 갇혀 죽음에 직면하며 삶의 의미와 가치를 깨닫고 『죽음의 수용소에서』라는 책을 썼다. 그는 우울증이나 무기력은 같은 원인에 기인한다고 했다. 삶에서 기대할 것이 없다는 절망감이 모든 괴로움의 원인이며 왜 살아야 하는지 아는 사람은 어떤 상황도 견딜 수 있다고 강조했다. 살아야 할 이유를 아는 사람은 어떤 상황도 견딜 수 있으니 패배감에 휩싸이지 말고 현재에 충실할 때 실패는 미래를 위한 거름이 된다는 것이다.

무기력 극복

욜로

학습된 무기력을 극복하려면 마음과 몸의 치유에서 시작해야 한다. 욜로 (YOLO, You Only Live Once)의 등장으로 사람들은 불확실한 미래보다 현재의 자신에게 소비하고 즐기는 것을 위안 삼았다. 미래를 위한 현실의 희생보다 현재에 집중하자는 메시지가 마음을 흔들었다. 욜로는 소비를 부추기는 동인이 되었다. 돈을 탕진하며 재미를 찾는 탕진잼, 욜로를 따라 하다 망했다는 골로족 등장과 돈이 있어야 가능하다는 한탄이 만연했다. 욜로에 앞서 힐링이 유행했다. N포 세대, 가진 자의 갑질, 아프니까 청춘임을 강요한 사회에서 자신을 위로하고 치유하는 대안이었다. 욜로의 확산을 강화한 것은 소셜 미디어와 매스컴, 기업의 마케팅 역할이 컸다. 르네 지라르 교수는 『욕망의 삼각형 이론』에서 사람은 타인 모방 욕망 때문에 매개체를 모방하여 욕망을 달성한다고 말했다. 욜로가 인간의 모방 심리, 소비 심리, 치유 심리, 탈출 심리를 완벽하게 조합한 마케팅의 산물이라고 지적받아 온 이유이기도 하다.

소확행, 마시멜로 테스트

길 모퉁이 빵집에서 갓 구운 빵을 손으로 찢어 먹는다면 어떨까? 깔끔하고 향긋한 면 냄새를 풍기는 하얀 셔츠를 머리에서부터 뒤집어쓸 때의 기분, 겨울 밤 부스럭 소리를 내며 이불 속으로 들어오는 고양이의 감촉을 느껴 보면 어떨까? 무라카미 하루키는 『랑게르한스섬의 오후』에서 소확행을 정의했다. 소확행은 작지만 확실한 행복이며 일상의 작은 행복감이다. 인스타그램 #소확행 해시태그 게시물은 4만 개를 넘었다. 학습된 무기력이 어깨를 짓누를 때 소확행은 치유제가 될 수 있다.

심리 실험 중에 마시멜로 테스트가 있다. 아이들에게 마시멜로를 건네며 지금 먹지 않고 기다리면 하나를 더 준다는 조건을 제시한다. 먹고 싶은 당장의 욕구를 미룬 아이들이 성인이 되어 다양한 부분에서 뛰어난 성취를 거둔다는 실험이다. 소확행과 마시멜로 실험 모두 행복에 다가서기 위한 접근이다. 절대적인 기준은 없다. 처한 상황에서 자신의 가치, 추구 목적에 따라 유연해져야 한다. 처음 준 마시멜로가 너무 먹고 싶다면 첫 마시멜로의 절반만 먹어 보면 어떨까? 하나의 마시멜로를 조각 내어 맛을 느껴 보면 어떨까?

킨포크, 휘게, 단샤리, 라곰 라이프 스타일

소확행은 일상에서 만드는 작고 소박한 행복이며 확실한 현재의 행복이다. 집에서 이뤄지는 라이프 스타일을 강조한 홈 루덴스, 한밤중 여가를 즐기는 호모 나이트쿠스가 탄생했다. 극단적 소비를 추구하는 욜로와 다른 다양한 소확행 라이프 스타일이 존재한다. 킨포크는 텃밭 라이프다. 유기농, 친환경의 삶이다. 휘게는 따뜻함, 편안함이다. 소박하고 여유로운 삶을 추구한다. 동일본 대지진 이후 시작된 단샤리도 소확행이다. 지나치거나 풍족한 물건을 끊고 당장 불필요한 물건을 버리며 끊고 버리는 것을 반복하여 욕심과 집착에서 벗어나는 삶이다. 북유럽 라이프 스타일 라곰은 절제하며 주어진 환경 내에서 행복을 추구하는 삶이다.

학습된 무기력의 문제점은 너무 큰 실패와 좌절이 학습되어 지속된다는 것이다. 하지만 행복도 학습되고 지속할 수 있다. 킨포크, 휘게, 단샤리, 라곰도 핵심은 지속성이다. 삶을 행복하게 만들어 미래까지 이어 가고자 함이다. 때론 크고 굳건한 목표와 행복을 위해 의미 있는 작은 성공과 실패에 관심을 두지 않는 문제가 발생할 수 있다. 소확행도 주의해야 한다. 삶의 의미를 찾지 않고 소확행만 추구하는 것은 욕구만 추구하는 삶으로 전락한다. 소확행이 학습되어 더 큰 행복을 추구하며 현재의 행복에 만족하지 못하게 된다. 실패가 두려워 큰 꿈을 꾸려는 의지를 상실하며 패배주의의 나락으로 떨어지기도 한다. 상업화된 소확행으로 쾌락 추구의 삶이 될 수 있다. 미래를 꿈꾸지만 현재의 순간에서 작은 행복을 찾아 자신의 노력과 열정에 치유와 힐링을 해 주어야 한다.

일상에서의 소확행 리스트 만들기

무기력이 학습되는 것처럼 행복도 학습되며 성공과 실패의 경험도 그 크기에 상관없이 학습될 수 있다. 소확행을 학습하고 행복한 기억을 저축해야 한다. 한 가지 작은 일에서 성취감을 느끼면 다른 일에서도 의욕이 생긴다. 작고 쉬운 것부터 성취와 행복을 얻어 불확실한 상황에 부정적 감정을 없애는 것이다. 근무 전의 커피 타임, 생각 정리, 퇴근 후 동료와의 맥주 한잔, 잠자리에 누워 드라마 몰아 보기, 좋아하는 음악 듣기, 영화 보기 등 작은 변화로 행복을 느낄 수 있는 목록을 만들어 작은 실천을 할 수 있다. 작은 행복과 만족을 얻었다면 그것이 소확행이다. 자신만의 소확행 리스트에 어떠한 행동과 결과로 소확행을 얻게 되었는지 기록한다. 마음을 나누는 친구나 동료가 있다면 소확행 리스트를 비교하는 것도 좋은 방법이다. 번득이는 소확행 목록들이 눈에 뜨이게 된다. 친구의 아이디어를 연결하여 자신의 것으로 개선하고 확장시키는 것이다. 행복한 기억도 시간이 지나면 점차 사라질 수 있다. 소확행 리스트를 만들어 소확행 기억들을 저축하고 자꾸 꺼내어 보며 자신의 것으로 만드는 학습을 해야 한다.

마인드셋 점검, 꿈 저장소, 버킷 리스트, 데스 노트

베르디의 오페라 리골레토는 "여자의 마음"에서 변하기 쉬운 여자의 마음을 갈대에 비유했다. 마음은 변할 수 있고 마음먹기에 따라 관점이 바뀐다. 인생을 크고 넓게 만들려면 빅 픽처와 성장형 마인드셋을 가져야 하지만 부정의 사고방식이 커지면 학습된 무기력에 빠지고 힐링을 얻더라도 이내 꿈과 희망을 상실한다. 망각은 상처와 고통을 잊는 축복이지만 행복도 잊혀질 수 있다.

성장형 마인드셋은 꿈 저장소와 버킷 리스트가 필요하다. 두뇌의 기억 용량을 믿지 말고 생생하게 보고 말하여 이미지를 만들어야 한다. 꿈 저장소와 버킷 리스트는 인생의 목표를 시각화, 언어화, 활력화하도록 돕는다. 자신이 되고자 하는 모습, 원하는 이미지를 말과 글로 표현하여 오감을 자극하여 직접 행동하는 것이다. 이 과정은 자신을 성장형 마인드셋으로 변화시킨다. 실패와 좌절에서 지속력을 갖게 한다. "데스 노트(Death Note)"에 이름이 적힌 사람은 기록된 조건에 따라서 죽는다. 일과 삶, 일상의 반복에 고착형 마인드셋으로 학습된 무기력을 유도하는 요인들이 있다. 작은 실패와 그에 따른 상처로 대수롭지 않게 생각할 수 있지만 실패와 상처가 점차 커지고 연결되며 감당하지 못할 정도로 번식하는 암 덩어리가 된다. 학습된 무기력도 암과 같다. 데스 노트에 실패 사례와 원인, 결과, 극복한 내역을 기록하고 반복한다. 아무리 큰 합병증이라도 학습된 무기력은 완치될 수 있다. 데스노트로 치유 목록 리스트를 만드는 것이다.

레고 블록처럼

등고자비(登高自卑), 천 리 길도 한 걸음부터라는 말은 일의 순서와 단계를 의미한다. 학습된 무기력은 큰 목표를 수립하여 실패하고 감당하지 못하는 상황이 지속되어 자아 의식과 삶의 의미까지 상실한다. 작은 목표는 이루기 쉽고 실패해도 감당하는 마음의 힘이 존재한다. 소확행으로 마음을 추스려 일어설 수 있다. 너무 큰 실패는 자신의 감정 수용 능력을 벗어난다. 한계를 벗어난 좌절감과 자괴감에 치유를 할 수 있는 준비가 되지 못한 것이다. 성공의 기준은 설정하기 나름이다. 목표 수립은 원대하고 야심차게 큰 이미지로 형상화할 수 있지만 실행 단계는 이를 잘게 자르고 수용할 수 있는 범위의 일로 나눈다. 이를 꿈의 모듈이라 한다. 큰 꿈을 레고 블록처럼 잘게 나누어 꿈 모듈(Modules of Dream)을 만들고 조금씩 단계를 실행하는 것이다. 꿈의 모듈 역시 큰 꿈을 향한 의미를 가진다. 하나의 모듈을 만들고 또 다른 모듈을 만들어 연결할 때 이음새가 맞지 않으면 모듈이 결합되지 않지만 모듈을 버리는 것이 아니라 변형하고 수정하여 연결하는 것이다. 작은 목표를 세우고 시도해 본다. 실패하면 결과와 원인을 분석하여 또 다른 방법으로 시도한다. 감내할 수 있는 범위의 실패이기에 바로 일어설 수 있다.

작고 빠른 성공과 실패

불확실성이 가중되고 변화와 융합의 속도가 급격히 가속된다. 글로벌 기업과 실리콘밸리 기업들도 생존을 위한 적응을 수행한다. 그 방법은 작은 프로토타입을 만들어 빠른 성공과 실패를 겪고 학습하는 것이다. 우버와 에어비앤비, 테슬러의 사업 방식은 어떠한 경영 서적에도 없는 새로운 비즈니스 모델이었다. 아마존이 서적을 온라인으로 판매하기 시작한 것도 새로운 시도였다. 이들은 신속하고도 빠르게 시제품을 만들어 고객의 반응을 살피고 시제품을 지속적으로 보완, 개선하여 현재의 성공을 만든 것이다. 이 과정에서 수많은 실패를 경험하며 작은 실패와 성공을 지속적으로 반복하며 실패에 대한 교훈과 저항력을 만든 것이다.

불확실성이 높은 시대에 호언장담할 수 있는 사항들이 점점 사라지고 있다. 산업, 학문, 경제 및 사회의 경계가 무너지고 융복합하기 때문이다. 자신이 만들어 놓은 큰 꿈과 비전, 삶의 목표 역시 급변하는 환경에 새롭게 정의되고 다듬어져야 한다. 피라미드를 쌓을 때에도 밑돌부터 차근차근 쌓아올라간다. 작은 시도를 거쳐 실패를 경험하면 빠르게 방법을 수정할 수 있다. 실패에 대한 부담도 크지 않기에 또 한 번 도전할 수 있는 것이다. 이렇게 만들어진 작은 성공의 경험들은 자신을 무기력에서 벗어나 꿈의 모듈을 향하도록 도와준다.

합리적 낙관주의, 용기, 역량

19세에 50년 인생 계획을 세웠다. 20대는 이름을 알리고 30대는 사업자금을 만들고 40대는 사업에 승부를 걸고 50대는 사업 모델을 완성하며 60대에 사업을 물려주려 한다. 모든 것은 꿈과 자신감에서 시작했다. 소프트뱅크 손정의 회장은 자신의 성공을 이렇게 말했다. 현실은 항상 긍정적일 수 없다. 일이 성취되기 위한 합리적 근거를 갖추어야 한다. 오프라 윈프리는 래리 킹

쇼에서 근거 없는 긍정적 환상의 위험을 알렸다. 긍정적 환상에 매달리면 실패를 경험할 때마다 더 큰 좌절에 빠진다. 핵심은 자신감과 능력 사이의 차이를 줄이는 것이다. 믿음을 잃지 않으며 냉혹한 현실을 직시하는 스톡데일 패러독스를 상기하며 합리적 낙관주의자가 되는 것이다. 자존심을 버리고 무지를 인정하는 용기가 필요하다. 부족한 자신의 역량을 찾아 개선하는 것이다. 무기력의 근본 치료는 역량 인식에 기인한다.

꿈을 이루는 과정도 역량을 만드는 실천 노력이다. 발레리나 강수진의 발 사진이 화제가 되었다. 굳은살과 변형된 모습이지만 세상에서 가장 아름다운 발이라는 평가를 얻었다. 아름다운 무대 뒤에 숨겨진 혹독한 연습의 흔적에 뜨거운 관심을 표한 것이다. 축구선수 박지성의 발 사진도 큰 반향을 일으켰다. 왜소한 체격에 평발이었다. 국내 프로리그에 선택되지 못하여 일본 2부 리그인 교토 퍼플에 입단했다. 하지만 끊임없는 노력으로 교토 퍼플에 리그 챔피언을 선사했다. 2002년 올림픽과 맨체스터 유나이티드에서의 활약 뒤에는 남모를 눈물과 이를 이겨 내는 용기, 역량을 갖추기 위한 부단한 노력이 있었다.

Part 4 계획

빅 픽처:
큰 그림을 그려 세상에 나를 외친다

호세피나

주머니 속의 고래

산티아고의 친구는 고래 호세피나다. 불쑥 찾아와 주머니 속을 헤엄치다가 멋진 상상의 세계로 안내한다. 호세피나는 하늘의 별이고 보물이었다. 평생 함께할 친구일 줄 알았지만 산티아고가 나이가 들면서 서먹해졌다. 넌 누구니? 도대체 넌 누구냐고? 관심이 사라진 어느 날 호세피나는 떠났다. 산티아고는 작은 손수건을 흔들며 말한다. "잘 가거라, 호세피나." 성장소설 『잘 가거라 호세피나』는 국내에서 "왕고래 호세피나"로 방영되었다.

학생들이 그림을 그릴 때 한 학생이 온통 검은 색을 칠한다. 이상 행동으로 판정되어 결국 정신병원에 입원했다. 아이는 계속 검은 색으로 도화지를 채운다. 어느 날 책상 서랍 속에서 퍼즐 조각을 찾아냈다. 도화지의 의미를 알게 된 것이다. 퍼즐 조

『잘 가거라 호세피나』

각이었다. 학생이 그려 왔던 퍼즐 조각을 연결하고 내려다보았다. 물러서서 전체를 조망했다. 그것은 커다란 고래였다. 고래를 그리기 위해 블록을 맞추어 가듯 퍼즐 조각을 그렸던 것이다. 어른들에게는 보이지 않고 스케치북 한 장에 담지 못하는 인생의 커다란 꿈, 빅 픽처를 그리고 잘게 쪼개어 퍼즐 조각을 맞추어 가는 성장하는 산티아고를 보여 준 것이다.

알리바바 CEO 마윈의 꿈

높이 나는 새가 멀리 본다. 다른 갈매기들과는 달리 조너선 리빙스턴 시걸은 매일 비행 연습을 해 왔다. 비행의 목적은 먹이를 찾는 것이라며 현실과의 타협을 강요하는 아버지의 이야기에도 조너선은 망설임이 없었다. "내가 생각하는 모습으로 삶이 만들어지는 거야. 깨닫지 못하면 이전처럼 살 수 있지만 죽을 때까지 똑같은 고민을 할 거야, 마음 한구석이 답답한 상태로 말이야." 알리바바 CEO 마윈은 실패의 화신이었지만 그는 되뇌었다. 오늘은 힘들고 내일은 더 나빠지겠지만 그 다음날은 아름다울 수도 있다며 자신을 곤추세웠다. 모든 것이 자신을 단련시키는 과정임을 인지하고 호시우보, 우보천리의 마음으로 빅 픽처 호세피나를 떠나보내지 않았던 것이다. 냉혹한 현실을 인정하고 자신이 명명한 직선 원칙을 고수할 수 있었던 원동력은 후학들을 위해 교사의 꿈을 이뤄 그들에게 좋은 영향과 영감을 주겠다는 빅 픽처를 버리지 않았던 것이다.

초(超)의 시대 – 단순함을 찾아라

애플, 뱅앤올룹슨, 아이데오, 폭스바겐 골프를 디자인한 이탈리아의 디자이너 주지아로에 환호하는 이유는 무엇일까? 초의 시대(超, Hyper)에 불확실성의 해결은 왜(Why)라는 단순한 질문으로 본질을 찾는 것이다. 존 마에다는 『단순함의 법칙』에서 단순함의 법칙으로 축소, 조직, 시간, 학습, 차이, 문맥, 감성, 신뢰, 실패를 선정했다. 멀리 보내기를 통해 물러서서 전체를 조망하여 작은 것에 집착하고 크기에 압도되는 착각을 벗어날 수 있다. 다양성을 확보하여 단순함을 추구한다. 단순화의 시작은 선택과 제거로 큰 것을 축소하는 작업이다. 핵심과 본질을 유지하되 부수적이며 실패 확률이 높은 것부터 제거하여 성공의 기회를 높이고 본질에 집중한다. 다음은 조직화다. 수많은 문제와 정보를 유사한 성질, 속성으로 분류하고 통합하여 우선순위를 정한다. 단순함을 위해 시간과 학습의 개념을 고려한다. 알아야 할 것을 선별하여 학습하고 가치를 창출하는 것이 시간을 효율적으로 사용하는 방법이다.

빅 픽처 - 크고 넓게 바라보는 힘

"전체를 보고 큰 그림을 그리면 현실과 패배도 견딜 수 있어." 『미생』에서 장그래가 받은 조언이다. 빅 픽처(Big Picture)는 왜(Why)라는 질문에 단순하게 답변하고 인생을 크고 넓게 바라보는 힘을 만든다. 변곡점에서 한 걸음 물러서서 조망하여 파고를 헤쳐 나가는 네비게이터다. 카메라 앵글을 하이 앵글로 위에서 아래로 비스듬히 찍으면 턱 선이 갸름하고 날렵한 모습을 담을 수 있다. 가우디의 건축물들을 담는다면 밑에서 위로 찍는 로 앵글로 웅장함을 간직할 수 있다. 인물을 강조하기 위해서는 아웃 포커싱 방식을 이용할 수도 있다. 카메라의 렌즈와 앵글에 따라 보이는 것도 다르게 나타난다. 나무를 보지 말고 숲을 보라는 존 나이스비트의 언급처럼 전경을 보기 위해서는 산 정상에 올라야 한다. 빅 픽처를 얻기 위해서는 더 멀리 물러서고 높은 곳에서 내려다보며 전체를 조망해야 한다.

상상을 넘어 구체적인 현실로

"예스터데이", "헤이 주드", "렛잇비" 등으로 시대를 풍미했던 영국의 비틀즈는 음악 이외에도 큰 선물을 남겼다. 비틀즈의 앨범 "애비 로드"의 커버 사진은 멤버 4인이 열을 맞춰 횡단보도를 건너는 모습을 담고 있다. 앨범 속의 애비 로드는 실제로 영국 세인트 존스 우드 역 근처에 존재하는 도로이며 지금도 비틀즈 팬들뿐만 아니라 일반인들에게도 인생 샷을 남기기 위한 성지로 여겨진다. 성공하는 기업들은 그들의 존재 이유와 가치, 비전과 미션, 궁극적으로 달성하려는 목표를 밝히고 명문화하여 그들의 빅 픽처를 구체적인 사명문으로 제정한다.

페이스북은 사람들에게 공유하는 힘을 주고 세계를 더욱 열리고 연결되게 하고자 한다. 테슬라는 멋진 양산 전기차를 최대한 빨리 만들어 지속 가능한 교통 수단 창조를 가속화하는 것을 사명으로 내세우며 에어비앤비는 어느 곳이든 소속될 수 있는 세상을 만들고자 한다. 구글의 사명문은 세계의 모든 정보를 정리하여 누구나 접근 가능하고 유용하게 만들자는 것이며 아마존의 사명문은 지구상에서 가장 고객 지향적인 회사가 되는 것이라고 밝혔다.

빅 픽처는 꿈, 상상과는 달리 기업의 사명문처럼 현실에서 단순하고 구체적이며 명확하게 나타나야 한다. 상상에서 멈추지 말고 구체적인 표어나 문장, 그림 등으로 나타내어 현실화시켜야 하는 것이다. 기업, 회사에서의 경영 계획, 중장기 계획, 로드맵, 사업 계획서 등이 빅 픽처를 위한 중간 기착지나 목적지가 되는 것처럼 인생의 로드맵과 목표한 꿈을 현실로 그리는 것이다.

메모의 기술

버킷 리스트

버킷 리스트(Bucket List)는 죽기 전에 하고 싶은 일을 적은 목록이다. 영화 "버킷 리스트"에서는 신이 두 가지 질문을 제시한다. 행복을 찾았는가? 자신의 삶이 다른 이를 기쁘게 했는가? 두 사람의 인생 여정을 통해 후회하는 것은 살면서 한 일이 아니라 하지 않은 일이라는 메시지를 전한다. 꿈, 비전, 빅 픽처, 버킷 리스트는 모두 인생을 살아가는 원동력이다. 빅 픽처는 완성된 꿈이 아니라 만들고 변화하며 키워 나가는 것이다. 생각의 크기가 작을 수도 있고 현실에 치여 원대한 꿈과 희망이 초라해 보일 수도 있지만 버킷 리스트에 나열된 항목들을 보면서 왜? 언제? 어떻게? 라는 질문을 던져 본다. 당장 용기가 없더라도 비겁한 것이 아니다. 삶의 목표를 포기하는 것이 자신에게 비겁한 행동이다. 버킷 리스트에 저장하면 된다. 인생을 살면서 용기를 내고 실행을 하며 목록에서 하나씩 지우며 또 다른 버킷 리스트들의 다음 행보를 만들어 가면 된다.

디지털 치매

모든 경험을 기억하는 증세를 과잉기억증후군이라 한다. 소설『궁극의 아이』에서 앨리스는 기억으로 가득 찼다는 것은 과거라는 철창에 사는 비극이라 말했다. 과잉기억증후군의 기억 능력은 자서전적 기억에 한정된다. 이들의 암기력과 인지 능력이 오히려 취약하기 때문이다.

서번트 증후군이라는 것도 있다. 이것은 자폐 증상을 가진 일부에서 나타나는 증후군으로 암기력, 예술 등 특정 분야에서 기억력을 발휘한다. 영화 "레인맨"의 실제 모델 킴 픽은 1만 권 이상의 책을 암기한다. 로린 마젤은 모든 교향곡을 암기한다. 가까운 미래에 두뇌에 전극을 삽입하여 정보를 이식하는 신경 레이스(Neural lace), 전뇌화, 나노봇을 이용한 기억, 감정의 증폭 작용 등이 현실화될 수 있다. 기억은 두뇌 속 뉴런 사이의 일정한 연결 패턴이 저장된 것이다. 인간의 뇌에는 1천억 개의 뉴런이 존재하며 각각의 뉴런은 5천~1만개의 시냅스를 형성한다. 성인의 뇌에는 500~1,000조의 시냅스가 있고 기억을 떠올릴 때마다 시냅스 연결 패턴에 변화가 일어나게 된다.

인간의 기억은 전두엽, 측두엽, 두정엽, 후두엽, 해마가 함께 작용하는 과정이다. 해마는 정보의 중요성을 판단하고, 단기 기억을 유지하며 장기 저장을 판단한다. 해마는 시각 능력과 공간 지각 능력을 지속적으로 이용하면 그 능력이 강화되는 것으로 알려졌다. 현대는 디지털 치매에 빠질 위험성이 높다. 뇌 활동이 감소하면서 학습 능력도 감퇴된다. 니콜라스 카는 『생각하지 않는 사람들』에서 온라인 세상의 삶은 피상적 학습을 종용하는 환경이라고 했다.

꿈 저장소에 저장하고 혁신하라

빌 게이츠는 메모광이다. 무언가를 끄적거리고 새로운 메모지에 옮겨 적는다. 그는 책『생각의 속도』에서 메모에 끄적거렸던 빅 픽처를 소개했다. 모든 가정의 컴퓨터 서버가 디지털 기기들을 연결시키고 서로 통신하며 스스로 작동한다는 개념으로 사물 인터넷 기반의 스마트 기기와 스마트홈을 상상했던 것이다. 두뇌는 모든 것을 기억하지 못한다. 빅 픽처도 기억의 망각 프로세스로 단기 기억에서 장기 기억으로 전환되거나 사라질 수 있다. 좋은 아이디어, 삶을 관통할 빅 픽처도 변곡점에서 기억할 수 없다면 효용이 없다. 4차 산업혁명의 키워드는 초연결, 불확실성이며 유연한 사고와 민첩성을 요구한다.

빅 픽처도 두뇌의 장기 기억으로 변환시켜 지속해야만 수많은 굴곡을 이겨 낼 수 있다. 리눅스와 오픈 소스를 파트너로 인식하는 사고의 혁신을 이룬 사티아 나델라 마이크로소프트 회장처럼 빅 픽처 역시 변화하는 시대에 능동적으로 대처하는 혁신의 대상이다. 빅 픽처를 수립한 이후 빅 픽처를 꿈 저장소에 예치하고 기록하고 수정, 보완하여 성장시키는 것이다. 아날로그 감성을 살려 수첩이나 메모지, 플래너에 기록할 수도 있고 디지털 시대에 디지털 포스트잇, 클라우드 기반의 원노트, 에버노트, 마인드맵 프로그램을 활용할 수도 있다. 생생한 꿈을 꾸고 원대한 비전을 만들려면 두뇌에서 빅 픽처가 살아 움직여야 하기 때문에 쉽고 간편하게 찾아보고 활용할 수 있는 매체를 선택해야 한다. 빅 픽처는 변형, 생성, 소멸되고 여러 개의 빅 픽처가 공존할 수 있다. 순간의 아이디어가 빅 픽처가 될 수도 있고 작은 바람이 될 수도 있다. 망각하지 않도록 꿈 저장소에 예금하고 살펴봐야 한다. 꿈 저장소는 모든 아이디어와 꿈, 빅 픽처를 모두 모아 두는 자신만의 비밀 금고이다. 두뇌와 달리 망각하지 않기 때문에 언제나 꿈의 크기, 빅 픽처의 총량을 확장할 수 있다.

메모의 기술

1,093개의 특허와 발명품의 주인공 에디슨은 메모광이었다. 그는 500만 페이지가 넘는 메모로 모든 것을 기록했다. 자료가 방대하여 "에디슨 페이퍼 프로젝트"가 진행될 정도이다. 원하는 정보를 어떻게 신속히 찾을까? 에디슨은 별도의 노트를 구성하고 목차와 색인을 기록했지만 검색은 여전히 난제였다. 유튜브 창업자 스티브 첸은 이베이를 떠날 때 노트 여러 권을 챙겼다. 수많은 아이디어, 꿈, 빅 픽처를 그려 놓은 꿈 저장소였다. 메모는 동영상 공유에 관한 고민이었고 이후 유튜브를 창업했다.

실리콘밸리의 카페들은 메모지와 펜을 비치한다. 사람들이 아이디어를 냅킨이나 카페의 메뉴판에 적은 후 뜯어 갔기 때문이다. 사카토 겐지는 『뇌를 움직이는 메모, 메모의 기술』에서 효율적 메모 방법으로 메모의 습관화, 주위 사람 관찰하기, 기호와 암호를 이용한 시각화, 메모 시간의 확보, 데이터베이스 구축, 메모의 재활용을 손꼽았다. 스마트폰 앱으로 녹음하고 클라우드로 데이터를 공유하고 다양한 디바이스에서 접속할 수 있다. 에디슨이 겪었던 검색의 어려움도 해결이 가능하다. 작성한 내용을 인덱스나 해시태그를 넣어 간편하게 검색할 수 있다. 개인 블로그, 카페, 비공개 소셜 미디어를 개설하여 자신만의 정보를 저장하고 검색하는 시대다. 에디슨과 유튜브 창업자 스티브 첸의 두툼한 메모 노트도 고민할 필요가 없다. 남은 것은 의지와 실행이다.

꿈의 조각

천하삼분지계

숫자 3은 완전함이다. 환웅은 3개의 천부인과 풍백, 우사, 운사와 함께 3,000명을 이끌고 개천했으며 고구려 고분벽화에는 삼족오가 존재한다. 솥 정(鼎)은 다리가 셋 달린 솥을 형상화한 글자다. 하나만 부족해도 중심을 잃는 견제와 균형이다. 유비는 삼고초려로 제갈량을 얻고 패업의 방법을 묻지만 제갈량은 유비의 빅 픽처를 천하삼분지계로 해체하고 재조립할 것을 제시했다. 천시를 얻은 조조에게 북쪽 땅을 양보하고 지리적 이점을 차지한 손권에게 남쪽을 양보하며 유비에게는 형주와 서천을 차지하여 세개의 발이 안정적으로 견제와 균형을 이루는 정족지세를 그린 후 패업을 위한 중원을 도모할 것을 설명한 것이다. 형세를 파악하여 빅 픽처를 단계별로 쪼개어 달성하고 이후의 큰 그림을 계획했다.

빅 픽처를 만드는 가장 작은 기본 단위

레고는 성인에게도 창작을 통해 세상과 소통하는 매개체다. 직육면체 브릭(brick)으로 시작하여 커뮤니티, 컬렉터, 레고 아티스트, 큐레이터, 구독 서비스 등 새로운 문화와 산업을 창출하고 있다. 네이션 사와야, 애덤 리드 더커는 레고 세상에서 신을 능가하려는 호모 데우스이다. 변호사였던 네이션 사와야는 『나는 나를 만들어 가고 있습니다』에서 작은 브릭들이 연결과 재조합, 창조와 해체로 새로운 창작물이 완성되는 과정에서 인생을 배웠다고 한다. 전 세계 마천루 빌딩과 랜드마크를 실사와 같이 재현한 애덤 리드 더커의 작품 "브릭 바이 브릭"은 시카고 과학산업박물관에 전시되었다. 풍경과 역사의 한 장면을 실물이나 축소 모형으로 제작하는 디오라마 작품은 소통, 협업, 다양성, 학습과 집단 창의력을 기반으로 재창조의 힘을 창출하여 글로벌 기업들과 실리콘밸리 스타트업들이 팀 협업을 위한 오리엔테이션 도구로 활용하고 있다.

빅 픽처는 꿈, 비전, 가치, 삶의 목적에 대한 이유이자 원동력이다. 파고를 헤쳐 나가는 오디세우스처럼 인생이라는 무대의 주인공이 되는 에너지를 제공하고 고난과 실패를 극복하는 동기를 제공한다. 하지만 막상 꿈, 비전, 빅 픽처를 만들고자 할 때 복잡한 머릿속의 생각을 정리하지 못하여 주어진 시간만 허비한다. 버킷 리스트, 메모, 꿈 저장소의 활용을 체화하지 않았기 때문이다. 일상의 자극과 정보, 사건과 결과들은 카이로스의 시간처럼 누구에게는 인식조차 불가능할 수 있고 누구에게는 번득이는 아이디어가 될 수 있다. 일상의 작은 점들을 자신의 것으로 붙잡지 못했기 때문이다. 작은 점을 꿈 저장소에 넣어 두면 레고 브릭이 되며 꿈의 조각이 될 수 있다. 두뇌의 망각 과정을 거치더라도 다시 인출이 가능하다. 꿈 저장소를 개설하지 않은 사람들은 자신들에게 기회조차 제공되지 않았다고 항변하게 된다.

꿈 모듈

디오라마를 제작할 때에도 첫 시작은 작은 레고 브릭이다. 빅 픽처도 동일하다. 레고 브릭, 꿈 조각을 꿈 저장소와 버킷 리스트에 넣고 연결하고 조합한다. 브릭이 큐브를 만들고 우주선을 만든다. 머릿속이나 꿈 저장소에 저장된 빅 픽처와 꿈 조각은 현실 세계로 나오지 못한 미생의 상태다. 현실로 꺼내어 가공해야 한다. 스티브 잡스는 스탠퍼드 대학교 연설에서 점들을 연결하라고 했다. 점이 모여 선이 되듯이 과거의 사건이 현재와 미래를 만든다. 원대한 바람도 흩어진 점들을 연결하여 시작한다. 점이 선이 되고 선이 모여 다각형과 면을 만들며 입체와 공간을 창조한다. 사고를 전환하면 시간과 공간, 안과 밖의 구별이 없는 뫼비우스의 띠도 만들 수 있다.

빅 픽처를 만들고자 할 때에는 레고 브릭을 연결하여 덩어리를 만드는 것처럼 꿈 조각인 점을 모아 선을 만드는 작업을 수행해야 한다. 꿈 조각이 모여 선을 만들면 이때부터는 꿈 모듈(Modules of Dream)이 된다. 꿈 모듈화를 통해 의미와 가치가 부여되는 것이다. 빅 픽처를 현실에서 달성하기 위한 과정은 빅 픽처를 모듈로 나누고 각 모듈을 더 작은 하위 모듈로 만든 후에 각각의 모듈을 어떻게 만들고 개선할 수 있는지를 탐구하는 동시에 빅 픽처의 본 모습을 성장시키고 진화시키는 작업이다. 빅 픽처를 여러 개의 꿈 모듈로 나누고 각 모듈을 다시 수많은 점들로 분해할 수도 있으며 반대로 작은 점들을 모아 모듈을 만들고 모듈에서 빅 픽처로 성장시키는 과정을 수행할 수도 있는 것이다.

꿈 모듈 만들기

의식적인 시간 투자

아인슈타인은 문제를 풀어야 할 20일의 시간이 주어진다면 19일 동안 문제가 무엇인지를 찾겠다고 했다. 토미 뉴베리는 『1퍼센트의 선택』에서 인생의 모든 요소들이 선택에 따라 달라짐을 강조했다. 자신의 모습은 스스로 선택한 결과물이다. 자신과 주변을 관찰하고 질문을 만드는 시간이 필요하다. 스티브 잡스는 마음과 직관을 따를 용기를 가져야 한다고 했다. 아는 척 하기를 벗어나 관찰하는 것이다. 꿈과 목표는 의식적인 시간 투자를 요구한다. 일상을 관찰하고 꿈 저장소에 예금하며 점들을 연결하여 선을 만들고 꿈 모듈을 만드는 과정 모두 의식적으로 시간을 투자해야만 가능한 일이다.

마음먹기, 마음챙김

이후의 단계는 마음먹기다. 포드는 가상 현실로 마음먹기 효과를 밝혔다. 드라이버들은 일반인보다 뛰어난 집중력과 두뇌활동 수치를 보였다. 이후 일반인들도 마음속으로 시뮬레이션을 수행하도록 했다. 다음 번 실험에서 일반인들의 집중도와 두뇌 활동이 증대하여 드라이버 수준의 능력을 보였다. 『마음챙김(Mindfulness)』의 저자 엘렌 랭어는 마음챙김 실험과 시계

거꾸로 돌리기 실험으로 마음먹기를 입증했다. 청소부를 두 그룹으로 나누고 한 그룹에게만 청소가 건강에 효과가 있다고 설명했다. 그 그룹은 신체 건강 지수가 개선되었다. 마음먹기가 실질적 변화를 유도한 것이다. 노인들의 생활 환경과 주변을 20년 전 모습으로 재현하고 기거하는 실험에서 노인들의 시력, 청력, 기억력이 향상되었다.

플라시보 효과 vs. 노시보 효과

플라시보 효과(Placebo Effect)는 가짜 약으로 심리적 치료 효과를 얻는 방법이다. 급증하는 부상병을 치료할 약이 부족하자 가짜 약으로 대응했음에도 일부 부상병들의 상태가 호전되었다. 그 원인이 심리적인 자기 암시 효과임이 밝혀졌다. 신약 개발에 플라시보를 이용한 이중맹검법이 적용되고 있다. 에펜도르프 의대 연구진은 실험자들의 팔에 열을 가한 후 동일한 연고를 제공하며 한 그룹에는 진통제, 다른 그룹에는 피부 보호제라고 설명을 한 후 반응을 살폈다. 진통제라고 설명한 그룹의 피실험자들은 다른 그룹 실험자들에 비하여 통증을 느끼는 정도가 상대적으로 낮게 나타났다.

플라시보 효과에 반대되는 개념이 노시보 효과(Nocebo effect)이다. 부정적인 생각이 부정적인 결과를 낳는다. 동료의 실수로 냉동 창고에 감금된 희생자는 추위와 고통 상황을 벽에 기록했다. 그러나 실제 조사해 보니 냉동 창고의 기온은 19도였으며 충분한 식량과 산소가 있었다. 희생자의 사망 원인은 자신이 곧 얼어 죽을 것이라는 부정적 생각이었다.

내면의 미소, 신뢰

에밀 쿠에가 창안한 "긍정적 자기 암시"는 자신에게 보내는 의식적, 무의식적 자극이다. 이것은 사고방식, 행동, 감정 등에 영향을 주어 자신의 목표와 꿈, 빅 픽처를 만들어 갈 수 있도록 한다. 로이 바우마이스터 교수는 『의지력의 재발견』에서 자기 암시가 학습 능력에 긍정적 영향을 주며 의지력은 자기 암시를 통해 강화될 수 있다고 말했다. 의지력을 강화하는 방법은 빅 픽처를 그려 지속적으로 동기를 자극하고 역량을 갖추어 생각을 조절하며 회복탄력성으로 충동을 조절하고 일과 삶에 점검을 수행하는 것이다. 두려움을 마주하고 인정하는 순간 두려움은 극복의 대상이 아니라 공존의 대상이 되며 자신을 꾸준히 점검하고 성장시킬 또 다른 에너지가 될 수 있다.

프리다이빙은 다이버의 호흡만으로 두려움과 마주하고 내면의 평화를 통해 자신을 신뢰해야만 오랫동안 다이빙이 가능하다. 나탈리아 아브세옌코는 북극해에서 흰돌고래와 11분의 유영으로 화제가 되었다. 그녀는 성취의 힘으로 신체 훈련과 두려움에 마주하는 내면의 평화를 손꼽았다. 두려움과 의구심이 공존하고 부정적 목소리, 내면의 장애물을 마주할 때마다 공포와 두려움을 극복하려는 공격적인 마음을 벗어나 물이 가진 질서와 원리에 따라 편견 없이 물과 교감하는 과정에서 자신을 신뢰하고 내면의 미소를 지을 수 있다고 이야기한다.

습관

원대한 계획의 함정

우리는 고조선 때부터 음력 10월 제천 행사로 천의를 섬기고 풍요를 기원했다. 그것은 고구려 동맹, 부여 영고, 예맥 무천, 신라 연등회, 고려 팔관회, 조선 초제 등으로 계승되었다. 승정원 일기에는 영조의 지시로 삼국시대의 단군왕검 제천에 대한 자료를 조사한 기록이 남아 있다. 동예의 무천은 "둔황 문서"를 통해 고조선의 제천 행사로 밝혀졌다. 야누스는 변화와 시작, 처음과 끝, 과거와 미래 등 양면성을 의미한다.

바빌로니아의 "신에 대한 맹세"에서 새해 결심이 유래했고 로마인들은 사투르누스(Saturnus) 축제에서 야누스에게 한 해의 수확을 감사하고 다음 해를 기원했다. 리처드 코스트너의 조사에서는 신년 계획을 1주일 이내에 22%, 1달 이내에 40%의 사람들이 포기했으며 6개월 후에는 60%, 2년이 지난 후의 조사에서는 전체의 81%가 포기했음을 밝혔다. 원대한 계획이 오히려 자신의 의지박약을 탓하듯 부담이 되는 것이 현실이기도 하다.

헛된 희망 증후군의 역발상

빅 픽처를 수립하며 경계할 요인은 헛된 희망이다. 피터 허먼 교수는 헛된 희망 증후군을 정의하며 지나친 야심, 비현실적 결심이 일을 망친다고 말한다. 빅 픽처는 크고 원대해야 한다. 꿈이 클수록 꿈 저장소에 더 많은 것을 담을 수 있다. 하지만 꿈을 현실로 가져오기 위한 꿈 조각과 꿈 모듈의 실천 계획은 구체적이지 않다면 헛된 희망으로 끝난다. 과대망상, 헛된 희망은 버려야 하는가? 판단, 계획과 실행, 평가의 주체는 자기 자신이다. 하늘을 나는 자동차는 과거에는 헛된 상상이었지만 우버는 창의력과 새로운 경험을 선사하는 혁신 동력이었다.

우버는 플라잉 택시 상용화를 공표했다. 물류 센터를 하늘에 구축하면 신속하고 빠르게 배송할 수 있지 않을까? 누구에게는 과대망상, 헛된 희망이지만 아마존에게는 새로운 실험을 위한 꿈 조각과 꿈 모듈이다. 아마존은 항공 물류센터 AFC와 메가 드론을 구체화하고 있다. 메가 드론은 레고 블록의 조립과 연결에서 영감을 얻었다. 개별 드론을 합체하여 더 크고 무거운 물품을 배송할 수 있으며 필요할 때마다 소형 드론으로 분리되는 합체 로봇 개념으로 드론의 비행 시간, 배터리, 물류 무게의 한계를 극복하려 한다.

작심삼일, 두뇌의 쾌적 영역, 습관을 형성하는 30일

파스칼은 습관은 제2의 천성이며 습관이 천성을 변화시킬 수 있다고 했다. 작심삼일(作心三日)은 마음먹은 생각과 행동이 3일도 지속되지 못함을 말한다. 관점을 달리하여 3일마다 목표와 실행을 점검하고 보완하는 계기가 될 수 있다. 작심삼일의 원인을 호르몬 분비에서 찾기도 한다. 새로운 결심, 외부의 자극은 아드레날린과 코르티솔을 분비하여 두뇌 활동을 강화하지만 시간이 경과하면 분비량이 감소하여 실행 강도가 약해진다.

과도한 스트레스는 코르티솔 분비를 강화하여 실행 의지를 막는다. 행복

호르몬인 세로토닌과 도파민은 의욕을 북돋지만 인위적으로 햇빛을 보고 산책을 통해 분비를 유지시켜야 한다. 전력질주에도 멈춤과 쉼으로 충전이 필요한 것이다. 니콜 그라바그나, 이노우에 히로유키는 작심삼일의 원인을 두뇌의 "쾌적 영역"에서 찾는다. 두뇌는 익숙함에 안주하는 쾌적 영역을 만들어 새로움과 불편함을 거부하는 속성이 있다. 이시우라 쇼이치는 쾌적 영역의 속성도 변경이 가능함을 주장한다. 특정 행동, 마음가짐을 30일 지속하면 쾌적 영역의 속성이 변화하여 습관이 형성된다는 것이다. 두뇌의 신경세포 연결을 담당하는 시냅스가 형성되어 생체 리듬이 변화하는 시기가 21일 정도임이 밝혀져 쇼이치 교수의 주장을 뒷받침하기도 했다. 크루그먼이 정립한 "3Hit 이론"도 습관에 기초한다. 신규 상품을 처음 선보일 때 최소 3회 이상의 노출을 반복해야 고객의 두뇌를 효율적으로 자극하여 광고 효과가 각인된다는 것이다.

두뇌의 습관 회로

앤 그레이빌 교수는 인간의 두뇌에 습관 회로(Habit Circuit)가 존재하며 좋은 습관, 나쁜 습관 모두 고착화될 수 있음을 밝혔다. 행동의 습관화는 습관 시도, 습관 형성, 습관 각인의 단계를 거친다. 습관 시도 단계에서는 새로운 결심으로 특정 행동을 시도한다. 이때 두뇌의 전전두엽, 선조체, 중뇌의 활동이 증가한다. 익숙하지 않은 자극에 대해 뇌가 총력을 기울여 분석하는 것이다. 습관 형성의 단계에서는 전전두엽의 활동이 급격히 감소하지만 선조체와 감각 운동 피질, 중뇌의 연결망 활동이 강화된다. 이때 특별히 의식하지 않아도 수행할 수 있는 두뇌의 습관 근육, 습관 회로가 형성된다. 습관 각인 단계에서는 변연계의 하부 피질이 선조체의 활동을 통제한다. 뇌가 활성화되어 도파민을 분비하여 습관에 따른 만족감과 성취감을 느끼게 한다. 몸이 안다, 눈 감고도 안다, 각인되었다는 표현처럼 습관이 각인되면 의식하지 않아도 실행할 수 있다. 이는 습관 시도 단계에서는 두뇌의 사령탑인 전전두엽이 활동하여 기억, 학습, 감정을 총괄하지만 습관 형성과 습관 각인 단계를 거치게 되면 이후의 주도권은 감각 운동 피질과 중뇌의 작용으로 넘어가기 때문에 자기 자신조차 인식하지 못한 상태에서 기계적으로 수행할 수 있다고 생각되는 것이다.

습관 유지

당근과 채찍, 그리고 플러스 알파

존 코터 교수는 혁신 피로증의 이유를 위기감의 부재로 정의하고 위기감 없는 조직은 무사안일주의의 늪에서 벗어나지 못함을 지적했다. 하지만 직장인의 70% 이상이 혁신 피로증을 앓는다는 통계는 위기감과 혁신만으로는 부족함을 시사한다. 혁신 피로증은 투명한 정보 공유, 소통 강화, 뚜렷한 비전과 목표, 성과주의와 포상, 복지, 70:20:10의 법칙, 자율성, 역량 강화 지원 등으로 해결책을 찾아 왔다. 습관을 유지하는 전통적 방법은 당근과 채찍이었다. 크레스피는 일과 업무의 효율을 위해 당근과 채찍의 강도가 함께 증가하는 "크레스피 효과"를 주장했다. 칼 더커의 "금전적 보상 실험"에서는 A, B 그룹 중 B 그룹에는 신속히 문제를 풀 경우 금전적 보상을 제시했지만 오히려 B 그룹이 문제를 더 늦게 해결했다.

에드워드 데시의 "소마 퍼즐 실험"도 유사한 결과를 나타냈다. 금전적 보상이 없는 그룹의 몰입, 집중도는 지속적으로 향상되었지만 금전적 보상을 제공한 그룹은 초기 집중도는 높았으나 지속성 측면에서는 더 낮은 평가를 받았고 이후 보상을 제거하자 급격한 흥미 저하를 나타냈다. 브래드 피트가 주연한 "머니볼"은 오클랜드 어슬레틱스의 구단주 빌리 빈의 실화를 다뤘다.

구단 운영에서 선수들의 몸값에 의존하지 않고 출루율과 장타율 등 데이터에 기반하여 저평가된 선수들을 모아 경기의 승률을 올리는 "머니볼 이론"을 도입한 것이다. 이후 4년 연속 포스트 시즌에 진출하는 등 신선한 경영 전략으로 인정받았다. 빌리 빈을 성공시킨 다른 원인이 존재한다. 고교 최고의 선수로 뉴욕 메츠에 입단했지만 그의 목적은 돈이었다. 부와 명성을 얻었지만 그는 지속적으로 자신을 자극할 동기를 상실하고 9년 만에 은퇴했다. 이후 빌리 빈은 머니볼 이론을 접목하여 오클랜드 어슬레틱스를 최고의 명문 구단으로 성장시킨 후 보스턴 레드삭스로부터 천문학적인 금액을 제시받았지만 인생에서 돈으로 선택한 결정은 반복하지 않겠다며 입단 제의를 거절했다.

해시태그(#)를 붙여라

경영자가 임직원의 동기 유발과 성과 창출을 위해 금전적 보상 이외 플러스 알파를 찾는 것처럼 개인도 습관 형성과 유지로 빅 픽처를 추구하는 과정에서 당근과 채찍 이외에 다른 요소가 필요하다. 실리콘밸리는 당근과 채찍 이외에 자율성 제공, 관계 맺기, 도와주기, 역량의 발전 기회를 제공하여 플러스 알파를 충족하려 노력한다. 개인은 빅 픽처를 완성하기 위한 습관의 형성, 유지 과정에서 자신의 두뇌와 밀고 당기는 밀당하기가 필요하다. 두뇌와 밀당하기의 첫 시작은 질문의 골든 서클인 왜(Why), 무엇을(What), 어떻게(How)를 자신의 빅 픽처와 꿈 모듈, 꿈 조각에 적용하여 그 해답을 두뇌에 제시하는 것이다. 이 질문에 대한 답이 자신을 움직이는 힘이자 두뇌와의 연결 고리인 동기를 만들게 된다.

수전 파울러는 동기를 고차원적 동기와 저차원적 동기로 구분했다. 고차원적 동기는 진정으로 원해서 발생하는 동기이며 저차원적 동기는 해야 하는 일을 하는 동기로 정의했다. 고차원적인 동기는 중요한 가치를 부여한 동기, 목적 의식에 부합된 동기, 즐거움에서 발생하는 동기로 구분할 수 있다. 저차원적 동기는 타인, 사회적 관습, 규율 등이다. 흥미가 없지만 해야 하는 무흥미 동기, 금전적 보상이나 칭찬, 인정을 받기 위한 보상 동기, 자괴감, 모욕, 수치심과 압박감과 같은 상황을 피하려는 회피 동기로 구분된다. 꿈 저장소에 저장된 모든 꿈 조각에 #가치, #목적 의식, #흥미, #무흥미, #보상, #회피 등 6가지의 해시태그를 부여한다. 다음은 #고차원적 동기, #저차원적 동기 해시태그를 붙여 꿈 저장소의 모든 요소들을 2개의 그룹으로 나누는 것이다. 모든 빅 픽처, 꿈 모듈, 꿈 조각은 #고차원적 동기, #가치 혹은 #저차원적 동기, #회피와 같은 해시태그로 구분된다. 고차원적 동기만 담은 꿈 주머니, 저차원적 동기를 담은 꿈 주머니와 같이 개인의 취향에 따라 꿈 주머니를 2개로 분류할 수 있다. 이제 두뇌와 밀당을 하기 위한 시각적인 준비물이 완성된 것이며 두뇌도 시각 자극을 통해 밀당의 준비를 하게 된 것이다.

인지 부하, 우선순위

해시태그가 부착된 꿈 주머니는 두뇌에게 제시할 선택 사항이 된다. 두뇌에 너무 많은 옵션을 제시하면 인지 부하(cognitive load)에 걸려 장애를 일으킨다. 자신과 두뇌의 진정한 밀당이 시작된 것이다. 개인이 두뇌에게 밀당을 시도할 때에도 우선순위를 적용한다. 고차원적 동기만 제시할 수 없으며 저차원적 동기로 유발되는 행동을 먼저 습관화할 경우도 있다. 스티븐 코비는 『성공하는 사람들의 7가지 습관』에서 시간 관리 매트릭스를 제시했다. 해시태그로 속성을 부여한 모든 꿈 조각, 꿈 모듈, 빅 픽처에 긴급성과 중요도를 구분하여 긴급하고 중요한 것, 긴급하지만 중요하지 않은 것, 중요하지만 급하지 않은 것, 중요하지 않고 긴급하지 않은 것으로 구분한다. 긴급하고 중요한 것으로 분류한 영역에서도 여러 개의 꿈 조각, 꿈 모듈, 빅 픽처가 공존할 수 있다. 우선순위를 선정해야 하고 우선순위 선정이 어렵다면 동시 진행을 고려해야 한다. 밀당을 시도할 때 고차원적 동기, 저차원적 동기의 꿈 조각, 꿈 모듈을 최소한 한 개 이상씩 동시에 제공해야 한다. 고차원적 동기만 제공하면 저차원적 동기에 대한 내성이 약해지고 반발 심리와 회피 심리가 커지기 때문이다. 저차원적 동기만 제공하면 이내 지치고 조각의 의미와 가치를 상실하여 고통과 고민의 대상이 된다.

이미지 트레이닝, 심리적 대조

제임스 네스멧은 베트남전 당시 포로가 되었다. 유일한 자유는 두뇌와의 대화였다. 그는 이미지 트레이닝으로 골프장을 그렸다. 샷을 날리는 모습부터 18홀 퍼팅 순간까지 모든 것을 꿈꾸었다. 7년의 수용소 생활 후 핸디캡 90이었던 그가 첫 라운딩에서 70타를 기록했다. 두뇌와의 밀당에는 심리적 대조 기법을 이용하는 유연성이 필요하다. 심리적 대조 기법은 목표를 이룬 후 성취의 순간과 달성하지 못했을 때의 낙담과 좌절, 목표 달성 과정에서 장애물 극복의 성공과 실패를 함께 연상하여 트레이닝하는 방법이다. 두뇌에게 밀당을 제시하기 이전에 스톡데일 패러독스를 기억하고 성장형 마인드셋과 합리적 낙관주의로 이미지 트레이닝을 통해 리허설을 한다. 맥스웰 몰츠의 "연상 실험"에서는 이미지 트레이닝을 수행한 그룹의 자유투 성공률이 더 높게 조사되었다. 한국 양궁은 이미지 트레이닝을 통하여 불안감 및 각성 조절, 심상 조절, 목표 설정, 자신감, 끈기를 강화시킨다.

자신에게 대화하는 방법으로 심리적 대조에서 발생하는 부정의 마음을 긍정으로 전환한다. 두뇌와의 밀당에서 주기적인 관찰과 점검으로 행동의 필요성을 인지하고 부정적 습관을 유발하는 단초, 계기를 찾아 개선해야 한다. 긍정적 습관을 만드는 단서를 찾아 강화하고 칭찬하여 개인과 두뇌의 매개체로 이용해야 한다. 관찰과 점검은 정량적인 수치로 파악하는 것이 좋다. 이만큼 했으면 괜찮겠지 등의 자기 위로는 일시적인 타협일 뿐 근본적 해결책은 될 수 없다. 냉정한 평가로 부정적 습관과 실패의 원인을 찾고 과도한 목표라면 더 작게 쪼개어 작은 실천과 작은 성과를 얻고 피드백하고 반복하여 점진적 개선을 이루어야 하는 것이다. 우선순위와 중요도, 긴급성을 재점검하고 잘못된 목표는 과감히 버킷 리스트에 옮겨 놓아 잠시 미루는 유연함을 발휘해야 한다.

목표 설정

목표의 시각화

인생의 구체적 목표가 있는가?라는 질문에 예일 대학 졸업생 3%만이 목표와 실천 계획을 기록하고 점검하여 동기를 얻었다고 밝혔다. 97%의 학생은 구체성이 없거나 목표가 없다고 했다. 20년 후 이들은 어떤 모습일까? 목표를 글로 남긴 3%의 졸업생은 사회적 성공 지표가 더 높게 나타났다. 97%의 학생들이 목표를 시각화했던 3%를 위해 일하고 있었다. 벤저민 프랭클린은 "평생 수첩"에 모든 희망과 덕목을 기록하고 확인하여 뇌에 자극을 주었기에 삶의 원동력이 되었다고 말했다. 짐 캐리는 영화배우로 인정받았지만 그 시작은 아버지와의 약속이었다. 그는 생활고에 시달리던 부친에게 배우로 성공하여 천만 달러를 주겠다며 가짜 수표에 천만 달러를 서명하여 건넸다. 짐 캐리는 수많은 절치부심 끝에 "배트맨 포에버"에 출연하여 1천만 달러를 출연료로 받았지만 부친은 영면했다. 짐 캐리는 진짜 천만 달러짜리 수표를 관에 넣어 약속을 지켰다. 헨리에트 앤 크라우저는 『종이 위의 기적, 쓰면 이루어진다』에서 구체적인 목표와 기록의 중요성을 강조했다. 머릿속에 맴도는 생각을 글로 작성하여 구체화하고 목표 달성을 위해 기록하면 그 바람이 행동으로 이어진다는 것이다. 빅 픽처를 꿈 저장소와 버킷 리스트에 기록하는 것이다.

성공 법칙은 없다

비행에는 항로가 있지만 과정은 다양하다. 목적지를 설정하고 약속된 시간에 도착하려 노력하는 것이다. 목표가 분명해야 성공도 빠르다. 성공학 전도사 브라이언 트레이시는 고교 중퇴 학력으로 22개의 직업을 전전했지만 매달 1,000달러의 수입을 올린다는 계획을 메모지에 적은 뒤 매일 이를 다짐했고 결국 한 달이 지난 후 목표를 이루었다. 이후 실패 경험과 자기 점검, 실천을 통해 목표를 새롭게 점검하고 실행했다. 그는 실패학의 선구자이기도 하다. 시도하는 일마다 실패를 경험했다고 자부하며 일상에서 숨을 쉬듯 실패와 좌절, 절망을 반복했다고 회고한다. 그는 성공이란 실패를 해부하고 분석하여 다음 도전에서의 위험을 감소시키는 과정이라고 말한다. 성공의 법칙을 묻는 사람들에게 단호하게 강조한다. 성공 법칙이 있다면 전 재산을 주고서라도 배우겠지만 결단코 성공 법칙은 없다고 강변한다. 누구나 실수와 실패를 경험하지만 상황과 원인, 결과를 어떻게 마주하는가에 따라서 다음 도전의 성공과 실패 확률이 달라진다는 것이다. 그가 전수하고자 하는 것은 구체적인 목표를 수립하고 세부 계획을 만들어 실행하며 실패에서 포기하지 않았던 고집과 끈기였다.

선택과 집중? 선택과 제거를 수행하라

워런 버핏 버크셔해서웨이 회장은 자신의 성공 이유를 선택과 제거로 압축했다. 인생의 중요 목표 25개를 적고 가장 중요하게 생각하는 5개를 선택하도록 했다. 5개의 가장 중요한 목표와 20개의 조금 덜 중요한 목표가 구분된 것이다. 목표를 어떻게 실천하겠는가라는 질문에 상대는 5개의 목표에 대부분의 시간을 할당하고 조금 덜 중요한 20개의 목표도 버릴 수 없으니 매일 조금씩이라도 하겠다고 했다. 하지만 버핏은 다른 방법을 설명했다. 선택한 5개의 목표를 제외한 20개의 목표는 피하거나 과감히 버려야 할 목표이며 이 부분의 시간 투자는 집중을 분산시키는 장애 요소가 된다는 것이다. 존 스컬리는 스티브 잡스가 특별한 이유는 무엇을 할 것인가가 아니라 무엇을 하지 않을 것인가에 대한 결단이었다고 회고했다. 목표 설정의 과정에서는 욕심보다 미루고 버리는 능력이 필요하다. 완전히 버리는 것이 아니라 꿈 저장소와 버킷 리스트에 보관하여 현재 시점에서 가장 큰 가치와 의미를 부여한 목표에 집중하며 무엇을 하고 무엇을 하지 않을지를 결정한다. 혼자서 수행할 것과 협업을 통해 이루어지는 것, 외부의 자원이나 리소스, 대규모의 시간 투자가 필요한 것 등을 구분하고 큰 일은 여러 개의 작은 일로 나누고 쪼개야 한다. 목표를 수행하기 위해서는 일의 순서가 존재하며 다음에 할 일을 위해서 현재의 일이 방해를 받거나 다른 일들이 장애물로 인식되는 것을 경계해야 한다. 과감히 미루고 예약하고 저장해 두었다가 필요할 때마다 꿈 저장소, 버킷 리스트에서 인출하여 다시 실행 목표로 만드는 유연성을 갖추어야 하는 것이다.

목표 설정의 14가지 조건

생각을 정리하고 시각화를 하더라도 목표를 설정하는 기준을 몰라서 고민하는 경우가 발생한다. 미카엘 크로게루스가 제시한 목표 설정 14가지 조건은 목표 설정을 위한 핵심 체크 리스트이다.

- 목표 설정은 구체적인가? 측정 가능한가? 달성 가능한가? 현실적인가?
- 기간이 정해져 있는가? 긍정적으로 표현했는가? 문서화했는가?
- 구성원들이 모두 이해했는가? 모두 동의했는가?
- 목표는 관련성이 있는 목적인가? 윤리적인가? 도전적인가? 합법적인가? 친환경적인가?

목표 설정 – Be SMART!!

목표를 설정하기 위한 다양한 방법론이 존재한다. 핵심은 자신에게 가장 적합한 방법론을 찾아 체크 리스트로 활용하는 것이다. 타인에게 적합한 방법도 자신에게는 거추장스러운 옷이 될 수 있으며 목표 설정과 실행에 힘쓰기보다 방법론을 찾아 헤매는 과정에서 아까운 시간과 노력을 소진할 수 있기 때문이다. 목표 설정을 위한 가장 기본적인 접근 방법은 Be SMART 방법으로 구체적이고, 측정 가능하며, 성취 가능하고, 현실적이며, 한정된 시간을 고려하여 목표를 수립하는 기준과 점검 지표를 만드는 것이다.

Be SMART!! – Specific(명확하고 구체적인 목표)

목표는 명확하고 구체적으로 표현되어 일관된 의미와 가치를 나타낸다. '인정받는 사람이 되겠다. 사회에 영향을 주고 싶다.' 이러한 표현은 목표로 변환되지 않은 바람이지만 구체적인 징검다리들을 만들어 실행하면 현실이 될 수 있다. 꿈, 상상에 의미와 가치를 부여하면 사명문이 된다. 사명문이 현실이 되려면 빅 픽처를 만들고 단순하고 구체적인 꿈 조각과 꿈 모듈로 나누어야 한다. 아마존의 사명문은 지구상에서 가장 고객 지향적인 회사가 되는 것이다. 아마존 에코, 인공지능 알렉사, 아마존 클라우드, 로봇, 항공 물류 센터와 메가 드론을 만들겠다는 언급은 없지만 아마존의 존재 이유와 가치를 표현한다. 공유하는 힘을 주고 세계를 더욱 열리고 연결되게 한다는 페이스북의 사명문도 플랫폼, 메신저, 인스타그램, 인공지능과 빅데이터 솔루션을 언급하지 않았다. 사명문은 빅 픽처를 이루기 위한 궁극적인 의미와 가치가 표현된 현재와 미래의 모습이다. 기업들은 사명문을 현실로 만들기 위하여 로드맵, 중장기 계획, 연간 계획, 월별 계획에 이르기까지 치밀하게 목표를 수립하고 실행하며 관리 점검한다. 지속적인 점검과 신속한 실행, 실패에서 얻은 교훈을 기반으로 변화와 혁신을 추구하는 것이다.

페이스북의 10년 로드맵

페이스북은 사명문 달성을 위해 10년 로드맵을 발표했다. 저커버그가 소개한 로드맵은 10년의 계획이 구체적인 목표로 기술된 것이었다. 이 로드맵에서는 특히 연결성, 인공지능, 가상, 증강 현실을 키워드로 선정하여 목표를 3개의 범주로 분류했다. 연결성 범주에서는 통신 인프라, 셀룰러 모바일 네트워크 오픈 생태계 구축, 해저 광케이블을 이용한 고속 인터넷 접속 등을 구체적으로 언급했다. 인공지능 분야에서는 인공지능 프레임워크인 파이토치 적용 범위 확대, 비감독 학습, 생산적 네트워크, 인공지능 바둑프로그램 엘프 오픈고 연구를 명시했으며 가상, 증강 현실 범주에서는 오큘러스 헤드셋, 소셜 기반 가상현실, 두뇌 컴퓨터 인터페이스 연구 주제를 명시했다. CEO가 되겠다고 선언하면 그 자체로도 명확한 목표가 될 수 있지만 구체적인 실행 계획은 수립되지 않은 것이다. 이 목표를 달성하기 위하여 경영 관리, R&D, 마케팅, 인사, 재무, 생산 및 제조, 기획, 역량 및 성과 관리의 항목으로 범주를 분류하고 각 항목에 구체적인 목표와 시기, 투입할 자원과 장애 요소를 기록하면 막연한 목표가 구체적으로 만들어진다. 또한 질문의 골든 서클을 이용하여 명확하고 구체적인 목표가 수립되었는지 점검할 수 있다.

- Why: 목표를 설정한 이유, 주어지는 보상과 가치, 어떠한 사람이 되고 어떠한 영향을 주고자 하는가?
- How: 구체적인 실행 방법, 협력과 도움, 지지자는 누구인가? 환경 조건, 시간과 자원의 제약은 어떻게 극복할 것인가?
- What: 무엇을 달성하여야 하는가? 어떤 것을 해야 하는가?

Be SMART!! - Measurable(측정 가능한 목표)

피터 드러커는 측정할 수 없으면 관리할 수 없고 관리할 수 없으면 개선할 수 없다며 측정 가능한 데이터가 목표 수립을 강화할 수 있다고 했다. 하지만 측정 가능한 수치에 집착하여 맥락과 본질을 상실하기도 한다. 실리콘밸리는 자유로운 소통, 협업으로 공동의 목표를 달성한다. 연결성의 강화, 자율성 확보는 기업 문화의 핵심이다. 소통과 협업의 근본은 목표에 대한 명확한 인식이며 이를 정량적 수치로 나타내어 관리하여 신속한 평가, 점검, 피드백과 개선이 이루어질 수 있음을 알고 있다. 구글은 인재 분석팀을 가동하여 성과, 보상, 복지 및 커뮤니케이션을 위한 동선 관리, 사무실 구조, 복도의 길이, 공짜 음식과 놀이 공간 설계, 가구 배치, 인력 채용과 유지, 인력 수요 예측과 심리 상태의 변화까지 데이터로 산출하여 계량하고 변화의 추이를 관측하고 있다. 데이터 활용 연구팀 파이랩은 업무 환경 데이터를 생성, 가공, 분석하여 가치를 창출하는 역할을 수행한다. 감성적, 추상적 목표는 비전과 미션으로 재조립할 수 있다. 애플의 비전은 최고의 퍼스널 컴퓨팅 경험을 모든 이들에게 전달해 준다는 것이다. 비전은 측정하기 어렵기에 구체적인 행동 목표이자 지침인 미션을 만든 것이다. 애플의 미션은 맥을 만들고 아이팟을 이용하여 디지털 음악의 혁명을 이끌며 아이폰과 앱 스토어를 재창조한다고 명시되어 있다. 비전에 대한 좀더 구체적인 목표가 설정된 것이다. 이러한 미션에도 맥을 몇 개 만들고 아이폰을 몇 대 만든다는 구체적 수치를 명시하지 않는다. 구체적 수치는 기업 활동과 경영 전략, 기업을 둘러싼 다양한 환경에 따라 매년, 분기별, 반기별로 수립하여 관리하는 것이다.

Be SMART!! – Attainable, Assignable(달성 가능한 목표, 책임질 수 있는 목표)

일론 머스크와 스페이스 X의 목표는 2022년 화성의 수자원 존재 여부를 확인하고 위험 요소를 파악하여 전력 등 인간 생명 유지를 위한 인프라를 설계하며 2024년 화물과 승무원을 동시에 화성에 보내는 것이다. 그는 목표가 영감을 주고 기대감을 고취해야 한다고 말한다. 창조는 어렵지만 상상은 누구나 할 수 있다. 아침에 눈을 뜨면 정말 멋지고 기대가 될 것이라고 흥분할 수 있어야 한다고 강조한다. 목표는 성취 가능한 것, 책임질 수 있는 항목을 우선적으로 고려해야 한다. 불가능하지만 하고 싶은 목표는 버킷 리스트에 넣어 두고 달성 가능한 목표를 먼저 수립하며 목표를 달성하기 위한 실행방법도 현실적인 방법을 찾아야 한다. 목표 설정은 할당 가능하며 책임이 동반되어야 한다. 모두의 책임은 누구의 책임도 아니다라는 말이 있듯 책임과 권한이 잘못 부여되면 대중의 무책임, 방관자적 태도를 만든다. 융복합과 초연결로 진화하는 과학기술은 불가능을 탈바꿈시키고 있다. 우버, 에어버스는 항공 택시 사업을 위해 플라잉카와 전용 탑승장 개발을 진행 중이다. 영화 "터미네이터"에 등장하는 로봇은 보스턴 다이내믹스가 개발한 2족 보행로봇 아틀라스로 현실화되었다. 뇌 조절 기술, 뉴로피드백, 뇌 모방 컴퓨팅 기술이 가시화되었다. 이제 버킷 리스트에 담겨 있던 목표들도 다시 꺼내어 점검해 보아야 한다. 기술 발달에 따른 성취 가능성의 점검 시기도 단축해야 하는 것이다

Be SMART!! - Realistic(현실적인 목표)

현실적인 목표는 실현 가능성을 넘어 가치관, 관념, 도덕 규범, 자원에 대한 인식을 포함한다. 70:20:10의 법칙, 해커톤, 오픈 소스와 오픈 커뮤니티, 코피티션의 마인드로 가능성을 높이는 것이다. 현실적 목표 수립은 관점의 변화를 요구한다. 디디추싱은 중국의 우버라 불리는 유니콘이다. 성장과 맞물려 클라우드 인프라가 요구되었지만 내부에서 처리하려는 시도는 자원의 한계에 봉착하게 되었다. 상용 솔루션을 도입하려는 시도는 막대한 비용과 최적화 문제를 더욱 복잡하게 만들었다.

결국 관점을 바꿨다. 현실적 대안으로 오픈 소스를 선택했고 최적의 시간과 비용으로 인프라 구축에 성공했다. 현실적인 목표 수립의 의미는 꿈과 상상력을 현실적 목표로 세분화하여 행동 계획을 찾아야 함을 역설한다. 초융합, 초지능, 초연결의 시대에 현실적이라는 의미조차 불확실성에 놓여 있다. 불가능이 아니라 불확실성을 마주하고 높은 확률의 목표를 수행하며 낮은 확률의 목표에 대한 확률을 검증하는 것이 목표 수립의 과정인 것이다.

Be SMART!! - Time-related, Time-bound(목표 시간 설정하기)

안토니오 무치는 전화기 설계도를 분실하여 특허 등록 기회를 놓쳤다. 알렉산더 그레이엄 벨이 2시간 차이로 권리를 인정받았다. 하버드 대학은 교육 철학의 근본을 노력, 자신감, 열정, 행동력, 배움, 유연성, 시간 관리, 자기 반성, 기회로 정의했다. 졸업생들은 일과 배움에 대한 태도를 존중하며 시간 관리를 핵심 덕목으로 인지한다. 현대를 규정하는 다른 키워드는 민첩성이다. 융복합과 초연결은 수확 가속의 법칙에 따라 특이점의 시기를 앞당기고 있다. 빅뱅 파괴자들은 모든 것을 일순간에 파괴하고 장악하여 새로운 질서와 규칙을 만든다. 시간 관리뿐만 아니라 얼마나 민첩하게 사고하고 행동하여 결과를 창출하는가에 따라 부의 창출과 생존이 좌우된다.

목표 설정을 위한 방법

목표 설정 – EXACT(Exciting, Assessable, Challenging, Time-framed), HARD Goal(Heartfelt, Animated, Required, Difficult)

캐롤 윌슨은 목표 설정을 위한 방법론으로 EXACT를 제안하여 흥미와 영감을 주는 목표, 가치를 평가할 수 있는 목표, 도전적이고 어려운 목표, 목표의 시간 관리를 주요한 점검 사항으로 선정했다. 마크 머피는『Hard Goals』에서 목표 설정의 방법 HARD를 선정하고 H(Heartfelt, 진심 어린), A(Animated, 생생한), R(Required, 간절한), D(Difficult, 어려운) 의미를 부여했다. HARD Goal은 현재의 역량을 초월하는 더 높은 목표를 의미하며 진정성과 생생함, 간절함으로 역경의 과정을 딛고 일어서 목표를 향해 나아가는 과정이다.

EXACT – Explicit, Exciting(명백하고 흥미롭게, 영감을 자극하는)

목표는 명백하고 흥미롭고 가슴 설레는 영감과 자극을 주어야 한다. 재미와 흥미, 열정과 용기를 유발하며 부정적인 목표에서도 긍정의 가치와 의미를 찾아 긍정 목표로 전환시켜야 한다. IBM의 미션은 가장 진보된 기술을 개발하여 고객 가치를 창출하는 것이다. 최고의 기술은 혁신이며 자부심의 표현이다. 최고의 제품과 솔루션을 개발하고 판매한다는 동기를 부여한다. 자신이 하는 일이 이러한 목표를 수행하며 그 결과로 고객의 가치를 창출할 수 있다는 믿음과 신뢰를 만들고 지속적으로 영감을 자극한다.

EXACT - Assessable(가치를 평가할 수 있는)

SMART의 Measurable은 정량적 수치로 목표를 표현하지만 Assessable은 특성, 자질, 가치에 대한 평가로 목표를 선정한다. 작은 약국으로 출발한 머크(Merck)는 350년의 역사를 지닌 제약, 화학 분야 선도 기업이며 액정 표시 장치(LCD)의 소재인 액정 공급의 글로벌 리더이기도 하다. 머크는 1668년 천사약국을 시작으로 연 매출 15조 원이 넘는 기업으로 성장했지만 변하지 않는 미션은 생명을 구하고 삶의 질을 향상시킬 수 있는 혁신 제품과 서비스를 개발하는 것이다. 가치를 부여한 미션과 목표를 바탕으로 인류의 삶에 가치를 부여한다는 신념으로 파고를 헤쳐 왔다. 제약 업계의 백과사전으로 평가받는 머크 인덱스, 의료계의 바이블인 머크 매뉴얼을 공개한 것도 인류의 삶에 대한 가치를 부여한 결과이다.

EXACT - Challenging(도전적으로), HARD - Difficult(어렵고 도전적인 목표)

3M CEO 리처드 칼턴은 시도조차 하지 않는다면 우연도 보이지 않고 성공의 찬사도 없다며 3M이 운 좋게 사업화에 성공했다는 평가를 일축했다. 일본 벤처 기업의 역사를 만든 교세라 이나모리 회장은 도전을 강조했다. "나는 지방의 작은 대학 출신으로 경영도 배우지 못했지만 진흙탕 길이라도 걸어가고자 노력했다. 실패를 경험하고 작은 성공에 재미와 기쁨을 얻었다. 고객,

시장도 알지 못했다. 그마저도 도전적으로 만들어 가야 했다." 이나모리 회장의 회고이다. 그는 아메바 경영의 창시자다. 큰 조직을 5~10명 단위인 아메바 조직으로 분할하고 각 조직이 하나의 회사처럼 독립적으로 신속하고 움직여야 한다는 것이다. 아메바 경영으로 법정 관리 상태의 일본 항공을 1년 만에 흑자로 전환시켰다. 그는 도달하기 쉬운 작고 가벼운 목표는 단지 그만큼의 결과를 만들기 때문에 도전적인 목표를 만들어 전력투구를 하는 것이 성장과 성공의 동력이라고 이야기한다. 경계해야 할 것은 도전적인 목표와 불가능한 목표를 구분하는 것이고 실패의 과정에서 발생하는 자기 합리화를 추구해서는 안 된다고 강조한다. 그는 도전적인 목표를 수행하기 위해서는 무엇보다 큰 뜻을 의미하는 대의를 생각해야 한다고 말한다. 목표를 성공시키고자 하는 이유는 무엇이고 어떠한 의미와 가치가 존재하는지, 세상과 자신을 어떻게 변화하여 영향을 줄 수 있는지를 생각해 보는 것이다. 도전적이고 어려운 목표는 아메바의 속성을 갖는다. 조급함과 무리한 노력은 오히려 목표를 상실하게 만든다. 어렵고 도전적인 목표도 꾸준한 생장의 과정을 거쳐야 한다. 지속적인 노력과 관찰, 점검으로 생장의 여부를 확인하되 과도하거나 벅찬 목표라면 아메바의 세포 분열처럼 목표를 둘로 나누어 위험 부담을 줄이는 것이다.

HARD - Heartfelt(진심이 담긴 목표)

목표는 진심이 담겨야 달성하고자 하는 열정이 분출된다. 왜?라는 질문에 답변해야 한다. 진심 어린 목표로 성장한 기업이 구글이다. 구글의 기업 철학 중 제1철학은 사용자에게 집중하면 나머지가 따라온다는 것이다. 사용자에게 득이 되지 않는 어떤 변화도 일관되게 거부했다. 단순한 인터페이스와 신속하게 로딩되는 검색 페이지는 세상의 모든 정보를 연결한다는 진심의 표현이었다. 무수히 많은 검색 업체가 존재했지만 진심이 담긴 목표를 이겨 내지 못한 것이다.

HARD - Animated(생생한 목표)

스티브 잡스는 모든 가정이 컴퓨터를 보유하여 식사 레시피를 찾아보고 비지캘크로 세금을 정산하며 가족이 모여 게임을 할 수 있는 날을 꿈꾸어 애플 컴퓨터 개발에 영감을 제공했다. 무선통신의 아버지 니콜라 테슬라는 자신의 목표를 생생한 이미지로 그렸다. 종이 위에 적는 순간 오히려 생각이 고착되거나 표현의 장벽에 막혀 생생함이 사라진다. 그는 충분한 시간을 갖고 머리와 마음으로 구상하고 설계를 변경하며 부품을 결합하고 기계를 구동시켰다. 다양한 아이디어가 도출되고 목표를 방해하는 장애물이 함께 떠올랐다. 생각 정리 시간을 확보한 후에 실제로 종이 위에 설계도를 그리면 더욱 수월하게 목표를 수행할 수 있다는 것이다. "나에게는 언젠가 조지아의 붉은 언덕 위에 예전 노예의 아들과 노예 주인의 아들이 형제애라는 식탁에 둘러앉게 될 것이라는 꿈이 있습니다." 마틴 루터 킹 목사는 대중 연설에서 인권 문제와 관련된 사건, 사고를 논하지 않았다. 목표를 이미지로 생생하게 형상화하여 말했던 것이다. 케네디 대통령은 소련과의 우주 경쟁에 뒤처진 상황에서 맹목적으로 소련을 앞서야 한다고 말하지 않았다. 10년 내에 인간을 달에 보내고 안전하게 귀환시킨다는 생생한 표현으로 목표를 형상화한 것이다.

HARD - Required(간절한 목표)

자신을 위해 반드시, 지금 해야 하는 목표를 수립하면 의지는 쉽게 무너지지 않는다. 내일부터라고 생각하는 순간 간절함과 절박함은 실종된다. 성공하는 사람들은 성공하지 못한 사람들이 하기 싫어하는 일을 간절한 목적의식으로 극복했다. 간절함과 절실함을 각인시켰다. 앤절라 더크워스는『그릿(Grit)』에서 성공은 끝까지 해 내는 힘이라고 강조하며 열정적 끈기와 노력의 원동력을 기개, 근성으로 정의하고 근성을 키워 주는 방법으로 성장형 마인드셋을 손꼽았다. 인간의 열정과 끈기를 만드는 근성도 성장형 마인드셋으로 학습이 가능한 것이다.

엄마의 시계 - 타임 타이머

미국 가정, 실리콘밸리의 필수품은 엄마의 시계, 구글 타이머로 불리는 타임 타이머(Time Timer)이다. 타임 타이머는 구글의 제이크 냅이 효율적인 시간 관리 도구로 구글의 스프린트에 도입하며 급격한 인기를 끌고 있는 아날로그 시계다. 이것은 기존 아날로그 시계와는 달리 0, 5, 15부터 55까지 분 단위 표시가 있으며 시간이 흐를 때마다 흰 원판에 붉은 색이 사라진다. 60분의 시간을 소진하면 시계 원판은 붉은 색 동심원에서 흰 색으로 변하게 된다. 타임 타이머의 특징은 시작부터 현재까지의 누적 시간과 남은 시간을 직관적 시각화로 보여 준다는 점이다. 컴퓨터 프로그램이나 스마트폰에 앱을 설치할 때 진행 정도를 보여 주는 프로그레스 바(Progress bar)와 유사하다. 시간이라는 추상적 개념을 누적량과 잔여량으로 시각화하여 회의, 업무, 학습에 관한 집중력과 동기 부여를 유발할 수 있다.

야심찬 목표BHAG

BHAG란

짐 콜린스와 제리 포래스는『기업들의 성공적인 습관』에서 BHAG(Big, Hairy, Audacious Goal)를 정의했으며『좋은 기업을 넘어 위대한 기업으로』는 머리털이 곤두설 정도로 두렵지만 과감한 목표를 수행할 것을 주문했다. BHAG는 크고, 담대하며, 도전적인 목표를 수행하는 기업, 조직, 개인이 성공에 이를 수 있음을 의미하며 성장을 위한 동기 부여와 삶, 일, 학습의 나침반이 될 수 있다. 일본의 중장비 기업 고마쓰의 야심찬 목표는 미국 캐터필러를 이기는 것이며 캐논의 BHAG는 제록스를 물리치겠다고 명시했다. 개리 해멀은 BHAG의 의미는 어려움이 존재하지만 야심차게 도전할 목표를 뜻하는 전략적 의도로 해석할 수 있으며 기술과 자원이 미국에 비하여 상대적 열세였던 일본의 성장을 설명하기도 했다.

소니의 BHAG와 연결의 힘

2차 대전 패망 후 일본의 경제 성장, 기술 입국을 대표해 온 기업은 마쓰시타 고노스케의 파나소닉, 혼다 소이치로의 혼다 자동차, 모리타 아키오가 창업한 소니이다. 소니는 조악한 제품의 대명사였던 메이드인 재팬의 이미지를 환골탈태시킨 주역이며 일본 벤처 창업의 화신이다. 소니는 시나가와의 허름한 사무실에서 전기 밥솥, 전기 담요 제작으로 기업이 시작됐다. 모리타 아키오는 평생의 동료였던 이부카 다이와 함께 야심찬 계획을 수립했다. 그는 튤립, 낙농과 화훼의 국가 네덜란드에서 탄생한 필립스를 벤치마킹했다. 1891년 설립된 필립스는 백열 전구의 대량 생산을 위해 탄소 필라멘트 전구 제조업체 필립스앤코를 설립하여 유럽 최대의 전구 생산 기업이 되었고 1918년 의료용 X선 튜브를 생산했으며 1927년 보급형 라디오를 출시했다.

이때부터 모리타 아키오와 이부카 다이의 BHAG는 필립스 같은 세계적인 회사를 만드는 것이었다. 최초의 포케터블 라디오 TR-63으로 세상에 이름을 알린 원동력은 연결의 힘이다. 최초의 연결은 내부 연결이다. 그는 창업주를 포함한 30여 명의 임직원들이 무엇을 가장 잘할 수 있는지를 조사했다. 핵심 역량은 회로 설계와 전기 제품 개발 능력이었다. 다음은 외부 연결로 롤 모델을 선정하는 일이었다. 소니는 필립스를 롤 모델로 선정하고 이들의 창업, 기업 역사, 출시 제품과 판매, 성장 내역과 실패 내역을 조사했다. 사회로 연결을 확대했다. 어떠한 제품, 누구를 대상으로 제품을 만들지 고민했다. 당시 국민들은 생필품 이외 구매력이 높지 못했다.

소니는 목표 고객을 정부, 대형 기업, 인프라 사업자, 미국과 연계된 사업에서 찾아야 했다. 이들이 선정한 고객은 NHK다. 1925년 NHK가 설립된 이후 라디오 방송과 연계된 기술이 지속 발전했으며 NHK는 상대적으로 높은 구매력을 보유했기 때문이다. 경쟁 대상은 독일제 와이어 방식 녹음기였다. 이를 국산화하여 NHK와 정부를 상대로 제품을 판매하고자 했다. 이렇게 탄생된 제품이 G Type 녹음기다. 개발 과정에서 소니는 기술에 대한 연결의 끈을 놓지 않았다. 전기공학의 발전과 이를 사업화하는 기업들의 정보를 부단히 분석하는 과정에서 미국 벨 연구소의 트랜지스터 개발 소식을 확보했다. 군사용으로 이용되던 트랜지스터 기술을 신속히 도입하여 일본 내 첫 트랜지스터 라디오 TR-55를 생산했으며 후속 TR-63은 소니의 BHAG를 이룩한 첫 수출품이 되었다.

일론 머스크의 BHAG

케네디 대통령은 인류를 달에 보내고 무사히 귀환하는 원대한 목표를 제시하여 미국을 결속시켰다. 일론 머스크의 BHAG는 더 많은 사람들이 전기 자동차를 타게 하는 것과 화성에 인류를 보내는 것이다. 인간을 화성에 보내겠다며 로켓 개발에 착수한 그의 아이디어를 지지하는 것은 쉬운 일이 아니다. 기술적 문제와 500조 원이 넘는 비용 조달도 문제였다. 하지만 그는 기어코 첫 번째 로켓 팰콘 1호 개발에 착수했으며 스페이스X 설립 6년 만에 액체 연료 로켓을 지구 궤도로 쏘아 올렸다. NASA와의 협력으로 2단형 로켓 팰콘 9호의 궤도 진입도 성공리에 임무를 수행했다. 그는 저가형 재활용 로켓을 만들겠다던 자신의 BHAG를 단계적으로 증명하고 있다. 영화 "아이언맨"의 주인공 토니 스타크의 실제 모델인 일론 머스크는 영화 같은 삶을 살지 않는다. 주당 100시간 이상 업무에 몰두하는 일 중독자이며 자신의 미래를 끊임없이 점검하며 불면증에 시달리고 있다. 그에게 남은 BHAG는 2030년까지 8만 명의 인류를 화성에 상주시키는 것이다. 수많은 좌절과 난관이 여전히 그를 기다리겠지만 식지 않는 열정과 그의 BHAG는 인류의 새로운 역사를 쓸 것이다.

피트 스탑

단 1~2초의 차이로 향방이 좌우되는 포뮬러원의 또 다른 묘미는 피트스탑(Pit stop)이다. 트랙을 벗어나 피트에서 차량 점검과 수리를 진행한다. 목표 달성을 위해 황금 같은 2초를 투자한다. BHAG 목표는 거부감과 반발을 유발할 수 있다. 관성의 힘을 유지하려 한다. BHAG 목표 수립 시 크고 원대한 목표를 쪼개어 여러 번의 중간 기착지를 만들며 점검하고 새로운 징검다리를 모색한다. 작지만 연속된 성공 축적과 실패 학습은 BHAG 목표로 가는 자양분이다. 피트 스탑이 없다면 활력과 열정이 감소한다. 작고 현실적인 목표, 조금 더 어려운 목표, 작은 BHAG의 모음, 크고 원대한 BHAG와 빅 픽처의 단계로 목표의 크기와 달성 난이도가 확대되어야 한다.

마이클 레너는 『전략의 역설』에서 BHAG의 위험성을 언급했다. BHAG로 설정된 빅 픽처, 비전과 미션, 세부 목표가 확증 편향으로 인한 잘못된 목표 설정이라면 이는 재앙이다. 불확실성의 시대에 영원한 진리와 믿음, 불변의 기술도 존재하지 않는다. 아인슈타인은 정적 우주론이 오류임을 인정하는 유연성을 보였다. 불확실성에 연결하여 변화의 흐름을 읽고 유연하게 대응하는 역량을 키워야 하는 것이다.

Part 5 논리

마인드셋 프레임워크:
논리적으로 생각을 정리하고 시각화하라

가장 효율적인 조직

테세우스 배의 역설

테세우스가 크레타 섬의 반인반수 괴물 미노타우로스를 퇴치하고 귀환하자 그의 배를 보존하기로 결정했다. 세월이 흘러 배가 낡아지자 낡은 부분에 새로운 나무 판자를 덧대었다. 지속적인 보수로 새로운 나무 판자가 배를 완전히 뒤덮었다. "배의 모든 부분이 교체되었더라도 그 배는 여전히 테세우스의 배인가?"라는 질문은 테세우스의 역설이 되었고 플루타르코스는 이것이 성장하는 모든 사물의 핵심 질문이라고 정의했다. 신시아 몽고메리 교수는 격랑의 파고를 항해하는 상황에서 지속적으로 배를 점검하고 보완해야 함을 강조했다. 4차 산업혁명과 불확실성의 시대에 테세우스의 배를 소환시

테세우스의 배

켜야 한다. 지속적인 생존과 번영을 위해 부두에 정박한 배를 이끌고 항해해야 한다. 낡은 널판지는 덧대거나 바꾸어야 한다. 혁신과 생존을 동시에 수행하며 민첩하게 헤쳐 나아가야 한다. 생존을 위해 무엇보다 중요한 것은 변화를 감지하고 신속하게 대응할 수 있는 준비의 역량을 만드는 것이다.

기업

엘빈 토플러는 『부의 미래』에서 인간이 만든 최고의 효율을 갖춘 조직은 기업이라 했다. 기업은 시속 100마일로 주행한다. 시민 단체는 90마일, 가족은 60마일, 정부 조직은 25마일의 속도를 내고 법은 시속 1마일로 비유했다. 변화를 주도하고 감지하여 생존을 넘어 부를 창출하는 가장 빠른 유기체는 기업이다. 기업도 변화를 읽고 민첩하게 대응하는 역량을 갖추지 못한다면 생존할 수 없다. 50년 전인 1967년 미국을 대표하는 기업은 IBM, AT&T, 코닥, GM, Sears, GE였다. 4차 산업혁명을 주도해 온 GE마저 111년간 유지해 온 다우지수 구성 기업에서 퇴출되었다. 리테일 산업의 거인 시어스는 완전히 몰락했다. 1888년 설립된 코닥은 카메라 필름 산업에서 최고의 기업이며 최초로 디지털 카메라를 만들었지만 변화의 흐름을 읽지 못하고 결국 파산 신청의 운명을 맞이했다. 애플에 앞서 터치 스크린 기능의 스마트폰을 개발했던 노키아는 수익의 대부분을 차지하던 피처폰에 집착하여 스마트폰 전쟁에서 테세우스의 배를 침몰시켰다.

아킬레우스, 이카루스의 역설

"노래하소서, 여신이여! 펠레우스의 아들 아킬레우스의 분노를." 호메로스는 『일리아스』에서 인간은 자신의 운명을 직접 선택할 수 있는 주체적인 존재임을 밝히고자 했다. 전쟁에서의 명예와 치적을 상징하는 여인 브리세이스를 빼앗긴 분노, 친구 파트로클로스를 죽음으로 이끈 트로이에 대한 분노는 그에게 전쟁 참여의 극한 동기를 제공했다. 아킬레우스의 분노는 트로이의 헥토르를 죽였지만 자식을 잃은 프리아모스에게 헥토르의 사체를 돌려주고 증오와 분노를 거두며 일리아스의 이야기를 마친다. 아킬레우스는 파리스가 쏜 화살에 발뒤꿈치를 맞아 죽었다. 그는 명예를 위한 주체적 삶을 살았지만 예견된 운명에 대비하지 않았다. 스틱스 강의 불멸의 힘과 헤파이스토스가 만들어 준 갑옷과 무기로는 불확실성에 완벽히 대비할 수 없다는 것을 간과했던 것이다. 불멸의 강함에 대한 맹신이 오히려 약점이 된 것이다. 다이달로스는 정교한 미로 라비린토스를 만들었지만 아들 이카루스와 함께 갇히는 신세가 되었다. 길을 찾고자 했지만 번번이 실패하자 그는 새의 깃털과 밀랍으로 날개를 만들어 탈출에 성공한다. 하늘을 난 경험을 한 이카루스는 자만에 빠져 태양 가까이 접근하자 밀랍이 녹아 내리고 하늘에서 끝없이 추락했다.

대니 밀러 교수는 이를 이카루스의 역설로 정의하였고『코끼리와 벼룩』의 저자 찰스 핸디는 성공의 역설로 정의했다. 현재의 성공이 미래의 성공을 보장해 주지 않고 장애물이 될 수 있다. 과거의 성공 법칙이 고착화되어 변화에 둔감한 거대한 코끼리를 만들 수 있다. 지멘스의 CEO 조 캐처는 생존은 변화하는 세상에 빠르게 적응하는 것이라고 말했다. 개인도 기업처럼 변화에 적응하고 가치를 찾는 민첩성과 적응력이 요구되는 시기가 도래했다.

민첩성

전략적 민첩성 – 생존을 위한 전략 마인드

민첩성은 아이아코카 연구소에서 제안되어 생산의 효율성, 유연성을 추구해 왔지만 4차 산업혁명 시대에 개인, 조직이 갖추어야 할 핵심 역량으로 인식되고 있다. 스피드 경영, 패스트 전략, 린 경영은 현재의 빠른 실행과 운영적 측면을 강조했다. 민첩성은 실행 이전에 변화를 감지하고 신속하게 대응할 수 있는 상태이다. 이브 도즈 교수와 노키아의 미코 코소넨은『신속 전략 게임』에서 전략적 민첩성을 기업과 조직, 개인 모두에게 시대를 살아가는 전략으로 제시하고 있다. 전략적 민첩성(agility)은 전략적 감수성, 리더십 통일, 자원 유동성이 서로 연결되어 시너지를 창출하는 힘이다.

- 전략적 감수성: 변화를 감지하고 맥락을 이해하여 가치를 창출하는 능력
- 리더십 통일: 조직, 집단 내에서 정치적 목적 없는 의사 결정과 실행, 관리, 점검을 유연하게 추진하는 능력
- 자원 유동성: 자원의 한계를 인식하고 연결의 힘으로 새로운 기회에 빠르게 전환할 수 있는 능력

전략적 감수성은 복합적인 상황과 변화를 감지하고 다양한 디지털 도구와 협업으로 의미와 가치를 발굴하여 성장과 기회를 창출하는 종합적 통찰력이다. 트렌드와 메가 트렌드, 기술 동향과 산업 간 융복합으로 초래되는 변화의 흐름과 맥락을 파악해야 한다. 미래는 예측이 아니라 과거와 현재의 변화의 흐름에서 만드는 것이다. 리더십 통일은 정치적 목적이나 확증 편향 없이 신속하고 빠르게 움직이는 역량이다. 다양성과 자율성을 존중하지만 공동의 목표를 위해 집단 몰입이 동시에 조화를 이루어야 한다. 원대한 목표와 비전, 미션의 교감이 필요하며 목표와 성과에 관한 명확한 공감이 필요하다. 자원 유동성은 성장형 마인드셋의 자원에 대한 인식과 맥락을 같이한다. 자원 유동성은 변화에 신속하고 유연하게 자원을 할당하거나 회수하며 내부 협력뿐만 아니라 다양성, 개방성에 기초한 전략적 협력과 외부의 집단 지성을 이용하는 역량이다.

하이퍼 코피티션, 오픈 소스와 오픈 플랫폼, 오픈 커뮤니티, 70:20:10의 법칙을 활용하여 가용 자원의 풀을 확장하고 선택의 폭을 넓혀야 한다. 안전한 투자는 없다. 위험과 실패의 가능성을 낮추고 다양성으로 성공의 가능성을 높여야 한다. 탈무드에서는 자신의 자산을 토지, 사업, 미래를 위해 세 부분으로 나누라고 한다. 포트폴리오 이론은 자산을 분산하여 위험의 가능성을 줄이고 작지만 여러 성공 가능성을 추구하는 투자 기법이다. 노벨 경제학상 수상자 제임스 토빈은 계란을 한 바구니에 모두 담아서는 안 된다고 이야기했다. 바구니를 떨어트리기라도 한다면 모든 것이 물거품이 될 수 있기 때문이다. 개인도 70:20:10의 법칙을 적용하여 핵심 역량 강화에 70%의 자원을 투입하고 핵심 역량의 확장에 20%를 투자하며 창의적, 창발적 아이디어와 영감 창출을 위해 10%의 자원을 투자해야 한다.

삶은 개구리 증후군, 몰입상승의 함정

영원함은 존재하지 않는다. 집단 몰입의 실패 요인은 몰입상승(Escalating Commitment)의 함정이며 삶은 개구리 증후군(Boiled frog syndrome)이다. 개구리를 찬물에 넣고 온도를 올리면 관성이 생기고 변화를 수용한다. 관성에 적응하고 결국 죽게 된다. 몰입상승은 과거의 성공, 관행으로 변화를 거부하는 집착이다.

콩코드 기는 혁신의 상징이었지만 수익 창출, 기술 완성도 부족이 지적되었다. 프랑스와 영국은 부정적 피드백을 무시하고 사업을 계속 감행했지만 결국 사업을 중단하며 콩코드의 오류라는 교훈을 남겼다. 비틀즈로 대변되는 팝 뮤직, 록 뮤직은 HMV를 최대 음반 기업으로 성장시켰지만 2013년 막을 내렸다. 아마존이 온라인에서 CD 판매를 시작했고 애플 아이튠즈가 등장했지만 HMV는 경계를 하지 않았다. 음악 트렌드가 아이튠즈와 스포티파이 등 디지털 서비스로 전환됨을 외면하며 기존 성공 방정식에 심취했던 것이다.

몰입상승의 주된 요인은 자만심과 관성, 자기 합리화와 확증 편향이다. 익숙함을 버리면 불편함이 보이고 개선의 단서를 제공한다. 혁신의 시작은 불편함에 대한 질문이다. 왜(Why), 무엇을(What), 어떻게(How)의 질문을 반복하여 관성과 익숙함을 탈피하고 자기 합리화에서 물러서 팩트를 찾는다. 몰입의 최종 목표도 분해하고 재조립하여 수많은 징검다리를 만든다. 대안이 없음에도 몰입하는 것은 재앙이다. 징검다리는 몰입상승의 실패 위험을 경감하는 대안이 된다. 부정적 피드백도 질문의 골든 서클을 적용하고 객관화, 정량화를 수행하여 점진적 개선의 기회로 삼아야 한다.

전략적 민첩성과 감수성

현대인을 위한 전략적 민첩성

전략적 민첩성은 4차 산업혁명 시대에 생존의 필수 역량으로 요구되고 있다. 전략적 감수성과 유연성은 불확실성에 대비하는 최선의 선택이며 일과 학습, 성과를 극대화하는 도구이다. 인사이트를 찾는 활동도 전략적 민첩성의 일환이다. 일과 업무, 학습, 산업과 비즈니스의 융복합 흐름을 읽고 맥락을 파악하여 자신과 조직을 위한 성장의 계기로 만든다. 업무 방식과 평가 방식이 바뀐다면 변화에 따라 민첩하고 유연하게 대응하고 시대가 요구하는 새로운 역량을 갖추어야 생존을 넘어 번영할 수 있다. 애자일 방식, 린 스타트업, 해커톤, 빅데이터, 클라우드 기반의 업무 환경이 도입되는 상황에서 민첩한 학습으로 역량을 확보하는 것이 경쟁력이다. 개발자에게 기획 능력이 요구되고 기획자에게 산업간 융복합 솔루션 기획 능력을 요구한다. 디자이너들에게 전략과 마케팅, 고객에 대한 이해가 요구되는 시대이다. 지속적인 점검을 통해 점진적 개선과 피드백으로 자신의 역량을 확장하고 융복합하여 진화해야 한다.

현대인을 위한 전략적 감수성

현대인들에게 필요한 전략적 감수성은 연결, 감지, 분석, 실행으로 정의한다. 변화하는 모든 현상에 연결되어야 변화를 감지할 수 있다. 감지를 통해 얻은 데이터를 분석하여 의미와 가치를 추출하면 계획의 목록이 발굴된다. 이후 지속적, 점진적 실행과 점검, 피드백과 보완으로 성공의 확률을 높이고 역량을 강화하여 성장 동력을 보유하게 되는 것이다.

* 연결 – Connect Things

현대는 초연결 시대다. 사물 인터넷은 만물 인터넷, 산업용 인터넷으로 진화하여 O2O와 융복합했다. 연결의 기회가 증대하고 새로운 가치 창출의 시대가 열렸다. 연결의 목적은 정보를 발생시키고 데이터의 맥락을 읽어 가치와 기회를 발굴하는 것이다. 구글은 사악해지지 말자라는 행동 강령을 삭제했다. 정보와 경쟁력의 원천인 데이터 수집을 포기할 수 없기 때문이다. 기업들은 빅데이터를 넘어 다크데이터로 미래를 준비한다. 정보의 독점과 선제적 정보 입수는 더 많은 기회와 가치, 경쟁력을 제공한다. 현대인들의 삶, 인생, 일과 학습도 연결에서 시작한다. 일과 일자리의 본질이 변하고 디지털 노마드의 시대이지만 고도의 소프트 스킬, 하드 스킬 역량과 인공지능, 빅데이터, 로봇과 협업하고 디지털 리터러시 역량을 보유한 지식 노동자의 입지는 여전히 굳건하다. 변화를 읽고 불확실성에 대비하는 기본은 연결이며 지속적인 혁신과 개선으로 자가 진화를 이루어야 생존 이후의 기회와 가치를 만들 수 있다.

* 감지(Sense)

　일상에서는 수많은 센서가 변화를 감지하여 데이터를 발생시킨다. 페이스북과 유튜브, 인스타그램으로 매일 빅데이터가 발생된다. 연결을 통해 데이터를 획득할 수 있지만 감지는 의도한 분야에서 발생된 데이터를 포착하는 역량이다. 세상과 연결되어 있더라도 의도된 연결로 트렌드, 이머징 이슈, 메가 트렌드와 시대적 요구 역량 변화를 감지하지 못한다면 연결의 의미를 상실하여 기회를 놓친다. 기회는 바다의 밀물에 맞추어 배가 항구에 들어가려는 때를 의미한다. 밀물 시간을 포착하지 못한다면 다시 물때를 기다려야 한다. 모든 이들에게 기회는 동일하게 나타나지 않는다. 촉을 세워야 한다. 마크 저커버그는 시대적 요구와 세상의 변화에 민감한 촉을 세우라고 말했다. 사이토 히토리는 『부자의 통찰력』에서 부를 거머쥔 사람들에게는 남다른 촉이 있다고 했다. 루이스 쉬프는 『부(富)의 감(感)』에서 돈에 대한 촉을 세우는 것이 부를 창출하는 원동력이라 주장했다. 촉은 상황을 감지하여 변화의 본질을 파악하고 가치를 선별하는 통찰력이다. 촉을 세우면 기회를 인지하고 포착할 수 있다. 감지는 관심 영역에 연결하고 촉을 세우는 의도된 행위이며 기회를 포착하는 출발점이다. 실시간으로 변화하는 정보를 감지하는 능력을 갖추어야 한다. 일상에 매몰되어 세상의 변화를 감지하지 않거나 외면한다면 기회를 상실하는 것이다.

* 분석(Analyze)

　현대는 빅데이터의 시대다. 위치 정보, 소셜 활동 기록, 인터넷 쇼핑의 구매 패턴에 이르기까지 빅데이터 플랫폼에 전달되고 실시간으로 분석되어 최적화된 개인 맞춤형 서비스, 맞춤형 광고와 추천 서비스가 일상이 되었다. 기업뿐만 아니라 현대인들에게 분석 능력이 요구된다. 데이터의 양은 급속도로 증가하고 있다. 필요한 데이터를 선별하고 분석하는 역량과 확보된 데이터를 신속하게 검색하여 활용하는 역량이 요구된다. "어벤저스 인피니티 워"에서 타노스는 6개의 인피니티 스톤을 모았다. 스톤을 모아도 순서대로 잘 꿰어야 한다. 각 스톤을 분석하여 쓰임새와 목적을 파악하여 알맞은 위치에 배열해야만 가치가 발생하고 시너지를 만들 수 있다. 직장인의 경우 직무 분석이 우선이다. 직무에서 요구되는 역량을 분석하고 강화해야 한다. 다음은 비즈니스 시스템을 분석한다. 조직, 팀, 사업부를 분석하고 연관된 유관 부서의 업무와 프로세스를 분석하는 것이다. 자신의 직무와 연관된 산업과 경쟁사, 경쟁 기술, 연관 기술을 분석하고 경영 전략이나 개발 전략, 마케팅 전략 등을 분석한다. 소속된 조직 외에 다른 곳에서는 정보를 얻기가 쉽지 않다. 연결 전략을 통해서 지인, 동료, 유관 부서의 키 맨을 찾아 필요한 정보를 요청하는 것도 방법이다.

* 실행(Act)

지그 지글러는 목표를 정하고 행동하지 않으면 결코 이루어지지 않는다고 했다. '조금 더 나아지고 더 새로워지고 있는가?'라는 질문에 답을 하는 과정이 실행이다. 호랑이처럼 예리하게 목표를 주시하고 소의 걸음처럼 우직하게 나아가 원칙과 방향성을 가지고 실행하여 결실을 맺을 수 있다. 린 스타트업 방식이 각광을 받고 있다. 작은 목표를 세우고 빠르게 실행하면서 문제점을 발견하고 피드백을 수행하여 빠른 성공과 빠른 실패를 반복하며 목표를 수행한다. 실패를 하더라도 실패에 대한 위험 부담이 적다. 성공을 위한 노력도 투입되는 자원이나 노력이 현저히 줄어든다.

민첩성과 탄력성

전략적 학습 민첩성

불확실성, 초연결 시대에 경험 기반 학습으로 민첩하게 지식과 기술을 습득하고 역량을 확대하여 성과를 도출하는 전략적 학습 민첩성이 핵심 역량으로 부각되고 있다. 롬바도와 아이칭거는 학습 민첩성을, 경험을 통한 학습 능력과 신속한 실행력으로 대상을 탐구하고 빠르고 유연하게 적용할 수 있는 역량으로 정의했다. 리더십 기관 CCL은 리더로 성장하게 된 요인 조사에서 경험을 손꼽았다. 리더는 경험에 대한 성찰과 반성으로 학습하고 실용적 결과물을 만든다. 학습 민첩성은 정신 민첩성, 대인 민첩성, 변화 민첩성, 결과 민첩성으로 구분할 수 있다.

- 정신 민첩성(Mental Agility): 자신의 역량을 파악하고 경험 기반의 학습 과정에서 타인을 존중하며 변화 상황에서의 회복력
- 대인 민첩성(People Agility): 역경에서도 결과를 도출하며 타인의 성과 창출을 돕고 타인의 신뢰를 유발하는 능력
- 변화 민첩성(Change Agility): 새로운 관점으로 문제를 인식하고 복잡성과 변화에 대하여 유연한 수용 능력

• 결과 민첩성(Result Agility): 지적 호기심과 새로운 발상에 대한 창발적 자세

드므즈의 연구에 따르면 성공하는 리더는 빠르고 효과적으로 학습하는 능력이 뛰어났기 때문이라고 강조한다. 수많은 성공 경험과 직무 경험을 보유했음에도 실패하는 이유에 대해 과거의 성공과 직무 경험에서 올바른 학습을 수행하지 못하고 변화에 따른 신속함과 유연함을 갖추지 못했음을 지적했다. 학습 민첩성이 뛰어난 리더들은 자신의 역량을 피드백 구하기, 지속적인 정보 수집과 학습, 실수에 대한 인정, 위험 감수, 협력, 새로운 시도, 성찰로 강화한다.

감정 민첩성, 감정 용량

백색소음은 심리적 안정감과 집중력을 향상시킨다. ASMR도 인기를 끌고 있다. 오감을 자극하여 편안함을 유도한다. 실리콘밸리에서는 명상 열풍이 거세다. 아이디어 발상과 마음 다스리기 목적으로 명상을 도입하고 있다. 일상에서의 마음챙김, 감정을 마주하는 통찰 명상이 인기다. 부정적 감정들을 이해하고 자기 발전의 원동력으로 이용한다. 누구나 감정의 응어리를 가지고 있고 감정에 휘둘리기 때문에 가치와 자존감을 상실하게 된다. 삶의 만족은 그 감정들을 어떻게 처리하느냐 하는 것에 달려 있다.

감정 민첩성은 감정을 인지하며 소통하고 협력하는 것이다. 수전 데이비드는 『감정이라는 무기』에서 감정을 약화하는 것은 부정적인 마음이며 이를 다스리기 위해 부정적인 감정 패턴 발견하기, 부정적 감정에 이름 붙이기, 자아 수용 실천하기, 장기적이고 인생의 가장 큰 목표에 효과적으로 다가서

기 등을 제시하며 감정 민첩성을 기르도록 조언한다. 감정은 소통과 협력의 대상이며 감정을 동반자로 인식하여 느끼고 생각하는 것이 행동으로 일치되도록 해야 한다. 감정을 인정하고 마주하여 소통하면 감정의 원인을 찾을 수 있다. 감정과 능숙하게 협력하는 능력이 성공의 지름길이다. 감정을 인지하고 받아들이며 다스리는 주체는 자기 자신이며 개인마다 필요한 시간이 다르고 고통 수용 및 다스림까지 여정의 길이 차이가 존재함을 알아야 한다.

마음을 받아들이는 그릇의 크기가 모두 다르며 이를 감정 용량이라고 한다. 감정 용량이 넘치면 감정의 과부하에 처하게 된다. 마음과 두뇌의 휴식이 필요하며 감정의 쉼터, 마음의 쉼터를 찾아야 한다. 감정이 과부하에 걸린 원인을 찾고 환경에서 잠시 벗어나 감정 용량을 회복해야 한다. 이를 통해 자신을 치유하고 회복하며, 복원하는 과정이 필요한 것이다.

회복 탄력성 - 환경 이해력, 전략 수립력, 목표 추진력

란제이 굴라티는 회복 탄력성(Resilience)을 갖춘 기업은 지속 성장이 가능함을 강조했다. 정신분열을 겪는 부모와 함께 자란 자녀들이 부모의 영향을 받지 않을 수 있었던 이유는 회복 탄력성이었다. 미래학자 자메스 카시오는 변화는 피할 수 없기 때문에 이를 받아들이고 불확실한 상황을 견딜 수 있는 힘에 집중하라고 했다.

회복 탄력성은 예상치 못한 변화에 유연하게 대처하고 회복하는 역량이며 성장의 기회로 만드는 확장을 의미한다. 회복 탄력성은 마음의 근육에 대한 회복력, 복원력을 넘어 민첩한 도약의 단계로 활용되어야 한다. 이를 위해 환경에 대한 이해와 전략 수립 능력, 목표를 추진하는 역량이 유기적으로 조화를 이루어야 한다. 환경 이해력은 전략적 감수성과 같은 맥락이다. 산업간 경계를 허무는 변화를 이해하며 시대가 요구하는 역량을 갖추는 것이다. 전략 수립력은 계획하는 능력이다. 목표와 꿈을 향해 계획 수립, 실행, 점검과 피드백의 과정을 거쳐 여정을 계속해 나가는 것이다. 자신의 역량을 개선하고 실력을 배양하는 것도 전략 수립력이 요구된다. 현재와 미래의 사회와 직장, 직업, 직무가 변화하는 맥락을 파악하여 선제적으로 준비하는 것이다. 다른 요소는 목표 추진력이다. 변곡점과 불확실성에서 목표와 비전, 꿈을 생각하며 다시 일어나는 능력이 요구된다. 영화 "시티 오브 조이"에서는 삶의 방식을 소개한다. 도망치거나, 방관하거나, 부딪치거나. 어떠한 인생을 살고 싶은가?

전략을 만드는 사소한 도구

플래너, 다이어리 – 이용하는가? 이용당하는가?

현대인의 필수품은 플래너와 다이어리다. 회의를 소집했을 때 빈손으로 들어오는 직장인과 다이어리와 볼펜을 준비하는 직장인은 시작부터 차이가 있다. 사소한 도구들이 전략을 만들고 전략적 민첩성을 만든다. 인류는 도구적 인간 호모 파베르의 속성을 지닌다. 도구를 이용하여 시간과 자원을 효율적으로 사용할 수 있다. 하지만 도구의 노예가 된다면 이러한 혜택도 무용지물이 된다.

스마트폰, 플래너, 다이어리를 사용하는 현대인들도 도구를 사용하는 것인지 도구의 노예가 되고 있는지 점검해야 한다. 회의는 커뮤니케이션이 실시간으로 교류되는 자리다. 모든 것을 눈과 귀, 손에 일임해서는 안 된다. 두뇌에게 생각할 시간을 주고 두뇌가 생각하고 추론하여 회의의 맥락을 파악하고 인사이트를 얻어야 한다. 플래너와 다이어리는 메모와 기록을 위한 도구일 뿐이다. 한정된 두뇌 용량을 보조하며 두뇌와 대화를 통해 발생하는 창발적 아이디어를 놓치지 않는 기록의 보조 도구로 이용되어야 하는 것이다.

포스트잇 – 점(dot)과 선(Line)을 만드는 도구

아인슈타인은 머리맡에 펜과 노트를 구비하여 꿈에서 얻은 아이디어를 기록했다. 닐스 보어는 원자 모형 이론이 꿈에서 얻은 영감이라고 했다. 멘델레예프는 꿈에서 영감을 얻어 주기율표를 완성했다. 리 알렉산더 맥퀸은 시그니처인 로 라이즈 진과 해골 무늬 스카프로 세계적 인기를 끌었다. 그는 꿈에서 얻은 영감에서 현실을 스케치했던 것이다. 창발적 아이디어는 관심 분야에 지속적 두뇌 활동을 한 결과이지만 메모지와 필기구가 없다면 창발적 아이디어는 이내 사라진다. 포스트잇은 3M의 스펜서 실버가 강력한 접착제를 개발하던 중 우연히 탄생한 제품이다. 폐기될 만한 중간 결과물을 회생시킨 사람은 같은 회사의 아트 프라이다. 그는 찬송가 책에 책갈피를 꽂아 두었지만 자주 분실했던 기억을 살려 스펜서 실버의 개발물로 포스트잇을 완성했다.

메모지나 플래너, 다이어리 등 전통적 아날로그 방식의 메모법은 여전히 건재하다. 특히 포스트잇은 플래너나 다이어리와 달리 편하게 쓰고 버릴 수 있다. 창발적으로 떠오르는 아이디어, 기억해야 할 내용, 해야 할 일을 기록하면 시각적으로 확인하고 두뇌에 자극을 줄 수 있다. 정보가 가장 강력한 힘이 되는 시대에 머리와 마음을 정리하는 방법은 빠른 메모다. 과거에 기록한 메모를 찾지 못하여 난감한 순간이 발생할 수 있다. 긴급하게 메모를 한 후 이를 두터운 스프링 노트 등에 주기적으로 옮겨 붙이며 정리해야 한다. 불필요한 메모에 시간을 낭비하지 않아야 한다. 중요한 메모는 스마트폰으로 찍고 다양한 스캐너 앱을 통하여 텍스트를 추출하여 별도로 저장할 수도 있다. 메모 습관도 중요하지만 메모는 하나의 점이다. 메모를 정리하고 내용을 서로 연결하여 선으로 만드는 과정이 반드시 필요하다.

뇌와 메모를 믿지 마라

일부 직장인들은 중요 미팅에서 보이스 레코더, 스마트폰으로 녹음을 한다. 듣고 이해하고 메모하는 것만으로는 충분하지 못하며 메모를 하더라도 전후의 맥락을 잘못 파악하면 다른 뜻이 전달되기도 한다. 특정 기업들은 경영 전략 등 주요 회의를 녹음하여 사내 한으로 배포한다. CEO와 의사 결정자들의 생생한 목소리를 청취하고 비전과 미션을 반복적으로 공유하여 임직원의 참여도와 성취 동기를 향상시키고 집단 몰입과 목표에 관한 합의를 추구하는 전략이다.

회의를 진행하거나 주제하는 사람을 퍼실리테이터라고 한다. 이들에게 자신이 작성한 회의록과 녹음 내용을 비교하도록 했다. 그 결과 자의적 해석, 의미 전달의 오류가 빈번하게 발생했다. 지시사항이 왜곡되어 표현되기도 했다. 회의에 집중하고 메모를 했지만 내용이 누락될 수 있고 맥락을 파악하지 못하여 잘못된 정보가 만들어지는 경험을 통해 학습 효과와 개인적 자각을 의도한 실험이다. 커뮤니케이션은 단순한 대화를 의미하지 않는다. 커뮤니케이션에서 전달되는 정보와 그 맥락을 파악하고 자신의 의견을 피력하는 역량을 강화해야 한다. 또한 두뇌의 기억 용량 한계와 자의적 해석 오류를 인정하고 이를 보완할 메모와 도구를 이용하여 약점을 보완해야 한다.

디지털 메모의 기술

기업 회의에서 화상회의 시스템으로 영상을 녹음하고 파일과 스크립트, 회의록을 신속하게 배포하는 사례가 증가하고 있다. 학생들도 강의에서 랩탑과 노트테이킹을 위한 앱과 프로그램을 사용한다. ICT 기술 발달로 아날로그 메모도 디지털로 진화했다. 원 노트와 에버노트는 다양한 디바이스에서 노트테이킹과 녹음, 사진 등을 포함할 수 있는 노트 필기 앱이다. 클라우드 기반으로 다양한 디바이스로 데이터를 동기화하여 사용할 수 있다. 구글 킵의 메모장이나 네이버 달력, 구글 캘린더 등은 일, 월, 연도 별, 시간 별로 스케줄 관리와 사전에 이를 알려주는 알람 기능을 제공한다. 스마트폰에 설치하여 두면 알람 주기에 따라 사전에 통지를 보내어 중요한 행사를 놓치지 않을 수 있다. 반복되는 일정과 비밀 일정, 일정 공유에 대한 설정 기능을 제공하기 때문에 효과적인 일정 관리를 수행할 수 있다.

비공개 블로그와 카페, 클라우드를 이용하자

컴퓨터를 구입한 후 관련 프로그램들을 설치하고 여러 가지 폴더를 생성한다. 폴더를 생성하거나 자료를 특정 폴더에 넣을 때마다 엑셀 파일 등으로 간략하게 폴더, 파일 이름, 파일의 내용 등을 기록해 둔다면 이러한 검색 시간도 단축할 수 있다. 초기 활동의 번거로움이 수많은 시간을 절약하는 사소하지만 중요한 도구가 되는 것이다. 자신만의 비공개 블로그, 카페, 무료 클라우드 저장소를 만들어 연결을 통해서 발생하는 수많은 정보를 체계적으로 분류하고 저장하고 활용할 수 있다. 각종 포털에서는 블로그와 카페에 글쓰기, 그림, 동영상 편집 및 검색을 체계적으로 쉽게 이용할 수 있도록 다양한 도구를 제공하며 특정 뉴스나 동영상의 링크를 복사하여 자신의 카페, 블로그, 카카오톡 등으로 보내기 기능을 활용할 수 있다. 초연결 시대에 자신만의 데이터베이스를 구축해야만 정보를 빠르고 효율적으로 검색하고 이용할 수 있다. 모든 사람이 프로그래머가 될 필요는 없다. 개인 블로그나 카페, 클라우드 저장소, 페이스북이나 인스타그램을 이용하더라도 자신만의 데이터 베이스가 구축되는 것이다. 빅데이터 시대에 발생한 데이터를 체계적으로 분석하여 가치를 찾는 것이 더욱 중요하다. 필요한 정보를 신속하게 얻도록 연결 전략을 수행하고 획득한 정보를 체계적으로 분류, 저장, 검색, 재활용하는 일련의 과정으로 자신만의 가치를 만들어 내야 한다.

스마트폰과 화이트보드 – 교차 점검과 시각화를 극대화하라

직장 생활과 업무를 수행하는 현대인은 수많은 회의에 파묻혀 일상을 보낸다. 회의에서 녹음을 할 수 있지만 회의의 맥락을 파악한다는 것은 회의 내용을 글자로 변환하여 스크립트를 읽는다는 것을 의미하지 않는다. 원활한 회의 진행과 소통의 질을 향상하기 위하여 회의 진행에 앞서 회의 목적, 협의 내용, 만들어야 할 결론, 회의 시간 및 참석자를 명확히 지정하여 사전 공지하는 기업들이 증가하고 있다. 회의를 마칠 시점에는 정리 미팅을 강제하기도 한다. 이 과정에서 화이트보드를 사용한다. 두뇌에 기록된 내용을 복원하고 눈과 손으로 메모한 내용을 점검한다. 회의에서 결정 지어진 내용을 재확인하여 누가 무엇을 해야 할지 서로 교차 점검(cross check)하며 공유하고 공감한다. 이 과정의 핵심은 시각화(Visualization)를 통한 기억의 반복이다.

화이트보드에 회의 내용을 간결하게 정리하고 액션 아이템을 기록하고 그 일의 담당자, 책임자를 지정하며 목표 일자와 결과물을 명확하게 명시하면 의도된 회의 성과를 달성할 수 있다. 화이트보드에 기록함으로써 이미 회의록이 작성된 것이다. 마지막 단계는 스마트폰으로 사진을 찍고 그것을 회의 결과로 신속하게 공유하는 것이다. 그러면 회의 참석자뿐만 아니라 회의에 참석 못 한 사람들에게도 텍스트 위주의 회의록이 전달하는 내용보다 손쉽게 맥락을 전달할 수 있다. 많은 기업들이 회의 중에 화이트보드를 사용하고 스마트폰으로 사진을 찍거나 출력되는 전자칠판을 이용하는 이유이다.

생각 창조 방식

생각의 특이점

과거에는 선도자를 빠르게 추격하는 모방 전략이 성공을 거두었지만 불확실성이 심화되는 현재에는 적절한 방법으로 간주되지 못한다. 추격이 아닌 혁신을 선도하는 자만이 살아남게 되는 시대가 된 것이다. 4차 산업혁명과 과학기술 혁명으로 모든 산업이 지식 기반 산업으로 융복합되었다. 새롭고 창의적인 아이디어로 무장한 기업들이 선발 주자가 되어 산업을 독식하는 승자독식 현상을 쉽게 볼 수 있게 된 것이다. 현대인들도 생각의 특이점을 고려해야 한다. 하나의 생각이 다른 생각과 연결되어 새로운 생각과 사고의 전환, 확장을 도모할 수 있으며 생각의 전환과 수용으로 새로운 생각의 기회와 시간을 단축시킬 수 있는 것이다.

실리콘밸리 유니콘, 데카콘의 생각 창조 방식

성공하는 기업, 조직, 개인은 생각하는 방식이 다르다. 유니콘, 데카콘 기업들은 창의와 혁신으로 생각을 만들어 왔다. 혁신 기술과 파괴적인 아이디어로 시장을 선도하며 빅뱅 파괴자가 되어 새로운 질서를 창조한다. 생각을 만들어 내는 다양한 방법이 존재한다.

* 제로 투 원

실리콘밸리의 유니콘, 데카콘과 스타트업들은 제로 투 원(Zero to One)에 근거한 사고방식에 익숙하다. 존재하지 않았던 생각의 점들을 연결하여 새로운 고객 경험과 가치를 창출한다. 우버, 에어비앤비는 공유 경제 서비스로 인류의 패러다임을 전환시켰다. 빅데이터 유니콘 기업 팔란티어의 창업자 피터 틸은 기존에 없던 생각으로 새로운 기회를 만드는 과정, 0에서 1이 되는 사고방식의 대전환을 강조하고 호기심과 탐구를 통하여 밝혀지지 않은 진실을 파악하여 미래를 준비해야 한다고 주장했다. 제로 투 원의 사고방식은 무에서 유를 창조한다는 의미가 아니다. 제품과 솔루션, 고객 경험과 가치가 새로운 것이다. 제로는 점이다. 무수한 점을 가공하고 연결하여 새로운 가치의 선을 만들고 연결과 확장으로 뫼비우스의 띠와 같은 면과 도형을 만들어 새로운 경험을 선사한 것이다.

* 원 투 엔드

중국 스타트업의 성공 키워드는 원 투 엔드(One to End) 사고방식으로 창조적 모방으로 새로움을 창출하는 생각 창조 방식이다. 바이두, 알리바바, 텐센트, 디디추싱 등은 검증된 기술과 비즈니스 모델, 성공 전략을 신속히 수용하고 창조적으로 응용하여 확장하는 전략을 이행했다. 시장 규모의 이점을 활용하고 현지화와 혁신 노력을 통해 성장했다. 텐센트의 마화텅은 흰 고양이건 검은 고양이건 쥐만 잘 잡으면 된다는 덩샤오핑의 흑묘백묘론을 인용하며 남들이 고양이를 보고 고양이를 그릴 때 자신은 고양이를 본떠 호랑이를 그렸다고 이야기한다.

* 원투원

원 투 원(One to One) 생각 창조 방식은 기존의 생각에 새로움을 더하여 점진적으로 개선하고 확장, 진화하는 사고방식이다. 유럽 기반의 유니콘 기업들은 원 투 원 형태의 창조적 변형 사고방식을 선호한다. 금융산업 강국인 영국의 핀테크 산업을 중심으로 기존 산업의 경쟁 우위를 레버리지하고 비즈니스 모델 안정화에 집중하는 형태이다. 유럽은 스타트업의 거품을 경계하는 보수적인 투자 분위기로 미국 대비 성장 중심의 시장 파괴적 비즈니스보다 수익 창출력과 재무 건전성에 집중하려는 성향이 강하기 때문이다. 다양한 생각 창조 방식이 존재하지만 핵심은 상황에 대응하는 유연성과 전략적 민첩성이다. 생각 창조의 방식도 처한 환경과 상황 변화에 능동적으로 대처하면서 다양성에 기반한 내, 외부의 연결, 확장으로 진화해야 하는 것이다.

인사이트

뉴스는 정해진 시간에만 보아야 하는가? - CNN 효과

원하는 시간에 새로운 뉴스를 제공할 수 없을까? 테드 터너는 24시간 뉴스를 제공하는 CNN을 설립했다. 이제까지는 특정 시간에 뉴스를 제공했고 시청자들은 그것을 당연하게 받아들였다. 그의 아이디어는 비웃음의 대상이었다. 하지만 독일 베를린 장벽 붕괴, 천안문 사태, 걸프전 등 이슈를 가장 빠르게 전달하고 CNN 효과를 창조하여 인류에게 새로운 경험과 가치를 선사했다. 세상을 놀라게 할 혁신은 단순한 아이디어, 기존의 불편함에서 시작하여 다른 아이디어와 연결되고 확장과 진화의 과정에서 세상을 놀라게 할 창발적 인사이트로 재창조된다.

소음을 소음으로 제거한다 - BOSE, 사일런트 파트너

아마르 보스는 엔진 소음 때문에 음악을 들을 수 없는 불편함을 메모했다. 소음을 제거하는 헤드폰을 만든다면 인류에게 행복한 여행을 선사할 것이라는 생각이었다. 소음을 소음으로 제거하겠다는 그의 생각은 비난과 가십의 대상이었다. 그는 1978년 연구를 시작하여 18년 동안이나 헤드폰 개발을 진행했다. 1986년 노이즈캔슬링 기술의 프로토타입이 개발되었고

1989년 파일럿을 위한 노이즈캔슬링 헤드셋을 출시했다. 이후 미육군 헤드셋, 우주왕복선 조종사를 위한 헤드셋 개발에 이어 2000년 일반 소비자를 위한 노이즈캔슬링 헤드셋을 출시하여 세상에 없던 새로운 경험과 가치를 선사했다. 그의 이름에서 BOSE 브랜드가 만들어졌고 BOSE는 노이즈캔슬링 헤드셋의 대표 명사가 되었다.

코골이는 의학적 치료를 동반해야 할까? 코골이 소음을 소음으로 제거할 수 없을까? 사일런트 파트너는 노이즈캔슬링 기술을 적용하여 코골이에서 발생하는 소음을 감지하고 이 소음을 상쇄시킬 반대 소음을 발생시켜 코골이로 인한 상대편의 고통을 덜어 주어 인기를 끌었다. 코골이를 질병으로만 생각했다면 인사이트를 도출할 수 없었을 것이다.

인사이트를 만드는 7가지 채널

창의적, 창발적 아이디어를 원하지만 쉽게 얻지 못한다. 그것은 전략적 감수성, 전략적 학습 민첩성이 부족하기 때문이며 전략적 감수성의 연결, 감지 역량이 부족해서 나타나는 현상이다. 일반인에게도 혁신이 요구된다. 불편함과 통념에서 인사이트를 발굴하여 자신의 성장과 조직, 기업, 사회에 지대한 영향을 제공할 수 있다. 모한비어 소니와 산제이 코스라는 인사이트를 얻을 수 있는 통로를 7가지 채널로 정리했다.

- 변칙 – 기존의 사고방식, 정형화된 표준을 벗어나서 생각하기
- 교차점 – 경제, 문화, 사회, 제품과 플랫폼, 트렌드의 교차점 찾기
- 불만 – 인류와 고객, 시스템과 프로세스를 불편하게 하는 것이 무엇인가
- 통념 – 전통적인 믿음과 신념, 가치관에 도전하라

- 극한 – 앞서가는 사람들의 행동과 니즈를 배우고 일탈자를 활용하라
- 여행 – 자리에서 박차고 일어나 크로스오버 아이디어를 활용하라
- 유추 – 자신이 속한 산업, 조직뿐만 아니라 인접 산업, 문화, 역사 등 융복합을 활용하라

변칙은 틀림이 아닌 다름이다. 마르쿠스 아우렐리우스는 『명상록』에서 기존의 사고방식과 정형화된 표준보다 중요한 것은 다름을 인정하고 다양성에 기반한 상상하는 힘과 해석하는 힘이라고 강조했다. 이제는 변칙을 생각해야 한다. 『평균의 종말』의 저자 토드 로즈는 사회가 강요하는 평균주의의 함정을 그대로 수용했다면 영원히 ADHD 증후군 환자라는 평가를 받으며 살았을 것이다. 그는 평균주의의 허상을 탈피하는 개개인성을 강조했다. 그가 제시한 개개인성의 원칙은 들쭉날쭉의 원칙, 맥락의 원칙, 경로의 원칙이다.

동일한 IQ를 가졌더라도 다양한 분야에서 들쭉날쭉한 성과를 나타낸다. 내성적, 외향적이라는 판단은 상황에 따라 변할 수 있다. 핵심은 맥락과 상황의 파악이다. 교차점은 다양한 트렌드와 산업의 경계, 기술의 경계를 말한다. 교차점에서 길목을 살피는 것은 인사이트를 발굴하기 위한 지름길이다. 불만은 욕구를 창출한다. 원격지 사람들과 회의를 하려는 욕구는 화상회의를 만들어 냈고 오프라인 서점의 불편함은 아마존을 탄생시켰다. 무수한 광고에 지친 불만은 구글을 성장시켰다. 플라스틱 카드는 스마트폰의 모바일 결제 앱으로 대체되었다. 선택의 고민도 구독 경제 서비스로 개인 최적화된 맞춤형 배달 앱, 큐레이팅 서비스를 창조했다.

불만 사항, 욕구, 번거로움을 관찰하면 영감과 인사이트를 얻게 된다. 통

넘은 시대를 관통하는 보편적 생각이지만 인사이트는 통념을 벗어난 자유로움에서 만들어진다. 고객은 언제나 정직하다는 통념은 폐기되었다. 사용자의 숨은 의도마저 찾아내려는 그로스해킹이 보편화되었다. 로버트 스텐버그는 창의적인 사람은 통념을 벗어나 애매모호함을 견디는 힘을 지녔다고 말한다. 통념이라 믿어 온 사실들에 유연하고 주체적으로 남과 다르게 생각하는 과정에서 새로운 기회를 포착할 수 있다. 번트 슈미트는 통념을 성스러운 소, "성우(聖牛)"라고 정의하고 마음속에 있는 성우를 죽여야만 인사이트를 발굴할 수 있다고 말한다. 질문의 골든 서클로 마음속의 성우를 죽여 나가는 과정에서 트로이 목마가 탄생하게 된다.

극한은 극단적 상황이다. 극한의 상황에서는 일탈자가 발생한다. 아툴 가완디는 『어떻게 일할 것인가』에서 긍정적 일탈자가 되는 방법을 제시했다. 즉흥적인 질문으로 일과 업무, 극한의 상황에서 잠시 벗어나 생각의 멈춤과 전환을 추구한다. 해야 할 일이라면 불만의 개선점을 찾는다. 과학적인 관찰과 정량적 수치로 긍정의 요소들을 관리한다. 글을 쓰고 변화를 추구한다. 리처드 파스칼 교수도 긍정적 일탈자의 중요성을 강조했다. 긍정적 일탈자들은 극한의 상황에서도 긍정적인 인사이트를 제공하며 역경을 이겨 내는 방안을 찾는다.

여행은 다른 시각과 경험으로 아이디어를 창출하는 가능성을 높인다. 일과 학습에서 벗어나 자유로운 사고를 추구하며 다른 산업, 문화, 기술에서 아이디어를 차용하는 크로스오버 아이디어이며 상상력의 발현이다. 공항의 컨베이어 벨트에서 착안하여 회전 초밥의 아이디어를 떠올리고 항공기의 바퀴에서 착안하여 바퀴 접이식 유모차가 탄생했다.

마지막은 유추와 적용이다. 『내가 정말 알아야 할 것은 유치원에서 배

윘다』의 저자 로버트 풀검은 세상의 모든 지식보다 상상하고 유추하는 힘이 더욱 중요하다고 말한다. 3 Room 회의 방법으로 알려진 디즈니의 회의실은 몽상가의 방, 현실주의자의 방, 비평가의 방으로 구성되어 있다. 단계별로 각 방에 들어가 생각을 만들고 유추하고 적용하는 과정을 거친다. 몽상가의 방에는 어떠한 제약도 비평도 없다. 현실의 세계에서 벗어나 다채로운 상상을 펼칠 수 있다. 현실주의자의 방에서는 몽상가의 방에서 떠오른 수많은 아이디어에 관하여 기술적, 경제적으로 실현 가능성을 검토한다. 하지만 불가능한 것은 없다. 단지 지금 구현이 어렵다면 잠시 아이디어 저장소에 보관해 둔다. 비평가의 방에서는 현실주의자의 방에서 선택된 아이디어를 철저하게 비판하여 맹목적 낙관주의를 경계하고 극한의 위험까지 시뮬레이션하여 실질적 가치를 유추하고 적용한다.

미래 인재

긍정적 일탈자

기업은 자신들의 존재 가치를 비전과 미션으로 설명한다. 비전은 존재 이유이며 미래로 나아가는 방향을 정의한다. 미션은 존재 이유를 달성하기 위한 구체적인 실현 방법이다. 실리콘밸리 기업들은 생각하는 방식, 일하는 방식이 모두 다르지만 가치, 영감, 타당성, 특별함의 중요함을 공통적으로 강조한다. 일과 업무의 시작은 비전과 미션, 사명서의 내용을 확인하는 것이며 창의력을 발휘하거나 업무 성과를 내는 것도 기업의 가치에 부합되어야 한다. 긍정적 일탈자는 기업의 비전과 미션을 자신의 인사이트 도출에 융복합하여 새로운 가치를 창조한다.

- 우버(Uber): 도시들을 더욱 접근 가능하게 만들어 승객들에게 더 많은 가능성을 열어 주고 운전자들에게 더 많은 일거리를 창출한다.
- 에어비앤비(Airbnb): 어느 곳이든 소속될 수 있는 세상을 만들자.
- 팔란티어(Palantir): 공공의 선과 올바른 일에 헌신한다. 위대한 소프트웨어와 성공적인 회사를 만드는 데 열정적이 된다.
- 스페이스엑스(SpaceX): 화성에서 인류의 삶이 가능하도록 기술을 개

발한다.

- 핀터리스트(Pinterest): 사람들이 좋아하는 것을 찾도록 도와주고, 실생활에서 그러한 일들을 하도록 사람들에게 영감을 준다.
- 드롭박스(Dropbox): 사용하기 쉽고 신뢰 기반의 제품을 만든다.
- 위웍(WeWork): 세상을 만들고 그곳에서 사람들은 단지 삶을 사는 것이 아니라 인생을 만드는 일을 할 수 있도록 한다.
- 링크드인(LinkedIn): 전문직들을 연결하여 생산적이고 성공할 수 있게 하자.
- 페이스북(Facebook): 사람들에게 공유하는 힘을 주고 세계를 더 열리고 연결되도록 하자.
- 테슬라(Tesla): 주목하지 않을 수 없는 멋진 양산용 전기 자동차를 최대한 빨리 시장에 내어 지속 가능한 교통수단 창조를 가속화하자.
- 구글(Google): 세상의 모든 정보를 정리하여 누구에게나 접근 가능하고 유용하도록 만들자.
- 아마존(Amazon): 지구에서 가장 고객 지향적인 회사가 되자.
- 슬랙(Slack): 당신의 회사 생활을 단순하고 쾌적하고 생산적으로 만든다.

우뇌형 사고 역량

4차 산업혁명과 과학기술 발달은 융복합형 인재를 요구하고 있다. 인간의 좌뇌는 논리 흐름, 맥락 해석, 분석력을 담당한다. 우뇌는 사건 대응 능력, 큰 그림 그리기, 창조, 창의, 공감과 소통을 담당한다. 다니엘 핑크는 『새로운 미래가 온다』에서 미래 인재는 좌뇌 중심의 논리 추론 능력과 우뇌 중심의 창조 능력, 공감 능력으로 하이컨셉의 시대를 준비해야 한다고 했다. 좌뇌와 우뇌를 함께 사용하는 전뇌적 사고방식을 요구하는 것이다. 다니엘 핑크는 우뇌형 사고 역량으로 디자인, 스토리, 조화, 공감 형성, 유희, 의미 부여를 미래 인재의 6가지 조건으로 제시했다.

디자인은 상상을 현실로 만들며 창조하고 융합하는 능력이며 전뇌적 사고를 대표한다. 인간 고유의 창의성이 발휘되는 디자인은 차별화가 가능한 창조의 영역이다. 알레시는 혁신적 디자인으로 이탈리아를 대표하는 명품 식기 브랜드다. 전 세계 유명 디자이너와의 협업을 통해 오피치나 알레시 라인업을 선보였다. 알레시는 전속 디자이너를 보유하지 않지만 산업 디자인을 대표하는 필립 스탁, 알레산드로 멘디니 등 세계 최고의 디자이너들과의 콜라보레이션으로 시장 유행을 따르지 않지만 새로운 트렌드를 만든다. 시장의 예측을 뛰어넘는 새로운 경험을 선사하여 감성의 소비 시대를 창조하는 것이다.

스토리는 이야기를 구성하는 능력이다. 4차 산업혁명의 시대에는 스토리가 중요하다. 애플은 아이팟 제품에 스토리를 입히고자 비니 치에코와 협업했다. 비니 치에코는 영화 "스페이스 오디세이"에서 우주선 디스커버리 원이 보유한 작고 하얀 우주선 에바 팟(Eva Pod)에게 "Open the pod door, Hal!"이라는 메시지를 보내는 장면에서 영감을 얻어 팟(Pod)을 고안했다. 컴퓨터와 아이팟의 관계를 디스커버리 원과 작은 우주선인 에바 팟에 연결시켜 고객 경험의 유사성과 스토리를 선사한 것이다.

조화는 작은 블럭을 모아 모듈을 만들고 모듈 덩어리들을 관련지어 큰 그림, 빅 픽처를 만드는 융합 역량이다. 프란스 요한슨은 이를 메디치 효과로 정의했다. 메디치 가문은 미켈란젤로, 레오나르도 다빈치, 보티첼리, 갈릴레이, 마키아벨리 등 예술가와 문인, 과학자들을 후원하여 르네상스 시대를 이끌었다. 서로 다른 역량이 모여 시너지를 만든 것이다. 조화를 위한 연결은 교차 지점을 형성하여 새로운 아이디어가 창출되는 매개자 역할을 한다. 창의력이란 다양하고 이질적 요소를 연결하는 능력이기 때문이다.

공감 형성의 시작은 타인의 입장으로 다양성을 인정하는 과정이다. 공감은 자신과 타인의 감정 상태, 인지 상태를 이해하고 상대의 입장에서 생각할 수 있는 소통 능력이다. 빌 게이츠는 미국 공영 방송 "지금은"에 출연하여 고통받는 사람들이 처한 환경과 처지, 입장과 고통을 온전히 느끼는 것은 불가능하지만 전쟁과 같은 그들의 일상을 보면서 그 고통이 어떠한지 미약하나마 알게 되었고 마음을 행동과 실천으로 옮기는 것이 공감이라고 설명했다.

유희는 놀이이며 즐거움이다. 4차 산업혁명으로 일과 일자리가 디지털 네이티브 속성으로 디지털 노마드, 프리 에이전트, 프리랜서의 시대를 열고 일과 놀이를 함께 추구하는 신인류 호모 파덴스를 낳았다. 호모 파덴스는 놀이하는 인간을 의미하는 호모 루덴스와 무엇인가를 창조하고 만들어 내는 도구의 인간 호모 파베르를 합성한 미래 인재이다.

의미 부여는 일과 삶에 대한 가치를 부여하는 능력이다. 공동선의 추구로 자신과 집단, 사회에 긍정적 영향을 끼치고 의미 부여와 가치 추구로 삶의 원동력을 만들어 세상을 바로 보는 역량을 갖추어야 한다.

생각

결정 장애

오늘 뭐 먹지?라는 고민에 '아무거나' 메뉴가 인기다. "나는 상관 없다"는 말은 무심하지만 선택의 순간에 결정 장애를 에둘러 표현하는 것이다. 결정 장애를 햄릿 증후군으로 이야기한다. 셰익스피어 희곡의 주인공 햄릿처럼 이러지도 저러지도 못 하고 고민하는 정신적 장애다. 독일에서는 Maybe 세대가 등장했다. 원래의 뜻은 남자가 되어라, 남자처럼 행동하라는 의미의 광고였지만 결정을 못 하며 Maybe를 외치는 젊은 세대를 대변하고 있다. 뫼비우스의 띠는 경계가 하나밖에 없는 2차원 도형으로 안과 밖의 구별 없이 연결되어 있는 띠이다. 띠를 따라 이동하면 정반대 면에 도달하고 두 바퀴를 돌면 처음 위치로 돌아온다. 띠를 따라 걸으면 영원히 띠를 벗어나지 못한다. 현실에서도 뫼비우스의 띠에 갇히는 일이 발생한다. 결정하지 못한 채 맴도는 회의와 같다. 명쾌하게 결정하는 맺고 끊음이 필요하다. 일과 학습, 공부에서도 맺고 끊음의 순간, 결정을 못하여 결정 장애의 늪에 빠져 있는 것은 아닌지 점검해야 한다.

다빈치 노트

윌리엄 제임스는 생각을 바꾸면 행동이 바뀌고 행동이 바뀌면 습관이 바뀌며 습관이 바뀌면 인격이 바뀌고 인격이 바뀌면 운명이 바뀐다고 했다. 생각이 뒤엉켜 혼란을 초래한다. 갈피를 못 잡는 현대인들이 많다. 요동치는 생각부터 정리해야 한다. 레오나르도 다빈치는 연결과 확장의 아이콘이다. '다빈치 노트'로 알려진 그의 생각 정리 노트는 빌 게이츠가 300억 원에 구입했다. 노트에는 새의 날개 구조를 이용하여 인간이 날 수 있다는 원리를 스케치했다. 헬리콥터 원리 이외에도 아이디어가 가득하다.

빌 게이츠는 '생각 주간(Think Week)'을 갖고 자신이 생각해 온 모든 것을 정리하고 연결하는 시간을 만든다. 전략을 만드는 사소한 도구로 플래너와 포스트잇, 스마트폰, 블로그와 카페, 화이트보드 등이 있다. 뇌의 기억 용량

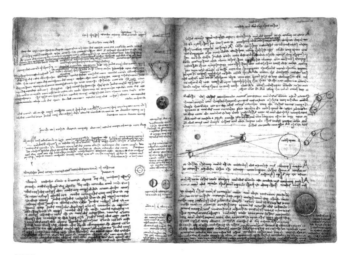

다빈치 노트

은 한계가 있다. 영화 "자니 니모닉"에서는 뇌와 컴퓨터를 연결하여 생각을 이식한다. "공각기동대"에서는 전뇌화 기술로 인간의 기억을 컴퓨터에 연결한다. 일론 머스크의 뉴럴링크는 컴퓨터와 인간의 뇌를 연결하는 신경 레이스 기술을 개발 중이며 뇌에 이식된 전극으로 생각의 업로드와 다운로드가 가능하다. 레이 커즈와일이 예견한 나노봇도 수많은 두뇌의 비밀을 밝힐 것이다.

두뇌 속의 기억, 생각에 대한 지도를 얻는 기술이 없는 현재로서는 시각화 작업이 대안이다. 머릿속의 생각을 인간의 오감을 활용하여 글이나 그림, 도형, 기호로 표현하는 것이다. 뒤죽박죽 섞여 있는 생각들을 하나씩 적어 보고 그려 보며 정리하고 연결하는 것이다. 순서도 원칙도 필요 없다. 해야 할 일은 머릿속의 생각을 현실 세계로 인출하여 시각화하는 것이다.

생각 정리의 원칙 - MECE

생각 정리의 원칙과 역량을 갖추지 못한다면 생각 정리 도구는 부담이 된다. 도구에 맞추어 생각을 제약할 필요는 없다. 생각 정리의 시작은 두뇌 속의 다양한 생각을 분류하고 연결하는 과정이다. 맥킨지의 문제 해결 방식 MECE(Mutually Exclusive, Collectively Exhaustive)를 사용한다. MECE는 생각의 요소들이 중복되지 않고 각각의 합이 전체를 구성한다. 가위, 바위, 보 게임은 승부를 가르며 세 가지 선택 이외에 다른 선택을 할 수 없다. 기업 전략의 3요소는 고객, 기업, 경쟁자이다. 중복되지 않고 각각의 합이 기업 전략으로 표현된다.

트럼프로 불리는 플레잉 카드도 MECE 방법으로 구분할 수 있다. 트럼프는 52장의 카드와 조커 2장으로 구성되어 있다. 조커를 제외하면 52장 각

같이 MECE 방식으로 구분된다. 카드를 무늬로 구분하면 스페이드(♠), 하트(♥), 다이아몬드(♦), 클럽(♣)으로 나뉜다. 트럼프를 숫자와 글자로 나눈다면 A(에이스)와 숫자 2~10까지 적힌 카드들을 한 그룹으로 묶고, J(Jack), Q(Queen), K(King), 조커로 구분된다.

MECE로 생각을 정리할 때에는 분류의 목적을 수립하여 왜(Why)라는 질문에 답해야 한다. MECE로 생각을 정리하면 원리와 논리들이 체계화되어 시스템적 사고방식을 갖추게 된다. 복합 문제를 해결하기 위한 기본적 문제 해결의 프로세스도 같은 개념이다. 현재의 상황을 나타내는 As Is, 문제를 해결하기 위한 How to, 문제를 해결한 후 기대하는 모습 To be처럼 3단계의 요소로 나눌 수 있다. 구분된 각각의 합은 문제 해결 프로세스로 통합되어 나타난다.

꼬리에 꼬리를 물고 생각하기

HBO 드라마 "럭키 루이"에서 루시는 궁금한 점이 많다. 왜(Why)라는 끊임없는 질문에 아빠는 결국 인생을 돌아보는 계기를 만든다. 도요타는 창업 때부터 창조와 품질을 강조했으며 문제점을 찾는 과정에서 5Why 방법을 이용한다. 어떠한 문제라도 다섯 번의 Why를 통해 근본 원인을 찾아낼 수 있다며 질문의 힘과 논리적으로 생각하는 사고방식을 강조했다.

갑자기 기계가 멈추었는데 담당자는 전원 공급의 문제로 퓨즈가 끊어졌기 때문이라고 그 원인을 밝혔다. 퓨즈를 교체하면 문제를 종료할 수 있지만 Why를 적용하면 과부하의 원인을 찾을 수 있다. 원인은 기계 장치의 베어링이 뻑뻑해졌기 때문이다. 베어링을 교체하는 것으로 문제를 해결하고 종료할 수 있지만 베어링이 뻑뻑해진 이유를 찾고자 Why 질문을 적용했다. 원인은 윤활유를 공급하는 펌프 고장이었다. '그 원인은 무엇인가?'에 대한 답변으로 이물질을 발견했다. 이물질이 흡착된 이유는 집진기가 윤활유 펌프 옆에 설치되었기 때문이다.

결국 먼지 집진기의 위치를 바꾸어 윤활유 펌프의 이물질 흡착, 윤활유 펌프의 오동작, 베어링이 뻑뻑해지는 문제, 전원 과부하 문제가 해결되었다. 문제의 근본 원인을 해결하면 중간 단계의 불필요한 낭비를 근원적으로 차단할 수 있다. 의식하지 않았어도 논리적으로 생각하는 연습이 스무고개이다. 스무 번의 질문과 꼬리에 꼬리를 물고 생각을 이어 나가는 과정에서 논리적인 지도, 로직 트리가 만들어지게 된다.

로지컬 씽킹

논리적으로 생각하기

일과 업무, 학습의 과정에서 자신의 생각을 논리적으로 정리하고 커뮤니케이션과 협업을 통해 집단 창의를 발현하는 역량이 요구되고 있다. 맥락을 파악하고 자신의 생각을 논리와 근거로 설득시켜야 한다. 이때 요구되는 필수 역량이 논리적으로 생각하기, 로지컬 씽킹(Logical Thinking)이다. 생각을 논리적으로 정리하고 표현한다는 것은 불확실성이 높은 4차 산업혁명, 과학기술의 시대에 복합적 문제 해결, 협업과 소통을 위한 필수 역량임을 인지해야 한다. 이러한 역량은 훈련으로 강화할 수 있음을 간과해서는 안 된다. 회의 흐름을 따라잡고 의견을 개진하거나 최고의 성과를 만드는 이유도 논리적으로 생각하는 능력이 뒷받침되었기 때문이다.

우수한 성취를 나타내는 사람들은 파편적인 생각을 MECE로 정리하고 그룹핑하여 생각을 심플하게 만들고 더 많은 생각으로 확장한다. 정보의 핵심, 문장의 맥락을 신속하고 명확하게 파악한다. 심플하게 정리된 생각들이 무한한 확장을 가능하게 하는 것이다. 항상 플래너나 다이어리 등을 이용하여 계획하고 정리하고 표시하는 습관을 갖는다. 말을 할 때에도 결론부터 명확하게 이야기하고 필요할 때 부연 설명을 한다. 이들의 숨은 능력은 생각 정리 도구에 대한 사용법과 문제 해결 프로세스가 체화되었다는 사실이다. 생각을 정리한 후 시각화와 기억을 돕는 도구를 활용해야 한다. 생각할 요소들이 더 많아지거나 깊게 생각할 경우 생각을 체계적으로 정리하는 도구인 로직 트리를 활용해야 한다

로직 트리

로직 트리(Logic Tree)는 MECE 사고방식으로 생각의 흐름을 나뭇가지 모양으로 분류하고 생각을 확장할 수 있는 생각 정리 도구다. 두뇌가 논리적이고 체계적으로 변화하며 문제를 세분화하여 파악할 수 있다는 장점이 있다. 스마트폰 제조사가 경영 목표를 수립했다. 목표 달성을 위해 매출 증가와 원가 절감을 하기로 했다. 매출 증가의 세부 방안으로 판매량, 판매 채널, 신규 고객이 자사의 매출 증가에 핵심 요소라고 정의했다.

원가 절감에 관해서는 핵심 부품 교체, 제조 공정 단순화, 생산 라인 이전을 중요 요인으로 선정했다. 로직 트리를 이용하면 머릿속의 문제를 현실 세계로 가져와 구체적으로 살펴보며 생각을 정리하고 눈으로 확인하는 시각화

가 가능하다. 로직 트리는 문제를 깊이 있게 분석하고 분석과 실행 계획에 대한 논리적 관계 흐름을 확인할 때 그 힘을 발휘한다.

로직 트리 작성 규칙 – MECE

로직 트리를 작성할 때에는 시작부터 MECE 방법으로 분류해야 한다. 경영 목표 달성이라는 목표에 매출 증가와 원가 절감을 선정했다. MECE 기준으로 중복되지 않고 각각의 합이 경영 목표 달성을 향한다. 로직 트리가 확장될수록 구체적으로 표현한다. 로직 트리는 목적에 따라서 질문이 변화할 수 있다. 문제의 원인을 찾는다면 Why에 대한 답을 찾아 나간다. 문제의 조건을 찾는 생각 정리라면 What이라는 질문에 답을 찾는다. 방법을 찾는 로직 트리라면 How?를 물어 로직 트리를 확장한다.

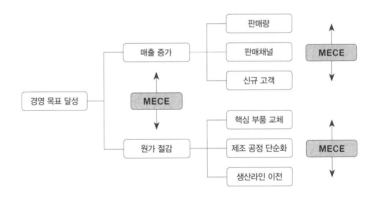

로직 트리의 종류

로직 트리는 사용 목적에 따라서 다양하게 활용된다. 일반적으로 What, Why, How로 질문하여 꼬리에 꼬리를 물며 생각의 깊이를 만든다. 로직 트리의 종류는 다음과 같이 구분한다.

- 문제를 정의하기 위한 로직 트리 (What tree)
- 문제를 해결하기 위한 로직 트리 (How tree)
- 문제의 원인을 파악하기 위한 로직 트리 (Why tree)
- 구조화된 복합 로직 트리 (Mixed tree)

문제를 정의하기 위한 로직 트리는 What tree다. 지속적인 What 질문으로 생각을 이어 간다. 전략적 민첩성은 전략적 감수성, 리더십 통일, 자원 유동성으로 구분한다. 전략적 감수성은 연결, 감지, 분석, 실행 역량을 필요로 하기 때문에 다음과 같은 What tree가 구성된다.

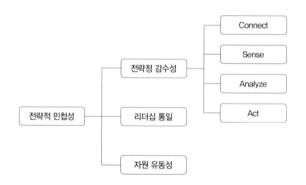

문제를 해결하기 위한 로직 트리는 How tree로, 현상 파악으로 시작한다. 목표를 성적 향상으로 정했다. 어떻게 성적을 향상시킬 것인가를 고민하여 How 질문으로 생각을 넓혀 간다. 성적 향상을 위한 방법으로 교육 계획서를 분석하고 공부에 대한 빅 픽처를 그리고 선행 학습을 하기로 했다. 교육 계획서를 분석하기 위해서 공부법 책 구입, 학교 홈페이지 조사, 컨설팅 받기, 인터넷 검색을 통한 자료 수집 방법을 기재했다. 선행 학습의 국어의 경우 인터넷 강의를 수강하고 수능 기출문제를 풀어보며 학원에 등록하고 학교 수업의 복습을 철저히 하겠다고 방법을 기재한 사례이다.

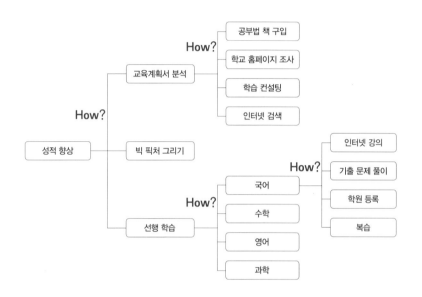

문제의 원인을 파악하기 위한 로직 트리는 Why tree다. 문제에 Why 질문을 반복하며 원인을 찾아 가는 과정을 나타낸 것이다. 이직을 하려는 상황에서 원인에 대하여 Why 질문을 만들고 답변으로 상사와의 갈등, 회사의 비전 상실, 급여 문제를 선택했다. 상사와의 갈등에 대하여 다시 Why라는 질문을 던지고 그에 대한 원인으로 평가 결과, 상사의 인성 문제, 자신의 업무 능력, 과도한 업무량 등을 선택했다. 급여에 관해서도 Why 질문의 답변으로 업계 평균보다 적은 연봉, 잔업비 삭감, 회사 이전에 따른 교통비 증가, 전반적인 물가 인상 등을 선정했다. Why tree는 반복적인 질문으로 구체화하여 근본 원인을 찾는 과정이다.

구조화된 복합 로직 트리는 문제에 대하여 What, Why, How를 다양하게 혼합하여 생각을 정리하는 방법이다. 컨설팅 보고서, 기업의 경영 전략 보고서, 기업의 제품, 솔루션 설명서, IT 서적 등 이와 같이 구성되어 있다. 기업이 디지털 트랜스포메이션을 수행해야 하는 상황이라면 What 질문으로 4차 산업혁명과 디지털 트랜스폼을 정의할 수 있다. Why 질문으로 4차 산업혁명에 따른 기업, 경제, 메가 트렌드의 변화, 경쟁 환경의 변화 등을 이유로 설명한다. How 질문을 통하여 현재의 상황인 As is에서 어떻게 변화를 시키겠다는 To be로 향후 진행될 모습을 그릴 수 있다.

로직 트리의 효용성은 생각을 정리하는 것에 그치지 않는다. 지속적인 Why, What How를 적용하여 생각을 더 깊게 만든다. 시간이 지난 후에도 과거의 생각을 빠르게 확인하고 다음 단계의 생각을 지속할 수 있다. 로직 트리는 업무 보고서, 회의 진행 및 회의록, 전략 보고서의 목차와 보고 내용을 작성하는 과정에서 유용하게 활용될 수 있다. 학생이 공부를 할 때에도 항목을 분류하여 Why, What, How를 적용함으로써 자신의 약점 분석, 원인 진단, 개선책 도출에도 효과를 얻을 수 있다.

만다라트

괴물 투수 오타니 쇼헤이

만다라트(Manda-la-Art)는 일본의 디자이너 이마이즈미 히로아키가 만든 생각 정리 도구이며 목표를 달성하는 기술을 의미한다. Manda는 진수, 본질을 의미하고, la는 소유한다는 의미의 불교 용어다. 만다라의 의미는 깨달음의 경지를 반복되는 원과 사각형, 연꽃 무늬로 표현한 불교 그림이며 많은 사람들이 명상과 치유의 도구로도 사용한다.

임권택 감독의 75번째 기념비적인 작품도 "만다라"이다. 승려였던 작가 김성동의 작품이 원작으로 작가의 삶의 궤적이 녹아 있기에 진정성과 구도의 길을 엿볼 수 있는 작품으로 평가받았다. 괴물 투수 오타니 쇼헤이가 밝힌 성공 비법은 80개의 구체적인 상세 목표를 기록한 만다라트 목표 달성법이다. 그는 드래프트 1순위 지명을 받겠다는 핵심 목표를 설정한 후 8개의 구체화된 목표를 작성했다. 8개의 구체화 목표를 달성하기 위한 더욱 상세한 방법들을 기록하고 실천한 것이다.

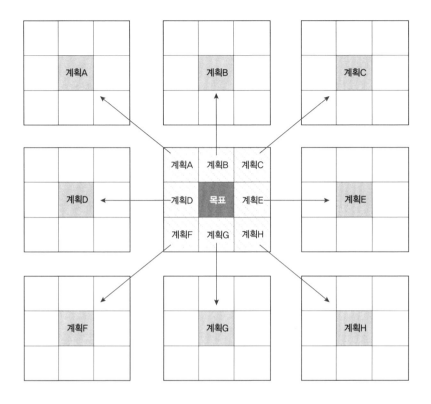

중심에서 주변으로

만다라트 발상법의 작성은 도화지에 가로, 세로 각 9칸씩 모두 81개의 사각형을 그리는 것에서 시작한다. 9개의 큰 사각형 중앙에 핵심 목표를 기록한다. 핵심 목표는 자신이 수행하고자 하는 최종 목표가 된다. 핵심 목표를 둘러싼 8개의 사각형에 목표를 수행하기 위한 현실적인 계획을 기록한다. 그림의 계획 A부터 계획 H까지가 해당된다. 이제 남은 것은 각 계획 A~H까지 계획을 달성하기 위한 실천 계획을 상세하게 나열하는 것이다. 다음 그림은 오타니 쇼헤이가 작성한 만다라트 발상법이다.

몸관리	영양제 먹기	FSQ 90kg	인스텝 개선	몸통 강화	축 흔들지않기	각도를 만든다	위에서부터 공을 던진다	손목 강화
유연성	몸 만들기	RSQ 130kg	릴리즈 포인트 안정	제구	불안정 없애기	힘 모으기	구위	하반신 주도
스테미너	가동역	식사 저녁7숟갈 아침3숟갈	하체 강화	몸을 열지 않기	멘탈을 컨트롤	볼을 앞에서 릴리즈	회전수 증가	가동력
뚜렷한 목표·목적	일희일비 하지 않기	머리는 차갑게 심장은 뜨겁게	몸 만들기	제구	구위	축을 돌리기	하체 강화	체중 증가
핀치에 강하게	멘탈	분위기에 휩쓸리지 않위	멘탈	8구단 드래프트 1순위	스피드 160km/h	몸통 강화	스피드 160km/h	어깨주변 강화
마음의 파도를 안만들기	승리에 대한 집념	동료를 배려하는 마음	인간성	운	변화구	가동력	라이너 캐치볼	피칭 늘리기
감성	사랑받는 사람	계획성	인사하기	쓰레기 줍기	부실 청소	카운트볼 늘리기	포크볼 완성	슬라이더 구위
배려	인간성	감사	물건을 소중히 쓰자	운	심판을 대하는 태도	늦게 낙차가 있는 커브	변화구	좌타자 결정구
예의	신뢰받는 사람	지속력	긍정적 사고	응원받는 사람	책읽기	직구와 같은 폼으로 던지기	스트라이크 볼을 던질 때 제구	거리를 상상하기

만다라트 발상법의 장단점

본질을 소유하고 깨달음의 경지에 이른다는 만다라의 의미처럼 계획 수립 과정에서 자신에 대한 성찰, 생각의 정리를 함께 진행할 수 있다. 큰 목표 수행을 위해 작은 목표로 쪼개고 작은 목표들의 합이 큰 목표를 향한다는 점에서 빅 픽처를 그리고 이를 작은 모듈로 쪼개어 블록을 조립하여 빅 픽처를 만드는 과정과도 같은 맥락이다. 작은 행동들이 모여 커다란 빅 픽처를 만들게 된다.

누구나 꿈을 꿈꾸지만 꿈과 목표를 이루는 것은 결국 구체적인 실행 계획과 행동이다. 머릿속에 존재하고 있는 생각을 시각화하여 눈으로 확인하는 과정에서 자신의 꿈과 목표를 가시적으로 이해하고 집중할 수 있게 된다. 오타니 쇼헤이의 만다라트 발상법에는 주목할 만한 점이 있다. 운에 대한 생각이다. 부정적, 고착형 마인드셋을 가진 사람은 운도 부정적으로 생각한다. 오타니 쇼헤이는 운에 대해서도 긍정의 마인드셋으로 무장했다. 운을 불가항력의 외부요인으로 인식한 것이 아니라 인사, 쓰레기 줍기, 물건을 소중히 하기, 심판을 대하는 태도, 책 읽기 등으로 자신의 운을 만든다고 생각한 것이다.

만다라트 발상법은 장점과 단점이 공존한다. 장점은 하나의 핵심 주제에 집중적으로 생각을 정리하여 64개의 다양한 대안을 도출해 낼 수 있다는 것이다. 64개의 실행 계획을 한눈에 볼 수 있으며 실행 계획들에 대한 우선순위를 결정할 수 있다. 순위가 낮은 항목에 대해서도 실행 여부와 진척 점검을 확인할 수 있다. 초기의 생각 정리, 특정 주제에 대한 초기 단계의 생각 정리 도구로 주로 이용된다.

단점도 존재한다. 핵심 주제는 단 하나만을 선정할 수 있고 이에 대한 대안은 8개만을 선정할 수 있다는 것이다. 핵심 주제가 다양한 경우 여러 개의 만다라트 맵을 이용해야 하며 핵심 주제 간의 연결이나 실행 계획들의 유기적 관계를 유연하게 보여 주기에는 한계가 있다. 상황에 따라 자신에게 맞는 생각 정리 도구를 선택할 수 있는 역량을 갖추어야 한다.

꿈 너머 꿈, 공동의 선

목표 수립에는 두 가지 과정이 존재한다. 최종 목표와 이를 달성하기 위한 실천 목표를 구분하는 것이다. 하지만 최종 목표를 달성한 다음에는 무엇을 해야 할까? 최종 목표가 자신의 꿈이라면 그 다음은 무엇이 있을까? 꿈을 가진 사람은 행복하지만 꿈 너머 꿈을 꾸는 사람은 위대하다고 했다. 2002년 한일 월드컵을 통하여 꿈은 이루어진다는 말이 온 국민의 가슴속에 새겨졌고 꿈을 꾸면 할 수 있다라는 희망을 주었다.

하지만 지금 직장인과 청소년들에게 꿈을 물어보면 답을 못 하는 사람들이 많다. 자신의 현재 상황이 불확실하고 그 불확실성으로 미래가 보이지 않기 때문이다. 꿈을 말할 수 있는 사람들에게도 꿈 너머 꿈이 무엇인가 물어보면 역시 답을 하지 못한다. 꿈이 개인적 영역에 머물기 때문이다. 꿈 너머 꿈은 나의 한계를 넘어서 타인과 사회에 좋은 영향을 미치는 것이다. 피터 드러커는 이를 사회적 영향력으로 공동의 선(Common Good)에 기여하는 것이라고 했다. 이제는 개인의 꿈을 넘어 꿈 너머 꿈을 그려 볼 때이다.

마인드맵

생각 정리 도구

국보 285호로 지정된 울주 대곡리 반구대 암각화는 다양한 동물과 고래, 포경 활동 등이 새겨져 있다. 그림을 그리는 일은 인간의 본능이며 생각을 시각적, 체계적으로 그리고 정리하며 확장하는 도구가 마인드맵(Mindmap) 이다. 중심 생각, 핵심 목표를 기록하고 관련된 아이디어를 가지 치듯 표현 한다. 미국과 무역 전쟁을 벌이고 있는 중국은 시진핑 사상을 마인드맵으로 그려 홍보했다. 보잉 사는 직원 연수 과정에 마인드맵을 도입하여 약 1,000만 달러 이상의 비용을 줄였다. 디자인 씽킹 사고방식에는 전뇌 사고방식이 녹 아 있다. 마인드맵은 디자인 씽킹 방식으로 좌뇌와 우뇌를 동시에 활용할 수 있는 도구이며 직선적이고 순차적인 좌뇌의 사고방식과 방사형, 비정형적인 우뇌의 사고방식을 결합하여 생각의 폭과 깊이를 동시에 넓히는 전뇌 사고 방식 도구이다.

시작

마인드맵은 누구나 할 수 있다. 빈 종이의 한가운데에 하나의 주제를 정 하여 이를 그림이나 글로 표현한다. 중심에 인생 계획이라고 적고, 취업, 학습, 돈, 여가, 건강 등을 주제로 가지를 치듯 다양하게 그려 보는 것이다. 성공하는 사람들은 책이나 보고서를 살펴볼 때 목차를 먼저 확인한다. 전체의 구조가 어떻게 분류되었는지를 빠르게 스캔하면 이야기가 어떻게 구성될지를 머릿속으로 상상하며 읽어 볼 수 있기 때문이다. 내용을 정리할 때 가장 많이 사용하는 방법은 백지 복습이다. 배운 것을 마치 선생님이 된 듯한 자세로 정리해 보는 것이다. 마인드맵 방법으로 학습했던 단원명, 목차, 목차 밑의 하부 목차, 특정 그림이나 도표를 생각하며 가지치기를 하듯 정리할 수 있다. 이 과정에서 자신의 부족한 점을 명확하게 파악할 수 있다.

주의 사항

마인드맵 작성 시 주의 사항이 있다. 마인드맵을 작성하기 위한 첫 번째 단계는 마인드셋이다. 생각을 정리하거나 아이디어를 만든다는 것은 꿈을 이루기 위한 작은 디딤돌을 만드는 것이다. 남과 비교할 필요도 없다. 자신이 만들고 지속적으로 발전시키는 것이 중요하다. 역량과 몸, 마음이 성장하듯 생각도 성장하는 것이다. 본질은 자신의 생각을 체계적으로 정리해 보는 것이다. 완성된 마인드맵에 다양한 색이나 도형을 추가하여 시각화 효과를 내고 번호나 기호, 특수문자, 스티커 등으로 생각의 우선순위를 정하는 것이 중요하다.

에빙하우스의 망각 곡선

학습 이론에 에빙하우스의 망각 곡선 이론이 있다. 인간의 두뇌 메커니즘은 학습 후 10분이 지나면 망각 프로세스가 가동한다. 1주일의 시간이 지나면 학습 내용의 70% 정도를 망각하고 1달이 지나면 학습량의 80% 정도를 상실한다. 학습에서는 주기적인 반복과 복습의 효과가 과학적으로 입증되기도 했다. 에빙하우스가 제시한 방법은 10분, 1일, 1주, 1달 등 4번의 시기를 통해서 기억을 끌어 올리는 외부 자극이 필요하다는 것이다. 이 과정에서 단기 기억이 장기 기억으로 바뀌게 된다. 이때 백지 복습과 백지에 마인드맵으로 학습 내용을 정리한다.

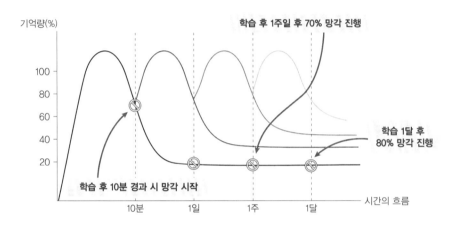

디지털 마인드맵

마인드맵은 손쉽게 종이에 그릴 수 있다. 간단하고 빠르게 생각을 정리하기 위해서 아날로그 방식으로 그림을 그리고 정리하는 것도 좋지만 실제 업무나 복잡한 생각을 정리하고 생각을 빠르게 이용하거나 확장, 수정, 공유하기 위해서는 디지털 마인드맵을 사용한다. 디지털 마인드맵은 편집과 수정이 간편하며 다양한 기능을 제공한다. 일부 마인드맵 프로그램은 클라우드 기능으로 PC, 모바일 기기 등에서도 접속할 수 있으며 다른 프로그램으로 변환 기능을 제공한다. 지속적으로 수정, 편집이 가능하며 필요할 때마다 빠르게 이용할 수 있어 손안의 생각 은행이 만들어지는 것이다. 디지털 마인드맵은 종류와 기능이 다양하며 무료, 유료 프로그램으로 구분된다.

* 프리마인드

단순하고 무료로 사용할 수 있는 디지털 마인드맵으로는 프리마인드(freemind)를 손꼽는다. 쉬운 기능과 직관적인 인터페이스로 개인 및 기업에서 사용해 온 소프트웨어다. PDF 파일로 변환하거나 오픈 오피스, 이미지 저장도 가능하다. 다양한 기능은 부족하지만 개인 목적이나 빠르고 간편한 디지털 마인드맵을 찾는다면 사용해 볼 만한 프로그램이다.

* 엑스마인드

애플은 매주 두 번의 미팅을 진행한다. 우뇌 창의적 미팅에서는 참석자들이 모여 브레인스토밍을 하고 각종 제약 조건을 잊어버리고 자유롭게 생각을 하면서 미친 듯이 아이디어를 제안한다. 좌뇌 생산 미팅에서는 모든 항목을 확실하게 분석하고 결정하는 과정을 거치게 된다. 이때 사용하는 디지털 마인드맵이 엑스마인드(Xmind)이다. 엑스마인드 디지털 마인드맵 프로그램은 무료 및 유로 버전으로 구분이 되지만 무료 버전에도 기본적인 모든 기능이 포함되어 효율성이 높은 마인드맵 도구이다.

* 싱크와이즈

싱크와이즈(ThinkWise)는 대표적인 국산 디지털 마인드맵 프로그램이다. 싱크와이즈 맵과 싱크와이즈 플래너를 이용하여 구글 플래너와 연동되며 협업 기능 지원, 대시보드, 플래너, 다양한 서식과 템플릿, 프레젠테이션 기능, 클라우드 지원 등으로 개인 및 프로젝트 협업, 기업용으로 활용될수 있다. 유튜브에는 공식 교육 및 다양한 강사들의 활용 방법이 공개되어 있으며 오프라인 교육도 진행되고 있다.

* 마인드젯 마인드 매니저

마인드 매니저(Mind Manager)는 엑스마인드와 함께 전 세계에서 가장 많은 이용자를 보유하고 있다. B2B 비즈니스를 하는 기업이나 글로벌 프로젝트를 진행하거나 해외 고객들과의 협업에서도 엑스마인드, 마인드 매니저로 아이디어를 공유하고 협업한다. 특히 고객의 요구 사항에 대한 협의를 하는 POC 단계에서 디지털 마인드맵의 사용을 고객 기업들이 먼저 요청할 정도이다. 마인드 매니저는 윈도우 및 맥 OS를 모두 지원하고 MS 오피스와 완벽하게 연동되는 장점으로 프로젝트 진행, 기업 내외부 업무 보고 등 비즈니스 목적으로도 폭넓게 활용되고 있다.

* 알마인드

알마인드는 싱크와이즈처럼 국산 디지털 마인드맵 프로그램이며 드로잉 인터페이스, 작업 정보 설정, 토픽 추가 설명 기능, 다른 파일 형식과의 호환성 지원 등을 통해 개인뿐 아니라 업무, 교육에도 효율적으로 사용할 수있다. 또한 작성한 맵 문서를 MS 오피스뿐만 아니라 텍스트, 그림, HTML 파일 등과 같이 다양한 형식으로 저장할 수 있다. 또한 마인드 매니저, 프리마인드, 엑스마인드 및 텍스트(.txt) 파일 등 다른 형식의 파일을 읽어 작업할 수 있는 기능을 지원한다.

온라인 공유, 협업 기능

4차 산업혁명, 디지털 과학기술 시대의 핵심은 협업과 집단 지성의 연결이다. 슬라이드셰어(slideshare), 스크리브드(scribd)를 이용하면 마인드맵을 공유할 수 있다. 슬라이드셰어를 이용하여 기업의 홍보물, 카탈로그, 제품 매뉴얼 및 각종 기술 자료를 소개하고 있으며 해당 파일을 다운로드할 수 있다. 구글 드라이브, 아마존 클라우드, 네이버 드라이브 등 클라우드 서비스를 이용하여 마인드맵을 공유할 수 있다. 클라우드 기반의 디지털 마인드맵도 인기다. 마인드마이스터, 마인도모, 마인드멉, 코글 등이 대표적이다. 마인드마이스터는 SAP, 테스코, 오라클, CNN 등 가장 많은 사용자를 보유한 온라인 디지털 마인드맵 서비스이며 다양한 마인드맵 파일과 호환성을 가지고 있다. 온라인 협업 기능으로 실시간으로 마인드맵에 대한 작업이 가능하다. 마인도모 역시 온라인 디지털 마인드맵 기능과 온라인 협업 기능을 제공한다.

생각의 틀

프레임워크 사고방식

조지 레이코프의 프레임 이론에서 프레임이란 현상을 인식하는 과정에서 본질과 의미, 사건과 사실 사이의 관계를 만드는 직관적인 틀, 사고의 체계로 정의했다. 세상을 바라보는 잣대, 사회를 바라보는 통념, 타인을 대하는 모습, 고정관념도 프레임이다. 프레임에 갇혔다고 말하면 특정 상황이나 고정된 생각, 편협된 시선에서 나오지 못하여 탈피해야 할 대상이라고 못 박아버린다. 세상을 살면서 보고, 듣고, 생각하는 모든 것은 받아들이는 마인드셋에 따라 달라진다.

성장형 마인드셋을 가진 사람에게 프레임은 생각 정리의 도구가 된다. 유연하게 활용하여 자신에게 적합한 점과 버릴 요소를 찾는다. 반면 고착형, 부정형 마인드셋으로 무장한 사람들에게 프레임은 자유로운 생각에 대한 연결을 차단하고 고착화시키는 도구로서 작용하는 것이다. 자유롭게 아이디어를 발상하고 시각적으로 표현하는 방법으로 만다라트 발상법이나 로직 트리, 마인드맵을 활용할 수 있다.

생각의 전개를 일정한 구조나 형식에 맞추어 해야 할 필요가 있다. 공통된 생각의 틀, 정형화된 생각의 표현 방식을 만들고 그 형식과 포맷에 따라 생각 전개를 한다면 좀더 빠르고 효과적으로 생각을 정리할 수 있다. 이를 프레임워크라고 하며 프레임워크에 맞추어 생각하는 방식을 프레임워크 사고방식이라고 한다. 프레임워크 사고방식은 사고의 무분별한 확장을 막고 생각의 폭을 좁히더라도 생각의 깊이를 확장하는 방식이다.

도구이자 무기

업무에서 다양한 프레임워크가 이용된다. 피라미드 구조 프레임워크, PEST 분석, 3C 분석, 파레토, 벤치마킹, SWOT 분석, 엔소프 매트릭스, 밸류 체인, 전략 캔버스, ERRC, 비즈니스 모델 캔버스, 린 캔버스, 린 스타트업, GE의 Fastworks 역시 프레임워크다. 모든 프레임워크를 학습해야 하는 것은 아니다. 필요에 따라 선택하고 도구로서 활용하는 것이다. 잘 만들어진 프레임워크를 이용하면 논리 흐름의 포맷에 따라 생각을 집중할 수 있다. 유명 컨설팅 회사의 전략 보고서, 분석 리포트 등은 전체를 조망하며 통찰력을 키우고 디테일에 집중할 수 있다.

피카소는 벨라스케스의 "시녀들"을 수없이 그렸다. 70이 넘어서도 여전히 반복해서 그렸다. 그런 뒤에 마침내 피카소의 "시녀들" 그림이 완성된 것이다. 그는 이런 행동에 "저급한 자는 베끼고, 위대한 자는 훔친다. 나의 작품은 연구의 결과물이다. 끊임없이 탐구하여 새로운 사상을 불어넣었다."라고 이야기했다. 피카소가 훔친 것은 벨라스케스의 그림이 아니라 그의 영감을 훔친 것이다. 그리고 자신의 생각과 영감을 녹여낸 것이다.

제로베이스 사고와 가설 사고

4차 산업혁명과 과학기술혁명의 시대에 정보의 홍수, 빅데이터와 인공지능 기술의 발달은 인간의 노동력, 정보력을 대체하고 있으며 이에 따라 현대인은 인간 고유의 문제 인식 역량, 대안 도출 능력, 로봇, 인공지능으로 대표되는 기계와의 협력적 소통 능력을 요구받고 있다. 문제를 인식하고 대안을 도출하며 협력하는 활동은 결국 인간 고유의 생각하는 능력과 직관, 유추, 추론 등 기계와 인공지능이 대체하지 못하는 인간의 영역을 강화하는 것이다. 학생과 직장인들이 새로운 문제에 직면해서 기발한 아이디어를 생각해 내거나 실리콘밸리의 스타트업 기업들이 새로운 비즈니스 모델을 만들어 유니콘, 데카콘 기업이 되어 기존의 전통적 ICT 강자들을 위협하며 새로운 질서를 만드는 것도 사실 그 근간에는 생각하는 방식, 즉 사고의 방법이 존재한다. 이렇게 생각하고 사고하는 방식 가운데 제로베이스 사고방식과 가설 사고가 있다.

제로베이스 사고방식

개인 업무나 협업 시에 예상치 못한 난관을 만나면 "원점에서 다시 생각해 보자. 초심으로 돌아가 보자."라고 말할 수 있다. 이러한 사고방식이 바로 제로베이스(Zero base) 사고방식이다. 기존의 틀과 관념에서 벗어나 새롭게 문제를 인식하고 생각의 경계를 허물어 발상의 전환을 해 보는 시도이다. 기업들이 적용한 제로베이스 사고방식은 문제의 원인을 근본부터 철저하게 따져 보고 새롭게 출발하자는 의미였다.

닌텐도는 닌텐도 스위치, 닌텐도 Wii, 3DS, 슈퍼 마리오, 마리오 카트 등으로 유명한 게임기 제조회사이다. 닌텐도는 1889년에 화투 제작 회사로 시작했다. 화투처럼 모든 사람이 간편하고 쉽게 놀이를 할 수 있는 도구는 없을까?라는 생각에 트럼프를 일본에 도입하여 큰 성공을 거두었다. 게임&와치라는 세계 최초의 휴대용 게임기를 출시했다. 모든 사람들에게 편리한 놀이 도구를 제공하겠다는 닌텐도의 초심, 근본적인 제로베이스 사고가 결합한 결과물이다. 패미컴은 휴대용 게임기를 가정에서도 쉽고 편하게 즐겨 보자는 또 한번의 제로베이스 사고였다. 이후 게임기 콘셉트에 두뇌 개발과 운동이라는 새로운 생각을 접목하였다. 대상 고객도 청소년에서 온 가족으로 확대시키면서 연간 매출 2조 원에 육박하는 세계 최대의 게임기 제조업체로 성장한 것이다. 닌텐도는 트렌드에 의존하기보다는 전혀 새로운 관점, 제로베이스 사고방식으로 지속 성장을 이루었다.

제로베이스의 의미는 제로의 상태를 의미하는 최초의 출발점으로 다시 돌아가 생각하는 자세이다. 자신이 틀릴 수도 있으며 자신의 한정된 지식과 경험을 확장, 확대시키기 위하여 세상과 연결하고 수많은 다양한 점을 연결하여 선을 만드는 열린 사고이다. 기존의 경험과 다양한 정보, 데이터를 완전히 무시하는 것은 아니다. 닌텐도처럼 모든 사람들에게 편리한 놀이기구를 제공한다는 기본 가치를 상실해서는 안 된다. 고정되지 않고 적극적, 전향적, 개방형 사고를 추구하는 긍정적 정신을 마인드셋으로 장착하는 것이다.

가설 사고

가설이란 정보 수집 과정이나 분석 작업을 시작하기 전에 미리 생각해 두는 임의의 해답이다. 가설 사고란 정보가 적은 단계에서부터 항상 문제의 전체 모습이나 결론을 생각해 두는 사고 패턴 또는 습관이다. 커피 업계에 혁명을 일으킨 스타트업 기업으로 블루보틀을 손꼽는다. 블루보틀은 더 많은 사람들이 블루보틀의 커피를 경험하기를 원했다. 이때 가설 사고를 '매장과 멀리 떨어진 사람들에게도 갓 볶은 커피를 전달해 주고 싶다'라고 정한 것이다. 가설에 대하여 So What?(그래서 무엇?), So How?(그래서 어떻게?) 질문을 지속적으로 반복하여 대안을 찾았다. 가설 사고는 현재 시점에서의 완벽한 결론을 도출하는 것이 아니라 현실적인 대안을 빠르게 수립하고 그 대안을 So What?, So How?의 질문을 통하여 구체화하고 가설을 검증하는 사고방식이다. 최종적인 목표가 아니라 빠르게 가설을 검증하기 위한 대안이다. 가설 사고방식을 통하여 현 시점에서 Best 솔루션을 찾지 못하더라도 빠르게 Better 솔루션을 찾아 검증하고 지속적으로 개선할 수 있다. 디자인 씽킹, 실리콘밸리 기업들의 아이디어 발상과 가설 검증을 위한 해커톤, 린 스타트업과 린 캔버스, GE의 Fastworks, 구글의 스프린트 등이 제로베이스 사고와 가설 사고를 새로운 프레임워크로 만든 것이다.

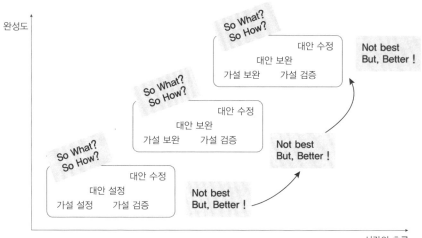

핵심은 프레임워크가 아니다

애플, 아마존, 페이스북, 구글, 우버가 탄생하기 전 우버와 동일한 비즈니스 모델은 없었다. 하지만 그들도 경영을 한다. 다양한 인프라와 프레임워크를 도입하고 실험하며 개선한다. 복잡한 문제에 직면하게 되고 문제가 발생할 때마다 직관과 경험을 따르지만 가능한 모든 사례를 충분히 검토하는 다양성을 수용한다. 원대하고 거창한 계획은 수립하기도 어렵고 실패할 경우 실패에 대한 비용과 시간은 상상을 초월하게 된다. 신속한 개발과 시장 출시를 진행하여 시장과 고객을 검증하고 이를 통한 실패 비용의 감소, 빠른 대응을 통한 고객 확대, 제품 품질 강화는 이제 시대의 흐름이 되었다. 스타트업 기업들의 프로토타입, 최소 존속 제품(MVP, Minimum Viable Product) 개념과 개선 및 신속한 방향 전환(Pivot)이 일과 학습의 과정에서도 적용되어야 하는 시대가 된 것이다.

피라미드 생각 방식

동방의 피라미드, 한국의 고인돌

인류의 시원은 약 318만 년 전 에티오피아에서 탄생한 '루시'다. 선사 시대 문화의 기저에는 큰 바위 문화가 존재한다. 피라미드, 오벨리스크, 영국의 스톤헨지, 프랑스 카르낙의 열석 등이 거석 문화의 산물이다. 청동기시대를 대표하는 고인돌은 6만 개 정도로 한국에 4만기의 고인돌이 존재한다. 전북 고창읍의 고인돌 군락은 유네스코 세계 문화유산이며 전남 화순의 고인돌 유적은 287기의 고인돌이 군집을 이루고 있다. 고인돌의 역사를 기원전 2,500년 전으로 추정하고 있다. 고인돌은 제작 방법도 특이하다. 먼저 땅을 파서 받침돌을 세운다. 그리고 받침돌 주변에 흙을 쌓아 흙으로 된 산처럼 경사를 만들고 받침돌을 뒤덮는다. 그리고 이 경사를 이용해서 덮개돌을 받침돌 위까지 끌어 올린다. 덮개돌을 받침돌의 위에 올려 놓은 후에는 이제 불필요한 흙을 치우는 방식이다.

학생과 직장인의 고민 – 보고서 작성

보고서 작성은 모든 현대인에게 쉽지 않은 고민거리이다. 반면 완성도 높은 보고서는 수십 장의 분량으로 구성되어 있더라도 1페이지로 요약이 가

신성장 동력 창출을 위한 로봇 비즈니스 진출 타당성 검토 보고

로봇 시장의 성장세는 지속적인 증가하며,
후발주자의 진입 용이성 측면에서 강점이 있으며,
당사의 기존 비즈니스와의 연계성을 활용하여 초기 투자비용 절감,
경쟁우위 확보 가능하여 신사업 추진이 타당하다고 판단됨

1. 검토 목적
   - 당사 신사업 관련 사업 검토를 통하여 신성장 동력 사업으로 로봇 비즈니스의 추진 여부를 결정하고자 함

2. 주용 검토 내역
   1) 시장환경 분석-CAGR 23%로 매력적인 시장이며, 시장 분화된 특성 나타남, 진입장벽 높지 않음
      - 시장 성장: 가트너, IDC 조사결과 CAGR 23% , 북미, 유럽의 경우 30% 예상됨
      - 고객 분석: A社 고객분석 결과, B사 Field Test 결과 종합분석, 브랜드보다 기능, 성능, 신경험 추구

   2) 경쟁환경 분석- 절대적 강자 없어 후발주자의 진입장벽 낮음
      - 경쟁상황:
      - 경쟁 업체별 Market Share 분석:

   3) 당사 경쟁력 분석- 인공지능, 인공 관절, 카메라, Video Analytics 기술, 메카 기술 활용, 오픈소스 활용능력
      - 기존 기술 통합:
      - 오픈소스:
      - 3rd party solution 통합:

능하다. 맥킨지 최초의 여성 컨설턴트 바바라 민토는『논리의 기술』에서 피라미드 식 생각 방법을 고안했다. 이 방법은 펩시, AT&T 등 다수 기업에서 생각하는 방법으로 활용되었고 맥킨지식 논리적 사고법의 핵심으로 이어져 왔다. 피라미드 원칙에 따라 커뮤니케이션을 해야 하는 이유는 인간의 사고

구조 자체가 피라미드 형태로 되어 있기 때문이라고 주장한다. 인간의 사고 방식은 컨텐츠를 수용할 때 맥락과 핵심을 먼저 파악하고 다음에 유사성이 존재하는 요소들을 그룹화하여 핵심과 기본 맥락에 연결하여 사고를 확장하는 방식이다. 따라서 글을 쓰거나 말을 할 때는 두괄식으로 맥락과 핵심을 먼저 말한 후에 부수 사항을 거론하고 그 다음에 세부적인 내용을 거론하는 형태를 취해야 한다. 탑 다운 방식이나 피라미드 형태와 같이 산 정상에서 아래로 내려오는 전개 방식을 취해야만 상대의 이해도를 높일 수 있는 것이다.

위에서 아래로, 두괄식으로

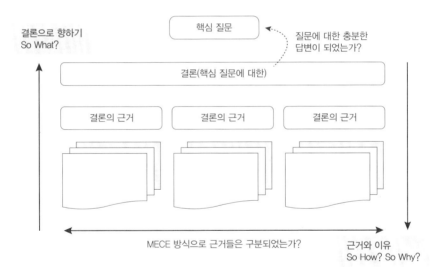

고인돌의 가장 높은 곳에는 덮개돌이 존재하고 덮개돌을 받쳐 주는 받침돌이 밑에 놓이게 된다. 덮개돌은 이야기의 핵심 결론이다. 결론을 먼저 이야기하고 이에 대한 근거는 받침돌이 지지하듯 보완하는 것이다. 맥킨지에서 시작된 피라미드 식 생각 방법의 핵심은 두괄식 전개이다. 피라미드 생각 방식의 첫 시작은 핵심 질문이다. 목표나 보고를 하기 위한 질문으로 시작해야 한다. 사례에서는 "신성장 동력 창출을 위하여 로봇 사업에 진출해야 하는 가?" 이 질문이 핵심 질문이다. 질문을 했으면 답변이 나와야 한다. 답변은 간략하게 말하면 Yes, No로 표현될 수 있다. 다음으로는 이 결론에 대한 근거를 설명한다. 근거들은 MECE 방식으로 서로 중복되지 않고 각각의 근거들이 전체를 말하도록 구성해야 한다. 피라미드 생각 방식에서는 핵심 질문에 대한 결론이 반드시 핵심 질문에 대한 충분한 답변이 되어야 한다. 결론에 대한 충분한 근거 제시가 부족하다면 알맞은 결론이라고 할 수 없다. 결론의 근거들은 다양할 수 있기 때문에 이때에도 MECE 방식으로 근거들을 구분해야 한다. 근거들은 궁극적으로 결론의 방향으로 향하게 되며(So What?), 결론에 대한 근거는 명확한 방법과 이유(So How?, So Why?)를 설명하고 있어야 한다.

질문, 의도, 목적

질문의 핵심과 의도, 목적을 명확하게 파악해야 한다. 질문을 이해하지 못했다면 질문을 재확인하여 질문 왜곡이 없도록 해야 한다. 사례에서 질문은 '신성장 동력 창출을 위한 로봇 비즈니스 진출에 대한 타당성 검토'다. 이 질문에서 의도는 로봇 비즈니스 진출이 타당한가? 아닌가?를 검토하여 보고하라는 것이다. 로봇이 아니라 인공지능, 빅데이터 사업 진출 의견을 제시하면 정확한 보고가 아니다. 기존 사업에 집중하자는 보고를 하는 것도 타당한 보고가 아니다. 질문에 새로운 대안을 제시하려면 질문에 대한 답변을 먼저 제시하고 별도로 자료를 준비하여 보고해야 한다. 사례의 질문 의도는 로봇 비즈니스에 대한 추진 여부를 결정하도록 결론과 근거를 제시하라는 것이다. 보고자는 근거와 이유를 조사하고 이에 따라서 결론을 만들어 보고를 해야 한다.

근거를 만드는 방법

피라미드 생각 방식에서 질문, 의도, 목적을 파악한 후 즉시 결론을 만드는 것이 아니라 근거를 찾아야 한다. 결론은 근거를 찾은 후에 분석하고 인사이트를 포함하여 완성하는 것이다. 근거를 찾는 방법은 모든 데이터를 모은 후에 MECE로 근거 그룹핑하기, MECE로 근거를 만든 후에 근거에 대한 데이터 모으기, 표준화된 비즈니스 프레임워크 이용하기로 구성된다.

데이터를 모은 후 그룹핑하기

근거를 찾는 가능한 모든 데이터를 확보하는 것이다. 확보된 데이터는 MECE 방식에 따라서 유사한 성격을 갖는 데이터들로 그룹핑한다. 핵심 질문을 파악하고(1), 다양한 근거들을 모은 후에(2) 근거들을 MECE 방식으로 구분한다(3). 근거들은 시장 분석, 경쟁 분석, 자사 분석의 3개 그룹으로 묶이게 된다. 이제 결론의 근거들이 핵심 질문에 대한 결론을 향하고 있는지 살펴보고 최종 결론을 내려야 한다(4).

이러한 접근 방법은 장점과 단점이 함께 존재한다. 결론의 근거를 사전에 정하지 않고 다양하고 많은 정보를 모으기 위하여 열린 사고를 할 수 있다. 발상의 전환으로 편견 없이 정보를 모을 수 있다. 하지만 다양한 데이터를 모으기 위한 시간과 노력, 비용이 소비되며 생각의 확장과 데이터 수집 과정에서 중복과 누락이 발생할 수 있다. 핵심 근거를 누락하여 결론의 신빙성을 악화시키고 결론에 대한 부실한 논리가 성립될 수 있다.

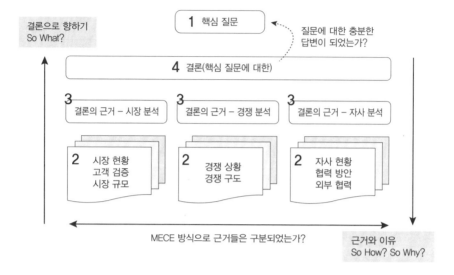

근거를 만든 후에 데이터 모으기

두 번째 접근 방법은 MECE로 근거 그룹을 먼저 만들고 이후에 그룹별로 데이터를 모으는 방법이다. 이 방법은 핵심 질문의 의도와 목적을 파악한 후에(1), 결론을 위한 근거를 먼저 구분한다(2). 결론을 지지하는 근거를 찾기 위해 근거의 범위를 시장 분석, 경쟁 분석, 자사 분석으로 정한 후에(3) 각 항목의 데이터를 모으는 방법이다. 이처럼 결론의 근거를 구분하여 자료를 모은 후에는 핵심 질문에 대하여 모아진 근거를 바탕으로 결론을 내리는 과정을 수행한다(4).

이러한 접근 방식도 장단점이 공존한다. 시장 분석, 경쟁 분석, 자사 분석이라는 결론의 근거처럼 MECE 원칙을 확인하고 결론의 근거 그룹에 인력을 할당하여 협업과 분업을 수행하여 업무 속도를 단축하고 업무 중복을 방지한다. 하지만 MECE 방식으로 근거 그룹을 명확하게 규정하는 작업이 선

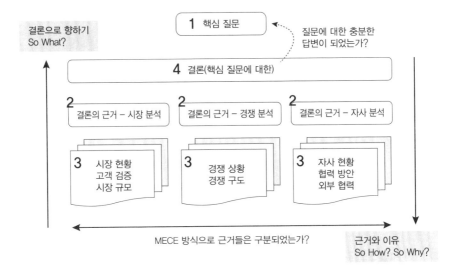

행되어야 한다. 사례처럼 시장 분석, 경쟁 분석, 자사 분석이 필요하다는 점을 사전에 숙지하지 않는다면 일의 진행이 쉽지 않다.

비즈니스 프레임워크

맥킨지, BCG, 베인 & 컴퍼니, 가트너, 딜로이트, 악센츄어 등 컨설팅 회사에서 배포하는 문서로 맥락과 문서 작성 형식, 스토리 라인의 흐름에 관한 인사이트를 얻을 수 있다. 이러한 문서를 비즈니스를 위한 프레임워크라고 할 수 있다. 레퍼런스가 되는 것이다. 목적과 상황에 따라서 이를 수용하고 변형하여 작업을 하면 된다. 사고의 자유로움을 프레임에 갇히도록 할 필요는 없지만 프레임은 생각을 빠르게 정리하고 확장하는 도구로 이용될 수 있다. 프레임은 서로가 이해할 수 있는 논리와 커뮤니케이션의 약속이기 때문이다. 수많은 비즈니스 프레임이 존재한다. 경영 전략, 비즈니스 모델, 경쟁 분석, 사업 계획서, 주간 업무 보고 등 모두 약속된 비즈니스 프레임이다. 창의력을 발휘한다고 비즈니스 프레임을 참조하지 않는 것은 조직과 단체에서의 커뮤니케이션 약속을 지키지 않는 것과 같다. 글로벌 기업들의 경영 전략 보고서, 지속 성장 가능 보고서, 애플의 키노트 스피치나 언팩 행사에서의 각종 프레젠테이션도 고도로 다듬어진 프레임워크이다. 비즈니스 프레임워크를 자주 접하고 필요한 프레임워크를 빠르게 선택하여 자신의 일과 학습에 적용하는 민첩함과 프레임워크를 자신의 상황에 맞게 변형, 확장시키는 유연함이 필요하다.

대표 메시지 작성

피라미드 생각 방식의 다음 단계는 근거 그룹들에 대하여 핵심 메시지를 작성하는 과정이다. 시장 분석이라는 근거 그룹은 시장 현황, 고객 검증, 시장 규모에 대한 자료를 모았다. 이 자료들을 기반으로 핵심 요약을 작성하는 것이다. 구체적인 자료들을 표현할 수 있도록 핵심 메시지를 만든다. 시장 분석에 대한 핵심 메시지를 '시장 성장률이 높은 매력적 시장이며 버티컬 영역이 다양하고 신규 진입 업체에 대한 고객 거부 적음'처럼 작성할 수 있다. 경쟁 분석 근거 그룹에 대해서는 '글로벌 10개사가 서로 경쟁하고 있으나 절대 강자 없고 기술적 요소가 유사함. 경쟁 합류가 상대적으로 용이함'으로 결론 메시지를 작성했다. 자사 분석 근거 그룹에는 '자사의 기존 사업 영역 및 기반 기술 활용 가능하며, 내외부 협력 가능성이 높음'으로 핵심 메시지를 요약했다. 이처럼 근거 그룹에 대한 핵심 메시지를 작성할 때에도 근거의 내용이 핵심적으로 표현되어야 한다는 것이다. 또한 근거 그룹의 메시지와 세부적인 근거들 역시 근거에서 결론으로 갈 때마다 So What?이라는 질문에 답이

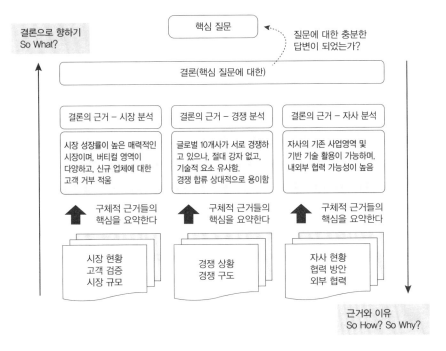

되도록 해야 한다. 결론에서 근거로 내려갈 때에는 So How?, So Why?와 같은 질문에 답이 되도록 구성해야 한다.

핵심 질문에 대한 결론 작성

이제까지 근거 그룹에 대한 핵심 메시지를 작성했다. 사례에서는 시장 분석, 경쟁 분석, 자사 분석에 대한 각각의 핵심 메시지가 작성되어 총 3개의 메시지를 갖게 된 것이다. 이제 3개의 근거 그룹의 핵심 메시지를 모두 포함할 수 있는 결론 메시지를 만들어야 한다. 결론은 근거 그룹의 결론들이 모여 최종 결론이 된다. 사례에서의 결론은 다음과 같이 정리할 수 있다. '로봇 시장의 성장세는 지속적으로 증가하며, 후발 주자의 진입 용이성 측면에서 강

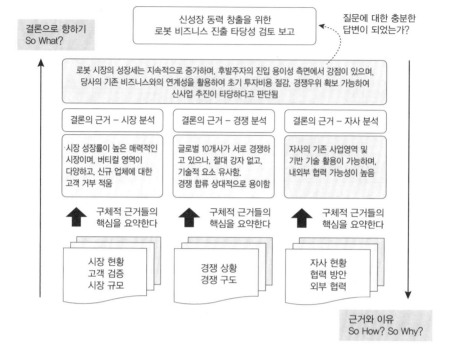

점이 있으며 당사의 기존 비즈니스와의 연계성을 활용하여 초기 투자 비용 절감, 경쟁 우위 확보 가능하여 신사업 추진이 타당하다고 판단됨.' 이처럼 결론에는 3개의 근거인 시장 분석, 경쟁 분석, 자사 분석에 대한 대표적 핵심 메시지들이 포함되어 있다.

리포트 작성과 보고하기

피라미드 구조 생각 방식의 최종 단계는 프레젠테이션을 위한 리포트 작성이다. 최종적으로 완성된 1페이지 프레젠테이션 결과물은 다음과 같다. 상사가 제시하였던 핵심 질문인 '신성장 동력 창출을 위한 로봇 비즈니스 진출의 타당성'을 첫 제목으로 기록한다. 이에 대한 검토 보고이기 때문에 최종 질문에는 '검토 보고'라는 표현이 추가된 것이다. 두 번째 문장은 이러한 핵심 질문에 대한 핵심 결론이다. 피라미드 구조를 이용하여 이미 우리는 핵심 결론을 도출하였기에 그대로 작성하면 된다.

신성장 동력 창출을 위한 로봇 비즈니스 진출 타당성 검토 보고

로봇 시장의 성장세는 지속적인 증가하며,
후발주자의 진입 용이성 측면에서 강점이 있으며,
당사의 기존 비즈니스와의 연계성을 활용하여 초기 투자비용 절감,
경쟁우위 확보 가능하여 신사업 추진이 타당하다고 판단됨

1. 검토 목적
   - 당사 신사업 관련 사업 검토를 통하여 신성장 동력 사업으로 로봇 비즈니스의 추진 여부를 결정하고자 함

2. 주용 검토 내역
   1) 시장환경 분석–CAGR 23%로 매력적인 시장이며, 시장 분화된 특성 나타남,
      진입장벽 높지 않음
      –시장 성장: 가트너, IDC 조사결과 CAGR 23% , 북미, 유럽의 경우 30% 예상됨
      –고객 분석: A社 고객분석 결과, B사 Field Test 결과 종합분석, 브랜드보다 기능, 성능,
                  신경험 추구

   2) 경쟁환경 분석– 절대적 강자 없어 후발주자의 진입장벽 낮음
      –경쟁상황:
      –경쟁 업체별 Market Share 분석:

   3) 당사 경쟁력 분석– 인공지능, 인공 관절, 카메라, Video Analytics 기술, 메카 기술 활용,
      오픈소스 활용능력
      –기존 기술 통합:
      –오픈소스:
      –3rd party solution 통합:

남은 부분은 "검토 목적"과 "주요 검토 내역"을 기록하는 단계이다. 1번 항목인 검토 목적은 핵심 질문에 대한 추진 여부를 결정한다. 핵심 질문과 이에 대한 검토로 질문인 '추진 여부'에 대한 의사 결정이 검토의 목적임을 밝힌다. 2번 항목은 주요 검토 내역이다. 이 부분은 피라미드 구조에서 이미 근거 그룹으로 3개의 항목을 도출했다. 2-1) 시장 환경 분석, 2-2) 경쟁 환경 분석, 2-3) 당사 경쟁력 분석으로 구분하여 제목을 적고 각 근거 그룹에 대하여 핵심 요약문을 함께 표현한다. 근거 그룹에 대한 핵심 근거와 관련 자료를 요약한다. 2-1) 시장 환경 분석의 경우 근거 그룹의 핵심 메시지는 'CAGR 23%로 매력적인 시장이며 시장 분화된 특성을 나타냄, 진입 장벽 높지 않음'으로 표현했기에 이에 대한 이유와 근거인 Why So?, Why How?를 기재한다.

사례에서는 구체적인 근거로 시장 분석과 고객 분석에 대한 핵심 근거를 요약하여 표현했다. 시장 성장 근거로는 '가트너, IDC 조사 결과 CAGR 23%, 북미, 유럽의 경우 30% 예상됨'을 나타냈고 고객 분석으로는 'A社 고객 분석 결과, B사 Field Test 결과 종합 분석, 브랜드보다 기능, 성능, 신경험 추구'라고 표현했다. 유사한 방법으로 경쟁 환경 분석과 당사 경쟁력 분석도 기재를 하면 1페이지 보고서가 완성된다. 이후 근거에 대한 각종 자료를 보고서의 뒷면에 추가하여 근거를 제시할 수 있다. 생각의 흐름을 피라미드 구조로 정리하였기에 이를 그대로 이야기하는 것만으로도 논리적, 구조적인 발표가 가능하다. 최종적으로 작성된 1페이지의 보고서가 프레젠테이션과 실전 보고의 핵심 대본이 되는 것이다. 잘 만들어진 피라미드 구조는 프레젠테이션과 보고서의 목차로 활용되는 것이다.

Part 6

전략

전략 수립 프레임워크:
복합적 문제 해결로 전력질주하라

조조가 사랑한 손자병법

운동회 달리기 시합 전략

현대인들은 점점 더 불확실한 상황에서 어떻게 준비하고 대응하는 것이 현명한 것인가를 고민한다. 학생들은 학업 성적과 진학, 진로를 고민하며 직장인들은 업무 성과 창출과 직업의 미래를 고민한다. 기업도 변화하는 상황에서 새로운 비즈니스 모델을 만들고 고객을 창출하며 경쟁을 통하여 생존과 번영을 추구하려 노력한다. 전교생이 모두 참여하는 운동회에서도 다양한 종목을 겨룬다. 그때마다 어떻게 하면 이길 수 있을까를 고민한다. 신발끈을 질끈 동여매어 신발과 발의 밀착력을 높이기도 하고 스파이크가 달린 좋은 운동화를 구매할 수도 있다. 이기기 위하여 자신이 가진 능력을 확인하고 외부의 도움을 받으며 경쟁자의 상황을 파악하며 상대와 자신의 차이를 인식하고 그 차이를 넘어서도록 노력하는 것이다.

조조가 사랑한 손자병법

나관중의 『삼국지연의』에서 대표적 전략가는 조조이다. 조조가 수많은 싸움에서 사용한 전략의 근본 병법서로 손꼽는 책이 바로 손무의 『손자병법』이며 직접 주석을 달아 후대에 남기기도 했다. 『손자병법』 원본은 13편에

6,000자 정도로 구성된 짧막한 분량이지만 현대를 살아 가는 개인, 조직, 기업에게 인사이트를 전해 준다. 나폴레옹, 맥아더, 피터 드러커나 빌 게이츠 역시 『손자병법』 매니아다. 이순신 장군이 인용한, "적을 알고 나를 알면 백번 싸워도 이긴다"는 말도 『손자병법』의 모공편에 나온다. 『손자병법』은 총 13편으로 시계, 작전, 모공, 군형, 병세, 허실, 군쟁, 구변, 행군, 지형, 구지, 화공, 용간 편으로 구성되어 있다.

[시계] 전쟁을 하기 전 이해득실을 충분히 검토하여 승산을 파악하고 기본 계획을 수립한다. 자신과 상대의 우열을 분석하고 이길 수 있는 싸움과 이길 수 없는 싸움을 분간한다. 판단의 기준은 도, 천, 지, 장, 법의 5가지 조건이다. 도는 군주와 백성이 일심동체가 되어 한마음으로 공동의 목표를 향해 싸움에 임하는 것이다. 천은 계절, 온도, 날씨 등 환경, 시간적 조건을 사전에 탐색함이다. 지는 지세, 지형의 유리함과 불리함의 판단이다. 장은 싸움에 임하는 장수, 리더의 자질을 이야기하며 법은 조직의 규칙과 운영을 의미한다. 이러한 조건을 비교하여 승산이 없는 싸움은 최대한 피하고 피할 수 없는 싸움이라면 승리를 추구하기 위해 어떻게 경쟁하여 이길 것인가를 생각해야 한다.

[작전] 전쟁의 경제적인 측면을 검토한다. 경쟁이 장기전, 소모전으로 흐른다면 본래의 목적을 잃고 실패 비용을 감수해야 함을 지적한다. 또 다른 경쟁자가 나타나 어부지리를 얻게 되는 상황을 경계토록 요구한다. 현대의 경쟁에서도 이전투구나 올인 등을 피해야 하는 이유이기도 하다.

[모공] 손실 없이 승리를 쟁취하는 방법으로 싸우지 않고 이기는 것이 최고

덕목임을 강조한다. 현대에는 외교적 교섭이나 합종연횡, 연결, 전략적 제휴와 협업, 코피티션을 의미한다. 병력이 열세이면 후퇴해야 하며 승산이 서지 않으면 물러서야 한다. 적을 알고 나를 알면 절대로 패할 리 없으며 나를 알고 적을 모르면 승패의 확률은 반반이고 적도 모르고 나도 모른다면 반드시 패한다.

[군형] 전쟁에 임하기 전 승리를 위한 기반을 닦아야 한다. 망상이나 허황된 희망을 버리고 내부 역량을 갖추어 약점을 보완하는 것이다. 사전에 이길 조건을 판단하며 전쟁을 한다면 단숨에 적을 제압하리라는 것은 현대에는 다양한 상황을 사전에 시뮬레이션하고 경쟁자가 따라올 수 없도록 초격차를 만드는 것이다.

[병세] 공격과 방어, 판세의 흐름, 맥락을 읽는 능력이다. 이기기 위한 준비를 하더라도 상황은 예측을 벗어나기 마련으로 현대의 불확실성이다. 판세를 읽는 능력은 현대의 연결, 감지, 인지 능력이다. 변화를 읽고 판세를 분석하여 기회를 포착해야 한다.

[허실] 주도권을 잡는 것이 승리의 원동력이다. 자신은 집중하고 상대는 분산되도록 해야 하는 것이다. 전쟁과 싸움도 불변의 모습을 갖지 않는다. 이는 현대에서 전략적인 유연성, 복원 능력과 같은 맥락이다. 상대의 강점에 정면으로 마주하는 것이 아니라 강점을 피하고 약점을 파고들며 경쟁자의 변화에 따라 자신의 전략도 변화시키는 유연성이 필요하다.

[군쟁] 이기기 위한 조건을 만들기 위하여 유리한 위치를 선점하는 방법과 상황에 따라 유연하게 행동하는 유연성과 민첩성을 설명한다.

[구변] 변화하는 상황을 읽고 판단하는 능력이다. 가야 할 길과 가지 말아야

할 길을 판단하고 변화하는 환경과 조건에서 계획을 세우는 것이 리더의 중요한 역할임을 강조한다. 종합적인 판단과 냉정함으로 대처해야 함을 설명한다.

[행군] 경쟁자의 움직임과 동향, 동태를 파악해야 한다. 현대 사회에서의 각종 정보에 대한 연결과 데이터에 대한 올바른 분석과 활용이다.

[지형] 과거의 전쟁은 어떠한 지형을 먼저 선점하고 지형의 이익과 불리를 활용하는 여부가 승패를 좌우했다. 현대의 비즈니스 상황, 경쟁 상황, 주변 정세 및 기술, 사회, 정치, 문화에서의 다양한 변화를 읽고 맥락을 해석하는 능력이다. 현재 상황을 분석하고 외부 요인, 내부 요인에 대한 철저한 분석을 통하여 상대에 비하여 보다 더 우월한 위치를 차지할 수 있도록 해야 한다.

[구지] 계획에 대한 변화와 변형을 강조한다. 조직 내부에 통일된 리더십으로 공통의 목표인 승리를 쟁취하기 위하여 기민하게 움직이고, 주도권을 쟁취하는 민첩성을 이야기한다.

[화공] 불을 이용한 공략법으로 적을 상대하는 방법이다. 유리한 상황을 만들어 필승의 조건이 충족되지 않는다면 싸움을 시작하지 말고 일시적인 기회, 감정에 현혹되지 말고 신중을 기해야 함을 말했다. 화공에도 일정한 기회와 조건, 방법이 존재하듯 평소 부단한 준비와 대비를 수행하고 기회가 발생할 때 이를 신속하게 포착하여야 함을 이야기한 것이다.

[용간] 정보의 수집과 분석, 활용을 강조한다. 급변하는 사회에서 불확실성에 대비하고 빅데이터에서 정보의 가치를 판단하여 새로운 정보를 만들고 정보를 활용하는 능력과 같은 맥락이다.

전략

전략의 역사

전략(strategy)의 역사는 인류 역사와 함께한다. 수렵, 채취, 사냥, 전쟁 등의 생존 경쟁에서 전략을 수립하여 계획, 실행, 점검, 개선 활동을 이어 왔다. 반구대 암각화의 고래 사냥 그림처럼 전략은 인간의 생존을 위한 도구이며 수단이고 무기였다. 나일 강변에서 발견된 묘지 117 유적은 1만 4천 년 전 선사시대의 전투로 알려졌다. 탈하임 무덤의 유해는 신석기 시대에도 전쟁이 조직적으로 수행되었다는 사실을 증명한다.

문서화된 전략의 기원으로『손자병법』을 손꼽고 있으며 서양에서는『Art of War』로 소개되었다. 클라우제비츠의『전쟁론』, 리델하트의『전략론』, 마키아벨리의『군주론』, 미야모토 무사시의『오륜서』등도 전략을 설명하는 주요한 텍스트가 되어 왔다. 마키아벨리의『군주론』은 도덕적 속박을 벗어나 현실적 이익에 따라 냉철하게 행동하는 군주의 모습을 그리며 집권 세력의 권력 유지를 위한 도구가 되었다. 클라우제비츠의『전쟁론』, 조미니의『전쟁술』은 나폴레옹의 정복 전쟁과 맞물려 근대적 군사 이론을 정립하며 전략과 전술의 세분화된 발달을 이끌었다. 이후 전략은 19세기 마르크스가 프롤레타리아 혁명의 정치적 도구로 이용되었고 산업 발달에 따라 기업 경영에 전

략적 요소가 가미되었다. 2차 세계 대전의 종결로 전략은 미국과 소련의 대
립 구도를 형성하는 냉전 시대 전략으로 발달해 왔다.

현대적 의미의 전략 태동

산업혁명 이후 전략 수립과 실행의 성공 사례가 미국의 포드 자동차
이다. 1908년부터 1927년까지 생산한 포드 모델 T는 자동차의 대중화를 선
도했다. 헨리 포드의 초기 전략은 똑같은 모양과 성능, 기능을 가진 포드 T형
단일 모델을 생산하는 것이었다. 그는 자동차가 부와 권위의 상징이라는 고
정관념을 타파하고 자동차의 대중화를 생각했다. 치열한 원가 절감, 컨베이
어 벨트 도입으로 경쟁사 대비 1/6의 노동력 감축, 컨베이어 벨트 개념을 확
장한 하이랜드 공장 설립 등은 경쟁사가 생각하지 못한 새로운 사고와 전략
이었다. 1924년 1,000만 번째의 포드 T형 모델을 생산했다. 당시 전략은 프레
드릭 테일러의 과학적 관리법, 앙리 페이욜의 산업 및 일반 관리와 같이 경영
관리 프로세스에 중점을 두었지만 헨리 포드는 현대적 전략 개념을 적용했
던 것이다.

기업 경영으로 대표되는 현대적 전략 개념은 1962년 알프레드 챈들러의
『전략과 구조』이다. 기업은 조직이고 조직을 움직이는 힘은 전략이며 조직
은 전략을 수행한다는 개념을 제시하여 대기업의 사업본부, 사업부제 조직
구성에 대한 기본 원리가 되었다. 이고르 엔소프는 기업 성장 전략의 4가지
유형(시장 침투, 제품 개발, 시장 개발, 다각화)을 제시한 엔소프 매트릭스를 고안
했다. 엔소프 매트릭스는 기업이 성장을 위해 기존 제품과 시장 영역에서 어
떠한 방향으로 나아갈지를 결정하기 위한 의사 결정 도구이다. 1965년 기업
전략을 발표하면서 전략이란 현재와 미래를 연결하는 수단으로 정의하였고

갭 분석을 소개했으며 이후 1979년 『전략 경영』에서 외부 환경과 내부 환경 분석을 통한 통합적인 관점에서의 전략 수립을 주장했다. SWOT 분석은 케네스 앤드루스가 『비즈니스 정책』에서 제안했고 이를 개량하여 하인츠 웨이리치는 TOWS 매트릭스를 제안했다. SWOT 분석은 강점, 약점, 기회, 위기로 구분한 프레임워크이다. 강점과 약점은 내부 요인 분석, 기회와 위협은 외부 요인 분석으로 활용할 수 있다. TOWS 매트릭스는 SWOT 분석을 통해 내부, 외부 요인에 대한 분석 결과를 토대로 기회에 대한 강점과 약점, 위협에 대한 강점과 약점으로 매트릭스를 구분했다. TOWS 매트릭스는 강점의 기회 전략(SO), 강점의 위협 대응 전략(ST), 약점의 기회 전략(WO), 약점의 위협 대응전략(WT)을 수립하는 프레임워크이다.

- SO 전략(강점 – 기회 전략): 내부 요인의 강점, 외부 요인의 기회가 되는 전략 수립
- ST 전략(강점 – 위협 전략): 내부 요인의 강점, 외부 요인의 위협에 대응하는 전략 수립
- WO 전략(약점 – 기회 전략): 내부 요인의 약점, 외부 요인의 기회에 대응하는 전략 수립
- WT 전략(약점 – 위협 전략): 내부 요인의 약점, 외부 요인의 약점에 대응하는 전략 수립

전략의 전성기

경영학에서는 전략의 전성기를 1960년대 후반으로 간주하지만 컨설팅 개념의 시작은 1913년 아더 앤더슨이 설립한 『아더 앤더슨』이 시초이다. 그

는 회계와 세무 컨설팅을 수행하다 1950년대에 경영 전반에 대한 컨설팅을 시작했다. 1926년 설립된 맥킨지는 회계, 생산 공정에 대한 컨설팅 업무를 확장시켜 의사, 변호사, 기업가 등 특정 그룹 대상의 전문 서비스를 개척했다. 브루스 핸더슨은 1963년 보스턴 컨설팅 그룹을 설립했다. BCG는 사업 포트폴리오 매트릭스, 학습 곡선 이론 등을 개발하여 전략 컨설팅의 토대를 만들었다. 현재 미국의 빅 6로 불리는 컨설팅 회사는 아더 앤더슨, KPMG, 언스트&영(E&Y), 쿠퍼스 & 라이브랜드, 딜로이트 투시 토마츠 인터내셔널(DTTI), 프라이스 워터하우스(PW)가 꼽히고 있다.

전략에 대한 이론적인 체계화는 1980년 마이클 포터가 발표한『경쟁 전략』에서 5-Forces 모델과 본원적 전략을 소개하며 시작되었다. 5-Forces 모델은 산업 환경 분석으로 초점을 맞추어 기존 기업 간의 경쟁, 잠재적 진출 기업의 위협, 공급자의 교섭력, 구매자의 교섭력, 대체품의 위협 등 5가지 요소를 기준으로 전략적 판단을 할 것을 강조했다. 본원적 전략은 총체적 원가 우위, 차별화, 집중화로 설명될 수 있으며 경쟁사 대비 어떻게 우월한 위치를 확보할 수 있는가에 대한 해답을 제공했다. 이후『경쟁 우위』에서는 가치 사슬 개념을 소개하여 기업 전략의 본원적인 활동과 지원 활동을 구분하여 고객에게 가치를 제공함에 있어서 부가가치 창출에 직간접적으로 관련된 일련의 활동, 기능, 프로세스를 연계하여 분석하는 방법을 제안했다.

1980년대 이후 전략의 흐름은 내부 역량에 초점을 맞추었다. 톰 피터스와 로버트 워터맨은『초우량 기업의 조건』에서 기업의 판단 요소로서 전략, 조직 구조, 시스템, 조직 문화, 인적 자원, 기술과 역량, 내부 가치 공유 등의 7S를 주장하고 초우량 기업의 8가지 조건으로서 철저하게 실행하기, 고객 밀착, 자율성과 기업가 정신의 확보, 인적 리소스 기반의 생산성 향상, 가치에 근거한 경영 활동, 핵심 사업 집중, 조직 단순화, 엄격함과 온건함의 조화를 제시했다. 이후 로버트 캠프의 『벤치마킹』이 큰 주목을 끌었다. 마이클 해머는 『리엔지니어링 기업 혁명』에서 급변하는 세계에 대응하는 의식 전환과 기업 구조 재편, 혁신을 강조했고 리엔지니어링은 전략적인 기업 재설계의 혁신적 패러다임을 제시했다. 게리 하멜은 『시대를 앞서는 미래 경쟁 전략』에서 핵심 역량에 대한 이해가 부족함을 지적하고 비전을 품고, 전략적으로 준비하고, 먼저 도달한 기업이 미래를 만들고, 미래 시장을 소유할 수 있음을 강조했다.

전략의 변화

좌뇌로 계획하고 우뇌로 경영하라

　내외부 역량 강화에 초점이 맞추어졌던 전략 흐름은 1990년 후반부터 통합, 혁신, 스피드를 강조하는 흐름으로 옮겨 갔다. 헨리 민츠버그는『전략 사파리』에서 우발적 전략을 제안했다. 미처 생각하지 못했던 기회를 포착하여 전략의 실행에 수정, 반영하며 유연한 전략 운영을 강조했다. 좌뇌로 계획하고 우뇌로 경영하라는 말은 전략이 기업 경영의 전부가 되면 안 된다는 그의 주장을 단적으로 표현한 것이다.

통합 경영 전략 – 전략 사파리

　헨리 민츠버그, 브루스 알스트랜드, 조셉 램펠이 저술한『전략 사파리』는 전략 분야의 주류 이론 10가지를 검토한 후 경영이란 정글에서 살아남을 수 있는 통합 경영 전략을 제시했다. 디자인학파는 개념화 프로세스를 통한 전략 수립을 강조해 왔으며 플래닝학파는 공식 프로세스를 통한 전략 수립을 강조한다. 기업가학파는 비전 창조 프로세스를 통한 전략 수립에 중점을 둔다. 인지학파는 정신 프로세스를 통한 전략 수립을 강조하며 학습학파는 창발적 프로세스를 통한 전략 수립을 의도한다. 권력학파는 협상 프로세스를 통한 전략 수립을 강조하고 문화학파는 집단 프로세스를 통한 전략 수립을 도모한다. 환경학파는 반응적 프로세스를 통한 전략 수립을 시도하며 구성학파는 변환 프로세스를 통한 전략 수립에 치중한다. 민츠버그는 경영자는 자기 조직과 주변의 환경에 적합한 전략을 유연하게 선택해야 하지만 일반적으로 한두 가지 전략 이론에 매몰되거나 최신의 흐름만 따르는 문제점을 보인다고 주장했다. 변화의 맥락을 읽고 전략 수립의 통찰력을 확보하여 다양한 전략을 융복합할 수 있는 선택적 유연함을 확보할 것을 강조한 것이다.

균형 성과 지표

로버트 카플란, 데이비드 노턴은 균형 성과 지표(BSC, Balanced Score Card)를 발표했다. 조직의 비전과 전략 목표 실현을 위해 재무, 고객, 내부 프로세스, 학습과 성장 등 4개 분야 관점의 성과 지표를 도출하여 성과를 관리하는 성과 관리 시스템이다. 단기적 성격의 재무적 목표 가치와 장기적 목표 가치들 간의 조화를 추구하는 방법이다. BSC는 전통적으로 강조되어 온 재무적 관점을 포함하여 고객, 내부 프로세스, 학습과 성장이라는 비재무적 관점까지 함께 고려하여 전략을 입체적으로 수립하고 운영할 수 있도록 균형 잡힌 시각을 제공한다.

- 재무 관점: 재무적으로 성공한다면 주주에게 어떻게 보여야 하는가?
- 고객 관점: 비전을 달성하기 위해 고객에게 어떤 가치를 주어야 하는가?
- 프로세스 관점: 주주와 고객 만족을 위해 어떤 프로세스에서 탁월해

야 하는가?

- 학습과 성장 관점: 비전을 달성하기 위해 조직은 어떻게 학습하고 개선해야 하는가?

파괴적 혁신, 빅뱅 파괴

클레이 크리스텐슨은『혁신 기업의 딜레마』에서 전통 기업들이 경쟁에서 신흥 기업에게 도태되는 현상을 혁신 기업의 딜레마로 정의하고 신생 기업들의 파괴적 혁신, 파괴적 기술의 중요성을 강조했다. 블루오션 전략도 주목받았다. 블루오션 전략은 김위찬 교수와 르네 마보안이 주장한 이론으로 새로운 시장을 창출하기 위한 혁신, 저비용과 차별화를 통한 가치 혁신, 기존의 경쟁 전략에서 탈피하여 새로운 시장을 창출하기 위한 전략으로 전략 캔버스, EERC(Eliminate, Raise, Reduce, Create) 등의 개념을 소개했다. 래리 다운즈와 폴 누네스의『빅뱅 파괴자들의 혁신 전략』에서는 빅뱅 파괴를 정의했다. 현재는 빅뱅 파괴의 시대이며 빅뱅 시장은 저비용, 더 좋은 제품, 고객 맞춤화를 통한 짧은 제품 수명 주기를 갖고 주류 시장에 진입하여 기존의 주류 제품들과 경쟁한다고 주장했다. 공유 경제와 비트코인과 가상화폐, 구독 경제 등도 빅뱅 파괴의 대표적 사례로 볼 수 있다.

전략적 민첩성, 비즈니스 모델

이브 도즈와 미코 코소넨은『신속 전략 게임』에서 불확실성에 대응하는 전략적 민첩성의 중요성을 강조했다. 팀 하포드는『어뎁트(Adept)』에서 시행 착오를 통한 성장과 진화의 중요성에 주목했다. 전략적 민첩성은 불확실성의 시대에 전략 실행 이전에 환경 변화에 민첩하고 신속하게 대응할 수 있는 상태로 정의하며 이를 위해서는 전략적 감수성, 리더십 통일, 자원 유동성을 갖추어야 함을 제시한다. 불확실성이 증대되는 시대에는 경험 기반의 학습을 진행하고 민첩하게 새로운 기술을 습득하고 역량을 확대하여 성과를 도출하는 역량이 새롭게 요구된다. 알렉산더 오스왈터와 예스 피그누어는 『비즈니스 모델 제너레이션』에서 비즈니스 모델의 핵심 구성 요소를 9개로 지정하여 하나의 캔버스에 구성 요소들을 배치한 비즈니스 모델 캔버스를 발표했다. 비즈니스 모델 캔버스에서 제시한 핵심 요소는 고객 세그먼트, 가치 제안, 채널, 고객 관계, 수익 흐름, 핵심 자원, 핵심 활동, 핵심 파트너십, 비용 구조 등의 9개 항목으로 구성되어 있다.

린 스타트업

위맥과 존스의 『세상을 바꾼 방식』에서 소개된 린(Lean)은 경영 활동 과정에서 발생하는 손실을 최소화한다는 개념으로, 도요타 생산시스템 TPS를 MIT에서 미국식 경영 기법으로 재창조한 경영 기법이다. 에릭 리스가 제안한 린 스타트업은 린 경영의 주요 원칙을 창업 기업의 경영 전략으로 소개하면서 실리콘밸리의 유니콘, 데카콘 기업 등에서도 필수적인 비즈니스 전략으로 인식하고 있다. 린 스타트업의 핵심은 시장에서의 다양한 상황에 가설을 설정하고 빠르게 프로토타입을 만들도록 제안하면서 고객 개발론을 사용하여 고객 접촉의 빈도를 높여 고객을 검증하고 시장에 대한 검증을 통해 수립된 가설을 최대한 빠르게 검증하고 보완하려는 것이다. 린 스타트업은 애자일 개발, 고객 개발, 기존 소프트웨어 플랫폼과 오픈 소스의 적극적인 활용을 의미한다. 시장에 대한 가정을 세우고 검증하기 위하여 신속한 프로토타입을 만든다. 이에 따른 고객의 피드백을 입수하여 빠르게 프로토타입을 개선하고 진화시키는 것이다.

린 스타트업에서는 지속적인 배포 방법을 사용한다. 린 스타트업은 린 사고방식을 비즈니스 프로세스에 적용하는 것으로도 설명된다. 린 사고방식의 핵심은 낭비 절감이다. 린 스타트업은 최소 존속 제품을 만들어 시장에 대한 가정을 검증하는 작업을 최소한으로 줄이고 시장을 선도하는 비즈니스를 찾는 시간조차 줄이려고 노력한다. 융복합 비즈니스 모델이 활발히 등장하면서 시장을 뒤흔들 수 있는 혁신 제품과 솔루션, 플랫폼의 출현 가능성은 고조되는 반면 실패할 확률도 더욱 커지고 있다. 따라서 스타트업의 위기 관리 역량이 어느 때보다 강조되고 있는 상황이다. 린 캔버스는 알렉산더 오스왈터의 비즈니스 모델 캔버스를 수정한 개량 버전의 비즈니스 모델 도구이며 창업가에 초점을 맞춘 비즈니스 모델 캔버스이다.

디자인 씽킹

홀푸드 마켓

오프라인 시장 진출이라는 야심찬 계획을 추진 중인 아마존에 인수된 세계 최대의 유기농 식료품 체인 홀푸드 마켓은 디자인 씽킹(Design Thinking) 마인드와 리테일테인먼트(Retailtainment) 전략을 수행해 왔다. 홀푸드 매장은 오전과 낮 시간에는 대부분 고객을 끌 수 없었다. 제품을 구매하더라도 퇴근 후까지 식료품을 보관해야 하는 문제가 발생했다. 이에 홀푸드는 디자인 씽킹 방식으로 고객 문제에 공감하고 문제를 정의하여 아이디어를 찾았다. 낮 시간에 방문한 직장인들이 유기농 제품을 구매하여 바로 샐러드를 만들어 먹을 수 있도록 뷔페 코너를 준비하고 고객의 반응을 살피며 개선했다. 뷔페 코너를 이용한 직장인들은 추가적으로 상품을 구매하고 커피를 찾았다.

이를 관찰한 홀푸드는 고객을 위하여 좀 더 넓은 매장, 쾌적한 분위기 창출, 음악과 신선한 채소 내음, 커피 향이 공존하는 매장을 구상하여 고객이 구매하지 않더라도 편하게 매장을 방문하여 리프레시를 할 수 있도록 소매 유통과 오락을 융복합한 리테일테인먼트 전략을 구사했다. 획일화된 매장 분위기를 멋스러운 카페, 놀이터, 레스토랑 등 휴식과 오락의 공간으로 변모시켜 고객의 매장 체류 시간을 늘리고 상품 매출을 증대하여 고객의 만족도와 충성도를 동시에 향상시키게 된 것이다. 리테일테인먼트 전략의 배경에는 고객에 공감하여 문제를 정의하고 아이디어를 탐구하여 개선하는 디자인 씽킹 사고방식과 행동 방식이 존재한다.

디자인적 사고

허버트 사이먼 교수는『인공과학』에서 디자인이란 복합 문제에 디자이너의 직관적인 사고과정을 통해 더 나은 상태로 변화시키려는 활동이라고 정의했다. 제품과 사용자 경험에 치중했던 디자인적 사고가 현재의 문제를 더 나은 방향으로 해결하고 그 과정에서 새로운 기회를 발견하여 혁신을 추구하는 사고방식과 활동으로 확대되고 있다.

4차 산업혁명 시대에 복합 문제의 정의와 해결, 공감을 통한 협업과 소통, 집단 창의를 통한 창발적 아이디어 구현 등에 필요한 핵심 역량으로 디자인 씽킹(Design Thinking)과 이러한 사고방식을 추구하는 디자인 씽커(Design Thinker)가 주목받고 있다. DIY 가구 분야를 대표하는 이케아는 자신들의 매장을 오락과 휴식을 위한 놀이동산이라고 표현한다. 다양한 연령대를 타깃으로 매장 내 쇼룸을 차별화하고 놀이터처럼 꾸며 언제나 방문하고 싶은 테마 공원이 연상되도록 한 것이다. 가구에 흥미가 없더라도 편안한 휴식 공간과 음악을 제공하여 집, 직장과 더불어 제3의 공간으로 고객에게 다가섰다.

이케아에는 남다른 차별점이 존재한다. 이케아 임직원은 물건을 파는 생산자가 아니라 고객과 공감하고 실제 고객의 입장에서 문제를 해결하려는 디자인 씽커 집단이다. 이케아에 방문하는 고객들을 면밀히 관찰하여 쇼핑중 자녀들을 위한 테마 놀이 공간 스몰랜드를 창조했고 아이들이 언제라도 엄마에게 연락할 수 있도록 호출기를 제공한다. 특히 쇼핑 중 가장 큰 걸림돌은 남성들이다. 쇼핑에 관심 없는 남성들을 위하여 호주 이케아 매장은 맨랜드 테마 공간을 만들어 아내가 남편의 방해 없이 쇼핑에 전념할 수 있도록 의도했다. 시간 가는 줄 모르고 쇼핑하는 아내들에게 30분 단위로 알람을 보내어 남편과의 약속 시간을 잊지 않도록 배려했다.

펜로즈의 삼각형

크리스토퍼 놀란 감독의 영화 "인셉션(Inception)"은 드림머신으로 꿈속의 꿈에 침투하여 생각을 훔치고 조작한다. 꿈을 상징하는 장치가 펜로즈의 계단이다. 펜로즈 계단은 영국의 이론물리학자 로저 펜로즈가 고안한 도형이다. 그가 선보인 계단은 높이가 다른 두 지점을 연결해 준다는 상식을 뒤틀었다. 계단을 따라 오르거나 내려가도 뫼비우스의 띠처럼 결국 제자리로 돌아온다. 펜로즈 계단은 펜로즈 삼각형(Penrose Triangle)에 기초했다. 펜로즈 삼각형은 세 개의 직사각형 막대가 서로 90도로 연결되어 2차원 그림으로는 가능하지만 3차원 공간에서는 구현 불가능한 도형이다. 하지만 다른 시각이나 위치에서 살펴보면 완성된 삼각형으로 나타나기도 하고 시점을 달리하면 완전히 다른 모습으로 보이게 된다. 보는 시점에 따라서 여러 가지 허상, 실상이 되는 것이다. 에서의 폭포, 그림 그리는 손, 파충류 역시 같은 맥락을 전달하는 작품이다.

미국 드라마 "엑스 파일"의 오프닝은 '진실은 저 너머에'라는 메시지로 시작한다. 보고 있는 것, 알고 있는 지식과 경험이 전부가 아님을 이야기했다. 펜로즈의 계단에서 영감을 얻어 드림머신을 창조한 크리스토퍼 놀란 감독은 인간이 3차원 공간과 시간을 고려한 4차원의 세계를 살고 있지만 인간의 눈과 두뇌는 3차원의 착시 오류를 범하고 있음을 의도했다. 펜로즈의 삼각형과 계단은 과거의 경험과 익숙함에 고착화된 생각하는 방식에 의문을 제기한 것이다. 불확실성이 가중되어 정답이 존재하지 않는 현재에서 복합적인 문제 해결을 위한 방법은 사고의 틀을 깨는 디자인 씽킹이다. 관습을 벗어난 역발상으로, 평면적 사고에서 입체적 사고로, 수직적이고 위계적인 사고에서 수평적이고 발산하는 사고로 생각의 유연성을 확보해야 하는 것이다.

영화 "인셉션"의 한 장면

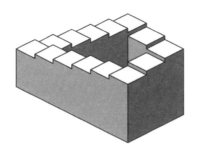

펜로즈 계단

펜로즈 삼각형

디자인 씽커

디자인 씽킹에 기반하여 생각하고 행동하는 사람들을 디자인 씽커(Design Thinker)라고 정의한다. 이들은 질문의 골든 서클에 기반하여 문제의 본질을 찾고자 노력한다. 모든 분야에 질문을 수행하여 표면 속에 숨어 있는 문제의 본질에 관해 관찰과 소통을 통한 공감과 협업으로 맥락과 의도를 파악한다. 복합적으로 초래되는 문제 상황에서 명확한 문제 정의와 다양한 관점으로 정답이 아닌 지속적 개선을 추구한다. 이들의 마인드셋은 성장형 마인드이다. 지속적인 관찰과 빠른 실험, 실패를 반복하여 점진적인 개선을 추구한다. 전략적 민첩성과 회복 탄력성에 기반하여 실패를 통한 학습과 경험을 획득한다. 다양성에 기반한 협업과 소통, 공감으로 집단 창의를 생성해 낸다.

에어비앤비는 창업 초기부터 디자인 씽킹으로 공유 숙박업이라는 새로운 경험을 선사했지만 이후 수익성이 창출되지 못했다. 이들의 문제 해결 방식은 디자인 씽킹이었다. 인터뷰로 고객 관찰을 수행하고 고객의 입장에서 웹 사이트 서비스를 이용하며 고객이 되어 그들과 공감하고자 했다. 그들이 찾은 문제점은 숙박 시설의 조악한 화질과 소개 문구, 정확하지 않은 교통 정보와 문화 체험 정보였다. 이들은 아이디어를 교환하며 프로토타입 개념으로 개선 후보 지역을 선정했고 전문 사진작가와 스크립터를 고용하여 숙박 시설 이미지와 소개 문구를 개선하여 고객의 반응을 살폈다. 일주일 만에 개선 효과가 나타났고 매출은 두 배 이상 상승했다. 점차 지역을 넓혀 소개 이미지를 개선하고 지역의 문화 체험 행사를 연계하여 다양한 고객 선택을 제공했으며 고객 참여의 일환으로 고객 후기, 숙박시설 제공업자의 고객 후기 등을 반영하도록 사이트를 개편했다. 서비스는 급속도로 팽창하였고 시가총액 34조 원이 넘는 초대형 데카콘 기업이 되었다.

전뇌 사고방식

디자인 씽커에게 요구되는 사고방식은 전뇌적 사고방식(Whole Brain Thinking)이다. 논리적이고 분석적이며 연속적인 사고를 담당하는 좌뇌의 영역과 직관과 창의에 기반한 우뇌의 영역을 상황과 맥락에 따라 유연하게 활용하여 복합 문제의 해결에 적용한다. 디자인 씽킹에서의 전뇌 사고방식은 관점의 다양성과 유연성이다. 복합 문제를 대하는 관점에서 좌뇌적 사고방식은 무엇(What)에 집중하여 무엇이 문제인지, 무엇을 개선해야 하는지에 중점을 둔다. 반면 우뇌적 사고방식은 왜, 어떻게, 그래서 무엇(Why, How So What)에 집중하여 불편함이 무엇인지, 개선을 통한 새로운 가치는 무엇인지, 불편함에서 다른 기회를 찾을 수 있는지에 주목한다. 좌뇌적 사고방식은 책임자가 누구인지, 누구의 R&R인지를 명확하게 구분하여 집중과 몰입에 중점을 두어 문제의 범위를 좁혀 가며 데이터와 통계, 분석 자료와 프레임을 활용한다. 반면 우뇌적 사고방식은 무엇을 더 도울 수 있을지, 누가 어려움을 겪고 있는지에 초점을 맞추고 다름과 차이를 인정하며 해결책의 범위를 확대하여 변화의 맥락을 파악하는 발산적 아이디어와 개선을 추구한다.

디자인 씽킹 프로세스

디자인 씽킹은 맥킴의 『시각적 사고 경험』과 로에 교수의 『디자인 씽킹』에서 학문적 이론이 정립되었다. 아이디오의 CEO 팀 브라운은 디자인 씽킹은 사람의 요구, 기술의 가능성, 비즈니스 성공에 대한 요구 사항을 통합하기 위해 디자이너가 일하는 방식을 빌린 혁신에 대한 인간 중심적 접근 방식이라고 정의했다. 로저 마틴 교수는 다양한 아이디어와 상황적 맥락을 이용하는 통합적 접근 사고로 정의했다. 디자인 씽킹은 불확실한 상황에서 불완전한 정보를 연결하고 통합하여 대안을 구현하는 작업이다. 디자인 기업 아이디오와 SAP이 혁신을 위한 업무 방식으로 적용하기 시작했고 스탠퍼드 대학이 D-스쿨에서 새로운 프로세스로 활용하면서 각광을 받았다. 실리콘밸리의 구글, 애플과 수많은 스타트업들이 디자인 씽킹을 도입하여 업무 성과를 향상시켰다. 디자인 씽킹은 공감하기, 문제 정의하기, 아이디어 만들기, 시제품 만들기, 테스트하기의 5단계로 구성된다.

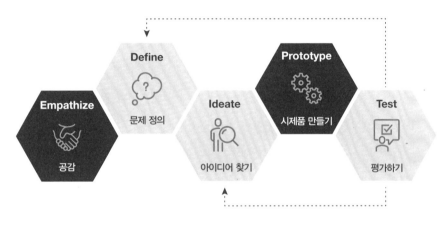

디자인 씽킹 프로세스 ① - 공감하기(Empathize)

디자인 씽킹의 시작은 공감을 통해 진정으로 원하는 것을 찾고 문제를 발견하려는 마인드셋이다. 공감은 고객, 제품과 솔루션, 환경과 맥락, 자원과 리소스, 시간에 대한 공감으로 확대되어 불편함과 문제점을 찾는 과정이다. 공감 활동은 관찰, 인터뷰, 체험으로 구분되며 고객 관찰, 고객 인터뷰, 고객 체험으로 구체화된다. 사우스웨스트 항공은 비행기 좌석 스크린에 개인별로 맞춤형 광고를 제공한다. 고객의 구매 패턴, 쇼핑 패턴을 분석한 후 개인별로 최적화된 광고를 제공한다. 공감하기는 일, 학습에도 적용할 수 있다. 자신의 내면과 공감하고 현재 처해진 상황과 역량에 공감하며 직장의 동료나 친구와 공감함으로써 연결과 소통을 매개할 수 있다. 토론, 협업, 해커톤과 스프린트, 프로젝트 기반 학습도 시작은 공감하기이다. 생각이 다름은 틀린 것을 의미하지 않는다. 공감을 바탕으로 다름과 다양성을 인정하는 것은 다양한 협업과 집단 창의를 이끄는 원동력이다.

디자인 씽킹 프로세스 ② - 문제 정의하기(Define)

질문의 맥락과 요지를 파악하지 못한 상황에서 동문서답하며 자신의 의견조차 피력하지 못하는 상황을 맞기도 한다. 이러한 상황의 근본 원인은 공감 능력 결여와 문제 찾기, 문제 정의 역량이 낮기 때문이다. 문제를 잘못 정의한 대표적 사례가 나일강 댐 공사이다. 나일강 홍수는 막대한 피해를 초래하지만 비옥한 토지를 만드는 원동력이었다. 아스완 댐과 아스완 하이 댐은 홍수를 막았지만 하류의 비옥한 토양을 잃는 결과를 초래했다. 아인슈타인은 자신에게 20일의 시간이 주어진다면 19일은 문제를 정의하기 위한 질문에 초점을 맞추겠다며 문제 정의 역량을 강조했다. 디자인 씽킹의 문제 정의는 더 나은 해답을 위한 반복된 과정을 수행하는 것이다. 불확실성에서 문제를 정의하는 것조차 하나의 가설로 인식하고 반복된 시행착오의 과정을 거쳐 문제 정의를 가다듬고 보완하여 점진적 개선을 추구하는 것이다.

1 vs. 0.9444

아버지가 삼형제에게 유언을 남겼다. 17마리의 낙타를 첫째는 1/2, 둘째는 1/3, 막내는 1/9만큼 나누도록 한 것이다. 마을의 노인이 문제를 새롭게 정의했다. 자신의 낙타를 보태어 18마리의 낙타로 첫째는 9마리, 둘째는 6마리, 막내는 2마리를 갖고 남은 한 마리는 돌려받은 것이다. 형제는 18마리의 낙타 중 17마리를 가지게 되어 온전한 1이 아닌 17/18인 0.9444이지만 17마리 낙타를 유언대로 나눈 것이다. 노인은 유언에서 문제를 찾았고 낙타를 더해서 문제를 재정의한 것이다. 문제 해결을 위한 다른 관점을 의도했다. 1이 아닌 1에 가깝게 갈 수 있음을 알려준 것이다. 불확실성의 시대는 정답을 만들어 가는 과정이다. 융복합과 초연결은 경계를 허물고 지식, 통념을 무너트린다. 완벽한 1보다 빠르고 신속하게 0.9444를 찾는 사람에게 더 많은 기회를 제공한다. 다르게 생각하면 해법을 찾을 수 있다. 문제 정의와 해결도 실패와 학습으로 개선을 추구하는 유연성과 복원력을 갖추어야 한다.

디자인 씽킹 프로세스 ③ – 아이디어 만들기(Ideate)

다음 단계는 아이디어 만들기이다. 아이디어 만들기는 2단계로 구분한다. 1단계에서는 모든 참여자들이 자유롭게 아이디어를 만들어 포스트잇에 작성하여 화이트보드에 붙인다. 사소한 의견 도출도 가능하며 아이디어를 교류하지 않고 자신만의 아이디어를 만든다. 2단계에서는 모든 아이디어를 화이트보드나 벽면에 붙여 MECE 원칙에 따라 아이디어를 분류한다. 아이디어를 합치거나 상위, 하위 아이디어로 구분하여 트리 구조를 만들 수 있고 아이디어와 아이디어를 연결하는 중간 단계의 징검다리 아이디어로 구분할 수도 있다.

그룹핑, 아이디어 배틀, 히트 맵

아이디어 만들기의 마지막은 그룹핑(Grouping), 아이디어 배틀(Idea Battle), 히트 맵(Heat Map)이다. 아이디어를 유사한 주제로 그룹화한다. 치열한 토론으로 아이디어들이 올바른 그룹에 분류되었는가를 검증한다. 다음은 히트 맵을 만들기 위한 아이디어 배틀이다. 아이디어 그룹은 2~3개 많게는 10여 개가 될 수 있다. 모든 아이디어 그룹을 동시에 진행할 수 없다. 스코어 카드를 만들어 그룹별로 경쟁해야 한다. 이때 공감 마인드는 목표를 향한 좌뇌적 사고방식으로 전환되어야 한다. 치열한 아이디어 배틀 과정으로 2~3개의 아이디어 그룹이 생존한다. 생존한 아이디어 그룹들이 히트 맵이 된다. 히트 맵에 선정되지 못한 아이디어 그룹들은 다음 디자인 씽킹을 위한 데이터로 재활용된다. 히트 맵에 속한 모든 아이디어 그룹을 동시, 순차적으로 진행할지 혹은 최종 선정된 1개의 아이디어 그룹만 수행할지를 결정한다. 투표를 통해 결정하지만 최종 선택은 최종적으로 책임을 지는 조직과 집단의 대표가 해야 한다.

디자인 씽킹 프로세스 ④ - 시제품 만들기(Prototype)

히트 맵에서 최종 선정된 아이디어 그룹은 시제품 만들기로 현실이 된다. 디자이너들은 이 단계에서 제품의 대략적인 이미지를 그리는 디자인 렌더링, 디자인 목업(mock up)을 수행하고 최종 후보를 선정한 후 도면 설계를 진행한다. 시제품 만들기는 디자이너의 렌더링, 목업 과정만을 의미하지 않는다. 웹사이트 구축, 소프트웨어와 하드웨어, 조직에서의 업무 규정, 프로세스 변경도 시제품 만들기의 일환이다. 경쟁사의 업무와 일하는 방식, 결과물도 시제품 검토의 대상이 된다. 점진적으로 하지만 빠르게 적용하고 개선하고 지속적으로 수행하는 프로토타입 정신이 필요하다.

디자인 씽킹 프로세스 ⑤ - 테스트하기(Test)

마지막은 테스트다. 파일럿 테스트, 필드 테스트로 불리며 프로토타입과 가설 검증, 고객 검증을 포함하며 검증 결과와 가설을 비교하여 가설에 수정, 보완, 폐기를 진행한다. 프로토타입으로 검증을 진행하지만 고객 환경, 문제 환경과 유사한 상황을 준비하여 참가자들이 직접 고객이 되거나 외부 고객, 외부 참가자를 초빙하여 실제와 유사한 실험을 해야 한다. 또한 테스트가 종료되면 고객 인터뷰와 피드백 시간을 진행하고 수집된 피드백 정보를 바탕으로 프로토타입을 지속적으로 보완한다.

디자인 씽킹에 대한 부정적인 견해도 존재한다. 많은 기업들이 디자인 씽킹의 개념과 중요성을 반영하여 혁신과 창의력의 도구로 사용하고 있지만 개념과 정의가 명확하지 않고 일부에서는 단순히 기존에 있던 개념들을 조합한 마케팅적인 수단이라는 비난도 있으며 일시적으로 유행하다 사라지는 패즈로 치부하기도 한다. 하지만 도요타의 린 경영 이후 에릭 리스의 린 스타트업, 실리콘밸리 기업들의 해커톤, GE의 패스트 웍스, 구글의 스프린트에 이르기까지 직·간접적인 고객 경험을 통하여 신속하게 학습을 거치면서 재빠르게 대응하는 전략적 민첩성과 학습 민첩성은 디자인 씽킹에서도 일맥상통하는 기본 사고방식이며 행동 방식으로 인식되어야 한다.

해커톤

기업과 조직의 성장통

엔론은 작은 에너지 기업으로 시작하여 미국 5위 대기업으로 성장했지만 내부 고발로 분식 회계가 탄로나자 1년 만에 흔적도 없이 사라졌다. 로빈 던바는 한 사람이 관계를 맺을 수 있는 최대 인원은 150명이라고 말한다. 기업, 조직이 성장하며 초기의 비전과 미션은 퇴화된다. 사일로 이펙트, 조직 이기주의, 극단적 개인화로 고립 문화를 만든다. 성과주의, 실패를 용납하지 않는 기업 문화도 이를 방조한다.

조직 성장에 따른 예방책이 필요하다. 페이스북 창업자인 저커버그의 사무실은 투명 유리를 통해 볼 수 있기에 저커버그의 어항이라고 한다. 개방과 공유 정신은 해커 스퀘어를 탄생시켜 모든 중요한 사업과 로드맵을 공유하고 사내 해커톤으로 협력과 공유, 소통 기반의 집단 창의력을 극대화하고 있다.

똑똑한 괴짜들을 묶는 비결

성공하는 기업에는 해커, 힙스터, 허슬러를 상징하는 3H를 갖춘 드림팀이 존재한다. 엔지니어 성향의 해커가 선도해 온 실리콘밸리 리더십은 전략 마인드의 허슬러와 디자인 씽킹으로 재창조하는 힙스터가 협업과 소통으로 시너지를 창출하고 있다. 실리콘밸리에는 일하는 특별한 방식이 존재한다. 각 분야의 전문가들이 드림팀을 구성하고 불확실성에서 목표를 위해 조화롭게 전력질주하는 해커톤(Hackathon)이다. 해커톤은 조화, 협업, 몰입으로 성과를 창출한다. MIT 대학이 해커톤을 정의한 이후 선 마이크로시스템즈에서 프로그래밍 콘테스트를 진행하며 해커톤이라는 명칭을 공식적으로 사용하며 전파되었다.

실리콘밸리 해커톤의 기반은 열린 협업이다. 실리콘밸리를 중심으로 수많은 해커톤 행사가 개최되고 있다. 개인의 창의력과 기술력을 시험하는 무대로 해커톤을 활용하며 개발자, 업계 관계자, 투자자 등 다양한 분야의 사람들과 관계를 형성하고 창발적 아이디어 창출을 위한 기회로 인식하고 있다. 치열한 경쟁 속에서도 협력과 소통, 연결을 통한 아이디어의 가능성을 찾는 활동이 자연스러운 일상이 된 것이다. 실리콘밸리는 어느 누구와도 협업이 가능하며 다양한 복합 문제에 직면하는 경우 아이디어를 공유하여 소통함으로써 새로운 가능성이 창출된다는 믿음을 갖고 있다.

해커톤의 진화

해커톤은 기획자, 프로그래머, 디자이너, 고객 담당자 등 5명 내외로 한 팀을 구성하여 제품과 솔루션의 기획부터 시제품 제작까지 토론과 협력, 몰입 과정으로 결과물을 만들어 낸다. 해커톤은 일하는 방식의 기본이 되었으며 조직 문화로 자리 잡고 있다. 비즈니스 프로세스로와 플랫폼과 연결하여 오픈 소스, 오픈 커뮤니티, 플랫폼 워커, 디지털 노마드 형태로 진화한다. 해커톤은 열린 혁신을 만드는 무대이다. 내부 개발자뿐만 아니라 외부 고객과 개발자에게 문호를 개방한다.

가상 머신 솔루션 기업 브이엠웨어(Vmware)의 보라톤은 개발직 이외의 다른 직군의 직원 참여가 가능하고 드롭박스의 핵위크는 외부 개발자를 초청해 드롭박스 연계 서비스 개발의 지침을 안내한다. 기업 회계 관리 솔루션 퀵북스의 개발사인 인트위트는 퀵북스 커넥트 해커톤으로 외부 개발자를 위한 생태계를 만들고 있다. 글로벌 데이터 센터를 운영하는 에퀴닉스는 스파커톤을 운영하여 자사 전반에 걸친 상황을 이해하는 것은 물론 아이디어 교환으로 소프트웨어를 개선하는 것을 목적으로 하고 있다. 스파커톤은 제품이나 프로세스를 만드는 것이 아니라 함께 퍼즐을 풀어 나가는 문화임을 강조한다. 인텔은 전 세계에서 가장 큰 해커톤 포털사이트인 해커리그를 인수하여 해커리그가 축적한 아이디어와 개발 성과, 지적 재산권을 입수했고 퀄컴도 기술 컨퍼런스인 업링크 행사에 해커톤 행사를 추가했다.

해커 웨이

저커버그는 하버드 대학에서 컴퓨터 공학과 심리학을 공부했다. 컴퓨터 공학과 심리학의 상관관계를 묻는 질문에 사람들이 가장 흥미로워하는 것이 무엇인지를 알고 싶었고 그것을 컴퓨터로 구현하고자 했으며 어렸을 때부터 생각해 온 해커 웨이(Hacker Way)를 실천하고자 했다고 말했다. 저커버그의 해커 웨이는 "의미 없는 투자 논쟁보다 코드를 작성하는 것이 더 좋다."는 문구로 대표된다. 기업 활동에는 관심이 없고 투자한 금액의 신속한 자금 회수와 투자 수익에만 관심을 가지는 벌처 캐피털리스트들에 맞서 저커버그 자신과 페이스북의 존재 가치를 역설적으로 표현한 것이다. 해커 웨이는 신속하게 만들거나 두려움없이 빠르게 실행하는 마인드셋이다. 지속적인 개선과 끈질기게 매달려 목표를 완수하겠다는 사명감이다. 성공한 기업이나 개인을 보면 겉으로는 화려하지만 일하는 방식과 생각하는 사고방식 속에는 치열한 해커 웨이가 존재한다. 현대를 살아 가는 직장인, 미래를 준비하는 학생들도 실패하고 실수할 수 있지만 마음속에 해커 웨이와 해커톤 정신으로 자신의 삶과 현재, 미래를 준비한다면 불확실성이 점점 더 가중되는 사회에서 길을 잃지 않고 자신의 꿈과 가치를 위하여 앞으로 나아갈 수 있다.

조직의 성장통을 치유하라

페이스북 해커톤은 저커버그와 임직원이 밤을 새며 아이디어를 교류한 것에서 시작하여 개발자 회의 F8로 확대되어 페이스북의 가치를 추구해 왔다. 그들은 개발자 중심의 해커톤을 진화시키며 조직 성장에 따른 성장통을 치유하고 소통, 협업, 집단 창의를 창출하는 매개체로 확대했다. 신규 임직원을 위해서는 부트 캠프를 운영한다. 선배 직원이 신규 직원의 부서 배치에 상관없이 코딩 기술, 기업 인프라와 시스템, 협업과 소통, 성과 창출, 개인 커리어 개발, 기업의 비전과 미션에 이르기까지 도제식 교육을 진행한다. 코딩을 모르는 인사, 재무, 영업 관리 인력도 프로그래밍 역량을 갖추게 되어 엔지니어와의 협업에서 소통 문제를 해결할 수 있게 되었다.

부서간 장벽을 허무는 매개자를 키우는 프로그램인 해커먼스도 주목할 만하다. 해커먼스는 다른 분야의 일과 기술을 배우도록 기회를 제공하며 종료되면 부서를 이동할 수 있기 때문에 이들이 매개자가 되어 커뮤니케이션의 강도와 질을 높여 집단 창의를 창출하는 원동력이 된다. 해커톤의 범위와 주제도 사내 복지, 처우, 교육과 기업 문화, 인사 관리와 평가, 개인별 커리어 개발, 기업 정책과 비전, 미션에 이르기까지 제약이 없으며 필요한 경우 어느 부서의 인력이라도 해커톤 참여를 요청할 수 있기 때문에 연결을 통한 공감과 새로운 가치를 창출하게 된다. 4차 산업혁명과 과학기술혁명 시대에 자신의 마음속에 불을 지피는 해커 웨이, 개방과 공유 정신으로 모든 초연결을 수행하여 일하는 방식인 해커톤은 시대를 살아가는 또 하나의 역량으로 자리매김할 수 있다.

구글 스프린트

기획부터 실행까지 단 5일 만에

피터 드러커는 미래를 예측하는 방법은 직접 만드는 것이라고 했다. 세스 고딘은 아이디어는 넘쳐나지만 중요한 것은 아이디어를 실현하는 능력이라고 말한다. 미래를 만들고 성공을 예측하는 방법은 직접 보여 주는 것이다. 구글은 전력질주 실행 프로세스인 스프린트(SPRINT) 방법을 공개했다. 기획부터 실행까지 5일 만에 끝내는 몰입과 협업의 업무 방식이다. 스프린트의 탄생은 제이크 냅이 시작한 행아웃 프로젝트에서 시작됐다. 1주일 동안 모든 참여자들이 몰입하여 프로토타입을 만들었고 내부 테스트에서 호평을 얻어 행아웃이 제품으로 출시된 것이다. 이 방법을 체계화하여 구글 벤처스에서 적용한 것이 구글 스프린트다.

린 스타트업 vs. 스프린트

린 스타트업(Lean Startup)은 제품, 비즈니스 모델, 고객에 대한 가설을 설정하고 성공 확률이 가장 높은 가설을 선택하고 실패 확률을 최소화하며 지속적 개선으로 혁신 제품을 만든다. 고객 반응을 살피고 개선이나 방향 전환 여부를 결정한다. 하지만 시간과 비용의 문제가 발생한다. 스프린트는 이 과정을 5일로 단축했다. 불완전한 제품이라도 데이터를 확보하여 가설을 검증하는 방식이다. 의사 결정자 참여가 필수적이며 프로토타입 개발을 위한 구성원의 역량이 성공 확률을 높이는 핵심이다. 스프린트의 목적은 고객이 이해하고 흥미를 느끼는 요소의 발굴과 이유를 찾는 것이다. 5일 동안 수정과 반복으로 아이디어를 구현하고 제품과 고객을 연결하여 반응을 관찰한다. 스프린트는 조직 활성화를 위한 도구로 이용될 수 있다. 프로젝트 진행으로 몰입과 협업, 분업과 목표 수행을 쉼없이 경험하기 때문이다.

구글 스프린트의 프로세스 - 5일에 끝내기

스프린트는 구글이 제시한 일별 활동 내역에 따라 목표를 수행해야 한다.

스프린트 프로젝트 진행 과정, UXBoot

- 월요일: 지도 그리기, 타깃 선정하기
- 화요일: 경합을 위한 솔루션 스케치하기
- 수요일: 가장 좋은 솔루션 결정하기
- 목요일: 프로토타입 제작하기
- 금요일: 프로토타입 실험과 고객 테스트, 고객 인터뷰, 학습

스프린트 사전 준비

스프린트에는 5일의 기간이 요구되지만 사전 준비로 과제 선정이 필요하다. 과제의 규모가 너무 크다면 쪼개어 여러 번의 스프린트를 수행하는 것이 좋다. 로봇 비즈니스의 타당성 여부를 검토하기 위해 개발, 제조, 생산, 판매, 물류, 특허까지 전 분야를 1주일 만에 수행하는 것은 과욕이다. 전략적 인사이트를 신속히 공유하고 최종 선택을 위해 의사 결정자의 합류가 필수적이다. 팀 구성은 마케팅, 상품 기획자, 개발자, 디자이너 등 해당 분야의 전문가들이 참여하되 7명 이내가 적당하다. 회의를 자연스럽게 진행하기 위한 퍼실리테이터도 성패를 좌우한다. 프로젝트의 시간 관리와 팀원들의 완전한 몰입 환경을 구축해야 한다.

월요일

월요일은 다양한 아이디어를 시각적으로 표현하는 맵을 작성하는 시간이다.

* 장기 목표와 핵심 질문 만들기

월요일에는 왜(Why)라는 질문으로 프로젝트의 목표와 이유, 결과물을

논의한다. 구글은 월요일에 이 과정을 수행하라고 권고하지만 실전에서 적용한다면 프로젝트 착수 이전에 선정하는 것이 좋다. '목표와 장기 목표를 달성하기 위해 어떻게 해야 하는가?'라는 질문을 화이트보드 상단에 적는다. 여러 질문 중 핵심 질문을 선정하여 별도의 화이트보드에 기록한다. 이제 장기 목표는 프로젝트의 목적지이고 핵심 질문들은 목적지에 이르기 위한 좌표가 된다.

* 지도 작성하기

지도 작성하기 과정은 왼편에 고객과 사건을 발생시키는 주요 행위자를 나열하고 오른편에는 목표와 결말을 기록한다. 행위자와 결말 사이에 중간 절차를 단어와 화살표로 채워 나가면서 맵을 완성하다.

* 전문가의 조언 구하기, HMW 메모 작성하기

맵이 완성된 후 전문가의 조언을 얻은 후에 화요일에 있을 스케치에 대한 구체적인 정보를 찾는다. 이 과정에서 맵을 수정하고 개선한다. 이 과정에서 실질적인 문제를 인지하고 문제를 기회로 바꾸기 위한 고민을 하며 고민의 흔적이 포스트잇에 기록된다. 포스트잇 메모를 작성할 때에는 규칙을 따라야 한다. 어떻게 하면 ~할까?(HMW, How Might We?)의 형식으로 동일하게 표현하여 HMW로 작성된 포스트잇 메모들을 화이트보드에 붙인다. 메모들을 주제에 따라 분류하여 몇 개의 그룹으로 묶는다. 팀원들은 스티커를 이용하여 가장 중요하다고 생각하는 그룹을 선정한다. 선정된 주제가 스프린트 프로젝트의 타깃이 되는 것이다.

* 타깃 선정하기

하나의 구체적인 타깃을 선정한다. 장기 목표, 스프린트 질문, 지도와 메모를 살펴보며 무엇에 집중할지를 결정한다. 이 과정에서 최종 결정자가 지도에서 타깃이 될 하나의 고객 유형과 집중할 부분을 선택하며 팀원들은 모두 구체적인 고객과 타깃을 인지하고 공유하여 동일한 목표를 갖게 된다.

스프린트 프로젝트의 맵 작성, UXBoot

화요일

화요일은 맵을 구현할 아이디어를 그려 보는 아이디어 스케치 시간이다. 참여한 모든 멤버가 각자 개별적으로 아이디어를 도출하고 솔루션을 만들어야 한다. 구글은 이 방법을 함께 혼자 일하기로 이름 붙였다. 이후에 아이디어를 경쟁시키는 과정을 수행한다.

* 조합하고 발전시키기 – 번갯불 데모

솔루션 스케치 이전에 번갯불 데모를 진행한다. 번갯불 데모(Lightening Demos)는 아이디어를 빠르게 검토하는 행동이다. 기존의 아이디어, 동종 산업이나 다른 영역, 사내의 좋은 아이디어를 모아 각자 3분씩 소개한다. 아이디어를 공유하며 개선점을 확인한다. 팀원들의 생각을 레고 블록같이 조합하여 발전시키는 것이다. 다양한 질문을 교류해야 한다. '프로젝트에 도움이 될 만한 아이디어는 무엇일까?'라고 물어보는 것이다. 답변에서 발견되는 영감이 있다면 화이트보드에 그림으로 표현하고 간단한 제목을 적는다. 번갯불 데모가 끝날 무렵이면 화이트보드는 수많은 아이디어들로 가득 차게 된다.

* 뭉치거나 흩어지거나

화이트보드에 수많은 아이디어가 기록되어 솔루션 스케치에 앞서 팀원들과 의견을 교환해야 한다. 아이디어에 따라 팀원들이 뭉치거나 흩어지며 논의를 한다. 일반적인 방법으로는 일을 서로 분담하고 각자 원하는 지점을 선택한 뒤에 지도에 표시하여 역할을 분담한다.

* 솔루션 스케치하기

솔루션 스케치는 4단계로 구성된다. 1단계는 20분의 메모 시간이 주어지며 작업했던 장기 목표, HMW 질문, 번갯불 데모 기록물 등 필요한 모든 정보를 활용하여 메모한다. 2단계는 자신이 가지고 있는 무수한 메모지를 종이 한 장에 표현하는 것이다. 머릿속의 생각과 메모를 시각화하는 과정이다. 3단계는 아이디어를 신속하게 변형해 보는 크레이지 에잇 과정이다. 종이 한 장을 8등분으로 나누고 8분 동안 자신의 아이디어를 8개로 변형하여 스케치하는 것이다. 자신의 아이디어에 스스로 질문을 던지며 더 나은 방법을 생각하는 과정이다. 4단계는 솔루션 스케치다. 30분 동안 종이 한 장에 3개의 포스트잇을 붙여 가며 스토리보드가 만들어지도록 스케치한다.

- 메모: 20분간 회의실 내에 기록된 모든 정보 수집하여 메모하기
- 아이디어 표현: 메모와 머릿속의 생각을 그림과 글, 기호로 그려 보기, 더 나은 아이디어에 표시하기
- 크레이지 에잇: 아이디어를 신속하게 변형해 보기
- 솔루션 스케치: 8개의 아이디어에 대한 세부 사항 만들기

수요일

솔루션 결정 과정은 미술관 관람, 히트 맵, 스피드 비판, 여론 조사, 슈퍼 의결권 행사의 시간, 아이디어 경쟁하기 등의 단계를 수행한다. 미술관 관람은 충분한 시간을 갖고 모든 사람들의 아이디어 스케치를 관람하고 평가하는 과정이다. 다음은 히트 맵 작성이다. 다른 사람들의 아이디어 스케치를 둘러보며 마음에 드는 아이디어에 스티커를 붙인다. 질문이 있다면 포스트잇을 스케치 밑에 붙인다. 이 과정에서 팀원들은 서로 대화를 하거나 이야기할 수 없다. 다음은 스피드 비판이다. 각 스케치에 3분씩 논의한다. 퍼실리테이터는 스티커가 가장 많이 붙은 스케치부터 설명하고 작성자를 제외한 모든 사람들이 스케치에 대한 질문, 위험 요소, 대안을 토론한다. 작성자가 이야기를 해서는 안 된다. 퍼실리테이터가 모든 의견을 들은 후에 스케치 작성자에게 발언 시간을 제공하면 보완 설명을 하고 질문에 답변한다. 다음은 여

론조사다. 팀원 모두가 자신의 스케치에 대한 의견을 말할 수 있다. 이 과정은 추가적인 정보를 제공하는 시간이다. 여론조사를 통해 솔루션을 선택하게 된다. 마지막에는 의사 결정자의 슈퍼 의결권이 사용된다. 의사 결정자에게는 3개의 스티커를 주고 다양한 솔루션에서 최종 의사 결정을 하도록 한다. 최종 의사 결정자의 선택이 하나의 솔루션으로 확정되거나 두세 개의 솔루션이 선택될 수도 있다. 이제 아이디어 경쟁의 시간에 진입한 것이다.

* 아이디어 경쟁하기

여러 개의 솔루션이 선택된 경우 이번 스프린트에서 진행할 솔루션과 다음에 진행할 솔루션을 구분하여 스프린트 프로젝트를 1, 2차로 나눌 수 있다. 최종적으로 남은 솔루션들을 경쟁시킨다. 솔루션을 하나로 묶어서 진행할 수 있을지, 경쟁을 시킬지를 결정한다. 최종 의사 결정자의 결정에도 불구하고 솔루션들이 결합되지 못했다면 모든 팀원들이 의견을 개진하고 논의하여 경합시킨다. 스프린트 프로젝트의 시간 특성상 최대 2개 이내의 최종 솔루션으로 결론을 도출하는 것이 좋다.

* 스토리보드 그리기

솔루션이 결정되면 남은 일은 스케치를 이용하여 솔루션 구현을 위한 스토리보드를 만드는 것이다. 영화, 광고의 콘티, 만화, 드로잉처럼 일관된 스토리 라인으로 그림과 도표를 활용하여 구체적으로 표현해야 한다.

목요일

목요일에는 프로토타입을 제작한다. 프로토타입의 외관과 구동을 위한 최소한의 작업이다. 웹 페이지 제작의 경우 파워포인트 등을 이용하여 마우스 클릭에 대한 처리 과정을 보여 주면 된다. 모바일 앱을 가정하더라도 실제 코딩 작업 없이 파워포인트를 이용하여 동작 과정만 시각적으로 보여 주는 것이다.

* 프로토타입 사고방식

프로토타입 제작은 완벽함의 추구가 아니다. 테스트를 위한 모의 실험이라고 생각의 전환을 해야 한다. 스프린트에서는 이러한 사고방식을 프로토타입 사고방식으로 정의한다. 하루 일정으로 스토리보드에 스케치된 어떠한 내용도 만들 수 있다는 마음을 가져야 하지만 반대로 언제라도 사용하고 폐기할 수 있다는 생각으로 프로토타입을 제작한다.

* 골디락스 품질

골디락스(Goldilocks)는 경제가 성장세를 이루면서도 물가가 상승하지 않는 이상적인 경제 상태이다. 골디락스 품질은 과도하지 않고 부족하지 않은 품질 기준을 설정하는 것이다. 프로토타입 사고방식으로 완벽한 코딩이나 하드웨어를 제작하지는 않지만 외형은 고객이 실감할 수 있도록 진짜처럼 만들어야 한다. 안내 로봇을 만드는 프로젝트에서 하루에 로봇을 만들 수는 없다. 청소용 로봇 룸바를 구해서 안내 로봇과 같은 외형을 꾸며도 좋다. RC 자동차를 구해 외관을 로봇처럼 꾸며도 된다. 아두이노, 라즈베리파이 등으로 간단하지만 빠르게 하드웨어와 펌웨어를 구현할 수도 있다. 하지만 외형을 꾸미지 않는다면 RC 자동차를 로봇으로 생각하지는 않을 것이다.

* 프로토타입 만들기

어려운 부분은 프로토타입 제작 도구 선정이다. 실전 개발 도구에만 익숙하기 때문에 가상의 개발 도구 이용에 어려움을 겪는다. 프로토타입 만들기에서는 파워포인트, 키노트, 스퀘어 스페이스, 워드프레스, 언바운스와 같은 웹사이트 구축 도구나 Splashthat과 같은 이벤트 웹 페이지 구축 도구, 다양한 앱과 서비스를 간편하게 연동시키는 IFTTT, 로봇 시뮬레이션을 위한 ROS 개발 환경의 시뮬레이션 도구, 3D 프린터 등을 가상의 개발 도구로 선정한다.

* 역할 나누기

팀원의 역할을 제작, 연결, 저작, 자산 수집, 인터뷰 담당으로 구분한다. 제작 담당은 프로토타입의 각 구성 요소를 직접 만드는 역할을 수행한다. 눈에 보이는 외관이 중요하기 때문에 디자이너나 UI, UX 전문가가 수행한다. 연결 담당은 제작 담당자가 만든 각 프로토타입의 구성 요소들을 매끄럽게 연결하여 진짜처럼 보이도록 한다. 저작 담당자는 프로토타입에 대한 문구, 브로셔, 카탈로그 등을 만든다. 자산 수집 담당은 프로토타입 제작에 필요한 샘플, 이미지, 라이브러리, 개발 툴 등을 빠르게 수집한다. 인터뷰 담당은 금요일에 진행될 고객 인터뷰에 대한 사전 준비를 한다.

* 프로토타입 시범 운영하기

목요일 오후에는 프로토타입을 완성하여 시범 운영을 한다. 스토리보드에 기록된 모든 스케치 내용들이 빠짐없이 반영되었는지 점검한다. 스프린트 프로젝트의 핵심 질문들을 잘 만족하는지, 핵심을 놓치지 않았는지를 점검하고 고객 인터뷰를 위한 사전 질문을 점검한다.

금요일

금요일은 프로토타입 테스트로 고객 반응을 살펴보며 인터뷰를 통해 피드백을 수집하여 고객의 사고와 행동 패턴을 유추하는 시간이다. 테스트 과정에서 고객이 스스로 프로토타입을 이해하고 조작할 수 있는지의 여부를 면밀하게 관찰하고 인터뷰를 통해 고객의 판단에 관한 이유를 확인해야 한다. 고객 인터뷰를 종료하면 고객 답변에 대한 패턴을 찾고 프로젝트 전반에 관한 리뷰를 진행한다.

Part 7 성장

성장형 전략 플랫폼:
성장형 전략 플랫폼으로 초연결,
초확장을 꿈꿔라

자신만의 성장형 전략 플랫폼

지속 성장 전략

　4차 산업혁명 시대에 능동적으로 대처하고 미래를 선제적으로 준비하기 위해서는 자신만의 성장형 전략 플랫폼(Growth Strategy Platform)을 갖추어야 한다. 기업과 정신과 성장형 마인드셋으로 자신을 변화시키고 전략 수립 프레임워크와 시스템적 관점으로 현상을 분석한다. 연결과 소통으로 집단 창의를 창출하며 린 스타트업 방식과 스프린트 형태로 실패를 통한 학습과 지속 성장을 추구해야 한다. 초(超, Hyper)의 시대, 불확실성의 시대에서 전략적 민첩성과 전략적 감수성, 학습 민첩성으로 변화의 흐름을 읽고 맥락을 파악하여 일, 학습, 공부, 인생에서 새로운 기회와 가치를 창출할 수 있다. 자신과 공동체, 조직, 사회에 영감을 주는 개인과 조직의 지속 성장 전략이다.

　성장형 전략 플랫폼은 피터 드러커의『매니지먼트』에서 소개된 시스템즈 뷰와 피터 셍게의『제5경영』에서 소개된 시스템적 사고에서 진화한 플랫폼이다. 전체는 단순한 부분의 합보다 더 크고 성격이 다르기 때문에 개별적 요소들을 유기적으로 연결시키고 확장하며 변화에 능동적으로 대응하도록 성장시키는 과정이 필요하다. 피터 셍게는 문제의 근본 해결을 위한 다섯 가

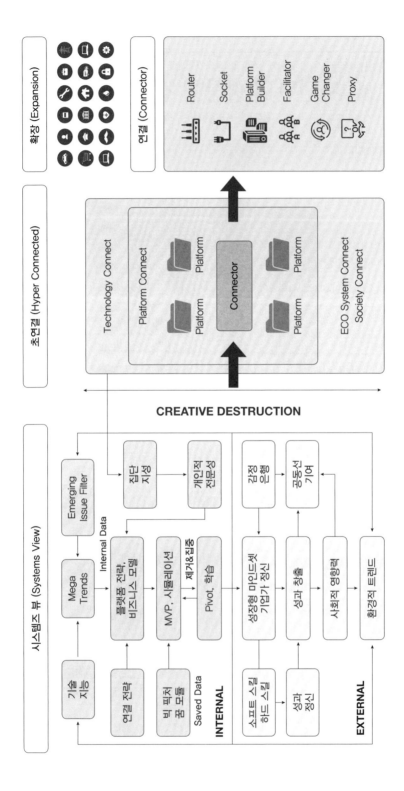

확장 (Expansion)

연결 (Connector)

Router

Socket

Platform Builder

Facilitator

Game Changer

Proxy

초연결 (Hyper Connected)

Technology Connect

Platform Connect

Platform

Platform

Connector

Platform

Platform

ECO System Connect
Society Connect

CREATIVE DESTRUCTION

시스템즈 뷰 (Systems View)

Emerging Issue Filter

집단 지성

개인적 전문성

Internal Data

Mega Trends

플랫폼 전략, 비즈니스 모델

MVP, 시뮬레이션

제거&집중

Pivot, 학습

감정 은행

공동선 기여

기술 지능

연결 전략

빅 픽처 큰 모음틀

Saved Data

INTERNAL

성장형 마인드셋 기업가 정신

성과 창출

사회적 영향력

환경적 트렌드

소프트 스킬 하드 스킬

성과 정신

EXTERNAL

지 원칙으로 시스템적 사고, 개인적 숙련, 정신 모델, 공유 비전, 팀 학습을 제시했다. 클라우스 슈밥은 시스템적 관점과 융복합, 통합적 사고를 갖추도록 요구하고 있다. 융복합, 통합적 관점으로 개별적 요소를 통합하는 연결의 힘으로 자신만의 성장형 전략 플랫폼을 갖추어야 하는 것이다.

성장형 전략 플랫폼의 구성 요소

가장 효율적 조직 기업은 100마일의 속도로 성장하고 진화한다. 전통적 경영 전략뿐만 아니라 린 스타트업, 해커톤과 코피티션에 이르기까지 시행착오와 실패를 통한 자가 학습으로 스스로를 성장시켰다.

현대는 새로운 역량과 능력의 변화를 지속적으로 요구하고 있다. 복합적 문제 해결 역량, 비판적 사고, 창의성과 감성 지능 역량을 갖추고 소프트 스킬과 하드 스킬을 융복합하며 디지털 리터러시에 기반한 학습 역량과 초연결, 초지능 사회에서 기계와의 협업, 인간과의 협업 능력 등을 갖춘 신인류 호모 컨버전스의 시대가 도래한 것이다. 미래를 예측하는 방법은 미래를 직접 만드는 것이다. 개인과 조직 모두 자신만의 성장형 전략 플랫폼을 구축하여 변화에 대응하고 변화를 선도해야 한다. 성장형 전략 플랫폼은 시스템즈 뷰, 초연결, 확장으로 구성되며 내부와 외부를 관통하는 인사이트는 연결을 통한 성장이다.

시스템즈 뷰

시스템즈 뷰란?

시스템즈 뷰(Systems View)는 내부 전략과 외부 전략에 관한 프로세스와 이미지를 블록 형태로 구성한 모듈형 플랫폼이다. 모든 구성 요소들은 성장형 모듈이다. 블록으로 조립된 모듈이 분해되거나 다른 블록과 결합하여 새로운 모듈을 만든다. 핵심은 다양성과 유연성이다. 상황과 환경에 따라 모듈을 조립하여 제거하여 가치를 창출할 수 있다. 다른 블록을 가져와 시스템즈 뷰에 연결시켜 또 다른 가치를 만든다. 불확실성의 시대에 변화의 맥락을 읽고 가치를 기회로 만들며 유연하게 변형하고 성장하는 디오라마를 갖는 것이다.

* 시스템즈 뷰 내부 요소

시스템즈 뷰는 내부 요소와 외부 요소로 구성되고 연결된다. 비즈니스 시스템즈 뷰의 내부 요소(Internal Part)는 내적 역량 강화를 위한 다양한 모듈로 연결을 통한 자가 학습, 성장, 진화를 추구한다. 메가 트렌드 분석, 트렌드와 이머징 이슈 필터, 집단 지성과 개인적 전문성, 기술 지능, 연결 전략, 빅 픽처와 꿈 모듈, 연결 전략에 근거한 플랫폼 전략과 비즈니스 모델, 최소 존속 제품과 시뮬레이션, 피벗과 실패를 통한 학습 모듈로 구성된다.

* 내부 데이터

기술 지능과 전략적 감수성으로 메가 트렌드, 트렌드와 이머징 이슈, 집단 지성에 연결하여 변화를 감지하고 변화 요인을 분석하며 전문성과 융복합하여 내부 요소를 위한 내부 데이터(Internal Data)를 생성한다. 내부 데이터는 감지한 변화의 요소로서 새로운 트렌드, 기술, 플랫폼과 비즈니스 모델, 시대가 요구하는 역량 등이 될 수 있다.

* 플랫폼 전략 모듈

시스템즈 뷰의 플랫폼 전략 모듈은 비전과 미션, 존재 가치를 밝히는 전략 모듈이며 빅 픽처, 꿈 모듈에 저장된 데이터를 인출하여 플랫폼을 학습하고 수정 보완하여 성장시킨다. 또한 내부 데이터를 현재의 성장 전략과 비교하여 빅 픽처로 설정하거나 꿈 모듈로 분할하여 저장한다. 플랫폼 전략 모듈은 저장된 데이터와 내부 데이터를 끊임 없이 비교 평가하여 가장 중요하고 시급한 데이터를 발굴한다. 플랫폼 전략 모듈은 제거와 집중의 방법으로 데이터를 선별한다. 제거와 집중의 접근 방식은 시뮬레이션을 통해 하지 말아야 할 것과 상대적으로 덜 중요한 옵션을 단계적으로 제거하여 실패의 위험 부담을 분산시킬 수 있다.

* MVP, 시뮬레이션

MVP(Minimum Viable Product) 시뮬레이션 모듈은 저장된 데이터와 내부 데이터에서 선정된 후보 데이터를 직접 검증하며 전략의 방향을 수정하는 피벗을 수행하거나 데이터의 일부 기능, 속성을 변경하여 점진적이고 지속적인 실험을 수행한다. 실패를 통한 학습과 데이터는 자가 발전의 원천이 된다. 시스템즈 뷰를 기업에 적용하면 MVP는 최소 존속 제품이 된다. 조직, 집단에 적용하면 MVP는 사내 복지, 처우, 교육과 기업 문화, 인사 관리와 평가, 커리어 개발, 기업 정책과 비전, 미션에 이르기까지 다양하게 변화될 수 있다. 개인에 적용하면 MVP는 빅 픽처, 꿈 모듈, 일과 학습 등의 과정에서의 목표가 된다.

* 시스템즈 뷰 외부 요소

외부 요소(External Part)는 내부 역량이 표면적으로 드러나는 다양한 모듈이 맞물려 있다. 성장형 마인드셋과 기업가 정신, 소프트 스킬과 하드 스킬, 감정 은행, 성과 정신과 성과 창출, 사회적 영향력, 환경 트렌드, 공동선 기여 등의 모듈로 구성된다.

* 성장형 마인드셋과 기업가 정신 모듈

성장형 마인드셋과 기업가 정신 모듈은 컨트롤 타워다. 이 모듈은 외부 요소의 다른 모듈들을 지휘하고 연결을 관장한다. 플랫폼 전략 모듈과 연결하여 신속한 프로토타입 개발을 지시하며 결과를 소프트 스킬과 하드 스킬 모듈에 저장하여 역량을 강화한다. 감정 은행을 통제하며 성과 정신 모듈을 자극하여 소프트 스킬, 하드 스킬 모듈이 성장을 추구하도록 학습 민첩성을 생성한다. 궁극적인 목표는 성과 창출 모듈이 움직이도록 동기를 제공하는 역할이다. 공동선, 사회적 영향력, 환경적 트렌드를 추구할 수 있도록 의미와 가치를 부여한다.

초연결과 커넥터

초연결

아나벨 퀴안 하세가 정의한 초연결(Hyper connected)은 연결의 힘을 강화하고 융복합되어 초연결, 초지능으로 초(超, Hyper)의 시대를 열고 있다. 1조 개의 센서가 빅데이터와 다크 데이터를 창출하게 된다. 만물 인터넷 시대는 인간은 물론 기기와 사물 같은 무생물 객체와도 유기적 소통으로 새로운 가치와 혁신의 창출이 가능하다. 인공지능, 로봇, 빅데이터, 클라우드 등 초연결에 기반한 플랫폼 기술 발전과 집단 지성의 힘은 제조, 유통, 의료, 교육 등 다양한 분야에서 지능적이고 혁신적 서비스를 제공하고 있다. 초연결의 힘은 공유 경제를 탄생시켰으며 새로운 소비자 경험, 데이터 중심의 빅뱅 파괴를 선도하고 있다.

성장형 전략 플랫폼 – 초연결, 커넥터

성장형 전략 플랫폼의 핵심은 연결 전략 모듈이다. 이 모듈은 메가 트렌드와 사회를 연결하고 개인적 전문성, 집단 지성의 시너지를 연결시키고 플랫폼 전략 모듈과 시뮬레이션 모듈을 구동하는 원동력이며 초연결을 위한 커넥터(Connector)를 생성한다. 성장형 전략 플랫폼은 시스템즈 뷰를 초연결로 안내하며 그 핵심은 연결을 중재하는 커넥터다. 커넥터는 외부 세계와 연결하여 소통하는 창구이며 시스템즈 뷰에 데이터를 입력하는 매개자의 역할을 수행한다. 커넥터는 초연결의 개념을 확장하고 진화시켜 지속적으로 학습하고 성장하는 관찰자이자 학습자다.

커넥터는 사람 사이의 연결, 플랫폼과 플랫폼의 연결, 기술과 기술의 연결, 에코 시스템의 연결, 사회의 연결 및 비즈니스와 비즈니스를 연결하는 기능을 수행한다.

커넥터는 초연결의 개념을 성장과 성과 창출, 사회적 영향력, 공동선에 기여하는 기회와 가능성이 존재하는 모든 것으로 확장하는 개념이다. 성장형 전략 플랫폼의 커넥터는 변화의 흐름을 감지하는 촉을 세우는 것이며 세상과 연결하는 것이다. 4차 산업혁명 이후 개인, 조직, 기업의 성장은 성장형 전략 플랫폼의 커넥터를 얼마나 전략적으로 설계하고 활용하여 연결하는가에 그 성패가 달려 있는 것이다.

창조적 파괴

개인과 조직, 기업은 역량과 처해진 상황에 따라 자신에게 최적화된 전략 플랫폼으로 지속적으로 진화하고 성장시키는 창조적 파괴를 수행해야 한다. 창조적 파괴는 조지프 슘페터가 고안한 경제 이론이다. 치열한 경쟁 속에서 누구보다 먼저 변화를 감지하여 인사이트를 도출하고 지속적 혁신으로 새로운 가치 창출의 기회를 포착하기 위하여 창조적 파괴를 수행한다.

시스템즈 뷰도 고착화되고 정형화된 프로세스를 탈피해야 한다. 진화하는 유연성과 역동성을 갖추어 성장형 전략 플랫폼도 지속적으로 혁신시켜야 한다. 또한 혁신의 위험도 동시에 고려되어야 한다. 성장통을 겪고 있는 실리콘밸리의 기업들이 전통적 글로벌 기업의 조직문화를 일시에 도입할 수 없는 일이다.

확장, 자가 진화

성장형 전략 플랫폼은 초연결에 기반하여 지속적인 확장을 추구한다. 아무리 견고한 전략 플랫폼을 구축해도 언제라도 변모할 수 있는 불확실성을 수용하고 융복합을 추구하여 관심의 촉을 넓고 깊게 만들어야 한다. 확장은 틀린 것이 아닌 다름을 인정하는 다양성에서 출발하며 기본은 연결의 힘이다. 성장형 전략 플랫폼은 자가 진화(Self-Evolving)를 추구한다. 성공하는 사람들의 비결은 유연한 성장형 전략 플랫폼으로 핵심 역량을 강화하고 자가 진화를 통해 다양한 분야로 관심과 기회를 확장했다는 점이다.

자가 진화의 대표 기업은 아마존, 애플, 페이스북, 구글이다. 스콧 갤러웨이는 저서 『플랫폼 제국의 미래』에서 아마존, 애플, 페이스북, 구글을 The Four로 선정했다. 기회를 발굴하거나 기회를 얻기 위한 역량 강화, 외부와의 협력과 협업이 초연결이며 자가 진화 활동이다. 성장하기 위한 조건은 결국 스스로 성장하는 자가 진화이며 자가 진화의 기본은 연결이다. 성장형 전략 플랫폼은 연결을 위한 도구로 커넥터를 제공하며 연결의 대상과 목적에 따라 연결의 속성을 능동적으로 변화할 수 있다.

커넥터의 속성

성공하는 개인과 조직, 기업은 커넥터의 다양한 속성을 융복합하여 자신만의 연결 전략을 수립했고 변화의 흐름에서 맥락을 찾아 기회를 발굴하고 성공 확률을 끌어올렸다. 성장형 전략 플랫폼에서 연결 전략을 위한 커넥터

의 속성은 라우터, 소켓, 플랫폼 빌더, 퍼실리테이터, 게임 체인저, 프록시로
정의하고 있으며 이들 속성은 서로 융복합하고 자가 증식 및 진화를 통하여
기존에 수용하지 않았던 속성들이 성장하여 혼용된 특성을 보이거나 새로운
속성을 창조할 수 있다.

연결 전략

내부 연결

성장형 전략 플랫폼은 시스템즈 뷰, 초연결, 확장으로 구성되며 그것을 관통하는 인사이트는 연결 전략(Connect Strategy) 수립과 커넥터를 이용한 초연결이다. 혁신에 실패하고 변화의 흐름을 읽지 못하면 도태된다. 일하고 싶도록 동기를 유발하는 제1 조건은 커뮤니케이션이며 이는 연결 전략의 근간이다. 연결을 수행하면 변화의 흐름을 감지하여 기회와 가치 창출의 요소를 발굴할 수 있게 된다.

* 감성 지능, 동료 효과

연결의 기본은 내부 연결이다. 조직 내부의 다양한 부서, 사내 정보에 연결되어야 한다. 개인의 내부 연결은 성장형 마인드와 기업가 정신, 역량에 대한 연결을 수행하는 것이다. 복합 문제의 해결 역량은 개별적 역량뿐만 아니라 연결을 통한 소통과 협업에 기반한 집단 창의를 요구한다. 동료 효과를 극대화하고 성장형 마인드셋으로 감성 지능을 강화해야 한다. 다니엘 핑크는 『드라이브』에서 창의적 활동을 창출하기 위해서는 내적 동기 유발이 더욱 효과적임을 강조했다. 대니얼 골먼이 제안한 감성 지능은 복합적 감정을 조절하여 실패와 시련을 딛고 소통과 학습으로 성장하는 성장형 마인드셋이다. 개인이 성장형 마인드셋과 감성 지능에 연결을 수행하면 동료 효과가 발생하고 소통과 협업으로 집단 창의를 유발한다.

* 일상 용어로 단순, 명료, 간결하게

효과적 내부 연결은 일상의 용어로 단순 명료하고 간결하게 커뮤니케이션해야 한다. 마스터 플랜 제2장은 테슬라의 사업 방향을 설명하면서 전문 용어, 약어를 사용하지 않았다. 문장 수식도 없다. 명확하게 머스크의 비전을 알 수 있도록 한 것이다. 머스크는 쉽고 간결한 언어로 소통하는 것이 핵심이라 생각한다. 승인되지 않은 어떠한 약어, 은어를 사용할 수 없다. 보이지 않는 장벽을 형성하며 소통을 위한 또 다른 시간과 리소스를 요구하기 때문이다.

외부 연결

외부 연결은 시스템즈 뷰와 초연결, 확장을 수행하는 힘이다. 외부 연결의 시작은 메가 트렌드에 대한 연결로 플랫폼 전략을 수립하는 일이다. 미래를 읽기 위해서는 개별 기술이 아닌 메가 트렌드에 집중해야 한다. 패스트 힐링을 위한 무인 헬스장, 여성 전용 서비스 쉬코노미, 복합한 시너지 비즈, 무인 배송과 무인 매장, 매치메이커스, 소셜 벤처, 공유 서비스, ICBM+AI, Robot 기술과 산업의 융복합, 시대가 요구하는 역량에 이르기까지 메가 트렌드의 범위와 파급 효과도 다양하다.

* 메가 트렌드, 이머징 이슈 필터

메가 트렌드와 이머징 이슈의 생성과 성장, 소멸의 흐름을 읽어야 한다. 이머징 이슈는 트렌드를 형성할 수 있지만 일시적 유행으로 끝나기도 한다. 메가 트렌드가 형성되면 선발자의 이득을 얻을 기회와 확률은 감소하게 된다. 이머징 이슈에 연결하고 변화의 흐름을 감지하며 기회와 가치를 발굴하는 필터 역량을 갖추어야 하는 것이다.

* 기술 지능, 연결로 강화한다

기술 지능(Technology Quotient)이 없다면 기회 발굴 확률은 높일 수 없다. 4차 산업혁명과 메가 트렌드, 현재와 미래를 만드는 원동력은 기술의 융복합이다. 변화의 흐름을 읽기 위한 기술 지능이 요구된다. 리서치 기관인 가트너, IHS, IBM, IDC, Nilson, Infineon, Deloitte, KPMG, 일본의 야노 경제 연구소, Frost and Sullivan, IBIS World가 기술 간 융복합, 변화의 흐름과 맥락을 짚어 준다. 가트너는 Top 10 전략 기술 트렌드를 발표하여 변화의 흐름과 맥락을 제시한다. 정보를 선별하여 제공하는 큐레이션 서비스와 구독 경제 서비스에 연결하면 정보의 필터링조차 대리할 수 있다.

* 맥락 지능과 전략의 역동적 진화

신시아 몽고메리는『당신은 전략가입니까』에서 불확실성의 시대에 모든 전략도 변화하고 역동적으로 진화해야 함을 강조했다. 성장형 전략 플랫폼의 연결 전략도 가변적이고 적응적 속성을 지녀야 한다. 경험의 대리 시대를 살고 있지만 다양한 맥락을 연결하고 행간을 읽어 내는 맥락 지능(Contextual Intelligence)이 필요하다. 데이터의 가치를 발굴하여 새로운 기회를 찾는 인사이트는 맥락의 이해에서 출발한다. 『맥락 지능』의 저자 매슈 커츠는 맥락 지능의 강화 방법으로 뉴턴식 사고방식의 역발상으로 현상에 대한 다양한 변수의 존재를 수용하고 변수 발생의 요인을 파악하며 과거, 현재, 미래를 연결하는 3차원적 사고방식을 강조한다. 과거의 경험을 활용하는 후견지명적 사고, 미래를 준비하는 현실적 계획과 실천을 위한 선견지명적 사고방식, 무수한 점을 연결하여 선과 면, 입체를 만드는 통찰적 사고방식으로 맥락 지능이 강화될 수 있다.

* 시스템즈 뷰의 초연결 진화

성장형 외부 연결의 궁극적 목표는 초연결이다. 시스템즈 뷰를 통해 입체적이고 유연한 기술 지능과 맥락 지능을 확보하여 플랫폼 전략이 완성되면 세상의 다양한 분야에 연결하고 연결의 폭과 깊이를 확장하여 새로운 가치를 창출한다. 하지만 유능한 개인이나 조직이라 하더라도 과학, 공학 기술, 인문, 사회, 문화 등 모든 영역을 아우르는 완벽한 기술 검토 및 융복합은 현실적으로 불가능하다. 자원에 대한 인식이 필요하며 적기에 기회를 찾아 가치를 만드는 민첩함도 고려해야 한다. 기본적인 접근은 자원을 분할하는 70:20:10의 법칙을 적용하여 핵심 역량, 역량 확장, 다르게 생각하기 등의 방법으로 활용할 수 있다. 조직과 기업도 핵심 사업, 핵심 역량의 확장, 신규 검토와 실패하기 등으로 리소스를 분할하여 실패의 확률을 낮추고 보유 역량을 기반으로 성장과 확장을 추진하는 유기적 성장을 추구할 수 있다.

플랫폼 연결

연결 전략 – 초연결과 확장

　부의 창출의 원천은 플랫폼과 빅데이터, 인공지능으로 찾아지는 데이터의 가치이다. 애플, 아마존, 페이스북과 구글은 이미 모든 기술 생태계를 장악한 최강의 포식자가 되었으며 지금도 빅뱅 파괴를 선도하며 진화를 거듭하고 있다. 이들은 합종연횡도 마다하지 않는다. 아마존과 마이크로소프트가 인공지능 플랫폼을 공유하며 독자적 솔루션으로 사업을 수행하던 GE는 아마존의 클라우드 플랫폼에 연결했다.

* 플랫폼에 연결하라

　오마에 겐이치, 안드레이 학주, 히라노 아쓰시의『플랫폼 전략』이후 오랜 시간이 흘렀다. 현대는 플랫폼의 시대이다. 디지털 노마드와 플랫폼 워커를 탄생시켰다. 성장형 전략 플랫폼도 세상의 모든 플랫폼에 연결되어야 한다. 견고한 플랫폼에 연결하고 생태계에 합류하여 새로운 기회와 가치를 창출하는 전략에 눈을 돌리는 것이다. 플랫폼의 운영 원리와 양면 시장의 흐름, 가치 창출 방법과 고객 유치와 고객 유지 전략을 신속하게 학습하며 실패의 위험을 줄이며 성장할 수 있다. 전략적 민첩성과 학습 민첩성에 기반한 린 스타트업 방식으로 플랫폼 점검과 고객 검증을 통하여 대안을 검증하고 진화시킬 수 있는 것이다.

* 오픈 소스, 오픈 커뮤니티에 연결하라

오픈 소스는 20주년을 맞이했다. 4차 산업혁명을 이끄는 인공지능, 빅데이터, 로봇과 사물 인터넷 기술들이 집단 지성의 힘을 이용하는 오픈 소스로 구축되어 있다. 오픈 소스 커뮤니티는 개발자들의 협업뿐만 아니라 기술, 법규, 사실상의 표준화에 이르기까지 다양한 트렌드와 기술의 움직임을 살펴볼 수 있는 좋은 기회이며 전 세계의 수많은 개발자를 연결하여 집단 지성의 산출물로 결과를 얻을 수 있기 때문에 개인, 조직, 기업과 스타트업에서 오픈 소스 커뮤니티의 연결은 곧 생존과도 직결되어 있다고 할 수 있다. 오픈 소스에 연결하지 않는다면 기술 종속뿐만 아니라 변화의 흐름조차 감지하지 못하여 기존 플랫폼에 고착화될 수 있는 것이다.

오픈 커뮤니티는 또 다른 연결과 확장, 가치 창출의 기회를 제공하며 전문 관심 분야 이외의 다양한 초연결의 기회를 제공한다. 실리콘밸리에서 매일 개최되는 다양한 밋업 행사는 개발자와 투자자들만의 행사가 아니다. 새로운 영감을 얻고자 하는 모든 사람들이 참여하여 아이디어를 교류하고 새로운 가치를 만든다. 피터 드러커는 3년마다 자신의 관심사를 바꾸어 학습하며 평생 20여 개의 서로 다른 분야에서의 아이디어를 통해 영감을 얻었다고 했다. 기회와 가능성은 기다리는 것이 아니라 직접적인 연결을 통해 분석하고 가치를 만들어야만 기회로 인식되는 것이다.

　최초의 산업용 로봇은 조지 데볼과 조지프 엥겔버거가 제작한 유니메이트다. 전기 모터의 개발은 유압식 모터를 대체했고 로봇의 미세 구동이 가능해졌다. 세계 최초의 마이크로 프로세서 Intel 4004가 개발된 이후 로봇과 전자 기기의 획기적 발전이 뒤따랐다. 로봇은 공장 자동화 비즈니스를 만들고 네트워크 기술 발달은 사물 인터넷 기술과 결합하여 산업 인터넷, 만물 인터넷을 창출했다. 인공지능과 클라우드 기술은 소프트뱅크의 감정 인식 로봇 페퍼를 만들어 냈다. 재난 구조 기술의 융복합은 혼다의 재난 구조 로봇 E2-DR을 창조하였고 우주항공 기술의 결합으로 나사는 유인 우주인을 대체하는 로봇 발키리를 창조했다.

　세상의 모든 창조는 과거의 유산을 엮어 가치를 부여하는 과정이며 점을 연결하여 선을 만드는 과정이며 블록을 조립하여 창작물을 만드는 것이다. 영화 "아바타"는 일본 애니메이션 "천공의 성 라퓨타"에서 영감을 얻었고 라퓨타는『걸리버 여행기』에서 아이디어를 따온 것이다. 포켓몬의 괴물들과 애니메이션 "센과 치히로의 모험"에 등장하는 온천의 요괴들은 대부분 중국의 신화집인『산해경』에서 영감을 얻어 왔다. 영화 "라그나로크", "어벤저스"의 주인공인 천둥의 신 토르는 북유럽 신화의 신들의 종말과 새로운 시작을 의미하는 라그나로크에서 아이디어와 인물들을 현대적으로 결합했다.

　패스트푸드를 대표하는 햄버거는 우리의 주식과 결합하여 밥버거, 김치버거를 탄생시켰다. 전통적 렌탈 서비스는 인공지능과 결합하여 맞춤형 추천 서비스와 구독 경제 서비스를 창출하고 있다. 솔루션의 결합은 창조적 모방으로 새로운 경험과 가치를 만들어 낸다. 신화나 문학과 같은 문화 코드의 결합은 문화 코드를 이해하는 사람들의 사고방식에 침투하여 학습된 경험을 자극하여 가치를 제공할 수 있다. 세상의 모든 기술과 기술이 만나 만들어진 솔루션조차 창조적 모방을 위한 블록으로 인식하면 또 다른 관점의 창조의 가능성을 발굴할 수 있는 것이다.

* 솔루션 결합으로 주류 플랫폼에 신속하게 합류하라

네이버 로봇, LG전자 소셜 로봇 클로이, 일라이, 페치 로봇, 아이로봇의 청소 로봇 등 서비스 로봇의 형태나 기능이 유사함을 발견할 수 있다. 로봇을 구성하는 하드웨어와 소프트웨어의 뿌리가 유사하기 때문이다. 로봇은 로봇 운영 체제인 OS, 하드웨어, 기구와 다양한 소프트웨어 및 센서 제어 기술로 구성되어 있다. 로봇 OS는 ROS 오픈 소스를 이용하며 ROS에서 지원하는 로봇 개발 도구를 이용하면 로봇을 구성할 수 있다. 소프트웨어, 지도 생성, 네비게이션, 장애물 회피, 최적 경로 주행 등 로봇 제어를 위한 최신의 기술을 오픈 소스로 활용할 수 있으며 구동 검증 및 하드웨어 설계까지 활용할 수 있다. 하나의 기업이 모든 것을 독자적으로 수행하기는 쉽지 않기 때문에 오픈 소스와 커뮤니티를 활용하여 집단 지성의 힘을 얻고 수많은 개발자와 이를 이용한 상용 기업들의 상용화 결과를 검증하고 기존의 플랫폼에 신속하게 합류할 수 있는 것이다.

생태계 연결

연결 전략 – 생태계 연결

생태계(ECO System)는 유기체들이 상호 작용하는 공동체와 이를 구성하는 환경으로 정의한다. 유기체는 서로 영향을 주고받으며 협력과 경쟁을 수행한다. 사회와 경제, 일과 학습에서도 생태계의 개념이 적용된다. 제임스 무어는 비즈니스 분야에서의 상호 협력과 경쟁, 환경 변화에 대응하는 역동성을 설명하고자 생태계 개념을 도입했다. 로버트 프랭크는『경쟁의 종말』에서 자연의 생태계를 비즈니스 영역에 투영하여 비즈니스 에코 시스템을 정의했다. 생물들이 서로 보완적인 관계를 이루어 가며 생태계를 유지하는 것처럼 인간이 어울려 사는 사회, 경제, 문화, 기술 등 모든 영역에서도 공존을 모색해야 한다.

* 공포의 생태학

미국 옐로스톤 국립공원의 늑대가 인간에 의해 멸종하자 초식동물의 개체 수가 급격히 증가했다. 이들의 먹이가 되는 식물, 나무 잎과 나무 뿌리까지 멸종의 위기에 처했다. 수목의 개체 수가 감소하자 지반 침하를 초래하여 강과 하천의 지형을 바꾸고 수중 생태계가 교란되었다. 1995년 30마리의 늑대를 방사함으로써 훼손된 생태계가 복구되었다. 초식동물들의 개체 수가 감소하자 숲이 돌아왔고 수중 생태계가 복원되기 시작했으며 늑대의 개체 수 증가로 코요테 개체 수가 감소하여 들쥐, 다람쥐의 증가된 개체 수는 독수리와 오소리의 개체 수를 증가시켰다. 생태계의 먹이사슬에 관한 연쇄효과가 입증된 것이다. 윌리엄 라이플 교수는 늑대가 초래한 생태계의 복원은 늑대가 직접 엘크를 잡아먹은 것보다 늑대에 대한 공포심이 엘크의 행동을 바꿨기 때문이라고 설명하며 이를 공포의 생태학으로 규정했다. 육식동물의 개체 수 증가는 초식동물에게 생존의 경각심을 자극하여 사고방식, 행동 반경, 생활 패턴을 변경하는 등 변화에 대응하도록 원인을 제공한 것이다.

* 고구려의 플랫폼 성(城, castle), 생태계를 만들고 연결한 천하관

성장형 전략 플랫폼은 초연결 전략으로 플랫폼, 생태계와 연결된다. 플랫폼은 생태계에서 견고한 성을 구축하고 해자를 만들며 적의 공격 대응하여 차별화 요소인 치(雉) 구조를 만드는 것이다. 고구려는 산성의 나라이다. 비사성, 안시성, 건안성, 백암성, 요동성, 개모성, 현도성과 같은 수많은 플랫폼을 유기적으로 연결했다. 113만 명이라는 전쟁사에 유례가 없는 중국 수나라, 당나라의 침공에도 고구려를 굳건히 지켜 온 근원은 플랫폼인 성의 구축과 유기적 연결이었다. 고구려는 천하관으로 세상에 연결하고 생태계를 만들었다. 고구려의 왕을 태왕이라 호칭하고 광개토태왕비와 모두루 묘지 비문에는 태왕이 하늘과 혈통적으로 연결되었다는 사실을 말한다. 고구려는 은덕으로 생태계를 조성하고 성장시켰다. 백제와 신라를 속국으로 만들었지만 은덕을 배풀어 속민 정치를 시행했다. 광개토태왕비에서 밝힌 수묘인 제도는 정복 지역의 신민들로 묘를 지키게 하여 고구려의 생태계에 합류시켜 생태계를 확장하고 진화시킨 것이다.

* 생태계적 사고방식으로 전환하라

애플의 아이팟은 한국 기업들보다 뒤늦게 만들어진 mp3 재생 기기였지만 제품, 플랫폼 중심의 사고방식에서 음악 산업이라는 생태계로 눈을 돌렸다. mp3 플레이어의 컨텐츠는 음악이며 컨텐츠를 생성하는 아티스트, 컨텐츠를 유통하는 미디어 회사, 컨텐츠를 소비하는 사용자에게 생태계적 사고방식으로 접근했다. 아이튠즈를 탄생시켜 아이팟에 연결하고 플랫폼에서 생태계로 진화한 것이다. 아마존의 킨들은 원가에도 미치지 못하는 가격으로 제품을 공급하여 플랫폼으로 고객을 유인한다. 아마존 고, 아마존 버튼, 아마존 대시 등의 플랫폼을 무기로 유통, 물류 생태계로 확장, 진화하고 있다. 인공지능 알렉사를 통해 가정과 학교, 호텔과 상점에 침투하여 아마존 플랫폼에서 유일무이한 아마존 생태계인 아마존드(Amazonned)를 만들고 기존 생태계를 파괴하는 것이다.

* 생태계 플레이어의 움직임을 포착하라

모든 활동은 생태계에서 이루어진다. 관계 설정, 코피티션, 협업과 집단 창의, 성장과 진화의 모든 요소들이 공존한다. 손정의 회장은 견고하고 포괄적인 생태계 구축을 기업의 핵심 목표라고 정의했다. 생태계의 구성 요소와 구조, 규모, 변화의 흐름을 읽고 맥락을 파악하여 가치를 찾는 활동이 생존과 성장의 척도가 되었다. 또한 생태계적 사고방식은 변화의 요인과 맥락을 찾는 생각의 방식을 제공한다. 빅데이터를 생태계적 사고방식으로 분류하면 데이터를 생성하는 역할, 데이터를 수집하는 역할, 정보를 처리하고 분석하는 역할, 데이터에서 찾은 가치를 소비하는 고객 층으로 구분할 수 있다. 분류 체계에서 플레이어들은 자신만의 독자적 플랫폼 구축과 이종 플랫폼과의 결합을 통해 경쟁과 성장을 통해 진화한다. 또한 다른 분류 체계의 플레이어들에게 기회와 가치를 제공하는 공급자의 역할을 수행한다.

생태계에는 다양한 플레이어들이 존재한다. 플랫폼과 서비스를 견고하게 구축한 메이저 플레이어들이 존재하며 이들에게 부품, 기술, 서비스와 아이디어를 제공하는 수많은 하위 플레이어들이 존재한다. 2011년 발생한 태국의 대홍수로 태국에 밀집해 있던 하드디스크 드라이버 생산 공장들이 침수되어 물량 공급 부족 사태와 3배 이상의 가격 폭등을 초래하여 스토리지 업계가 치명타를 입기도 했다.

삼성은 세계 최초의 5G 스마트폰을 출시하여 상용화했지만 애플은 5G 모뎀 반도체를 제공하는 인텔, 퀄컴, 삼성 반도체로부터 원활하게 부품을 수급하지 못하여 5G 스마트폰 출시를 연기해야만 했다. 생태계 내의 최고 포식자라 하더라도 자신에게 공급되는 먹이를 확보하지 못하면 멸종하고 만다. 생태계적 사고방식을 갖춘 이후 어떠한 플레이어들이 변화의 흐름을 주도하고 변화에 영향을 받으며 변화의 요인은 무엇인가를 주도 면밀하게 분석하는 과정이 기회와 가치를 제공하는 것이다.

인더스트리얼 컨소시엄

생태계 내부의 다양한 플레이어들은 그들만의 리그를 구성하여 세력을 공고히 하고 외부 자극에 공동으로 대응하거나 힘과 권력을 만들어 생태계에 새로운 영향력과 주도권을 행사한다.

생태계에 연결한 후에는 플레이어들이 결성한 컨소시엄이나 얼라이언스에 연결하거나 이들의 움직임을 살펴야 한다. 산업계에서 컨소시엄과 얼라이언스의 영향력은 생태계에서 사실상의 표준화를 구축하기 때문이다. 인더스트리얼 컨소시엄(Industrial Consortium)은 동종 업계, 유사한 업계에서 기술 개발과 플랫폼 구축, 서비스와 비즈니스를 추진하는 기업, 개발자, 전후방 산업 종사자들이 서로 연합하여 일종의 표준 규격을 만들고 기술 개발 및 산업 개발을 위한 정책을 수립하며 각 국가 및 산업에 영향력을 행사한다. 현대 비즈니스는 독립적으로 한두 개의 기업이 모든 것을 소유하고 장악하기 어렵다. 컨소시엄에 합류하고 연합하여 집단 지성과 표준화, 산업계의 새로운 영향력을 만들고 에코 시스템을 생성하고 확대하여 비즈니스의 전체 파이를 확대시켜야 하는 것이다. 특정 산업이나 비즈니스에 진출하려는 기업과 스타트업, 개인은 인더스트리얼 컨소시엄이 구축되어 있는지를 확인해야 한다. 컨소시엄 합류와 컨소시엄의 기술 구현, 표준화 제정에 참여하거나 대응하지 못한다면 기존 컨소시엄 참여자들의 주도권에 휘둘리며 궁극적으로는 모든 기회와 가치를 상실하게 된다.

* 브래스의 역설 – 제거와 집중

다다익선의 사고방식에 반기를 든 설명이 독일 수학자 브래스의 역설(Braess's Paradox)이다. 도로에 너무 많은 차량 유입은 교통 정체를 유발한다. 일반적 해결 방법은 추가적으로 도로를 건설하는 것이다. 하지만 신설 도로의 건설은 기존의 교통 흐름에 영향을 주어 교통 정체는 더욱 심해지고 문제를 풀기 위한 해결책이 문제를 더욱 복잡하게 만들게 된다. 정체를 해소하고자 추가적으로 건설된 간선 유입로와 교차로는 또 다른 교통 정체를 초래하게 된 것이다. 너무 많은 선택지는 결정 장애를 초래한다. 과잉 선택권은 지나친 옵션의 제공으로 두뇌의 인지 부하를 발생시키며 올바른 결정에 영향을 미쳐 그릇된 선택이나 선택 장애에 놓일 수 있다. 빅데이터 분석이나 세상의 모든 정보, 클러스터 분석도 같은 맥락이다. 알아두면 쓸데없는 신비한 잡학사전을 의미하는 알쓸신잡 사고방식은 세상의 무수한 점을 선으로 연결하여 가치를 창출할 수 있지만 한편으로는 과잉 선택에 의한 결정 장애를 초래하는 것이다. 무엇을 해야 할 것인가를 고민하기보다 시스템적 관점으로 생태계와 클러스터, 컨소시엄과 플레이어의 활동을 살펴보며 무엇을 하지 말고 무엇을 선택하지 않아야 하는가를 고민하는 제거와 집중 사고방식을 고려해야 할 시기이다.

랜드스케이프

에코 시스템에 연결하기 위해서는 에코 시스템의 구성을 한눈에 살펴보며 조망하는 랜드스케이프(Landscape)가 필요하다. 생태계를 구성하는 주요 카테고리를 확인하고 각 카테고리의 핵심 플레이어들을 확인하여 인사이트를 얻는 것이다. 랜드스케이프를 이용하여 산업의 구조의 구성을 확인할 수 있으며 밸류 체인, 버티컬에 대한 정보와 주요 플레이어들의 명단을 확보할 수 있다.

반면 랜드스케이프는 연결에 대한 인사이트를 얻기 어렵고 각 영역에서 누가 선도적 플레이어인지, 토털 솔루션을 제공하는지, 특정 솔루션의 강자는 누구인지를 파악하기 어렵다. 랜드스케이프로 전체를 조망한 후에는 연결과 분석으로 세부 사항을 파악해야 한다. 에코 시스템도 다양하게 변화할 수 있다. 에코 시스템의 상태 및 움직임을 끊임없이 관찰하여 현재와 미래의 영향을 파악해야 한다. 빅데이터 비즈니스를 수행하기 위해서는 랜드스케이

프로 메가 트렌드와 인사이트를 도출한 후 카테고리별로 메이저 플레이어들을 선정하고 이들의 비즈니스 모델과 플랫폼을 분석하여 새로운 시장과 고객의 가치를 창출할 요소가 있는지를 확인한 후 연결 전략을 통하여 해당 기업의 비즈니스 모델과 플랫폼 전략이 수립되어야 한다.

사회에 연결

사회, 정치적 상황에 연결하라

또 다른 연결 전략은 사회에 연결을 수행하는 것이다. 협업과 경쟁을 위해 자신을 둘러싼 모든 외적 요인을 분석한다. 이를 외부 환경 분석이라고 정의하며 변화의 흐름과 맥락을 읽고 새로운 기회와 위험 요소를 발견하여 핵심 성공 요소를 만들고 학습과 성장을 추구한다. 에어비앤비와 미국 호텔업계의 싸움이 치열하다. 규제 당국은 샌프란시스코에서는 에어비앤비를 선택했고 뉴욕에서는 호텔 업계의 손을 들어 주었다. 우버는 아직도 국내 및 일부 국가에서 정상적인 운행을 제한받고 있거나 진입을 차단당하고 있다. 카카오 모빌리티는 택시 업계의 반발과 규제의 더딘 움직임에 속을 태우고 있다. 사회, 정치적 상황에 연결되지 못한다면 무용지물이 될 수 있는 것이다.

국제 전시회에 연결하라

세계의 유통 시장의 흐름, 경쟁사, 제품과 솔루션을 연결하기 위해서는 미국 NRF 리테일즈 빅쇼 전시회를 통하여 리테일 비즈니스에 연결해야 한다. 스마트폰이나 모바일 기기, 모바일 솔루션, IT 기술 및 솔루션에 관여된 일을 한다면 MWC 전시회에 연결해야 한다. 또한 CES 전시회, IFA 전시회 등이 있다. 시큐리티 산업에 종사한다면 영국의 IFSEC, 미국의 ISC West 전시회에 연결해야 한다.

국제 전시회에 연결하는 것은 실질적 참여 이외에도 전시회의 홈페이지나 전시회 기간에 진행되는 언론의 프레스 릴리즈로 다양한 정보를 연결하여 기술, 비즈니스 트렌드, 에코 시스템의 동향에 뒤처지지 않도록 하는 것이다. 전시회 홈페이지를 통하여 전시 참가자 리스트를 확보할 수 있고 모든 참가 회사의 콘택트 포인트를 알 수 있다. 키노트 스피치로 산업의 메가 트렌드 및 기술 및 제품, 솔루션 트렌드 동향을 파악할 수 있다.

전시회에서는 경쟁사의 제품 및 솔루션뿐만 아니라 다양한 에코 시스템에 관여되는 기업 및 회사를 직접 확인할 수 있다. MWC 전시회의 경우 완성품 스마트폰 업체뿐만 아니라, 애플리케이션 프로세서 제조사, 기구 금형 업체, 후 가공 업체, LCD, Touch, Sensor 업체 등 다양한 업체들이 참가하며, 솔루션 업체, 각종 버티컬 마켓의 리더들도 참관한다.

특허로 연결하라

2017년 특허 출원 기업 순위에서 삼성전자 2위, LG전자가 5위에 올랐으며 국가별 순위에서는 한국이 3위를 차지했다. 특허를 가장 많이 받은 기업은 IBM으로 25년째 1위를 수성하고 있다. 최근 구글과 오라클의 자바 저작권 전쟁에서 오라클이 승소했다. 구글이 이끌어 온 안드로이드 생태계 참여 기업은 물론 모바일 앱 소프트웨어 업계가 긴장하고 있다. 소송의 대상이 누구나 공짜로 쓸 수 있다고 여겨온 오픈 소스 소프트웨어였기 때문이다. 이것은 오픈 소스의 무분별한 도입과 공짜는 없다는 사고방식, 지식 재산권에서 절대로 자유로울 수 없다는 점을 부각시켜 준 사례이다.

국내 스마트폰 제조사들이 안드로이드 OS와 관련해 마이크로소프트에
로열티를 지급하고 있는 것은 이미 잘 알려진 사실이다. 모든 오픈 소스를 도
입할 경우 다양한 특허 및 지적 재산권 문제를 면밀히 검토해야 한다. 특허와
연결하면 각 글로벌 기업 및 기술의 동향과 이에 연계된 비즈니스의 움직임
을 예측할 수 있으며 글로벌 특허 괴물들의 공세 흐름도 파악할 수 있다. 특
허는 개인과 기업에게 사업 보호 및 경쟁사를 견제하는 역할을 수행할 수 있
으며 미래 신기술 관련 선행 특허를 확보하여 기술과 비즈니스를 선점하는
역할을 할 수 있다. 또한 경쟁사 혹은 글로벌 기업의 특허 출원 내역을 파악
하여 기술 동향과 신사업 진출을 위한 준비 내역을 추론할 수 있다.

소켓 속성

성장형 전략 플랫폼의 커넥터 속성

성장형 전략 플랫폼을 연결, 초연결, 확장으로 안내하는 매개체는 커넥터이며 커넥터는 소켓(Socket), 라우터, 플랫폼 빌더, 퍼실리테이터, 게임 체인저, 프록시의 속성을 보유한다. 불확실성의 시대와 환경 변화에서 맥락을 읽고 가치를 창출하기 위해 능동적으로 각각의 속성을 융복합하고 새로운 속성을 부여하여 지속적으로 성장과 진화를 추구한다.

연결을 통한 생존과 성장의 기회 발굴

초의 시대에 생존 전략은 연결이다. 마크 저커버그는 전산망을 해킹하여 학생들의 정보를 획득하고 페이스북의 전신인 페이스매쉬를 제작하여 학생들이 등록된 사진을 선택하도록 했다. 페이스북의 성공은 뉴스피드다. 친구들의 소식을 자동적으로 연결할 수 있었다. 사람들의 연결 및 소통을 요구하는 기본 심리에서 기회를 찾은 것이다. 영화 "접속"은 사랑의 열병을 앓고 있는 주인공들이 PC 통신에 접속하여 연결되어 서로의 아픔과 상처를 위로하고 동질감을 갖게 되는 과정을 이야기했다. 관객들을 당시 PC 통신 문화에 연결하고 공감을 일으켜서 마치 페이스북의 좋아요 버튼을 누르게끔 한 것과 같다. PC 통신 서비스 하이텔, 천리안, 나우누리, 유니텔, 동창회 열풍으로 이끌었던 아이러브스쿨부터 인터넷 포털 커뮤니티 서비스인 카페, 블로그, 메신저 서비스 카카오톡, 라인, 파워 블로거, 프로슈머와 포커스 그룹, 파워 유튜버와 이에 연결된 팔로어에 이르기까지 플랫폼의 형태는 다르지만 핵심은 연결이다.

구글은 컨텐츠를 창조하고 이를 선별, 재구성한 후 페이스북, 트위터 등으로 공유하면서, 공동체와 소통하는 신인류 C세대를 정의했다. 이들의 특성은 집단적 의사 표현과 정보의 공유를 위한 연결성 추구이다. 또한 소통의 놀이터인 유튜브, 인스타그램을 활용하기 때문에 유튜브 세대, 인스타그램 세대로 불리기도 한다. 이들은 전문가의 의견, 권위를 추종하지 않으며 인터넷 후기 등 자신과 타인의 경험을 중시한다. C세대와의 연결은 이들의 소비 심리, 소셜 미디어와 네트워크에서의 디지털 흔적 등의 행동 패턴, 스토리를 중시하는 마인드 등에 연결함을 뜻하며 개인, 조직, 기업에게 새로운 가치를 창출하고 성장과 성공의 가능성을 높이는 기회가 된다.

연결

성장형 전략 플랫폼 커넥터의 첫 번째 속성은 소켓 속성이다. 전기를 이용하려면 전원 케이블을 전원 소켓에 연결해야 하고 무선 인터넷도 공유기에 연결해야 사용할 수 있다. 스마트폰과 컴퓨터도 인터넷 접속을 위해서는 전원과 네트워크 연결이 기본이다. 성장형 전략 플랫폼 커넥터의 기본 속성인 소켓은 연결을 의미한다. 개인과 조직, 기업이 고객과 연결하고 에코 시스템과 연결하여 플랫폼, 서비스, 컨소시엄, 사회, 문화, 오락 등에 연결하여 학습과 성장 기회를 찾고 가치를 창출하는 것이다.

* 시작점을 잡아라

인터넷 접속을 위해서는 브라우저를 이용하며 네이버나 구글, 다음 등의 인터넷 포털 서비스 업체 주소를 지정한다. 이들의 초기 목적은 인터넷 세상의 첫 관문을 제공하고 정보와 사이트를 검색하는 검색 엔진이었다. 이들은 연결에서 성장과 확장의 기회를 포착했다. 뉴스 서비스, 동영상과 E-mail 서비스, 카페와 블로그, 웹툰과 쇼핑에 이르기까지 새롭고 지속적인 컨텐츠, 서비스, 플랫폼을 제공하여 고객과 컨텐츠 제공자들을 자신들의 에코 시스템 내부에 상주하도록 하여 수익을 창출한다. 연결의 시작점에서 연결을 주도하고 통제하여 성장과 진화를 수행한 것이다.

* 인바운드 전략(Inbound Strategy) – 연결은 연결을 낳는다

소켓 전략은 연결만을 의미하지 않는다. 성공하는 개인, 조직, 기업은 연결을 추구하고 연결을 유도한다. 현대인들은 인터넷 검색과 커뮤니티, 파워블로거와 프로슈머를 통한 정보 획득으로 상품과 솔루션에 대한 지식으로 무장하고 있다. 고객 연결성을 확보하는 일은 가치 있는 컨텐츠와 고객 경험 생산을 제공해야만 가능하다. 소켓 속성을 아웃바운드에서 인바운드로 돌려놓아야 한다. 인바운드는 고객이 적극적으로 제품과 솔루션, 플랫폼에 참여하는 전략이다.

* 신뢰 기반의 연결을 수행하라

인바운드 전략의 핵심은 경쟁력 있는 컨텐츠와 플랫폼, 연결 전략으로 설명된다. 일본의 화낙은 금속 절삭, 로봇 분야의 글로벌 선두 업체이다. 애플과 삼성은 스마트폰의 금형, 절삭 가공을 위하여 화낙의 자동화 기기를 이용하고 있다. 화낙은 1972년 이나바 세이우에몬이 설립한 회사로 매출액 4,000억 엔, 영업 이익 1,000억 엔을 넘는 초대형 로봇 제조 기업이다. 테슬라의 일론 머스크도 화낙의 제조업용 로봇과 관련 플랫폼을 확인하고 도입 후의 확장성까지 검토했다.

빅데이터 솔루션과 인프라를 구축하고자 한다면 가장 먼저 글로벌 플레이어들의 시장 점유율을 확인하여 최상위권에 포진한 기업인 IBM, SAP, ORACLE, HPE 등의 업체를 최우선으로 검토한다. 이들의 컨텐츠는 경쟁력이 있고 검증되었으며 고객에게 신뢰를 주고 있기 때문이다. 고객이 스스로 찾아와 연결을 유도하는 것이다. 조나 버거의 『컨테이저스』에서 강조된 전략적 입소문의 효과, 바이럴 마케팅, 입소문 전략이며 선순환 구조인 연쇄효과를 유발한다. 커넥터 소켓 전략의 효과이며 이를 통해 성장형 전략 플랫폼은 확장과 진화를 추구할 수 있는 것이다.

* 경험의 연속성을 추구하라

IoT 솔루션 기업 리벨리움은 소켓 전략, 인바운드 전략으로 고객 경험 지속성을 선택했다. 아두이노의 사용자 경험을 리벨리움의 솔루션에 그대로 적용하여 경험을 그대로 이어 갈 수 있도록 한 것이다. 이러한 전략으로 센서 제조업체들은 아두이노를 지원하는 방식으로 지속적으로 리벨리움의 센서 지원 생태계에 합류하게 되었고 리벨리움 솔루션을 이용하는 개발자들은 개발 경험을 유지하여 신속하고 빠른 솔루션을 개발할 수 있다. 리벨리움은 소켓 전략으로 다양한 상용 클라우드의 연결을 통하여 고객의 클라우드 서비스 선택권을 보장했다. 클라우드 연결을 위하여 클라우드 커넥터를 제공함으로써 고객은 새로운 상용 클라우드를 사용할 때마다 연결의 걱정 없이 리벨리움의 클라우드 커넥터를 업그레이드만 하면 일관된 사용자 인터페이스, 개발자 인터페이스를 유지할 수 있게 된 것이다.

* 단계를 단순화하라

커넥터의 소켓 전략은 연결의 단순함을 추구해야 한다. 아마존이 출시한 대시 버튼은 PC나 스마트폰의 연결 절차 없이도 버튼을 누르는 것만으로 주문, 결제, 배송까지 이루어지는 원클릭 주문 시스템으로 소비자를 연결시켰다. 대시 버튼을 통하여 최초 설정, 주문, 상품 획득의 3단계로 연결을 단순화한 것이다. 이후 제품이 필요하면 버튼만 누르면 되는 원클릭 방식으로 연결의 단계를 단축시켜 편리한 연결성을 고객에게 제공했다. 재구매가 빈번한 일상용품을 대상으로 소비자의 패턴에 대한 데이터를 충분히 축적하려는 의도가 내재된 것이다. 아마존은 고객의 향후 구매 품목을 예측, 추론할 수 있게 되었고 고객이 아마존 홈페이지에 접속하여 로그인하면 구매 패턴 분석의 결과로 추천 상품을 보여 주는 경험을 창출했다. 아마존은 소비자의 정보를 수집하고 패턴을 분석하기 위한 목적에 더하여 이러한 데이터를 기반으로 소비자 개개인에게 최적화된 서비스를 만들어 내기 위해 전략을 수행한 것이다.

라우터 속성

최적 연결의 추구

성장형 플랫폼 커넥터의 다른 속성은 라우터(Router) 속성이다. 라우터는 출발지에서 목적지까지 정보를 최적의 경로로 전달해 주는 역할을 한다. 뉴 멕시코에 설치된 천체 망원경은 구동 이후 몇 주 사이에 인간이 취득한 모든 데이터보다 많은 데이터를 획득했다. 하루 30억 건이 넘는 페이스북의 좋아 요 버튼 클릭, 4억 건이 넘는 트위터의 트윗 수, 1초당 1시간을 넘는 분량의 유 튜브 동영상, 하루에 24PB를 처리하는 구글의 데이터 센터 등 현재는 빅데이 터의 사회이며 정보의 홍수에서 데이터의 가치를 찾으려 노력하고 있다. 라 우터 속성은 개인, 조직, 기업이 데이터를 분류하고 정리하여 최적 가치를 발 굴하여 새로운 기회를 창출하는 역량을 의미한다.

* 정보를 모으고 선별하라

라우터 속성은 데이터를 모으고 선별하여 새로운 가치를 제공한다. 누 군가 차곡차곡 정보를 모으고 체계적으로 분류하여 인사이트까지 제공한다 면 금상첨화일 것이다. 이러한 기본적인 욕구에서 새로운 기회와 가치를 창 출할 수 있다. 기업 활동에서는 가트너, IHS, IBM, IDC, Nilson, Infineon,

Deloitte, KPMG, 일본의 야노 경제 연구소, Frost and Sullivan, IBIS World 등이 인사이트를 제공한다. 세상에 연결하여 빠르게 정보를 획득하고 커넥터의 라우터 속성으로 정보를 모으고 선별하여 새로운 가치를 창출한 것이다.

* 햄릿 증후군의 역이용, 맞춤형 큐레이션 서비스

소비자의 처지와 입장을 알지 못하면 선택 장애로 햄릿 증후군에 시달리는 현대인에게 올바른 가치를 제공하기 어렵다. 라우터 속성은 큐레이션 서비스(Curation Service)를 창출했다. 진르토우티아오는 빅데이터와 인공지능으로 개인의 소셜 네트워크 이용 상황을 분석하여 개인형 맞춤 뉴스 서비스를 제공한다. 넷플릭스는 개인별 취향 분석을 통한 추천 알고리즘으로 큐레이션 서비스를 제공하여 선택 장애의 고통을 해결했다.

* 제공하지 않고 구독시킨다, 구독 경제

라우터 속성도 진화한다. 정보를 구독시키는 공유와 구독의 경제(Subscription Economy) 시대의 흐름과 맥락을 읽고 기회를 창출한다. 자동차 업체들은 공유 경제, 구독 경제의 맥락을 파악하고 이에 합류했다. 현대자동차는 투싼과 싼타페, 쏘나타, 엘란트라 중 원하는 차량을 선택해 탈 수 있는 현대플러스 서비스를 선보였고 독일의 포르쉐는 포르쉐 패스포트라는 이름의 서브스크립션 서비스를 선보였다. 메르세데스벤츠와 BMW도 구독 경제 시장에 합류하여 벤츠 컬렉션 서비스로 커넥터의 라우터 속성을 진화시켜 구독 경제에 합류하고 있다.

* 식상함에 감성을 입힌다, 감성 큐레이팅

빅데이터와 고객의 디지털 흔적에 기반한 인공지능 큐레이션 서비스도 급격히 변화하는 고객의 불확실성에 능동적인 대응을 하고자 커넥터의 라우터 속성을 감성으로 확장시키고 있다. 전문 큐레이터, 소셜미디어와 유튜브를 장악하고 있는 인플루언서, 정보를 주변으로 빠르게 감염시키는 스니저, 고객의 디지털 흔적을 융복합하여 맞춤형 개인화 서비스에 식상한 고객들에게 인간이 제공하는 전문성과 감성, 교감이라는 새로운 경험을 선사하는 것이다.

플랫폼 빌더 속성

무대를 만들고 즐기게 하라

애플이 노키아, 블랙베리, 모토로라 등 유수의 경쟁자들을 물리치고 스마트폰 시장의 강자로 군림하게 된 이유는 앱스토어라는 플랫폼 전투에서 승리했기 때문이다. 페이스북, 구글, 애플, 알리바바, 에어비앤비, 우버 등 글로벌 기업과 유니콘, 데카콘 기업들은 성장형 전략 플랫폼의 커넥터 속성인 플랫폼 빌더(Platform Builder) 속성을 활용했다. 다양한 플레이어들이 즐겁게 놀 수 있는 무대를 만들고 이들을 머물게 함으로써 플레이어들이 가치를 창출할수록 오히려 플랫폼에 종속되는 락인 효과를 유발하여 플랫폼의 자가 진화를 이룩한다는 점이다.

* 1984년 슈퍼볼 게임의 최종 승자는?

최종 승자는 애플이다. 슈퍼볼은 30초 광고의 단가가 500만 달러에 육박하고 TV 시청자는 1억 명을 상회하는 플랫폼이다. 애플은 매킨토시 출시를 위해 슈퍼볼 광고를 이용했다. 조지 오웰의 『1984』에서 영감을 얻어 IBM을 빅브라더로 묘사하고 매킨토시는 혁신의 아이콘으로 묘사하여 단 한번의 광고로 수많은 시청자들에게 강렬한 인상을 남기고 최대의 광고 효과를 창출한 것이다.

* 수익 구조를 창출하라

누구나 플랫폼 빌더가 될 수 있지만 수익 구조를 창출하지 못한다면 플랫폼은 유지될 수 없다. 구글의 최대 수입은 애드센스와 같은 광고 수입이다. 구글 플레이와 애플 앱스토어의 중개 수수료는 2018년 35조 원을 상회했다. 기술 이전, 큐레이션 서비스에 라이센싱, 구독료 등의 비용 지불이 필요하다. 플랫폼 빌더 속성을 이용하고자 할 때에는 중개 수수료, 구독료, 광고료, 라이센싱, 아이템 판매 등의 지속적인 수익 구조의 설계가 필요하다.

* 모든 것을 제공한다, EaaS(Everything as a Service)

플랫폼 창출로 가치를 제공하여 수익을 만들지만 플랫폼을 중개하며 플랫폼과의 연결, 연합으로 플랫폼 관리 서비스를 제공한다. 인프라를 제공하는 IaaS, 플랫폼을 제공하는 PaaS, 소프트웨어를 라이센싱하는 SaaS의 시대를 넘어 모든 것을 서비스로 엮어서 맞춤형 서비스를 제공하는 EaaS로 진화하고 있다. 플랫폼 빌더의 치열한 경쟁 환경에서 토털 솔루션 프러바이더, 토털 컨설팅으로 확장하여 고객의 모든 불편과 요구를 해결하는 것이다.

* 보호 장치를 마련하라, 특허 vs. 오픈 라이센싱

플랫폼을 구축해도 강건함을 확보하지 못했다면 사상누각과 다름없다. 기술과 아이디어, 비즈니스 모델은 특허로 보호받고 독점적 권리를 행사할 수 있다. 최초로 특허를 출원하여 플랫폼의 보호 장치를 마련한 알렉산더 그레이엄 벨이 세상에 영향을 미쳤다. 독점적 지위가 반드시 성공을 의미하

는 것은 아니다. VCR 전쟁에서 소니는 베타맥스를 출시했고 이에 맞서 JVC
는 VHS 기술로 대응했다. 우수한 기술과 특허로 선도적 입지를 다진 소니는
VCR 제조를 자사만 수행하는 폐쇄 정책을 추구했다. 반면 JVC는 VHS 기술
을 오픈 라이센싱 정책으로 개방하여 연합군을 확대했다. 소니의 기술적 한
계였던 VCR의 녹화 시간도 2시간으로 확대하여 영화 한 편이 온전하게 녹화
되도록 개선했다. 개방성, 오픈 라이센싱은 수많은 고객의 접근성을 용이하
게 하여 VCR 전쟁에서 소니를 완전히 전멸시켰다.

* 패러럴 무버 전략

2018년 아마존 AWS의 서울 리전(Region) DNS 오류는 국내 기업들에게
외국 기업 및 솔루션에 대한 락인, 클라우드 솔루션의 이중화, 멀티 리전 이
용, 하이브리드 클라우드 검토라는 새로운 숙제와 추가적 비용에 대한 부담
을 안겼다. 우수한 플랫폼도 대안 없는 고착화는 재앙을 초래한다. 플랫폼 빌
더의 입장에서도 불확실성 속에 기회가 있음을 인지해야 한다. 기술, 지식,
가치도 변화하는 불확실성의 시대이기에 플랫폼 빌더의 속성을 활용할 때에
는 다양성을 고려하는 패러럴 무버(Parallel Mover) 전략을 취해야 한다. 친환
경 자동차는 하이브리드, 플러그인 하이브리드, 전기차, 수소 전기차 등 다양
한 기술이 경합을 벌이고 있고 제조사와 기술 발전, 고객의 선호도 역시 불확
실성에 놓여 있다. 어떠한 형태의 기술과 제품이 시장을 선도할지 가늠하기
어려운 상황에서 패러럴 무버 전략으로 각 분야에서 역량을 키우며 변화를
감지하여 신속하게 대응하는 것이다.

퍼실리테이터 속성

규칙과 정책으로 흐름을 주도하라

퍼실리테이션(Facilitation)은 정해진 절차로 참여자들의 아이디어를 이끌고 결론을 도출하는 활동이며 이 역할을 하는 사람을 퍼실리테이터(Facilitator)라고 한다. 퍼실리테이터는 원활한 회의를 위해서 순서, 주제, 진행 단계, 토론 방법, 시간 배분 등 다양한 절차와 규정을 만들며 관리한다. 성장형 전략 플랫폼 커넥터는 퍼실리테이터 속성을 보유하고 있다. 플랫폼과 서비스를 창출하여 규칙(Rule)과 정책(Policy)을 만들어 흐름을 주도하는 것이다.

* 오픈 소스의 기원

현대적 의미의 컴퓨터 운영 체제는 MIT, AT&T, GE의 협력으로 1965년 수행된 Multics 프로젝트다. 켄 톰슨과 데니스 리치의 후속 연구로 유닉스를 탄생시켰다. 데니스 리치가 C언어를 개발함으로써 C언어로 이식된 UNIX는 무료로 배포되어 오픈 소스, 오픈 개발자 커뮤니티 형성의 단초를 제공했다. 리처드 스톨만은 GNU 프로젝트와 자유 소프트웨어 재단을 설립하여 오픈 소스 운동을 확산시켰고 리누스 토발즈가 개발한 결과물을 GNU 커널로 채택하여 오늘날의 리눅스를 만들게 되었으며, 구글의 안드로이드 OS의 핵심

코어가 되었다.

* 퍼실리테이터도 진화한다, 메인테이너

전 오픈 소스와 오픈 커뮤니티의 핵심은 총괄 역할을 수행하는 메인테이너(Maintainer)다. 이들은 전문 기술과 역량으로 소스 코드를 수정하거나 유지하며 검증과 승인 과정의 최종 관문 역할을 수행한다. 글로벌 기업들은 주요 오픈 소스의 메인테이너, 핵심 컨트리뷰터를 자사로 합류시켜 핵심 오픈 소스 플랫폼과 기술을 신속하게 내재화한다. 마이크로소프트는 깃허브를 통해 오픈 소스 개발 트렌드와 생태계를 주도하려 하며 오픈 소스 생태계의 메인테이너가 되고자 의도하고 있다. 구글은 안드로이드를 포함하여 머신 러닝 기술인 텐서플로우, 자연어 처리를 위한 신경망 프레임워크 신택스넷 등의 소스 코드를 공개했다. 이들의 움직임을 주도하는 전략이 성장형 전략 플랫폼 커넥터의 퍼실리테이터 속성이다. 메인테이너 역할을 수행하여 새로운 규칙과 질서를 만들고 흐름을 주도하는 것이다.

프록시 속성

대행하여 본질에 집중토록 하라

4차 디지털 트랜스포메이션은 개인, 조직, 기업에게 또 다른 어려움을 부여하고 있다. 자칫 본말이 전도되어 본업에 집중하지 못할 수 있는 것이다. 커넥터의 프록시(Proxy) 속성은 전문 역량과 경험으로 고객의 요구 사항을 처리함으로써 본질에 집중하도록 하는 대리자, 대행자의 역할이다. 프록시 속성은 고객의 어려움을 해결한다. R&D 업무를 대행하거나 인력 채용 업무, 마케팅, 회계, 법률, 무역 거래, 해외 진출 및 인적 관리 등 많은 분야에서 이미 프록시 속성의 업무 대행 기업들이 활약하고 있다.

게임 체인저 속성

판세를 바꾸고 새로운 가치를 선사하라

커넥터의 마지막 속성은 게임 체인저(Game Changer) 속성이다. 게임 체인저는 시장의 흐름을 통째로 바꾸거나 판세를 뒤집어 놓을 만한 결정적 역할을 한 사람, 사건, 서비스, 제품과 플랫폼을 의미한다. 혁신적인 경험과 가치를 제공하여 빅뱅 파괴를 주도한다. 피터 피스크는 『게임 체인저』에서 새로운 시각에서 세상을 살펴보고 상상하면 가능성이 열리고 이러한 가능성에서 새로운 가치가 창출됨을 강조했다

* 게임 체인저

게임 체인저는 질문의 골든 서클을 이용하여 답을 찾는 과정을 질문을 만드는 과정으로 전환한다. 룰을 깨트리고 룰을 만들어 가며 시장의 판도를 바꾸는 크리에이터로 진화한다. 목적이 바뀌면 게임이 변화한다. 시원한 탄산 음료 제공이라는 코카콜라의 사업 목적은 고객에게 행복감을 전달한다는 것으로 변경된 후 고객 충성도의 향상을 이룩했다. 목표 고객이나 목표 시장이 바뀌면 게임이 바뀌게 된다. 대중을 대상으로 사업을 하였다면 특정 요구에 초점을 맞춘 틈새 시장으로 목표 시장을 바꾸는 것이다. 고객 경험이 바뀌

면 게임이 바뀌게 된다. 제품 결합을 통해 새로운 솔루션을 개발하거나, 주문에 따라 개인 맞춤형 제품을 생산하거나 고객에게 24시간 서비스나 즐거운 경험을 제공하거나 고객이 더 많은 일을 해내는 데 도움을 주어야 한다.

* 룰 브레이커

게임 체인저는 시장을 선점한 룰 메이커가 만든 규칙의 약점을 활용하여 새로운 가치를 창출하는 룰 브레이커(Rule brakers) 전략으로 새로운 질서를 만든다. 구글은 페이지 랭크 알고리즘으로 가장 빠른 속도로 웹 페이지를 찾아 주어 검색 시장을 독식한다. 구글은 사용자가 입력한 검색어에 따라 광고를 제공하는 텍스트 광고 애드워즈와 애드센스로 온라인 광고 시장을 선점했다. 기존의 룰을 깨트리고 새로운 룰을 만들어 게임의 판도를 바꾼 것이다. 아마존은 원하는 제품을 손쉽게 구매할 수 있도록 만들며 전 세계 전자 상거래 시장을 선점하고 있다. 키바라 불리는 로봇 시스템을 적용한 물류 창고와 아마존 플렉스, 아마존 트레저 트럭, 아마존 고와 같은 다양한 유통 채널을 통해 물류 유통 시간을 단축하고 비용을 절감한다. 기존 물류 기업의 대명사인 FedEx와 DHL의 관행을 무너뜨리고 새로운 게임을 만들어 운영하는 것이다.

* 실패에서 무한 확장으로

아마존이 시가총액 1조 달러를 돌파했다. 미다스의 손을 보유한 아마존은 성장형 전략 플랫폼을 이용한 학습과 확장의 대표 주자이자 비즈니스 확장의 최고 선두주자다. 아마존 웨이로 불리는 사업 다각화 능력으로 온라인 서점에서부터 오프라인 유통, 아마존 고, 무인 슈퍼마켓, 아마존 대시 버튼, 클라우드와 컨텐츠, 인공 지능, 음성 비서, 물류 로봇에 이르기까지 비즈니스의 전 영역에서 막대한 영향력을 행사하고 있다. 아마존의 무한 확장은 성장형 전략 플랫폼의 운영이다. 차별화된 사업화 아이디어, 실패의 중요성, 아이디어를 선별하는 독창성, 규모의 경제를 통한 초확장은 지속적인 실험과 학습을 통한 자가 성장의 결과이다. 제프 베조스는 자신의 업무 대부분이 2~3년 후의 비즈니스를 추론하며 중장기 로드맵을 그리는 것이라고 했다. 빅 픽처를 그리지만 언제나 끊임없는 관찰과 실험을 통해 성장을 추구하고 궁극적으로 무한 확장을 꿈꾸는 것이다.

견고하고 유연한 자신만의 성장형 전략 플랫폼이 현재와 미래, 인생과 삶을 변화시킨다.

4차 산업혁명 시대, 초(超, Hyper)의 시대, 불확실성의 시대에는 전략적 민첩성과 전략적 감수성, 학습 민첩성으로 변화의 흐름을 읽고 맥락을 파악하여 새로운 기회와 가치를 창출하는 개인, 조직, 기업이 현재와 미래를 선도한다. 이들의 공통점은 변화 감지, 학습력, 기업가 정신과 마인드셋, 빅픽처 수립과 마인드셋 프레임워크, 전략 수립 프레임워크, 초연결, 성장과 확장으로 구성되는 성장형 전략 플랫폼(Growth Strategy Platform)을 갖추었다는 것이다. 성장형 전략 플랫폼은 자신과 공동체, 조직, 사회에 영감을 주는 개인과 조직의 지속 성장 전략으로 견고하고 유연한 플랫폼이다.

기업가 정신과 마인드셋을 성장시키면 성공과 실패에서 학습하여 새로운 도전으로 목표를 향해 전진할 수 있다. 학습력은 변화를 감지하고 맥락을 파악하여 어떠한 대상이라도 목적, 과정, 결과를 이해하고 원하는 결과를 성취하도록 안내한다. 미래 역량을 성장시키면 현재를 바꾸고 미래를 자신의 것으로 만들 수 있다.

성장형 전략 플랫폼을 구축하고 지속적인 학습과 성장, 연결을 통한 확장과 팽창으로 협업과 집단 지성, 집단 창의로써 초의 시대를 선도하고 능동적으로 자신의 학습과 일, 삶과 인생을 주도적으로 설계할 수 있다. 견고하고 유연한 성장형 전략 플랫폼을 가지고 인생을 전력질주하는 스프린트의 마음가짐과 실천을 통해 급변하는 세상에 당당하게 자신을 외칠 수 있기를 바란다.